唯筆者經驗不足，本書牽涉範圍又廣，疏誤之處，在所難免。敬祈
賢達指正，至為感幸。

朱鈺洋

2001.5.25

大專用書

不動產經紀法規

朱鈺洋　著

三民書局 印行

國家圖書館出版品預行編目資料

不動產經紀法規／朱鈺洋著.－－初版一刷.－－臺
北市；三民，民90
　　面；　公分

ISBN 957-14-3453-1 （平裝）

1.房地產業－法令，規則等 2.公平交易法 3.消費
者保護－法令，規則等

554.89023　　　　　　　　　　　90009176

網路書店位址　http://www.sanmin.com.tw

ⓒ　不動產經紀法規

著作人　朱鈺洋
發行人　劉振強
著作財
產權人　三民書局股份有限公司
　　　　臺北市復興北路三八六號
發行所　三民書局股份有限公司
　　　　地址／臺北市復興北路三八六號
　　　　電話／二五〇〇六六〇〇
　　　　郵撥／〇〇〇九九九八――五號
印刷所　三民書局股份有限公司
門市部　復北店／臺北市復興北路三八六號
　　　　重南店／臺北市重慶南路一段六十一號
初版一刷　中華民國九十年七月
編　號　S 58499
基本定價　拾壹元
行政院新聞局登記證局版臺業字第〇二〇〇號

有著作權‧不准侵害

ISBN　957-14-3453-1　（平裝）

自　序

　　立法院於八十八年一月十五日三讀通過「不動產經紀業管理條例」，總統於同年二月三日公布，同年二月五日生效。為維持房地產經紀服務品質，建立證照及定期更新制度，本條例規定中華民國國民經不動產經紀人考試及格並依本條例領有不動產經紀人證書者，方得充不動產經紀人。不動產經紀營業員測定合格或經不動產經紀人考試或檢覈合格者，方得充任經紀營業員（本條例第十三條）。經紀人應於四年內受專業訓練三十小時以上，才能申請更新證照（本條例第十五條）。經紀業不得僱用未具備經紀人員資格者，從事仲介或代銷業務（本條例第十七條）。本條例施行前，已經營仲介或代銷業務者，應於本條例施行後，三年內，依本條例規定領得經紀業證照後，始得繼續營業（本條例第三十六條）。故今後不動產相關科系畢業學生及其他有志於從事不動產經紀之社會人士，均須經考試、檢覈或測定合格且領有證照方得執行業務。

　　內政部根據本條例訂定「不動產營業員測定辦法」，依該辦法規定本測定科目中的不動產經紀法規包括不動產經紀業管理條例及其施行細則、公平交易法、消費者保護法、內政部訂定之不動產交易契約書範本與不動產說明應記載及不得記載事項。而考試院考選部公布不動產經紀人考試科目中，不動產經紀法規一科包括不動產經紀業管理條例、公平交易法、消費者保護法及公寓大廈管理條例。本書綱目及內容即依此來編寫。

　　本書出版目的主要除提供各級學校不動產相關科系教學及研讀使用之外，亦為參加不動產營業人員考試或測定證照考試參考之用。

不動產經紀法規

目　次

第一篇　不動產經紀業管理條例

第一章　總　則

一、立法背景

行政院於民國七十九年十月五日函請立法院審議由內政部所擬「房地產仲介業管理條例」草案總說明：

近年來因社會經濟繁榮，房地產供需增加，交易隨之頻繁，房地產仲介業大量設立。惟由於仲介業組織型態及經營規模不一，成員亦良莠不齊，因此經常發生房地產仲介糾紛事件，影響交易安全，且仲介業從業人員或有賺取差價，哄抬售價，更加促使房地產價格暴漲，助長土地投機風氣，影響土地政策之推行。故社會各界迭有建議，應儘速研訂仲介業管理規範，據以管理；爰依據行政院核定之「當前住宅問題因應措施方案」中所示應「研訂房地產仲介業管理法規，健全房地產交易秩序」及「全國土地問題會議」結論中有關應建立不動產仲介制度，制定不動產仲介業管理法律之旨，並參酌美、日兩國房地產仲介制度，針對我國現況需要，研擬「房地產仲介業管理條例草案」完竣（立法院公報第八十八卷第六期院會記錄）。

二、條例要點

1.闡明立法宗旨、法律適用順序、主管機關及用辭定義（本條例第一條至第四條）。

2.經營經紀業者，應向主管機關申請許可後，依法辦理公司或商業登記（本條例第五條）。經紀業者應加入所在地之同業公會，依

中央主管機關規定繳存營業保證金後方得營業（本條例第七條）。會員入會、停權、退會應報請備查（本條例第十條）。

3.經紀業不予許可設立情形（本條例第六條）。

4.組成管理委員會，負責保管營業保證基金（本條例第八條），營業保證金之獨立原則（本條例第九條）。

5.經紀業設立之營業處所至少應置經紀人一人（本條例第十一條），經紀人到職異動之報備（本條例第十二條）。

6.中華民國國民經不動產經紀人考試及格並依本條例領有不動產經紀人證書者，方得充不動產經紀人。不動產經紀營業員測定合格或經不動產經紀人考試或檢覈合格者，方得充任經紀營業員（本條例第十三條），以維護服務品質。經紀人應於四年內受專業訓練三十小時以上，才能更新執照（本條例第十五條），經紀人員原則上應專任一經紀業，並不得為自己或他經紀業執行仲介或代銷業務（本條例第十六條）。

7.經紀業不得僱用未具備經紀人員資格者從事仲介或代銷業務（本條例第十七條）。經紀業或經紀人員不得收取差價或其他報酬，違反規定者，其已收取之差價或其他報酬，應於加計利息後加倍返還支付人（本條例第十九條），其報酬計收標準和方式、經紀業證照、經紀人員合格證書等，均應揭示於營業處所明顯之處（本條例第十八、二十條）。

8.經紀業與委託人簽訂委託契約書後，方得刊登廣告及銷售，廣告及銷售內容與事實不符者，應負損害賠償責任（本條例第二十一條）。重要文件應由經紀業指派經紀人簽章（本條例第二十二條），以昭慎重。經紀人員在執行業務過程中，應以不動產說明書向與委託人交易之相對人解說（本條例第二十三條）。租賃或買賣契約書之簽訂時，經紀人應將不動產說明書交付與委託人交易之相對人，並由相對人在不動產說明書上簽章（本條例第二十四條）。經紀人員對

於因業務知悉或持有之他人秘密，不得無故洩漏（本條例第二十五條）。

9.明定經紀業與侵權行為之經紀人員負連帶損害賠償責任，因故未能賠償者，由該業者繳存之營業保證金支付（本條例第二十六條）。

10.經紀業或經紀人員有優異表現者，應予以獎勵；違反規定者，應依其情節輕重予以懲戒或罰鍰，嚴重者予以撤銷許可、撤銷證照（本條例第二十八條至第三十一條）。

11.非經紀業不得經營或兼營經紀業務，違者處罰鍰並禁止營業，經禁止營業仍繼續為之者，另科以刑罰（本條例第三十二條）。

12.本條例施行前已經營經紀業者或從事經紀業務之經紀人員，應於限期內依本條例規定取得資格，始得繼續營業或執行經紀業務（本條例第三十七條）。

三、立法特色

(一)落實證照制度，提昇服務品質

為杜絕不法之經紀行為，促進交易市場之健全發展，由具專業之經紀人從事經紀業務，並對重要交易文件簽章以示負責。因此條例中明定經紀人及經紀營業員，就其資格予以規範外，並將經紀人納入國家考試，且有一年以上實際從事經紀業務之經歷，才能領有證書，建立證照制度、經紀人證照定期更新制度；換言之，經紀人負責執行經紀業務，應對交易特定重要文件簽章以示負責，並以專業知識監督、指導經紀營業員，對於日新月異之專業知識，應不斷進修精進，參仿外國之證照更新制度，在中央主管機關指定之單位，於一定期限內完成專業訓練課程，始得向直轄市、縣（市）政府辦理換證，積極建立經紀人員之證照制度，對經紀業及經紀人員予以管理，保障消費者之權益。

(二)落實地方自治，建立層級分工，提高行政效率

　　為提昇國家競爭力，提高行政效率，除經紀業之申請許可及經紀人之異動應報中央主管機關以利管理外，關於經紀人證書之核發或換證均由地方主管機關辦理，另經紀營業員之資格測定亦由中央主管機關指定之單位辦理測定事宜，以建立層級分工之制度。

(三)建立「業必歸會」之制度

　　經紀業之經營應經中央主管機關之許可，辦妥公司登記或商業登記，並加入直轄市、縣（市）同業公會，繳存營業保證金後方得營業，以利經紀業管理。

(四)設置營業保證基金，保障交易相對人權益

　　經紀業在房地產交易過程中如因可歸責之事由，或經紀人員因故意或過失致交易當事人受損害，應連帶負賠償責任，且由經紀業所繳交成立之營業保證基金專戶，代為賠償。該基金通知應負責之經紀業限期補繳保證金。營業保證基金具有特定之公益目的，為防止基金之不當動用，規定非依法院之命令或基金會之公正裁決後，不得動支。

(五)防黃、防黑條款之納入

　　為防止黑道幫派份子、流氓及有性侵害行為者介入經紀業，對於違反組織犯罪防治條例、性侵害犯罪防治法等部分條文，經受有期徒刑一年以上刑之宣告，尚未執行完畢或執行完畢或赦免後未滿三年者；或被依檢肅流氓條例裁定管訓處分，尚未執行完畢或執行完畢未滿三年者，不得申請經營經紀業務或擔任經紀人員。但受緩刑宣告者，不在此限。

(六)不得賺取差價或其他報酬

　　經紀業務屬代理、委任、居間性質，應收取合理之報酬，為杜絕消費者因缺乏充分之市場資訊及健全之估價系統而超收報酬或賺取差價之弊端，規定經紀業應按中央主管機關規定之報酬標準，依

交易當事人簽訂買賣、互易或租賃契約之價金或租金計收之，不得收取差價或其他報酬。

㈦經紀人員執行業務之解說、保密義務

　　經紀人員在執行業務過程中，應以不動產說明書向與委託人交易之相對人解說。租賃或買賣契約書之簽訂時，經紀人應將不動產說明書交付與委託人交易之相對人，並由相對人在不動產說明書上簽章（本條例第二十四條）。經紀人員對於因業務知悉或持有之他人秘密，不得無故洩漏（本條例第二十五條）。

㈧將代銷業納入規範

　　預售屋往年總銷售金額曾超過一兆以上，房地產代銷業在房地產交易市場扮演舉足輕重之角色，因此其銷售行為之規範更形重要，以避免不必要之糾紛產生，保障消費者權益，將代銷業納入規範。

㈨外國人於本國從事經紀業務之規定

　　為因應我國加入世界貿易組織、關稅暨貿易總協定等國際化目標，外國人欲於本國經營經紀業或取得經紀人員之資格，應本於平等互惠之原則，以我國人民得在該國享有同等權利者為限，並依規定領有合格證書或測定合格，經中央主管機關許可才能從事經紀業務及充任經紀人員。

㈩建立獎懲制度並設置獎懲委員會

　　於直轄市、縣（市）主管機關設置經紀業及經紀人員獎懲委員會，以處理獎懲事項。

四、立法宗旨

　　不動產仲介或代銷業之營業方式及內容影響不動產交易市場之穩定與發展，且與交易當事人之權利、義務息息相關，為建立不動產交易秩序，保障交易者權益，促進不動產交易市場健全發展，乃制定本條例（本條例第一條）。故本條例之立法宗旨有四：⑴為管理

不動產經紀業，⑵建立不動產交易秩序，⑶保障交易者權益，⑷促進不動產交易市場健全發展。

五、法律適用原則

經紀業之管理，依本條例之規定，如本條例未規定者，則依其他有關法律之規定（本條例第二條），例如不動產之定義，依民法第六十六條指土地及其定著物。本條例第四條第一款係指土地、土地定著物或房屋及其可移轉之權利；房屋指成屋、預售屋及其可移轉之權利。故有關「不動產」經紀係指經營仲介或代銷本條例第四條第一款所指之不動產，其範圍比民法所指不動產來得廣些。又如經營不動產經紀業者，應向主管機關申請許可後，依法辦理公司或商號登記，則有關公司設立或商號設立，本條例並未規定，應依公司法或商業登記法規定設立，例如設立房屋仲介公司者須依公司法第六條規定，非在中央主管機關登記並發給執照後，不得成立。公司法第十九條規定未經設立登記，不得以公司名義經營業務或為其他法律行為（第一項）。違反前項規定者，行為人各處一年以下有期徒刑、拘役或科或併科五萬元以下罰金，並自負其責；行為人有二人以上者，連帶負責，並由主管機關禁止其使用公司名稱（第二項）。又如設立房屋仲介行號者須依商業登記法第一條：商業登記，依本法規定；本法未規定者，從其他法律之規定。商業登記法第三條：商業及其分支機構，除……外，非經主管機關登記並發給登記證後，不得開業。第五條：商業業務，依法律或基於法律授權所定之命令，須經各該業主管機關許可者，於領得許可證件後，方得申請商業登記。

六、不動產經紀業之主管機關

不動產仲介或代銷業之公司或商號之管理，涉及不動產之管理

業務、消費者權益、交易秩序等公共利益，爰明定各級主管機關。

經紀業之主管機關在中央為內政部；在直轄市為直轄市政府地政處；在縣（市）為縣（市）政府（本條例第三條）。

七、法律用辭定義

㈠不動產

本條例所稱不動產指土地、土地定著物或房屋及其可移轉之權利；房屋指成屋、預售屋及其可移轉之權利。所謂「土地」指人力所能支配之地表及其上下而言。民法第七七三條對土地使用範圍有所限制規定即土地所有權，除法令有限制外，於其行使有利益之範圍內，及於土地之上下。所謂土地定著物指繼續密切附著於土地，不易移動其所在，依社會交易觀念認為非土地的構成部分，而有獨立的使用價值者。最主要為房屋及其他各種建築物，如紀念碑、橋樑、高架橋、道路，又「屋頂尚未完全完工之房屋，已足避風雨，可達經濟上使用之目的者、即屬土地之定著物」（六三民庭六）（施啟揚著，《民法總則》頁一六七，三民書局，民國七十六年四月）。所謂「建築物」，依建築法第四條：「本法所稱建築物，為定著於土地上或地面下具有頂蓋、樑柱或牆壁，供個人或公眾使用之構造物或雜項工作物。」所謂「可移轉之權利」，如預售屋之債權、土地之地上權（民法第八三八條）或抵押權（抵押權係從權利性質，其移轉須與其所附主權利如所有權、地上權一併移轉，民法第八七〇條）。

㈡成 屋

成屋指領有使用執照或於實施建築管理前建造完成之建築物。依建築法第七十條第一項：「建築工程完竣後，應由起造人會同承造人及監造人申請使用執照。……」，第七十條之一：「建築工程部分完竣後可供獨立使用者，得核發部分使用執照；……」。

10   不動產經紀法規

(三)預售屋

預售屋指領有建造執照尚未建造完成而以將來完成之建築物為交易標的之物。

(四)經紀業

經紀業指依本條例規定經營仲介或代銷業務之公司或商號。

(五)仲介業務

仲介業務指從事不動產買賣、互易、租賃之居間或代理業務。**稱買賣者**，謂當事人約定一方移轉財產權於他方，他方支付價金之契約（民法第三四五條），如甲向乙早餐店買早餐，丙賣房地給丁。**稱為互易者**，謂當事人雙方約定互相移轉金錢以外之財產權者（民法第三九八條），例如甲之地與乙之地或房屋交換。**稱租賃者**，謂當事人約定，一方以物租與他方使用、收益，他方支付租金之契約（民法第四二一條），例如甲向乙租車或房地。**稱居間者**，謂當事人約定，一方為他方報告訂約之機會，或為訂約之媒介，他方給付報酬之契約（民法第五六五條），例如甲知乙之房地欲出售乃介紹丙與乙訂定買賣契約。**代理之意義**指代理人於代理權限內，以本人（即被代理人）名義向第三人為意思表示或由第三人受意思表示，而其效力直接歸屬於本人行為（民法第一○三條），例如：店員替老闆販售商品，係以老闆名義向第三人表示販售之意思或接受第三人購買商品之意思，有關買賣商品之效力直接歸屬於老闆。又如甲房地代銷公司替乙建設公司銷售房地，以乙之名義行銷，或以乙之名義接受客戶之訂購。**稱委任者**，謂當事人約定，一方委託他方處理事務；他方允為處理之契約（民法第五二八條）。例如甲房地仲介公司受乙屋主之委託，出售其房地，甲乙之間所定之買賣房地產委任契約。

(六)代銷業務

代銷業務指受起造人或建築業之委託，負責企劃並代理銷售不動產之業務。依建築法第十二條：本法所稱建築物之起造人，為建

造該建築物之申請人，其為未成年或禁治產者，由其法定代理人代為申請；……（第一項）。起造人為政府機關公營事業機構、團體或法人者，由其負責人申請之，並由負責人負本法規定之義務與責任。

(七)經紀人員

指經紀人或經紀營業員。經紀人之職務為執行仲介或代銷業務；經紀營業員之職務為協助經紀人執行仲介或代銷業務。

(八)加盟經營者

經紀業之一方以契約約定使用他方所發展之服務、營運方式、商標或服務標章等，並受其規範或監督。所謂「商標」是指一種表彰自己營業之商品，就商品所用之文字、圖形、記號、顏色組合或其聯合式，與他人之商品相區別，足使一般商品購買人認識其為表彰商品之標識（商標法第二條、第五條）。所謂「服務標章」指因表彰自己營業上所提供之服務之標章。

(九)差　價

係指實際買賣交易價格與委託銷售價格之差額。

(十)營業處所

指經紀業經營仲介或代銷業務之店面、辦公室或非常態之固定場所。所謂「非常態之固定場所」，如樣品屋、展示屋是。

第二章　經紀業

一、經紀業設立許可制

不動產交易行為相當專業，事關人民財產權益至深且鉅，對於仲介或代銷國內外不動產為營業之公司或商號，應予不同於其他行業許可程序，俾確保經紀品質與交易安全，故規定經營仲介或代銷不動產業務之公司或商號，依公司法設立公司前或依商業登記法設立商號之前應向主管機關申請許可（本條例第五條第一項）。

公司法第十七條第一項：公司業務，依法律或基於法律授權所定之命令，須經政府許可者，於領得許可證件後，方得申請公司登記。故設立不動產仲介公司或代銷公司須先經主管機關之營業許可，始得依公司法規定申請公司設立登記，取得公司執照。

商業登記法第三條：商業及其分支機構，除第四條第一項規定外，非經主管機關登記，並發給登記證後，不得開業。第五條第一項：商業業務，依法律或基於法律授權所定之命令，須經各該業主管機關許可者，於領得許可證件後，方得申請商業登記。故設立不動產仲介商號或代銷商號須先經主管機關之營業許可，始得依商業登記法規定申請商號設立登記，取得營利事業登記證。

經營國外不動產仲介或代銷業務者，僅得以公司組織型態設立及登記（本條例第五條第一項）。申請許可之事項及應備文件由內政部定之（本條例第五條第二項）。經紀業分設營業處所，應向設立分營業處所所在地之直轄市或縣（市）政府申請備查（本條例第五條第三項）。

經營不動產經紀業者，應檢附下列文件，依本條例第五條第一項規定，向所在地直轄市或縣（市）主管機關申請許可：㈠申請書一式二份。㈡公司負責人、董事、監察人、經理人或商號負責人、經理人名冊，及其身分證明文件影本（本條例施行細則第二條）。直轄市或縣（市）主管機關受理前條申請，經審查合於規定者，應予許可，並副知轄內之同業公會轉知其全國聯合會；不合規定者，應通知該經紀業於十五日內補正，屆期未補正者，駁回其申請（本條例施行細則第三條）。

二、申請經營經紀業者之消極資格

申請設立仲介或代銷不動產業者，如係籌設公司，在股份有限公司係指發起人，在有限公司係指股東；如係籌設商號，在合夥係指合夥人，在獨資指出資人而言。此等設立者對公司或商號之經營業務之內容、方式影響甚大，為使不動產經紀業務能正當、合法，建立不動產交易秩序，保障不動產交易者權益，促進不動產交易市場健全發展，實有必要限制申請經營者之資格。經紀業經公司登記或商業登記後，其公司負責人、董事、監察人、經理人或商號負責人或經理人對公司或商號之經紀業務之內容、方式影響甚大，亦有限制其資格之必要。

爰明定有下列情形之一者，不得申請經營經紀業，其經許可者，撤銷其許可（本條例第六條第一項）。不動產經紀公司之負責人、董事、監察人、經理人或不動產經紀商號之負責人、經理人有如下列情形之一者，由主管機關命其限期改善，逾期未改善者撤銷其許可，並通知其公司或商業登記主管機關撤銷其登記（本條例第六條第二項）。

㈠無行為能力或限制行為能力

無行為能力人乃完全無法律行為能力人，其所為法律行為絕對

無效，應由法定代理人代為法律行為。無行為能力人除未滿七歲之未成年人外（民法第十三條第一項），尚有禁治產人，所謂禁治產人指精神喪失或精神耗弱，致不能處理自己事務者，法院因其本人、配偶、最近親屬二人或檢察官之聲請，宣告其禁治產。

限制行為能力人乃其法律行為能力受到限制之人。依民法規定滿七歲以上之未成年人，有限制行為能力（民法第十三條第一項）。限制行為能力人並非完全欠缺行為能力，亦非有完全行為能力。限制行為能力人為法律行為應得法定代理人之允許，乃因其雖有相當意思能力但尚不健全，不能使其獨立為有效法律行為。

有關設立不動產經紀業申請人，其職務或在管理公司、商號或在代表公司、商號，事繁責重，無行為能力人或限制行為能力人，其法律行為尚須由法定代理人代為之或同意之，何堪充當申請人？故列為消極資格之一，即使法定代理人同意，亦不得為申請人。

商業登記法第十條第一項：「限制行為能力人，經法定代理人之允許，獨立營業或為合夥事業之合夥人者，其申請登記時，應附送法定代理人之同意書」之規定於設立不動產經紀商號不適用之。

(二)受破產之宣告尚未復權者

破產制度，乃債務人陷於一般的不能清償其債務時，為使多數債權獲得公平之滿足，及予債務人復甦之機會，俾免債務之繼續增加，並防止一般社會經濟恐慌之一種社會制度。「破產」是指債務人不能清償其債務時，為使總債權人獲得平等滿足，並兼顧債務人之利益，而就債務人之財產，由法院參與其事之一般強制執行之程序（陳計男著，《破產法論》頁一及十一，三民書局，民國八十一年八月，修訂三版）。既受破產宣告之人，當然喪失其財產上之信用，又尚未復權以前，自不宜充任設立申請人。

㈢犯有下列情形之一者，經受有期徒刑一年以上刑之宣告確定，尚未執行完畢或執行完畢或赦免後未滿三年者，但受緩刑宣告者，不在此限

1.犯詐欺、背信、侵占罪

按犯詐欺、背信、侵占罪，均有悖於經紀業者應循正當途徑經營之要求，故列為申請人消極資格之一。所謂「詐欺罪」，謂意圖為自己或第三人不法之所有，以詐術使人將本人或第三人之物交付者（刑法第三三九條至第三四一條）。所謂「背信罪」，謂為他人處理業務，意圖為自己或第三人不法之利益，或損害本人之利益，而為違背其任務之行為，致生損害於本人之財產或其他利益者（刑法第三四二條）。所謂「侵占罪」，謂意圖為自己或第三人不法之所有，而侵占自己持有他人之物者（刑法第三三五條至第三三八條）。

2.性侵害犯罪防治法第二條所定之罪

性侵害犯罪防治法於民國八十六年一月二十二日總統令制定公布，全文二十條，係為防治性侵害犯罪及保護被害人權益而制定，所謂性侵害犯罪，係指刑法第二二一條至第二二九條及第二三三條之犯罪（性侵害犯罪防治法第二條）。本款係防黃條款，乃鑒於不動產經紀業者其經營方式之特性，對於違反性侵害犯罪防治法第二條所定之罪者，禁止其申請設立經紀公司或商號。（註：以上所述刑法第二二一條至第二二九條及第二三三條之犯罪條文，立法院已於民國八十八年三月三十日修正三讀通過，總統於民國八十八年四月二十一日公布。應注意新條文內容，有諸多不同於舊法之規定。）

3.組織犯罪防制條例第三條第一項、第二項、第六條、第九條之罪

組織犯罪防制條例於民國八十五年十二月十一日總統令制定公布，係為防制組織犯罪，以維護社會秩序，保障人民權益而制定。所謂「犯罪組織」係指三人以上，有內部管理結構，以犯罪為宗旨

或以其成員從事犯罪活動，具有集團性、常習性及脅迫性或暴力性之組織。違反組織犯罪防制條例第三條第一項，第二項，第六條，第九條之罪者不得申請設立不動產經紀公司或商號。

　　組織犯罪防制條例第三條第一項：發起、主持、操縱或指揮犯罪組織者，處三年以上十年以下有期徒刑，得併科新臺幣一億元以下罰金。第二項：犯前項之罪，受刑之執行完畢或赦免後，再犯該項之罪，其發起、主持、操縱或指揮者，處五年以上有期徒刑，得併科新臺幣二億元以下罰金；參與者，處一年以上七年以下有期徒刑，得併科新臺幣二千萬元以下罰金。第六條：非犯罪組織之成員而資助犯罪組織者，處六月以上五年以下有期徒刑，得併科新臺幣一千萬元以下罰金。第九條：公務員或經選舉產生之公職人員，明知為犯罪組織有據，予以包庇者，處五年以上十二年以下有期徒刑。

㈣受感訓處分之裁定確定，尚未執行完畢或執行完畢後未滿
　三年者

　　鑑於流氓為害社會、侵害人民權益甚大，對於受感訓處分之裁定確定，尚未執行完畢或執行完畢後未滿三年者，均不得申請設立不動產經紀業，以維護交易者權益及交易秩序。

　　為防止流氓破壞社會秩序、危害人民權益，立法院制定檢肅流氓條例。所謂流氓依本條例第二條指：年滿十八歲以上之人，有左列情形之一，足以破壞社會秩序者，由直轄市警察分局、縣（市）警察局提出具體事證會同其他有關治安單位審查後，報經其直屬上級警察機關複認定之：

　　1.擅組、主持、操縱或參與破壞社會秩序、危害他人生命、身體、自由、財產之幫派、組合者。

　　2.非法製造、販賣、運輸、持有或介紹買賣槍砲、彈藥、爆裂物者。

　　3.霸佔地盤、敲詐勒索、強迫買賣、白吃白喝、要挾滋事、欺

壓善良或為其幕後操縱者。

　4.經營、操縱職業性賭場，私設娼館，引誘或強逼良家婦女為娼，為賭場、娼館之保鏢或恃強為人逼討債務者。

　5.品行惡劣或遊蕩無賴，有事實足認為有破壞社會秩序或危害他人生命、身體、自由、財產之習慣者。

　年滿十八歲以上之流氓（依檢肅流氓條例第二條認定），移送法院審理結果，認應交付感訓者，應為交付感訓處分之裁定。感訓處分之執行為生活訓練、技能訓練及作業訓練，生活訓練包括法律常識、體能訓練、精神教育、生活教育及勞動服務。技能、作業訓練應配合社會需要、環境（感訓處分執行辦法第八、十、十一、十三條）。

(五)曾經營經紀業，經主管機關撤銷許可，自撤銷之日起未滿五年者。但依第七條第一項逾期未開始營業或第三十條自行停止業務者，不在此限

　為達到撤銷許可之目的，乃限制曾經被主管機關撤銷許可經營不動產經紀業者，不得於撤銷之日起未滿五年，再申請設立不動產經紀業。但對於因逾期未開始營業被主管機關撤銷許可者，及自行停止營業連續六個月以上，被主管機關撤銷許可者，不在此限。

(六)受第二十九條之停止營業處分，尚未執行完畢者

　違反第七條第三項、第四項或第八條第四項者，應予停止營業處分，其期間至補足營業保證金為止。由於保證金係對不動產交易而受損害之當事人予以賠償為目的。如保證金不足不依本條例補足，企圖另設立新的不動產經紀業，以規避補足義務，乃禁止其設立新的不動產經紀業。

(七)受第三十一條停止執行業務處分尚未執行完畢，或撤銷經紀人證書處分未滿五年者

　經紀人員違反經紀人員不得收取差價或其他報酬或經紀人員受

申誡處分三次之規定，被處予六個月以上三年以下之停止執行業務處分，尚未執行完畢，不得申請設立不動產經紀業。經紀人被撤銷經紀人證書未滿五年者，亦不得申請設立不動產經紀業。

行政院草案原規定：「非中華民國國民禁止申請經營不動產經紀業，如經許可者，撤銷之。經紀業公司負責人、董事、監察人、經理人或商號負責人、經理人非中華民國國民，由主管機關命其限期改善，逾期未改善者撤銷其許可，並通知其公司或商業登記主管機關撤銷之。」為因應我國加入世界貿易組織，關稅暨貿易總協定使我國成為亞太營運中心等國際化目標，乃將之刪去。

三、經紀業申請開業之要件及期限

經紀業開業前，應經⑴主管機關設立許可、⑵公司或商業登記、⑶加入公會三個程序，亦即經紀業經主管機關之許可，辦妥公司登記或商業登記，並加入登記所在地之同業公會後方得營業，並應於六個月內開始營業，逾期未開始營業者，由主管機關撤銷其許可，但有正當理由者，得申請展延，其期限以三個月為限（本條例第七條第一項）。

四、組織同業公會

為維護經紀業之權益及監督經紀業經營行為，保護交易者利益，保障交易安全，促進交易市場健全發展，同時依前述加入同業公會方得營業是經紀業開業必要要件，設置同業公會實有必要，故經紀業得視業務性質並經主管機關核准後，分別組織不動產仲介經紀業同業公會或不動產代銷經紀業同業公會或其全國聯合會（本條例第七條第二項）。

五、繳納營業保證金

設立繳納營業保證金制度之目的，在於經紀業在交易過程中如因歸責於經紀人員之故意或過失，侵害交易當事人之權益，而必須負擔賠償責任時，為確保當事人受賠償之權益、保障交易安全、促進不動產交易市場健全之功能。故經紀業者於辦妥公司登記或商業登記後，應依中央主管機關（內政部）規定繳存營業保證金。經紀業應繳存之營業保證金，超過一定金額者，得就超過部分以金融機構提供保證函擔保之（本條例第七條第三項）。應繳之營業保證金及繳存或提供擔保之辦法由中央主管機關定之 （本條例第七條第四項）。經紀業繳存營業保證金外，並得向仲介經紀業或代銷經紀業同業公會全國聯合會申請增加金額繳存或以金融機構提供保證函擔保之（本條例第七條第五項）。

六、營業保證金之保管、運用與動支

營業保證金係確保不動產交易當事人之損害賠償請求之權益，具有特定之公益目的，須有其管理機關及運用之法定目的，保障基金正常運作，故營業保證金由中華民國不動產仲介經紀業或代銷經紀業同業公會全國聯合會統一於指定之金融機構設置營業保證基金專戶儲存，並組成管理委員會負責保管，基金以作為不動產交易當事人損害賠償之用途，但基金之孳息部分，得運用於健全不動產經紀制度（本條例第八條第一項）。

基金管理委員會之委員，由經紀業者擔任者，其人數不得超過委員總數之五分之二(本條例第八條第二項)，以保持基金運作公正、客觀、超然，避免侵害不動產交易當事人損害賠償請求。

有關基金管理委員會之組織，基金管理辦法由中央主管機關定之（本條例第八條第二項）。

　　營業保證金旨在確保交易當事人之損害賠償請求權益，具有特定公益目的，除該經紀業或經紀人員給予賠償外，如因賠償有爭執時，行政機關無權就此私權事項逕予仲裁，故營業保證基金不得隨意動支，除非有(1)受害人取得對經紀業經紀人員之執行名義（如確定之終局判決，依民事訴訟法成立之和解或調解，依公證法規得為強制執行之公證書），所謂執行名義，亦即債務名義，在英美國家稱為「執行令狀」，乃表明債權人對於債務人有一定適於強制執行之權利，得請求執行法院運用強制力命債務人為給付之公文（耿雲卿著，《強制執行法釋義》上冊頁二四，黎明公司，民國七十六年十一月，五版）。或(2)經仲裁成立之仲裁判斷，於當事人間，與法律之確定判決，有同一效力（仲裁法第三十七條第一項），又仲裁和解書、調解書亦同（仲裁法第四十四條、第四十五條），或(3)基金管理委員會之決議，方得動支（本條例第八條第三項）。以維持營業保證基金正常運作，防止不當動用，確保交易當事人之權益。又基金低於一定額度，其功能恐無法發揮，爰規定：經紀業分別繳存之營業保證金低於第七條第三項規定之額度時，中華民國不動產仲介經紀業或代銷經紀業同業公會全國聯合會，應通知經紀業者於一個月內補足（本條例第八條第四項）。

七、營業保證基金之獨立性

　　營業保證基金具有特定公益性，即為不動產交易受害當事人而設置，爰明定營業保證基金獨立於經紀業及經紀人員之外，除本條例另有規定，不因經紀業或經紀人員之債務債權關係而為讓與、扣抵、抵銷或設定負擔（本條例第九條第一項），同時經紀業因合併、變更組織時對其所繳之營業保證基金之權利應隨之移轉。其因申請解散者，得自核准註銷營業之日滿一年後二年內，請求退還原繳存之營業保證金，但不包括營業保證金之孳息。此即營業保證基金之

獨立性。

八、經紀業同業公會會員入（退）會、停權之報備

　　經紀業加入同業公會係開業要件之一，而且經紀業證照係由中央主管機關核發，故為了解、管理、監督各會員之會員資格或會員權利變動，直轄市、縣（市）同業公會應將會員入會、停權、退會情形，報請所在地主管機關層轉中央主管機關備查(本條例第十條)。

九、營業處所應置經紀人

　　為維持不動產仲介或代銷之服務品質，確保交易者權益，建立交易秩序，明定經紀業設立之營業處所至少應置經紀人一人。又臨時非常態之不動產仲介或代銷營業，亦應予規範，故於其所銷售總金額達新臺幣六億元以上，該處所至少應設置專業經紀人一人（本條例第十一條第一項）。

　　某些較大規模之不動產仲介業或代銷業其經紀營業員人數較多時，為達前述所謂服務品質、確保交易者權益，建立交易秩序之目的，乃規定營業處所經紀營業員數每逾二十名時，應增設經紀人一人（本條例第十一條第二項）。

十、經紀人到職、異動之報備

　　為便利中央主管機關對經紀人之異動紀錄及管理，爰明定經紀業應於經紀人到職之日起十五日內，造具名冊報請所在地主管機關層報中央主管機關備查，異動時，亦同（本條例第十二條）。

第三章　經紀人員

一、經紀人員須經考試或檢覈任用

㈠經紀人充任資格

經紀人員分為經紀人及經紀營業員兩級,經紀人承辦經紀業務,直接關係交易當事人權益,其需具備基本專業知識、能力。故規定中華民國國民經不動產經紀人考試及格並依本條例領有不動產經紀人證書(應具備一年以上經紀營業員經驗,始得向直轄市或縣(市)政府請領經紀人證書)者,得充不動產經紀人(本條例第十三條第一項)。

另外依專門職業及技術人員考試法第十三條到第十七條就具備某些學歷、職業經驗條件者,可經檢覈方式取得證照,故本條例依前開法律規定不動產經紀人考試得以檢覈行之,其檢覈辦法,由考試院會同行政院定之(本條例第十三條第二項)。

㈡經紀營業員充任資格

經紀營業員承辦經紀業務亦須具有基本專業知識、能力,以維護交易秩序及確保交易當事人權益,健全交易市場。乃規定經中央主管機關(內政部)指定之單位舉辦不動產經紀營業員測定合格,或經不動產經紀人考試或檢覈合格者,得充任經紀營業員。不動產經紀營業員之測定辦法(詳參閱本章附件),由中央主管機關定之(本條例第十三條第三項)。

公務員考試法第十五條以下及專門職業及技術人員考試法第十一條以下規定,須具備一定之學歷或證照方得參加考試或檢覈。不

動產經紀營業員測定方式及科目，依內政部訂定之「不動產經紀營
業員測定辦法」所定。

二、經紀人證書之請領及經紀營業員經驗認定

㈠經紀人請領證書條件

　　經紀人雖經不動產經紀人考試及格，但為使經紀人確能勝任經
紀業務及領導經紀營業員，需具備一年以上經紀營業員經驗，始得
請領經紀人證書，爰規定：經不動產經紀人考試及格者，應具備一
年以上經紀營業員經驗，始得向直轄市或縣（市）政府請領經紀人
證書（本條例第十四條第一項）。

　　依本條例施行細則第十五條：請領不動產經紀人證書，應檢附
下列文件，向戶籍所在地直轄市或縣（市）主管機關申請之：⑴申
請書。⑵身分證明文件影本。⑶申請人最近一年內直四公分、寬二
點八公分正面脫帽半身相片一式二張。⑷不動產經紀人考試及格證
書及其影本。⑸一年以上經紀營業員經驗證明文件及其影本。直轄
市或縣（市）主管機關受理前項申請，經審查合於規定者，應發給
不動產經紀人證書，並退還前項第四款及第五款文件原本；不合規
定者，應通知其於十五日內補正，屆期未補正者，駁回其申請，並
退還前項第二款至第五款文件。

　　依本條例施行細則第十六條：外國人請領不動產經紀人證書，
應檢附依本條例第三十八條第二項經中央主管機關許可之證明文件
及前條第一項各款文件，向居留地直轄市或縣（市）主管機關申請
之。

㈡經紀營業員經驗認定

　　1.取得經紀營業員資格並附有仲介或代銷業務所得扣繳資料證
明者。

　　2.本條例施行前已實際從事仲介或代銷業務有所得扣繳資料證

明者。

三、不得充任經紀人之消極資格及證書撤銷情形

不動產經紀人經辦不動產仲介或代銷業務直接關係交易當事人之財產權益，應具備法律行為能力、良好品德及健全身心，爰明定其消極資格：經紀人有以下情形之一者，不得充任經紀人，已充任者，撤銷其證書，(1)無行為能力或限制行為能力，(2)受破產之宣告尚未復權，(3)犯詐欺、背信、侵占罪、性侵害犯罪防治法第二條所定之罪、組織犯罪防制條例第三條第一項、第二項、第六條、第九條之罪，經受有期徒刑一年以上刑之宣告確定，尚未執行完畢或執行完畢或赦免後未滿三年者。但受緩刑宣告者，不在此限，(4)受感訓處分之裁定確定，尚未執行完畢或執行完畢後未滿三年者，(5)撤銷經紀人員證書處分未滿五年者(本條例第十四條第三項、第六條)。

四、經紀人證書更新方式及要件

經紀人負責執行仲介或代銷業務，應以專業知識監督、指導經紀營業員，對於日新月異之專業知識，應不斷進修精進，乃參照美日「證照更新」制度，明定經紀人證書更新方式、要件，以維其專業素質。故規定經紀人證書有效期限為四年，期滿時，經紀人應檢附其於四年內在中央主管機關認可之機構、團體完成專業訓練三十個小時以上之證明文件，向直轄市或縣 (市) 政府辦理換證。機關、團體及訓練課程認可辦法，由中央主管機關定之(本條例第十五條)。

依本條例施行細則第十八條：經紀人未依規定辦理換發證書，或申請換發證書被駁回，其原證書有效期間屆滿者，由原核發機關註銷原證書，並通知當事人、其任職經紀業所在地直轄市或縣 (市) 主管機關及該經紀業所屬之同業公會全國聯合會。

本條例施行細則第十九條：經紀人證書經依前條規定註銷後，

重新申請核發者，應檢附相關文件（本條例施行細則第十五條第一項第一款至第四款文件），及最近四年內完成專業訓練三十個小時以上之證明文件原本及其影本，向原核發機關申請之。直轄市或縣(市)主管機關受理前項申請後，準用第十五條第二項規定辦理。

　　本條例施行細則第二十條：經紀人證書損壞或滅失，申請換發或補發者，應敘明其損壞或滅失之原因，檢附相關文件（本條例施行細則第十五條第一項第一款至第四款文件），向原核發機關申請之。直轄市或縣（市）主管機關受理前項申請後，準用第十五條第二項規定辦理。

五、經紀人專任制及例外

　　為便利經紀業及經紀人員之管理，經紀人員應專任一家經紀業，並不得為自己或他經紀業執行經紀業務。但經所屬經紀業同意為他經紀業執行業務者，不在此限（本條例第十六條）。

　　行政院草案第十四條規定仲介人員應專任一營業處所並不得為自己或他仲介業執行仲介業務。立法院審查會放寬條件，增加但書規定：經所屬經紀業同意為他經紀業執行業務者，不在此限。

六、不得僱用未具備經紀人員資格者從事經紀業務

　　不動產經紀人員執行經紀業務，直接關係交易當事人權益，其需具備基本專業知識、能力及良好品德、健全身心、法律行為能力，依前所述應經不動產經紀人員考試，或檢覈或測定合格，方得充任不動產經紀人員（本條例第十三、十四、十五條），故規定經紀業不得僱用未具備經紀人員資格者從事仲介或代銷業務（本條例第十七條），以落實證照制度、維護當事人權益，建立交易安全秩序，健全交易市場。

本章附件

不動產經紀營業員測定辦法

內政部八十八年十月二十日臺（八八）內地字第八八九三八五五號令

第一條

　　本辦法依不動產經紀業管理條例第十三條第三項規定訂定之。

第二條

　　中華民國國民年滿十八歲，得參加經內政部指定單位舉辦之不動產經紀營業員測定（以下簡稱本測定）。

　　前項規定於外國人準用之。

第三條

　　申請參加本測定者，應以通訊方式繳交下列費件：

一、報名表。

二、身分證明文件。

三、報名費。

四、申請人最近一年內直四公分、寬二點八公分正面脫帽半身相片二張。

五、其他經內政部指定之有關文件。

　　前項第二款文件，為中華民國國民者，應繳國民身分證影本；為華僑者，應繳僑務機關或僑居地使領館或經政府認可之當地機構、華僑團體出具之僑居證明；為外國人者，應繳其護照有關列載英文姓名、出生年月日期等基本資料及貼附相片部分之影本。

　　第一項第三款費額，由內政部定之。

第四條

　　參加本測定者所繳書件，經查明係偽造或變造者，應不准其應考；其已應考者，應考成績無效。冒用身分者，亦同。

第五條

本測定以選擇題之測驗方式為之，分下列二科，每科一百題，每題一分，以平均六十分以上為合格：

一、不動產基本法規：包括民法總則編及債編、土地法、土地稅法、契稅條例及房屋稅條例。

二、不動產經紀法規：包括不動產經紀業管理條例及其施行細則、公平交易法、消費者保護法、內政部訂定之不動產交易契約書範本與不動產說明書應記載及不得記載事項。

第六條

本測定得分區辦理；其地點、日期等事項，由內政部於測定日二個月前公告。

第七條

經本測定合格者，由內政部發給不動產經紀營業員測定合格證書。

第八條

以詐術或其他非法之方法參加本測定，使測定發生不正確之結果者，其成績無效；已核發測定合格證書者，撤銷之。

第九條

本辦法所需書表格式，由內政部定之。

第十條

本辦法自發布日施行。

第四章　業務及責任

一、揭示相關證照及文件義務

為利民眾辨認、查閱及主管機關之管理，經紀業應將仲介或代銷相關證照及許可文件，連同經紀人證書揭示於營業處所明顯之處。其為加盟經營者，應併標明之（本條例第十八條）。

行政院草案第十八條：「仲介業之名稱，應標明房地產仲介字樣，並應將其仲介業證照或許可文件連同仲介人員合格證書揭示於營業處所明顯之處」。立法院審查會刪去了仲介業之名稱，應標明房地產仲介字樣。增加了「其為加盟經營者，應併標明之」。因此加盟他經紀業經營體系者，使用他經紀業之商標、服務標章、營運方式時，應標明本身係加盟經營者，而非他經紀業之分公司或分營業處所、商號。以利民眾及交易當事人辨認之。

依本條例施行細則第二十一條：經紀業應依本條例第十八條及第二十條規定，於營業處所明顯之處，揭示下列文件：㈠經紀業許可文件。㈡公司執照或營利事業登記證。㈢同業公會會員證書。㈣不動產經紀人證書。㈤報酬標準及收取方式。前項第一款至第四款文件，得以影本為之。第一項第五款規定，於代銷經紀業不適用之。

本條例施行細則第二十二條：經紀業係加盟經營者，應於廣告、市招及名片等明顯處，標明加盟店或加盟經營字樣。

二、收取差價或其他報酬之禁止及加倍返還

為杜絕交易當事人因缺乏充分之市場資訊及健全的估價系統而

被收取超價報酬之情事發生，爰明定經紀業或經紀人員不得收取差價或其他報酬，違反者，其已收取之差價或其他報酬應於加計利息後加倍返還支付人（本條例第十九條第一項前段、第二項），如經紀人員收取差價或其他報酬，應予六個月以上三年以下之停止執行業務處分，受停止執行處分累計達五年以上者，撤銷其經紀人員證書（本條例第三十一條第一項第二款，第二項）。經紀業收取差價或其他報酬，處新臺幣六萬元以上三十萬元以下罰鍰（本條例第二十九條第一項第二款）。

三、仲介報酬標準、收取方式及揭示

仲介業務屬代理、居間性質，應收取合理之報酬，故規定經營仲介業務者，應依實際成交價金或租金，按中央主管機關規定之報酬標準計收（本條例第十九條第一項），並應揭示報酬標準及收取方式，在營業處所明顯之處（本條例第二十條）。

四、廣告、銷售之前提與義務

為防止虛偽不實或引人錯誤廣告，保障交易當事人之權益，經紀業與委託人簽委託契約書後，方得刊登廣告及銷售（本條例第二十一條第一項），其廣告及銷售內容應與事實相符，並註明經紀業名稱（本條例第二十一條第二項），以利交易當事人辨別，以明不動產廣告刊登事項之責任及消費者權利行使。如廣告及銷售內容與事實不符者，應負損害賠償責任（本條例第二十一條第三項）。所謂廣告及銷售內容與事實不符者，係指廣告或銷售內容虛偽不實或引人錯誤致交易當事人受有損害而言，並非廣告或銷售內容與事實一有不符，即應負損害賠償；有些廣告及銷售內容雖與事實不符，然一般消費大眾並不會因之而受欺騙、誤認、誤導等，公平法不會對其禁止或處罰，例如麻辣牛肉麵之廣告，其香辣程度令人冒火、冒煙廣

告，雖與事實不符，仍不失令消費者印象深刻而有創意之廣告。

　　廣告媒體明知或可得而知其所傳播或刊載之廣告有引人錯誤之虞，仍予傳播或刊載，應與廣告主負連帶損害賠償責任。廣告代理業在明知或可得而知情形下，仍製作或設計有引人錯誤之廣告，應與廣告主負連帶損害賠償責任（公平交易法第二十一條第四項）。

五、重要文件應經經紀人簽章

　　為保障交易當事人之權益，在仲介或代銷過程中，重要文件應經經紀人簽章；有關不動產說明書內容至關仲介或代銷交易當事人重要權利、義務。由中央主管機關就其應記載及不得記載事項予以明定之（消費者保護法第十七條第一項：中央主管機關得選擇特定行業，公告規定其定型化契約應記載或不得記載事項，目前內政部與消費者保護委員會協商擬定有⑴預售屋、預售車位買賣契約書範本，⑵房地產委託銷售契約書範本，⑶個人購屋契約範本）。俾交易秩序之建立，避免侵害交易相對人權益或違法無效情形。

　　應經經紀人簽章之文件有⑴不動產出租、出售委託契約書，⑵不動產承租、承購要約書，⑶定金收據，⑷不動產廣告稿，⑸不動產說明書，⑹不動產租賃、買賣契約書（本條例第二十二條第一項）。關於⑴不動產出租、出售委託契約書，⑵不動產承租、承購要約書，於經營代銷業務者不適用之（本條例第二十二條第二項）。

　　應注意者是依本條例施行細則第二十四條：不動產之買賣、互易、租賃或代理銷售，非由經紀業仲介或代銷者，不適用本條例第二十二條第一項之規定。

六、不動產說明書簽章、公開

　　不動產說明書主要在說明該不動產之狀況及相關參考資料，故應由委託人簽名確認，同時為使交易過程透明化，防杜糾紛，故應

對交易相對人公開不動產說明書內容,如對內容有疑義,經紀人員應對其解說(本條例第二十三條)。

七、不動產說明書交付、簽章及視為契約書一部

不動產說明書係仲介或代銷過程中重要文件,同時為保障交易當事人之權益,明確當事人權責,不動產說明書於雙方當事人簽訂租賃或買賣契約書時,應由與委託人交易之相對人在不動產說明書上簽章,並視為租賃或買賣契約書之一部分(本條例第二十四條)。

八、收受有關文件應掣給收據

依本條例施行細則第二十三條:經紀人員收受委託人或與委託人交易之相對人之有關文件,應掣給收據。

九、經紀人員保密義務

為確保交易當事人之私權、產業利益等目的,經紀人員對於因業務知悉或持有之他人秘密,不得無故洩漏(本條例第二十五條)。依法令或契約有守因業務知悉或持有工商秘密之義務,而無故洩漏之者,處一年以下有期徒刑、拘役或一千元以下罰金(刑法第三一七條)。無故洩漏因利用電腦或其他相關設備知悉或持有他人之秘密者,處二年以下有期徒刑、拘役或五千元以下罰金(刑法第三一八條之一)。刑法第三一八條之二,利用電腦或其相關設備犯第三一六條至第三一八條之罪者,加重其刑至二分之一。

十、經紀業賠償責任、連帶賠償責任

鑒於不動產交易糾紛層出不窮,交易當事人受害情形屢見不鮮,雖民法第一八四條、第一八八條對此情形有予規範,唯仍對委託人保護不周之處,為進一步保護交易受害當事人,爰明定因可歸責於

經紀業之事由不能履行委託契約，致委託人受損害時，由該經紀業負賠償責任。經紀業因經紀人員執行仲介或代銷業務之故意或過失致交易當事人受損害者，該經紀業應與經紀人員負連帶賠償責任(本條例第二十六條第一項、第二項)。民法第一八八條第一項：受僱人因執行職務，不法侵害他人之權利者，由僱用人與行為人連帶負損害賠償責任。但選任受僱人及監督其職務之執行，已盡相當之注意或縱加以相當之注意而仍不免發生損害者，僱用人不負賠償責任。有關民法本條項但書規定（即衡平責任於有關經紀業因經紀人員之侵權行為造成交易當事人受損害者）不適用。亦即經紀業不能舉證其選任經紀人員及監督其職務之執行已相當之注意或縱加以相當之注意而不負賠償責任。

十一、基金管理委員會調處義務

受害人救濟途徑不僅只有訴訟一途，為達簡省興訟之勞煩、專業判斷曲直是非功能，亦可透過和解、調解、仲裁之途徑，爰規定受害人向中華民國不動產仲介經紀業或代銷經紀業同業公會全國聯合會請求代為賠償時，視為已向基金管理委員會申請調處，基金管理委員會應即進行調處（本條例第二十六條第三項）。本條例未對調處辦法授權中央主管機關制定，似有疏漏之處。

所謂和解有一般和解與訴訟上和解，前者乃依民法第七三六條規定，當事人約定，互相讓步，以終止爭執或防止爭執發生之契約。後者依民事訴訟法第三七七條：法院不問訴訟程度如何，如認有成立和解之望者，得於言詞辯論時，或使受命推事或受託推事，試行和解，所達成之和解。

調解可分法院調解、鄉鎮市調解及消費爭議調解，法院調解係依民事訴訟法第四〇五條，訴訟當事人得於起訴前，聲請調解或依同法第四〇六條當事人聲請行調解之，法院調解其效力與確定判決

有同一之效力。鄉鎮市調解則依鄉鎮市調解條例第十條得當事人同意，進行調解。依同條例第二十四條第二項：經法院核定之民事調解，與民事確定判決有同一之效力。有關消費爭議調解，請參閱本書第四篇消費者保護法第五章消費爭議之處理。

所謂仲裁，依商務仲裁條例第一條：凡有關商務上現在或將來之爭議，當事人得依本條例訂立仲裁契約，約定仲裁人一人或單數之數人仲裁之。前項約定應以書面為之。依同條例第二十一條第一項仲裁人之判斷，於當事人間，與法院之確定判決，有同一之效力。

十二、受害人請求營業保證基金賠償要件

營業保證基金設置之目的乃在保障交易當事人在受損害時能得到賠償，亦即若仲介業或代銷業或因經紀人員未賠償或未完全賠償其受損害時，受害人在取得對該經紀業或經紀人員之(1)執行名義，(2)仲裁成立之協議、判斷、調解書，(3)基金管理委員會之決議支付後，向中華民國不動產仲介經紀業或代銷經紀業同業公會全國聯合會請求就該經紀業繳存營業保證金及提供擔保總額內代為賠償。

如該經紀業繳存營業保證金及其提供金融機構擔保函總額未達中央主管機關規定之數額時，中華民國不動產仲介經紀業或代銷經紀業同業公會全國聯合會，即應通知該經紀業於一個月補繳（第二十六條第四項、第八條第四項）。

十三、經紀業受檢查義務

不動產經紀業營業內容、方式，影響交易市場之穩定與發展，且與交易相對人之權利義務息息相關，為管理不動產經紀業，建立不動產交易秩序，保障交易者權益及健全不動產交易市場發展，乃明定主管機關檢查經紀業之業務，經紀業有受檢義務，不得拒絕（本條例第二十七條）。

　　依本條例施行細則第二十五條：經紀業執行業務過程，應記錄其辦理情形。主管機關得查詢或取閱經紀業執行業務有關紀錄及文件，並得限期令所轄區域內之經紀業及外縣市經紀業於所轄區域內設立之營業處所，提出本條例施行細則第五條第二款至第五款文件或其他業務執行之相關資料、說明書，經紀業不得規避、妨礙或拒絕。

本章附件

壹、房地產委託銷售契約書範本（新修正版）

中華民國八十六年六月十四日內政部臺（八六）內地字第八六○五六四七號公告頒行

中華民國八十七年八月十九日內政部臺（八七）內地字第八七九○三三四號公告修正頒行

契約範本使用說明注意事項

一、適用範圍

本契約範本適用於成屋及中古屋所有權人將其房屋委託房屋仲介公司銷售時之參考，本契約之主體應為企業經營者（即仲介公司），由其提供予消費者使用（即委託人）。惟消費者與仲介公司參考本範本訂立委託銷售契約時，仍可依民法第一百五十三條規定意旨，就個別情況磋商合意而訂定之。

二、關於仲介業以加盟型態或直營型態經營時，在其廣告、市招及名片上加註經營型態之規定。

依據行政院公平交易委員會八十四年九月六日第二○四次委員會議決議內容如下：

㈠本案情形經八十四年三月二十四日與八十四年七月二十八日兩次邀請業者、專家進行座談溝通，結論為目前仲介業以加盟型態經營而未標示「加盟店」之情形甚為普遍，關於加盟店之仲介公司應於廣告、市招及名片上加註「加盟店」字樣，與會業者皆表示願意配合……。

㈡應請房屋仲介業者於本（八十四）年十二月三十一日前在廣告、市招、名片等明顯處加註「加盟店」字樣，以使消費者能清楚分辨提供仲介服務之行為主體，至於標示方式原則上由房屋仲介業者自行斟酌採行。

三、有關委託銷售契約書之性質

目前國內仲介業所使用之委託銷售契約書有兩種，即專任委託銷售契約

書及一般委託銷售契約書，如屬專任委託銷售契約書則有「在委託期間內，不得自行出售或另行委託其他第三者從事與受託人同樣的仲介行為」之規定，反之，則屬一般委託銷售契約書；依本範本第十一條第一款第一目之規定，本範本係屬專任委託銷售契約書性質。

四、有關服務報酬之規定

　　本範本第五條服務報酬額度，應由市場機能來決定其比例，本範本不宜統一規定。

五、消費爭議之申訴與調解

　　因本契約所發生之消費爭議，依消費者保護法第四十三條及第四十四條規定，買方得向賣方、消費者保護團體或消費者服務中心申訴；未獲妥適處理時，得向房地所在地之直轄市或縣（市）政府消費者保護官申訴；再未獲妥適處理時，得向直轄市或縣（市）消費爭議調解委員會申請調解。

房地產委託銷售契約書

契約審閱權

本契約於中華民國　年　月　日經委託人攜回審閱（契約審閱期間至少為三日）。

委託人簽章：

受託人簽章：

受託人　　　　　　　公司接受委託人　　　　　之委託仲介銷售下列房地產，經雙方磋商後合意訂定條款如下，以資共同遵守：

第一條　（房地產標示）

一、土地標示（詳如登記簿謄本）：

所有權人	縣市	市區鄉鎮	段	小段	地號	地類別（或非都市土地使用）	都市計畫使用分區	面積（平方公尺）	有無設定抵押權、查封登記或其他物權之設定	有無租賃或占用之情形	權利範圍

二、建築改良物標示（詳如登記簿謄本）：

所有權人	縣市	市區鄉鎮	路街	段	巷	弄	號	樓	建築物完成日期	面積（平方公尺）			建號	權利範圍	有無設定抵押權、查封登記或其他物權之設定	有無租賃或占用之情形
										主建物	附屬建物	共同使用				
									民國　年　月　日							

三、車位標示（詳如登記簿謄本）：

本停車位屬：

☐法定停車位　　　　　　　　☐平面式停車位

☐自行增設停車位為地上（面、下）第　層

☐獎勵增設停車位　☐機械式停車位　☐其他（車位情況自行說明）。

編號第　號車位

☐有土地及建築改良物所有權狀。

　　☐有建築改良物所有權狀（土地持分合併於區分所有建物之土地面

　　　　　　　　　　積

　　　　　　　　　　內）。

☐共同所有使用部分。

（如有停車位之所有權及使用權之約定文件，應檢附之。）

四、願意附贈買方設備項目計有：

☐燈飾　　　　☐床組　　　☐梳妝臺　　☐窗簾

☐熱水器　　　☐冰箱　　　☐洗衣機　　☐瓦斯爐

☐沙發組　☐冷氣臺　☐廚具式　☐電話線

☐其他

第二條　（委託銷售價格）

委託人願意出售之房地價格為新臺幣　　　　元整，車位價格為新臺幣　　　元整，合計新臺幣　　　元整。本委託售價得經委託人及受託人雙方以書面同意調整之。

第三條　（委託銷售期間）

委託銷售期間自民國　年　月　日起至　年　月　日止為期　天。本委託期間得經委託人及受託人雙方以書面同意延長之。

第四條　（付款方式及應備文件）

1.委託人同意付款方式及應備文件如下：

付款方式	付款期	委託人應備證件
第一期 （簽約款）	新臺幣　　元整 （即總價款　　%）	應攜帶國民身分證及印章並交付土地建築改良物所有權狀正本

第二期 （備證款）	新臺幣　　　　　元整 （即總價款　　　%）	應攜帶印鑑章並交付印鑑證明、身分證明文件及稅單
第三期 （完稅款）	新臺幣　　　　　元整 （即總價款　　　%）	土地增值稅繳納證明文件、契稅繳納收據（應加蓋查無欠稅費戳記）
第四期 （交屋款）	新臺幣　　　　　元整 （即總價款　　　%）	房屋鑰匙及水電、瓦斯、管理費收據等

   2.委託人同意受託人為促銷起見，配合買方協辦金融機構貸款，此一貸款視同交屋款部分。

   3.委託人設定抵押權部分，同意在買方設定抵押權後撥款前儘速塗銷或協議由買方承擔或代清償之。

第五條　（服務報酬）

   1.受託人於買賣成交時，得向委託人收取服務報酬，其數額為實際成交價額之千分之　　　。

   2.前項受託人之服務報酬，委託人於與買方簽訂買賣契約時，支付服務報酬百分之　　　予受託人，餘百分之　　　於交屋時繳清。

第六條　（委託人之義務）

   1.於買賣成交時，稅捐稽徵機關所開具以委託人為納稅義務人之稅費，均由委託人負責繳納。

   2.簽約代理人代理委託人簽立委託銷售契約書者，應檢附所有權人之授權書及印鑑證明交付受託人驗證並影印壹份，由受託人收執，以利受託人作業。

   3.委託人應就房地產之重要事項簽認於房地產標的現況說明書（其格式如附件一），委託人對受託人負有誠實告知之義務，如有虛偽不實，由委託人負法律責任。

   4.簽訂本契約時，委託人應提供本房地產之土地、房屋所有權狀影本及國民身分證影本，並交付房屋之鑰匙等物品予受託人，如有使用執照

影本及管路配置圖等，一併提供。

第七條　（受託人之義務）

1. 受託人於簽約前，應據實提供該公司近三個月之成交行情，供委託人訂定售價之參考。

2. 受託人受託仲介銷售所做市場調查、廣告企劃、買賣交涉、諮商服務、差旅出勤等活動與支出，除有第十條之規定外，均由受託人負責，受託人不得以任何理由請求委託人補貼。

3. 受託人對委託人所簽認之房地產標的現況說明書，負有誠實告知買方之義務，如有隱瞞不實，由受託人自負一切法律責任，因而致委託人損害者，受託人應負賠償責任。

4. 如買方簽立「要約書」（如附件二），受託人應即將該要約書轉交委託人，不得隱瞞或扣留。

5. 受託人應隨時依委託人之查詢，向委託人報告銷售狀況。

6. 契約成立後，委託人□同意□不同意　　　　　授權受託人代為收受買方支付之購屋定金。

7. 受託人應於收受定金後廿四小時內送達委託人。但如因委託人之事由致無法送達者，不在此限。

8. 有前款但書情形者，受託人應於二日內寄出書面通知表明收受定金及無法送達之事實通知委託人。

9. 受託人於仲介買賣成交時，為維護交易安全，得協助辦理有關過戶及貸款手續。

10. 受託人應委託人之請求，有提供相關廣告文案資料予委託人參考之義務。

第八條　（受領定金之效力）

1. 買方支付定金後，如買方違約不買，委託人得沒收定金；如委託人違約不賣，應加倍返還買方所支付之定金。

2. 委託人依前款所受領之定金，因買方違約不買，委託人得沒收定金，並應支付該沒收定金之百分之　　予受託人，以作為該次委託銷售服務之支出費用，且不得就該次再收取服務報酬。

第九條　（買賣契約之簽定及產權移轉）

受託人依本契約仲介完成時，委託人應與受託人所仲介成交之買方另行簽定「房地產買賣契約書」，並由委託人及買方共同協商指定土地登記專

業代理人，辦理一切產權過戶手續。

第十條 （委託人終止契約之責任）

本契約非經雙方書面同意，不得單方任意變更之；如尚未仲介成交前因可歸責於委託人之事由而終止時，委託人應支付受託人必要之仲介銷售服務費用，本項費用視已進行之委託期間等實際情形，由受託人檢據向委託人請領之。但最高不得超過第五條原約定服務報酬之半數。

第十一條 （違約之處罰）

一、委託人如有下列情形之一者，視為受託人已完成仲介之義務，委託人仍應支付委託銷售價格百分之 服務報酬，並應全額一次付予受託人：

1.委託期間內，委託人自行將本契約房地產標的物出售或另行委託第三者仲介者。

2.簽立書面買賣契約後，因可歸責於委託人之事由而解除買賣契約者。

3.受託人已提供委託人曾經仲介之客戶名單，而委託人於委託期間屆滿後二個月內，逕與該名單內之客戶成交者。但經其他房地產仲介服務公司仲介成交者，不在此限。

二、受託人違反第七條第三款、第四款或第七款情形之一者，委託人得解除本委託契約。

第十二條 （廣告張貼）

委託人□同意 □不同意 受託人於本房地產標的物上張貼銷售廣告。

第十三條 （通知送達）

委託人及受託人雙方所為之徵詢、洽商或通知辦理事項，如以書面通知時，均依本契約所載之地址為準，如任何一方遇有地址變更時，應即以書面通知他方，其因拒收或無法送達而遭退回者，均以郵寄日視為已依本契約受通知。

第十四條 （疑義之處理）

本契約定型化條款如有疑義時，應依消費者保護法第十一條第二項規定，為有利於委託人之解釋。

第十五條 （合意管轄法院）

因本契約發生之消費訴訟，雙方同意以房地產所在地之地方法院為第一審管轄法院。

第十六條　（附件效力及契約分存）

　　本契約之附件一視為本契約之一部分。本契約壹式貳份，由雙方各執乙份為憑，並自簽約日起生效。

第十七條　（未盡事宜之處置）

　　本契約如有未盡事宜，依相關法令、習慣及平等互惠與誠實信用原則公平解決之。

附件一　房地產標的現況說明書

填表日期：　　　年　　　月　　　日

項次	內　　容	是否	備　註　說　明
1	是否有住戶規約	□ □	檢附住戶規約供參考。
2	請說明法定停車位、屋頂平臺或地下室等約定使用或習慣使用方式	□ □	說明：
3	是否有滲漏水情形： □屋頂、外牆、窗框部分 □冷熱水管部分 □浴室漏水、滲水部分 □前、後陽臺及廚房地面滲水 □其他漏水、滲水部分	□ □ □ □ □ □ □ □ □ □ □ □	□現況交屋 □修繕後交屋 □滲漏水情形說明： □因樓上裝潢等導致水管破裂 □因年久失修導致水管耗損 □其他情形（說明：　　　　）
4	是否曾經做過海砂屋檢測	□ □	檢測日期：　　　年　　　月　　　日（請附檢測證明文件） 檢測結果： （標準值：含氯量 0.6KG/m3 以下） 含氯程度： □嚴重 □輕微 □尚屬堪用

5	是否曾經做過輻射屋檢測	□□	檢測日期： 年 月 日（請附檢測證明文件） 檢測結果： （標準值：年劑量五毫西弗以下） 輻射程度： □嚴重 □輕微 □輻射劑量尚符安全堪用屋
6	是否有損鄰狀況	□□	
7	是否曾發生過凶殺或自殺致死案	□□	
8	是否位於政府徵收預定地內	□□	公用徵收說明：
9	是否有改建、違建、禁建或糾紛之情事	□□	說明： 若為違建（未依法申請增、加建之建物），買方應充分認知此範圍隨時有被拆除之虞或其他危險。其面積約 平方公尺（ 坪）。
10	是否曾被列為危險建築	□□	
11	是否有管理委員會統一管理是否欠繳管理費	□□	管理費： 元／月 （季、年） 收取方式： □月繳□季繳□年繳□其他欠繳管理費共計：
12	是否使用自來水廠提供之自來水	□□	
13	是否使用天然瓦斯	□□	

14	委託人是否為所有權人	☐☐	若委託人非所有權人，請提出所有權人之特別授權證明文件。
15	是否設有抵押權	☐☐	第一順位抵押權人： 第二順位抵押權人： 第三順位抵押權人：
	有無未償本金 有無欠繳利息及違約金	☐☐ ☐☐	截至　年　月　日時止 未償本金共計新臺幣　　元 欠繳利息共計新臺幣　　元 繳違約金共計新臺幣　　元
16	水管或馬桶等排水有無阻塞	☐☐	
17	賣方願否附贈買方設備	☐☐	☐燈飾☐床組☐梳妝臺☐窗簾 ☐熱水器☐冰箱☐洗衣機 ☐瓦斯爐☐沙發　組 ☐冷氣　臺☐廚具　式 ☐電話　線☐其他
18	其他重要事項：	☐☐	

※注意：買方對本房地產是否為海砂屋或輻射屋有疑義時，應於簽訂契約後支付第二期款前（或一個月內）自行檢測之；買方（檢測人員）為前項之檢測時，賣方不得拒絕其進入。

委託人確認簽章：　　　　　　　　　　受託人確認簽章：

附件二　要約書

本要約書及其附件（房地產標的現況說明書、房地產產權說明書及出售條款）於中華民國　　年　　月　　日經買方攜回審閱日。（契約審閱期間至少為三日）

買方簽章：

立要約書人　　　　　　　（以下簡稱買方）經由　　　　　　公司仲介購買下列房屋及其基地持分，買方願依下列條件承購上開房地產，爰特立此要約書，並同意依下列條款簽立買賣契約：

第一條　（買賣標的）

一、房屋坐落：　　　　市（縣）　　　區（鄉、鎮、市）
　　　路（街）　段　巷　弄　號　樓之　。房屋面積共計
　　　　　　平方公尺（　坪）。　包含：

㈠主建物面積計　　　平方公尺（　　坪）

㈡附屬建物面積計　　　平方公尺（　　坪）

㈢共同使用部分權利範圍　　　　，持分面積計　　　平方公尺
　　（　坪）

二、土地坐落：
　　　　市（縣）　　區（鄉、鎮、市）　　段　　小段
　　地號　等　筆土地，使用分區為都市計畫內　　區（或非都市土地使用編定為　　區　用地），權利範圍　　，持分面積共計　　平方公尺（　坪）。

三、車位標示：

㈠車位屬性：

　　本停車位屬：

　　□法定停車位　□機械式（升降式）　□自行增設停車位為地上（面、下）第　層，編號第　號車位。□獎勵增設停車位　□平面式（坡道式）停車位　□其他（請說明）

㈡車位登記狀況：

　　□有土地及建築改良物所有權狀。

□有建築改良物所有權狀（土地持分合併於區分所有建物之土地面積
　　　　　　　　　　　內）。

□屬共同使用部分。

第二條　（承購總價款、付款條件及其他要約條件）

　一、承購總價款及付款條件：

項　目

金　額（新臺幣：　　　　元）

承購總價款　　　　　　　　　　　　　　　元整

付款條件　　　　　　　　　　　　　　　　元整

第一期（頭期款）　　　　　　　　　　　　元整

第二期（備證款）　　　　　　　　　　　　元整

第三期（完稅款）　　　　　　　　　　　　元整

第四期（交屋款）　　　　　　　　　　　　元整

貸　款　　　　　　　　　　　　　　　　　元整

　二、其他要約條件：

　1.若賣方於本房地產有設定抵押權時，買方得於前款應交付價款中抵銷
　　賣方設定抵押權所擔保之債權、利息及違約金之金額；抵押債權、利
　　息及違約金之金額合計超過買方交付價款時，賣方應負返還責任。

　2.買方其他要約條件：

　　　_____

　　　_____

　　　_____

第三條　（預約之成立）

　1.本要約書須經賣方親自記明承諾時間及簽章並送達買方時，契約始成
　　立生效，雙方應履行簽立本約之一切義務。但賣方將要約擴張、限制
　　或變更而為承諾時，視為拒絕原要約而為新要約，須再經買方承諾並
　　送達賣方時，預約始為成立生效。本要約書須併同其附件送達之。

　2.賣方或其受託人（仲介公司）所提供之房地產產權說明書及房地產標

的現況說明書，為本要約書之一部分。

第四條 （要約撤回權）

1. 買方於第七條之要約期限內有撤回權。但賣方已承諾買方之要約條件，並經受託人（仲介公司）送達買方者，不在此限。

2. 買方於行使撤回權時應以郵局存證信函送達，或以書面親自送達賣方，或送達至賣方所授權本要約書末頁所載　　　　公司地址，即生撤回效力。

第五條 （簽訂房地產買賣契約書之期間及違約處罰）

本要約書成立生效之日起　　日內，買賣雙方應於共同指定之處所，就有關稅費及其他費用之負擔、土地登記專業代理人之指定、付款條件、貸款問題、交屋約定及其他相關事項進行協商後，簽訂房地產買賣契約書。除雙方因買賣契約之內容無法合意外，買方或賣方如有一方不履行訂立本約之義務時，應支付他方買賣總價款百分之三以下之損害賠償金額。

第六條 （要約之生效）

本要約書及其附件壹式肆份，由買賣雙方及　　　　公司各執乙份為憑，另一份係為買賣雙方要約及承諾時之憑據，並自簽認日起即生要約之效力。

第七條 （要約之有效期間）

買方之要約期間至民國　年　月　日　時止。但要約有第三條第一款但書之情形時，本要約書及其附件同時失效。

買方：　　　　　　　（簽章）　　　　　　（仲介公司於收受買方

於　年　月　日　時簽訂本要約書。　　　之要約書時，應同時於

電話：　　　　　　　　　　　　　　　　　空白處簽名並附註日期

地址：　　　　　　　　　　　　　　　　　及時間）

國民身分證統一編號：

賣方：　　　　　　　（簽章）　　　　　　（仲介公司於賣方承諾

於　年　月　日　時同意本要約書　　　　要約條件後送達至買方

內容並簽章。　　　　　　　　　　　　　　時，應同時於空白處簽

　　　　　　　　　　　　　　　　　　　　名並附註日期及時間）

※賣方如有修改本要約書之要約條件時，應同時註明重新要約之要約有效期
　限。

電話：

地址：

國民身分證統一編號：

要約受託人：

房屋仲介股份有限公司（　　　　店）□加盟店　□直營店

地址：

服務電話：

總公司地址：

服務電話：

營利事業登記證：（　　　　）字第　　　　號

代表人：

承辦人：

國民身分證統一編號：

中華民國　　年　月　　日　　時

貳、預售屋買賣契約書範本

中華民國八十五年二月十六日內政部臺（八五）內地字第八五七三六五四號
函頒行

中華民國八十五年八月十二日內政部臺（八五）內地字第八五八○五三一號
函公告修訂

中華民國八十九年三月二十七日內政部臺（八九）內中地字第八九七九○一
三號函公告修訂（行政院消費者保護委員會第六十六次委員會議通過）

契約審閱權

　　本契約於中華民國＿＿＿年＿＿＿月＿＿＿日經買方攜回審閱＿＿＿日
　　（契約審閱期間至少五日）

買方簽章：

賣方簽章：

預售屋買賣契約書範本

立契約書人：買方：＿＿＿＿＿ 賣方：＿＿＿＿＿ 茲為
「　　　　　」房地買賣事宜，雙方同意訂定本買賣契約條款如下，以資
共同遵守：

第一條　（賣方對廣告之義務）

賣方應確保廣告內容之真實，本預售屋之廣告宣傳品及其所記載之建材
設備表、房屋及停車位平面圖與位置示意圖，為契約之一部分。

第二條　（房地標示）

一、土地坐落：

縣（市）　　鄉（鎮、市、區）　段　小段　地號
等　筆土地，面積共計　　平方公尺（　坪），使用分區為
都市計畫內　區（或非都市土地使用編定為　區　用地）。

二、房屋坐落：

同前述基地內「　　」編號第　棟第　樓第　戶（共計
戶），為主管建築機關核准　年　月　日第
號建造執照【建造執照暨核准之該戶房屋平面圖影本如附件一】。

三、車位部分：

（一）買方購買之停車位屬□法定停車位□獎勵增設停車位□自行增設停車
位為地上（面、下）第　層□平面式停車位□機械式停車位總停車
位　個，該停車位□有獨立權狀□無獨立權狀，編號第　號車位
　個，其車位規格為長　公尺，寬　公尺，高　公尺（可停
放長　公尺，寬　公尺，高　公尺之車輛），另含車道及其他必
要空間，面積共計　　平方公尺（　坪）。平面式停車位其誤差
在百分之二以下且長未逾十公分、寬未逾五公分，視為符合規格。但
機械式停車位其誤差在百分之一以下且長未逾五公分、寬未逾二公分
者，視為符合規格【建造執照核准之該層停車空間平面圖影本如附件
二】。

㈡買方購買之停車位屬自行增設或獎勵增設停車位者，雙方如應另訂該
　種停車位買賣契約書，其有關事宜悉依該契約約定為之。

第三條　（房地出售面積及認定標準）

一、房屋產權登記面積：

本房屋面積共計　　　　平方公尺（　　坪），包含：

㈠主建物面積計　　　　平方公尺（　　坪）。

㈡附屬建物面積（即竣工圖上之陽臺、平臺、雨遮及屋簷等）計
　　　　平方公尺（　　坪）。

㈢共同使用部分面積計　　　平方公尺（　　坪）。

二、土地面積：

買方購買「　　　」　　戶，其土地持分面積　　　平方公尺
（　　坪），應有權利範圍為　　　，計算方式係以地政機關核發建物
測量成果圖之主建物面積　　　平方公尺（　　坪）與區分所有
全部主建物總面積　　　平方公尺（　　坪）比例持分（註：或
以其他明確計算方式列明），如因土地分割、合併或地籍圖重測，則
依新地號、新面積辦理產權登記。

第四條　（共同使用部分項目、總面積及面積分配比例計算）

一、前條共同使用部分除法定停車位另計外，係指門廳、走道、樓梯間、
電梯間、電梯機房、電氣室、機械室、管理室、受電室、幫浦室、
配電室、水箱、蓄水池、儲藏室、防空避難室（未兼作停車使用）、
屋頂突出物、健身房、交誼室及依法令應列入共同使用部分之項目。
本「　　　」共同使用部分總面積計　　　平方公尺（　　坪）。

二、前款共同使用部分之權利範圍係依買受主建物面積與主建物總面積
之比例而為計算（註：或以其他明確之計算方式列明）。
本「　　　」主建物總面積計　　　平方公尺（　　坪）。

第五條　（房屋面積誤差及其價款找補）

一、賣方出售之房屋，其面積以地政機關登記完竣之面積為準，部分原
可依法登記之面積，倘因簽約後法令改變，致無法辦理產權登記時，
其面積應依公寓大廈管理條例第四十四條第三項之規定計算。

二、面積如有誤差，其誤差在百分之一以內者（含百分之一）買賣雙方
互不找補；惟其不足部分，如超過百分之一，則不足部分賣方均應
找補；其超過部分，如超過百分之一以上者，買方只找補超過百分

之一至百分之三之部分為限（即至多找補不超過百分之二），且雙方同意面積誤差之找補，係以土地與房屋價款之總數（車位如另行計價時，則不含車位價款）除以房屋面積所計算之平均單價，無息於交屋時一次結清。

三、面積如有誤差，其不足部分在百分之三以上，不能達契約預定之目的者，買方得解除契約。

第六條　（房地總價）

本契約房地總價（含車位價款　　佰　　拾　　萬仟元整）合計新臺幣仟　　佰　　拾　　萬仟元整。

一、土地價款：新臺幣　　仟　　佰　　拾　萬　　仟元整。

二、房屋價款：新臺幣　　仟　　佰　　拾　萬　　仟元整。

第七條　（付款條件及方式）

一、本契約付款辦法，買方應依已完成之工程進度（結構體部分，以申報為準，如有不能提出申報證明時，則應提出監造人建築師出具之查驗證明）所定之附件三付款明細表之規定，於接獲賣方書面繳款通知單七日內自行向賣方指定之繳納地點或金融機關專戶以現金或即期支票如數壹次繳清。惟每期付款間隔應不少於　　天。

二、依前款規定，如買方逾期達五日仍未繳清期款或已繳之票據無法兌現時，買方應加付按逾期期款部分每日萬分之五單利計算之遲延利息於補繳期款時一併繳付賣方，如逾期二個月或逾使用執照核發後一個月不繳期款或遲延利息，經賣方以存證信函或其他書面催繳，經送達七日內仍未繳者，雙方同意依第二十四條違約之處罰規定處理。但賣方同意緩期支付者，不在此限。

第八條　（地下層共同使用部分權屬）

一、本契約房屋地下室共　　層，總面積　　平方公尺（　　坪），除第四條所列地下層共同使用部分及依法令得為區分所有之標的者外，其餘由賣方依法令以法定停車位應有部分（持分）產權另行出售予本預售屋承購戶。

二、未購買法定停車位之承購戶，已充分認知本房地總價並不包括法定停車位之價款，且所購房屋坪數其地下室應有部分（持分）面積亦未含法定停車位之應有部分（持分）面積。除緊急避難及公共設施維修等共同利益之使用及其他法律之規定外，已確認並同意對本預

售屋之地下室法定停車位應有部分（持分），並無使用管理權等任何權利。

第九條　（屋頂使用權屬）

一、共同使用部分之屋頂突出物不得約定為專用，屋頂避難平臺應為共同使用部分，除法令另有規定外，不得作為其他使用；至於非屬屋頂避難平臺之樓頂平臺，其依主管機關核准約定專用時，應依中央主管機關所定規約範本制定之規約草約約定之。但經區分所有權人會議另有決議者，應從其決議。

二、前款約定專用，以依主管機關核准而有不妨礙避難逃生之專用使用設計，並已明確在設計圖說上標示者為限。

三、有關非屬屋頂避難平臺之樓頂平臺之使用方式，經規約草約約定或區分所有權人會議決議之內容，不得違反法令之使用限制。專用使用權人，應依其使用面積按坪數增繳管理費用予住戶管理委員會。

第十條　（法定空地之使用方式）

一、本預售屋法定空地（坐落於　　地號）之產權應登記為全體區分所有權人共有，倘依主管機關核准約定專用時，除區分所有權人會議另有決議者外應依中央主管機關所定規約範本制定之規約草約約定之；不得將法定空地讓售於特定人或為區分所有權人以外之特定人設定專用使用權或為其他有損害區分所有權人權益之行為。

二、前款約定專用，以依主管機關核准而有不妨礙避難逃生之專用使用設計，並已明確在設計圖說上標示者為限。

三、有關法定空地之使用方式，經規約草約約定或區分所有權人會議決議之內容，不得違反法令之使用限制。專用使用權人，應依其使用面積按坪數增繳管理費用予住戶管理委員會。

第十一條　（建築主要結構、主要建材及其廠牌、規格）

一、本預售屋建築構造種類（主要結構）係為　　造（如鋼骨造或鋼筋混凝土造等），其規格應依照主管建築機關核准　　年　　月　　日第　　號建造執照【影本如附件一】之圖說為準。

二、有關主要建材、設備及其廠牌、規格、顏色或等級詳如附件四建材設備表，除經買方同意，不得以同級品之名義變更建材設備或以附件四所列舉相同品質、效用價值品牌以外之產品替代。但賣方能證明有不可歸責於賣方之事由，致不能在市場上取得原約定之應使用

或附件四所列舉建材設備，且所更換之建材設備之價值、效用及品質不低於原約定之建材設備或補償全部價金者，不在此限。

三、賣方保證本預售屋施工標準悉依 　　　政府　　　局核准之工程圖樣與說明書及本契約附件四之建材設備表施工，並保證建造本預售屋不含有損建築結構安全或有害人體安全健康之輻射鋼筋、石棉、未經處理之海砂等材料或其他類似物。

四、賣方如有違反前三款規定之情形，雙方同意依第二十四條違約之處罰規定處理。

第十二條 （開工及取得使用執照期限）

一、本預售屋之建築工程應在民國　　年　　月　　日之前開工，民國　　　年　　月　　日之前完成主建物、附屬建物及使用執照所定之必要設施，並取得使用執照。但有下列情事之一者，得順延其期間：

㈠因天災地變等不可抗力之事由，致賣方不能施工者，其停工期間。

㈡因政府法令變更或其他非可歸責於賣方之事由發生時，其影響期間。

二、賣方如逾前款期限未開工或未取得使用執照者，每逾一日應按已繳房地價款依萬分之五單利計算遲延利息予買方。若逾期三個月仍未開工或未取得使用執照，視同賣方違約，雙方同意依第二十四條違約之處罰規定處理。

第十三條 建築設計變更之處理

一、買方申請變更設計之範圍以室內隔間及裝修為限，如需變更污水管線，以不影響下層樓為原則，其他有關建築主要結構、大樓立面外觀、管道間、消防設施、公共設施等不得要求變更。

二、買方若要求室內隔間或裝修變更時，應經賣方同意並於賣方指定之相當期限內為之，並於賣方所提供之工程變更單上簽認為準，且此項變更之要求以一次為限。辦理變更時，買方需親自簽認，並附詳圖配合本工程辦理之，且不得有違建管法令之規定，如須主管機關核准時，賣方應依規定申請之。

三、工程變更事項經雙方於工程變更單上簽認後，由賣方於簽認日起　　日內提出追加減帳，以書面通知買方簽認。工程變更若為追加帳，買方應於追加帳簽認日起十天內繳清工程追加款始為有效，若未如期繳清追加款，視同買方無條件取消工程變更要求，賣方得拒絕受理並按原設計施工。工程變更若為減帳，則於交屋時一次結清。

　　　　若賣方無故未予結清，買方得於第十四條之交屋保留款予以扣除。

　　　　雙方無法簽認時，則依原圖施工。

第十四條　（驗收）

　　賣方依約完成本戶一切主建物、附屬建物之設備及領得使用執照並接通自來水、電力於有天然瓦斯地區，並應達成瓦斯配管之可接通狀態及完成契約、廣告圖說所示之設施後，應通知買方進行驗收手續。買方就本契約所載之房屋有瑕疵或未盡事宜，載明於驗收單上要求賣方限期完成修繕，並得於自備款部分保留房地總價百分之五作為交屋保留款。

第十五條　（房地產權登記期限）

　一、土地產權登記：

　　　　土地產權之移轉，應於使用執照核發後四個月內備妥文件申辦有關稅費及所有權移轉登記。其土地增值稅之負擔方式依第二十一條第三款規定辦理。

　二、房屋產權登記：

　　　　房屋產權之移轉，應於使用執照核發後四個月內備妥文件申辦有關稅費及所有權移轉登記。

　三、賣方違反前二款之規定，致各項稅費增加或罰鍰（滯納金）時，賣方應全數負擔；如損及買方權益時，賣方應負損害賠償之責。

　四、賣方應於買方履行下列義務時，辦理房地產權移轉登記：

　㈠依本契約第七條付款辦法，繳清房地移轉登記前應繳之款項及逾期加付之遲延利息。但第十四條交屋保留款除外。

　㈡提出辦理產權登記及貸款有關文件，辦理各項貸款手續，繳清各項稅費，預立各項取款或委託撥付文件，並應開立禁止背書轉讓，並於票面上記載擔保之債權金額及範圍之本票予賣方。

　㈢本款第一目、第二目之費用如以票據支付，應在登記以前全部兌現。

　五、第一款、第二款之辦理事項，由賣方指定之土地登記專業代理人辦理之，倘為配合各項手續需要，需由買方加蓋印章，出具證件或繳納各項稅費時，買方應於接獲賣方或承辦代理人通知日起七日內提供，如有逾期，每逾一日應按已繳房地價款依萬分之五單利計算遲延利息予賣方，另如因買方之延誤或不協辦，致各項稅費增加或罰鍰（滯納金）時，買方應全數負擔；如損及賣方權益時，買方應負損害賠償之責。

第十六條　（交付不動產及相關文件之條件及期限）

一、賣方應於領得使用執照六個月內，通知買方進行交屋。於交屋時雙
　　方應履行下列各項義務：

㈠賣方付清因延遲完工所應付之遲延利息於買方。

㈡賣方就第十四條房屋之瑕疵或未盡事宜，應於交屋前完成修繕。

㈢買方繳清所有之應付未付款（含交屋保留款）及完成一切交屋手續。

㈣賣方如未於領得使用執照六個月內通知買方進行交屋，每逾一日應按
　已繳房地價款依萬分之五單利計算遲延利息予買方。

二、賣方應於買方辦妥交屋手續後，將土地及建物所有權狀、房屋保固
　　服務紀錄卡、住戶規約草約、使用執照（若數戶同一張使用執照，
　　則日後移交管理委員會）或使用執照影本及賣方代繳稅費之收據交
　　付買方，並發給遷入證明書，俾憑換取鎖匙，本契約則無需返還。

三、買方應於收到交屋通知日起　　　日內配合辦理交屋手續，逾期賣方
　　不負保管責任。但可歸責於賣方時，不在此限。

四、買方同意於通知之交屋日起三十日後，不論已否遷入，即應負本戶
　　水電費、瓦斯基本費，另瓦斯裝錶費用及保證金亦由買方負擔。

五、賣方應於房屋產權登記後六個月內召開第一次區分所有權人會議之
　　日止，擔任本預售屋共同使用部分管理人，於成立管理委員會或選
　　任管理負責人後移交之。雙方同意自交屋日起，由買方按月繳付共
　　同使用部分管理費。

六、賣方於完成管理委員會或經選任管理負責人之交接時，應將申請使
　　用執照專戶儲存之公共基金及驗收後之公共設施（或未專戶儲存者
　　應提列新臺幣　　　　元）併同移交之。

第十七條　（保固期限及範圍）

一、本契約房屋自買方完成交屋日起，如因可歸責於買方之原因時自賣
　　方通知交屋日起，除賣方能證明可歸責於買方或不可抗力因素外，
　　結構部分（如：樑柱、樓梯、擋土牆、雜項工作……等）負責保固
　　十五年，固定建材及設備部分（如：門窗、粉刷、地磚……等）負
　　責保固一年，賣方並應於交屋時出具房屋保固服務紀錄卡予買方作
　　為憑證。

二、前款期限經過後，買方仍得依民法及其他法律主張權利。

第十八條　（貸款約定）

一、第六條房地總價內之部分價款新臺幣　　　　　元整，由買方與賣方
　　洽定之金融機關之貸款給付，由買賣雙方依約定辦妥一切貸款手續。
　　惟買方可得較低利率或有利於買方之貸款條件時，買方有權變更貸
　　款之金融機關，自行辦理貸款，除享有政府所舉辦之優惠貸款利率
　　外，買方應於賣方通知辦理貸款日起二十日內辦妥對保手續，並由
　　承貸金融機關同意將約定貸款金額撥付賣方。

二、前款由賣方洽定辦理之貸款金額少於預定貸款金額，應依下列各目
　　處理：

㈠不可歸責於雙方者，其貸款金額不及原預定貸款金額百分之七十者，
　買方得解除契約；或就貸款不足百分之七十以上之金額部分，以原承
　諾貸款相同年限及條件分期清償，並就剩餘之不足額部分，依原承諾
　貸款之利率，計算利息，按月分期攤還，其期間不得少於七年。

㈡可歸責於賣方時，其貸款金額不足原預定貸款金額，賣方應補足不足
　額之部分，並依原承諾貸款相同年限及條件由買方分期清償。如賣方
　不能補足不足額部分，買方有權解除契約。

㈢可歸責於買方時，買方應於接獲通知之日起　　　天內一次或經賣方同
　意之分期給付。

三、有關金融機關核撥貸款後之利息，由買方負擔。但於賣方通知之交
　　屋日前之利息應由賣方返還買方。

第十九條　（貸款撥付）
　　買賣契約如訂有交屋保留款者，於產權登記完竣並由金融機關設定抵押
　　權後，除有輻射鋼筋、未經處理之海砂或其他縱經修繕仍無法達到應有
　　使用功能之重大瑕疵外，買方不得通知金融機關終止撥付前條貸款予賣
　　方。

第二十條　（房地轉讓條件）
一、買方繳清已屆期之各期應繳款項者，於本契約房地產權登記完成前，
　　如欲將本契約轉讓他人時，必須事先以書面徵求賣方同意，賣方非
　　有正當理由不得拒絕。

二、前項之轉讓，除配偶、直系血親間之轉讓外，賣方得向買方收取本
　　契約房地總價款千分之　　　（最高以千分之一為限）之手續費。

第二十一條　（稅費負擔之約定）
　　買賣雙方應負擔之稅費除依有關規定外，並依下列規定辦理：

一、地價稅：以賣方通知之交屋日為準，該日前由賣方負擔，該日後由買方負擔；其稅期已開始而尚未開徵者，則依前一年度地價稅單所載該宗基地課稅之基本稅額，按持分比例及年度日數比例分算賣方應負擔之稅額，由買方應給付賣方之買賣尾款中扣除，俟地價稅開徵時由買方自行繳納。

二、房屋稅：以賣方通知之交屋日為準，該日前由賣方負擔，該日後由買方負擔，並依法定稅率及年度日數比例分算稅額。

三、土地增值稅：應於使用執照核發後申報，並以使用執照核發日之當年度（　　年度）公告現值計算增值稅，其逾三十日申報者，以提出申報日當期之公告現值計算增值稅，由賣方負擔，但買方未依第十五條規定備妥申辦文件，其增加之增值稅，由買方負擔。

四、產權登記之印花稅、契稅及其附加稅捐由買方負擔。

五、產權登記規費、代辦手續費、貸款保險費由買方負擔，但起造人為賣方時，建物所有權第一次登記規費及代辦手續費由賣方負擔。

六、公證費由買賣雙方各負擔二分之一。

七、倘另有其他費用之負擔：

㈠由買方負擔者：

㈡由賣方負擔者：

買方應繳交之稅費，於辦理產權登記時，應將此等費用全額預繳，並於交屋時結清，多退少補。

第二十二條　（產權糾紛之處理）

一、本契約房地，賣方保證產權清楚、亦無一物數賣或無權占有他人土地等情事。訂約後發覺該房地產權有上述糾紛致影響買方權利時，買方得定相當期限催告賣方解決，倘逾期賣方仍未解決時，買方得解除本契約，雙方並同意依第二十四條違約之處罰規定處理。

二、本契約房地若賣方與工程承攬人發生財務糾紛，賣方應於產權移轉登記前解決；如因賣方曾設定他項權利予第三人時，賣方應於取得買方之金融機關貸款時，即負責清理塗銷之。倘逾買方所定相當期限仍未解決，買方得解除本契約，雙方並同意依第二十四條違約之處罰規定處理。

三、解約時賣方應將所收價款按法定利息計算退還買方。

第二十三條　（不可抗力因素之處理）

如因天災、地變、政府法令變更或不可抗力之事由，致本契約房屋不能繼續興建時，雙方同意解約。解約時賣方應將所收價款按法定利息計算退還買方。

第二十四條 （違約之處罰）

一、賣方違反第十一條、第十二條第二款及第二十二條第一款、第二款規定者，買方得解除本契約。解約時賣方除應將買方已繳之房地價款及遲延利息全部退還買方外，並應同時賠償房地總價款百分之二十之違約金。但該賠償之金額超過已繳價款者，則以已繳價款為限。

二、買方違反第七條第二款規定者，賣方得沒收依房地總價款百分之（最高不得超過百分之十五）計算之金額。但該沒收之金額超過已繳價款者，則以已繳價款為限，買賣雙方並得解除本契約。

三、買賣雙方當事人除依前二款之請求外，不得另行請求損害賠償。

第二十五條 （疑義之處理）

本契約各條款如有疑義時，應依消費者保護法第十一條第二項規定，為有利於買方之解釋。

第二十六條 （合意管轄法院）

因本契約發生之消費訴訟，雙方同意以房地所在地之地方法院為第一審管轄法院。

第二十七條 （附件效力及契約分存）

本契約之附件視為本契約之一部分。本契約壹式貳份，由買賣雙方各執乙份為憑，並自簽約日起生效。

第二十八條 （未盡事宜之處置）

本契約如有未盡事宜，依相關法令、習慣及平等互惠與誠實信用原則公平解決之。

附件：

一、建造執照暨核准之房屋平面圖影本乙份。

二、停車空間平面圖影本乙份。

三、付款明細表乙份。

四、建材設備表乙份。

五、申請建造執照所附之住戶規約草約。

立契約書人 買 方：

身分證統一編號：

戶籍地址：

通訊地址：

連絡電話：

賣　　方：

法定代理人：

公司統一編號：

公司地址：

公司電話：

中華民國＿＿＿＿＿年＿＿＿＿＿月＿＿＿＿＿日

簽約注意事項

一、適用範圍

　　本契約範本僅適用於區分所有建物預售買賣時之參考，買賣雙方參考本範本訂立契約時，仍可依民法第一百五十三條規定意旨，就個別情況磋商合意而訂定之。

二、契約審閱

　　關於契約審閱，按預售屋買賣契約屬消費者契約之一種，買賣雙方對於契約內容之主客觀認知頗有差異，是以建築投資業者所提供之定型化契約應給予消費者合理期間以瞭解契約條款之內容，此於消費者保護法施行細則第十一條已有明訂。另依據行政院公平交易委員會八十八年三月十日第三八三次委員會議決議：建築投資商銷售預售屋時，有左列行為之一者，即可能構成公平交易法第二十四條所規定顯失公平之行為：

　　㈠要求客戶須給付定金始提供契約書。

　　㈡收受訂金或簽約前，未提供客戶充分之契約審閱期間。審閱期間至少五天。

三、廣告效力

　　第一條廣告效力中之建材設備表、房屋平面圖與位置示意圖係指廣告宣傳品所記載者，至附件一之房屋平面圖及附件四之建材設備表則指賣方提供之定型化契約所附之附件。

四、土地使用分區部分

　　第二條房地標示第一款土地坐落部分，依法令規定，如屬都市計畫內住

宅區者，係做為住宅居住使用；如屬非都市土地編定為甲種建築用地者，係供農業區內建築使用；如屬非都市土地編定為乙種建築用地者，係供鄉村區內建築使用，如屬非都市土地編定為丙種建築用地者，係供森林區、山坡地保育區及風景區內建築使用；如屬非都市土地編定為丁種建築用地者，係供工廠及有關工業設施建築使用（即一般所稱之工業住宅）。

五、車位部分

第二條房地標示第三款車位部分，若勾選自行增設停車位或獎勵增設停車位者，應另訂該種停車位買賣契約書，其有關事宜悉依該契約約定為之。本契約範本有關停車位部分，僅適用於法定停車位。

六、第四條共同使用部分項目、面積及面積分配比例計算

　　㈠共同使用部分之項目，乃屬例示性質，應依房屋買賣個案之實際情況於契約中列舉共同使用部分項目名稱。

　　㈡第二款共同使用部分面積之分配比例計算，法定停車位雖列入共同使用部分登記，但其權利範圍乃另行計算，至其他共同使用部分項目面積以主建物之比例而為計算，而另有購買法定停車位者，再行計入。

　　㈢依據行政院公平交易委員會八十四年九月六日第二〇四次委員會議決議，認為房地產買賣合約書應明定各共有人所分配之公共設施面積或其分配比例，否則即可能違反公平交易法第二十四條之欺罔或顯失公平之規定。

　　另該會於同年十一月二十九日第二一六次委員會議針對業界之導正期限與執行方式作成如下決議：

　　1.契約中應說明共同使用部分（公共設施）所含項目。

　　2.契約中應表明公共設施分攤之計算方式。

　　3.各戶持分總表應明確列示，並由業者自行決定採行提供公眾閱覽、分送或自由取閱等方式。

　　4.導正期限訂為八十五年元月底止。

　　5.基於不溯及既往原則，本導正計畫實施前已簽訂之房地產買賣契約，不予適用。自八十五年二月一日起，業者如未依前開決議執行，即認定違反公平交易法第二十四條。

七、交屋保留款之付款規定

本契約範本附件三付款明細表所訂自備款之各期期款，建築投資業者依本範本之約定，須將房地總價之百分之三交屋保留款訂於最後一期（交屋時），

且本期付款間隔不受第七條第一款之限制。

八、輻射鋼筋及未經處理海砂之檢驗

㈠第十一條第三款有關本預售屋之材料不含輻射鋼筋部分，按自八十四年七月一日起，針對施工中建築物業已實施「施工中建築物出具無輻射污染證明」制度，消費者如有疑義，可委託經行政院原子能委員會認可具偵檢能力之輻射偵測單位進行偵檢，詳情請洽詢行政院原子能委員會「輻射鋼筋事件處理專案小組」。

㈡同款有關本預售屋之材料不含未經處理之海砂部分，消費者如有疑義，可攜帶六百公克結構物之混凝土塊或五十至一百公克之砂樣逕送財團法人工業技術研究院工業材料研究所（新竹縣竹東鎮中興路四段一九五號七七館）委託檢驗（檢驗費用由委託者負擔）或郵寄至該所工業服務室登錄辦理（備妥委託單、樣品及費用），詳情請洽詢 (035)918483。

九、有關擅自變更設計之責任

第十三條第二款之室內隔間或裝修變更，如有違建築法令或未經主管機關核准時，將有導致保固請求權喪失及損及鄰近房屋之損害賠償之虞。

十、房地產權登記期限

第十五條房地產權登記期限第一款土地產權登記，依據行政院公平交易委員會八十四年八月十六日第二〇一次委員會議決議：建議業者應於八十四年十月一日以後簽約之契約中明定關於土地移轉之年度或日期。否則，即違反公平交易法第二十四條之規定。

又該會第二一八次委員會議決議：有關以不特定之約定期間表示土地移轉時間，如「簽約後三個月內」、「使用執照取得後」、「使用執照申請後」等方式，「簽約後三個月內」之表達方式，因簽約日有契約上明確記載，易於推算，可予認同；而後二者隱含土地產權移轉時間之不確定性，可能造成土地增值稅負擔爭議，仍請依本會第二〇一次委員會議決議辦理。

十一、住戶規約草約

第九條第一款、第十條第一款及第十六條第一款之住戶規約草約依公寓大廈管理條例第四十八條及第四十九條規定，係指賣方依內政部營建署所訂之「住戶規約範本」所制作，依該條例第四十四條第二項規定，本住戶規約草約於第一次區分所有權人會議召開前，視同規約。

十二、買方自行辦理貸款之規定

買方如欲自行辦理貸款，除於訂約時明示自行辦理外，並預立貸款撥款

委託書予賣方，賣方則須配合買方貸款需要提供房地權狀或配合辦理貸款手續，賣方如因而增加之費用支出得向買方求償。

十三、優惠貸款之類別

第十八條第一款所稱政府所舉辦之優惠貸款係指國民住宅貸款、公教人員貸款及勞工貸款等。

十四、房地轉售條件

關於第二十條房地轉售條件，按預售屋賣方會同買方辦理房地轉售時，需說明契約內容及提供相關資料，俾辦理契約簽訂等其他相關事宜，其所需成本似得准收手續費。故本範本爰例示約定手續費為房地總價款最高千分之一，以供參考。

十五、違約金之約定

關於第二十四條違約金之約定，按違約金數額多寡之約定，視簽約時社會經濟及房地產景氣狀況而定，是以買賣雙方簽約時，就違約金額數之約定，仍應考量上開狀況磋商而定。

十六、消費爭議之申訴與調解

因本契約所發生之消費爭議，依消費者保護法第四十三條及第四十四條規定，買方得向賣方、消費者保護團體或消費者服務中心申訴；未獲妥適處理時，得向房地所在地之直轄市或縣（市）政府消費者保護官申訴；再未獲妥適處理時得向直轄市或縣（市）消費爭議調解委員會申請調解。

十七、消費者保護法對消費者權益之保障

本預售屋買賣契約所訂之條款，均不影響買方依消費者保護法規定之權利。

參、預售車位買賣契約書

預售車位買賣契約書範本使用說明注意事項

一、適用範圍

以公共設施登記之室內停車位可分三種，即法定停車位、自行增設停車位及獎勵增設停車位。所謂法定停車位，係指依都市計劃書、建築技術規則建築設計工編第五十九條及其他有關法令規定所應附設之停車位，又稱防空避難室兼停車位，無獨立權狀，以共用部分持分配給承購戶，須隨主建物一併移轉，但可以依分管協議，交由某一戶或某些住戶使用。自行增設停車位

指法定停車位以外由建商自行增設之停車位；獎勵增設停車位指依「臺灣省建築物增設停車空間鼓勵要點」、「臺北市建築物增設室內公用停車空間鼓勵要點」或「高雄市鼓勵建築物增設停車空間實施要點」規定增設之停車位。自行增設停車位與獎勵增設停車位皆有獨立產權、權狀、可單獨移轉。

前揭各種停車位如何區分？在地方主管建築執照之設計圖說中，每一停車位上均有明確標示為法定、自行增設或獎勵增設。為避免糾紛，消費大眾在購買前最好先查閱設計圖說，以瞭解所購買停車位之類別。

本契約範本僅適用於自行增設停車位、獎勵增設停車位、停車塔或分層停車空間等其他可作為獨立產權登記之停車位預售買賣時之參考，買賣雙方參考本範本訂立契約時，仍可依民法第一百五十三條規定意旨，就個別情況磋商合意而訂定之。至有關法定停車位，請參考適用內政部八十五年二月函頒「預售屋買賣契約書範本」（本範本於民國八十九年三月內政部修正）第二條房地標示第三款及第八條地下層共用部分權屬。

二、契約審閱（前言右下方）

關於契約審閱，按預售停車位買賣契約屬消費者契約之一種，買賣雙方對於契約內容之主客觀認知頗有差異，是以建築投資業者所提供之定型化契約應給予消費者合理期間以瞭解契約條款之內容，此於消費者保護法施行細則第十一條已有明訂。另依據行政院公平交易委員會八十四年六月七日第一九一次委員會議決議：建築投資商銷售預售屋時，有左列行為之一者，即可能構成公平交易法第二十四條所規定顯失公平之行為：

(一)要求客戶須給付定金始提供契約書。

(二)與客戶簽約前，未提供充分之契約審閱期間。審閱期間至少五天。

(三)於客戶就契約條款內容要求修改時，無正當理由拒絕修改，且拒絕返還客戶為保留交易機會所繳付之款項。有無正當理由，由建商負舉證責任。

三、停車位基地權利範圍之計算（第一條）

關於第一條第一款，停車位於公寓大廈中應分攤之基地權利比例，係以全部主建物及停車位面積之總和為分母，個別之停車位面積為分子，計算其應分攤之基地比例；其停車面積依建築技術規則第六十條規定之規格計算之。

四、產權登記期限（第五條）

依據行政院公平交易委員會八十四年八月十六日第二〇一次委員會議決議略以：業者應於八十四年十月一日以後簽訂之契約中明定關於土地移轉之

年度或日期,否則即違反公平交易法第二十四條規定(註:有關以不特定之約定期間表示土地移轉時間者,如「使用執照取得後」、「使用執照申請後」等方式,係屬不特定之約定期間;另有關特定之約定期間如「簽約後三個月內」之表達方式,因其簽約日有明確記載,故可予認同。)

五、買方自行辦理貸款或火險之規定

買方如欲自行辦理貸款或火險,除於訂約時明示自行辦理外,並預立貸款撥款委託書予賣方,賣方則須配合買方貸款需要提供房地權狀或配合辦理貸款手續,賣方如因而增加之費用支出得向買方求償。

六、轉售條件(第九條)

按預售停車位賣方會同買方辦理轉售時,需說明契約內容及提供相關資料,俾辦理契約簽訂等其他相關事宜,其所需成本似得准收手續費。本契約範本爰例示約定手續費不超過停車位總價款千分之二,以供參考。

七、違約罰則(第十三條)

按違約金數額多寡之約定,係視簽約時社會經濟及房地產景氣狀況而定,是以買賣雙方簽約時,就違約金數額之約定,倒應考量上開狀況磋商而定。

八、消費爭議之申訴與調解

因本契約所發生之消費爭議,依消費者保護法第四十三條及第四十四條規定,買方得向賣方、消費者保護團體或消費者服務中心申訴;未獲妥適處理時,得向停車位所在地之直轄市或縣(市)政府消費者保護官申訴;再未獲妥適處理時得向直轄市或縣(市)消費爭議調解委員會申請調解。

預售停車位買賣契約書範本

本契約於中華民國　年　月　日經買方攜回審閱。(契約審閱期間至少為五日)

買方簽章:

賣方簽章:

立契約書人買方:　　　　　　　茲為下列停車位及其基地權利買賣事宜,雙方同意依本契約條款履行,並簽立條款如下:

　　賣方:

第一條　　(買賣標的)

一、停車位基地坐落：

      縣   鄉   鎮

      市   市   區   段   小段   地號等   筆土地，使用

分區為都市計畫內   區（或非都市土地使用編定為   區用地），

面積   平方公尺，買賣權利範圍為   分之   。

二、停車位性質、位置、型式、規格、編號、面積及權利範圍：

全部停車位含車道及其他必要空間之面積共計   平方公尺

（   坪），本停車位權利範圍為   分之   。

買方購買之停車位屬

□停車塔

□分層停車空間

□地上

□平面式

□自行增設停車空間，為 □地面第   層 □機械式 □獎勵增設

停車空間 □地下 □其他（ ） □其他（   ）

編號第   號之停車空間計   位。其規格為長   公尺，寬

公尺，高   公尺（可停放長   公尺，寬   公尺，高   公尺

之車輛）。

三、建造執照及車位平面圖：

本停車位以主管建築機關核准之停車空間平面圖為準（影本如附件

一），建照號碼為   政府   局建造執照   建字第   號（影本

如附件二）。

第二條 （停車位數量及價款）

一、本契約總價款合計新臺幣   千   百   十   萬元整。

二、本契約停車位數量為   位，個別價款如下：

編　號	土地價款 （新臺幣／元）	建物價款 （新臺幣／元）	合計價款 （新臺幣／元）
第　　號	百　　　十 萬元整	百　　　十 萬元整	百　　　十 萬元整
第　　號	百　　　十 萬元整	百　　　十 萬元整	百　　　十 萬元整

第　　號	百　　十 萬元整	百　　十 萬元整	百　　十 萬元整
第　　號	百　　十 萬元整	百　　十 萬元整	百　　十 萬元整

第三條　（付款方式）

一、雙方同意依付款明細表（如附件三）所列，買方於接獲賣方書面繳款通知單七日內自行向賣方指定之繳納地點或金融機構專戶，以現金或即期支票如數壹次繳清，如逾期達五日仍未繳清期款者，買方同意自逾期日起按日加付逾期期款部分萬分之五之遲延利息，並於補繳期款時一併繳付賣方。但賣方同意緩期繳付者，不在此限。

二、雙方同意每期付款間隔至少為　　日。

三、賣方同意停車位總價百分之五之保留款訂於最後一期，於辦理停車位產權移轉登記，點交停車位後，買方繳清之，且本期付款間隔不受前款之限制。

第四條　（驗收）

一、賣方完成本契約停車位必要設施及領得使用執照後，應通知買方於七日內進行驗收手續。

二、買方於驗收時對本契約停車位之瑕疵，應載明於驗收單上由賣方限期修繕，於完成修繕前買方得拒絕點交。

第五條　（產權登記及點交期限）

買賣雙方同意本停車位產權之移轉應於使用執照核發日起六個月內辦理完畢，並於登記完畢後兩個月內完成點交。

第六條　（買方義務）

一、買方應配合簽訂住戶規約及停車場管理公約（如附件四）。

二、買方於停車位產權移轉登記前應履行下列義務：

㈠繳清第三條保留款以外之自備款。

㈡繳清因逾期付款應加計遲延利息。但有第七條第二款第二目情形者，該期間得予扣除。

㈢繳清第十條所列應由買方繳付之稅費。

㈣如需辦理貸款，應提出辦理產權登記及貸款有關文件、預立各項取款

　　　　或委託撥付文件、開立與原預定貸款同額之禁止背書轉讓本票予賣方。

　㈤買方同意配合賣方指定之土地登記專業代理人辦理產權登記之相關事宜，並於賣方或其指定之土地登記專業代理人通知日起七日內協辦，否則應賠償因而所產生之額外費用（如罰鍰、增加稅費等）及損失。

三、買方應於收到點交停車位之通知日起　　日內配合辦理相關手續，逾期賣方不負保管責任。但可歸責於賣方時，不在此限。

四、賣方應於買方配合完成點交停車位手續時，將所有權狀、保證書、保固服務紀錄卡、停車場管理公約、使用執照（影本）、鑰匙、遙控器及代繳稅費之收據一併交付買方。

第七條　（賣方義務）

一、賣方應提供停車位種類及產權登記說明書（格式如附件五）予買方，並就說明書內各項詳實填註，如有虛偽不實，由賣方負法律責任。

二、賣方應於民國　　年　　月　　日前開工，自開工日起　　日曆天以前完工，並以建築主管機關核發使用執照日為完工日，如有逾期，應按日給付買方已繳之停車位價款萬分之五之遲延利息，並於辦理點交本契約停車位時給付買方。但有下列情事之一者，該期間不計入前開天數：

　㈠買方未依約交付本契約所載之各期價款及遲延利息或其他應由買方負擔之稅費，其遲延期間。

　㈡因天災地變等不可抗力之事由致賣方不能施工者，其停工期間。

　㈢因政府法令變更或其他非可歸責於賣方之事由發生時，其影響期間。

　㈣有關水、電等配管及埋設工程，其接通日期悉依各該公用事業單位之作業及程序而定，不受本項完工期限之約束。但因可歸責於賣方之事由者，不在此限。

三、買方如因需辦理貸款，開立與原預定貸款同額之禁止背書轉讓本票予賣方，賣方不得將該本票供其他任何擔保之用，且賣方取得貸款撥付款項時，應即返還該本票予買方。

四、賣方應於買方配合完成點交停車位手續時，將所有權狀、保證書、保固服務紀錄卡、停車場管理公約、使用執照（影本）、鑰匙、遙控器及代繳稅費之收據一併交付買方。

第八條　（保固期限及範圍）

　　賣方同意自雙方完成本契約停車位點交手續日起，依下列方式負保固責

任。但因可歸責於買方之事由致無法辦理點交者，買方同意賣方自通知之點交日起負保固責任。

一、建築結構部分，保固十五年。

二、機械設備部分，保固一年。

三、其他部分，保固一年。

第九條　（契約轉讓條件）

一、買方於本契約停車位產權登記完成前及繳清各期款前，如欲將停車位契約轉讓他人者，應以書面徵求賣方同意，賣方非有正當理由不得拒絕。

二、買方同意於契約轉讓時繳付部分手續費予賣方。

三、賣方同意前款手續費不超過停車位價款千分之二。

第十條　（稅費負擔）

買賣雙方應負擔之稅費除依有關規定外，並依下列規定辦理：

一、地價稅、房屋稅以點交日按買賣雙方比例分擔。土地增值稅應以使用執照核發日之當年度公告土地現值計算之，由賣方負擔。

二、產權登記規費、印花稅、契稅、監證費（或公證費）、代辦手續費、貸款保險費及各項附加稅捐由買方負擔。但起造人為賣方時，建物所有權第一次登記規費及代辦手續費由賣方負擔。

三、賣方同意除前二款所列稅費外，買方無須負擔其他額外費用。

第十一條　（規格誤差之處理）

本契約停車位之竣工規格尺寸，誤差在百分之二以下且長未逾十公分、寬未逾五公分者，視為符合規格。因竣工規格尺寸產生誤差，致規格尺寸之減少超過上述標準者，買方得解除契約，或請求減少價金。

第十二條　（其他約定）

一、賣方保證本契約停車位產權清楚，絕無一物數賣、占用他人土地或其他糾葛情事。如有產權糾紛致損害買方權益時，買方得定相當期限催告賣方解決。

二、賣方如因天災、地變等不可抗力之事由或因政府法令變更或其他不可歸責於賣方事由發生，致不能履行本契約時，雙方同意解除契約，賣方應於解除契約同時無息返還方已繳付之停車位價款。

三、買方同意購買本契約停車位，日後應依法令規定使用。

第十三條　（違約罰則）

一、賣方違反前條第一款之規定，或違反第七條第二款有關逾期開工日或完工日達六個月者，買方得解除本契約。解約時賣方除應將買方已繳之價款及遲延利息全部退還外，並應同時賠償總價款百分之二十之違約金予買方。但該賠償金額超過買方已繳之價款者，以已繳價款為限。

二、賣方違反第五條規定逾期未辦登記或點交者，應按日給付買方已繳之停車位價款萬分之五之遲延利息，逾期達六個月者，買方得依前款規定解除契約。但因不可歸責於賣方之事由者，不在此限。

三、買方違反第三條第一款之約定，逾期付款達六個月，並經賣方以存證信函定相當期限催繳而未繳者，賣方除得解除本契約外，並得沒收買方已繳之停車位價款。但該沒收金額不得超過停車位總價款百分之二十。

第十四條　（疑義之處理）

本契約條款如有疑義時，應依消費者保護法第十一條第二項規定，為有利於買方之解釋。

第十五條　（合意管轄法院）

因本契約發生之訴訟，雙方同意以本契約第一條土地所在地之地方法院為第一審管轄法院。

第十六條　（附件效力及契約分存）

本契約之附件視為本契約之一部分。

本契約壹式貳份，由買賣雙方各執乙份為憑，並自簽約日起生效。

買方所執存之本契約，賣方不得要求收回。

第十七條　（未盡事宜之處置）

本契約如有未盡事宜，雙方同意依相關法令、習慣及誠實信用原則公平處理之。

附件：

一、停車空間該樓層平面圖影本乙份。

二、建造執照影本乙份。

三、付款明細表乙份。

四、住戶規約及停車場管理公約各乙份。

五、停車位種類及產權登記說明書乙份。

立契約書人　買　方：
　　　　　　身分證統一編號：
　　　　　　戶籍地址：
　　　　　　通訊地址：
　　　　　　連絡電話：

　　　　　　賣　方：
　　　　　　法定代理人：
　　　　　　統一編號：
　　　　　　營業處所：
　　　　　　電話：

中華民國　　年　月　　日

附件五　停車位種類及產權登記說明書

項次	內　　　容	選　　　　　　　　　　　　　項	備　　　註
1	種類	□停車塔＿＿＿＿位	編號＿＿＿＿號
		□分層停車場＿＿＿＿位	編號＿＿＿＿號
		□自行增設停車空間＿＿＿＿位	編號＿＿＿＿號
		□獎勵增設停車空間＿＿＿＿位	編號＿＿＿＿號
		□其他（　　　）＿＿＿＿位	編號＿＿＿＿號
2	位置	□室內　□地上＿＿＿＿層	
		□地面	
		□地下＿＿＿＿層	
		□室外　□地上	
		□地面	

3	型式	□平面式 □立體式		
			□垂直循環式	
			□平面往復式	
			□升降機式	
			□水平循環式	
			□多層循環式	
		□機械式	□方向轉換裝置	
			□汽車用升降機	
			□簡易升降式	
			□多段式	
			□升降滑動式	
		□塔臺式		
4	規格	長	□6.0 公尺	
			□5.75 公尺	
			□5.5 公尺	
			□12.0 公尺	
			□11.75 公尺	
			□2.2 公尺	
			□其他（　　公尺）	
		寬	□2.5 公尺	
			□2.25 公尺	
			□2.2 公尺	
			□4.0 公尺	
			□3.75 公尺	
			□其他（　　公尺）	
		淨高	□2.1 公尺	
			□1.8 公尺	
			□其他（　　公尺）	
5	登記方式	□以主建物持分編號方式登記 □其他（　　　）		

6	使用性質	□標準型車停車位 □小型車停車位 □機械設備停車位 □大型客車停車位 □小貨車裝卸位 □大貨車裝卸位 □機車停車位 □其他（　　　）	
7	使用方式	□須供公眾使用 □須簽立分管協議書 (1)□租用 (2)□其他（　　　） □所有權人自用（約定專用）	
8	車道寬度	□ 3.5 公尺 □ 5.5 公尺 □ 10.0 公尺 □其他（　　公尺）	
9	出入口高度	□ 2.0 公尺 □ 2.2 公尺 □ 1.6 公尺 □ 1.8 公尺 □其他（　　公尺）	

　　賣方保證以上記載事項屬實，如有虛偽不實，願負一切法律責任。

賣方簽章：＿＿＿＿＿＿＿

肆、個人購屋或購車貸款契約範本

財政部八十四年七月十日臺財融字第八四七二三九五六號函頒

立約人甲方

乙方

甲方向乙方借款新臺幣　　　　　　元整，雙方約定遵守左列各條款：

一、本借款由乙方撥入　　　　在乙方開設之　　存款第　　　　號帳
　　戶或按甲方指定之方式撥付，作為借款之交付。

二、本借款之期間自民國　　年　　月　　日起至民國　　年　　月　　日
　　止。

三、本借款還本付息方式如左列第　　　款：

　　㈠自實際借用日起，按月付息一次，到期還清本金。

　　㈡自實際借用日起，依年金法，按月攤付本息。

　　㈢自實際借用日起，本金按月平均攤還，利息按月計付。

　　㈣自實際借用日起，前　　年（　個月）按月付息，自第　　年
　　　（　　個月）起，再按月攤付本息。

　　㈤（由甲方與乙方個別約定）。

四、本借款除右列償還方式外，得於本借款未到前陸續或一次償還借款本金。
　　本借款之利息，按左列第　　　款方式計付：

　　㈠按乙方基本放款利率　　　％加（減）年利率　　　％計算（或加減
　　　碼）計為年利率　　　％；嗣後隨乙方基本放款利率調整而調整，並
　　　自調整後之第一個繳款日起，按調整後之年利率計算。

　　㈡按乙方基本放款利率　　　％加（減）年利率　　　％計算（或加減
　　　碼）計為年利率　　　％；嗣後隨乙方基本放款利率調整而調整，並
　　　自調整日起，按調整後之年利率計算。

　　㈢固定利率，按年利率　　　％計算。

　　㈣（由甲方與乙方個別約定）。

五、甲方如遲延還本或付息時，本金自到期日起，利息自繳息日起，逾期在
　　　　　個月以內部分，按約定利率百分之　　　，逾期超過　　　個月分，
　　按約定利率百分之　　　計付違約金。（上述空格處由乙方與甲方自行約定
　　之。惟約定時，利率部分應注意民法第二百零四條及同法第二百零五條
　　等相關規定。）

六、有關抵銷之方法如下：

　　㈠甲方不依本契約之約定按期攤付本息時，不問債務之期間如何，乙方
　　　有權將甲方寄存乙方之各種存款及對乙方之一切債權期前清償，並將
　　　期前清償之款項逕行抵銷甲方對乙方所負之一切債務。

(二)乙方前項預定抵銷之意思表示，自登帳扣抵時即生抵銷之效力。同時乙方發給甲方之存款憑單、摺簿或其他憑證，於抵銷之範圍內失其效力。

七、甲方如有左列情形之一時，無須由乙方事先通知或催告，乙方得隨時減少本借款之額度，或縮短借款期限，或視為全部到期：

(一)任何一宗債務不依約清償本金時。

(二)依破產法聲請和解、聲請宣告破產、或清理債務時，或經票據交換所公告拒絕往來。

(三)依約定原負有提供擔保之義務而不提供時。

(四)因死亡而其繼承人聲明為限定繼承或拋棄繼承時。

(五)因刑事而受沒收全部財產之宣告時。

八、甲方如有左列情形之一時，經乙方通知或催告後，乙方得隨時減少本借款之額度，或視為全部到期：

(一)任何一宗債務不依約付息時。

(二)擔保物查封或擔保物滅失，價值減少或不敷擔保債權時。

(三)甲方對乙方所負債務，其實際資金用途與乙方核定用途不符時。

(四)受強制執行或假扣押、假處分或其他保全處分，致乙方有不能受償之虞時。

　（註：另依據公平交易委員會八十四年五月二十四日第一八九次委員會議決議，除前述各款外，金融業者倘確有保全債權之必要，得個別議定加列他種事由，該議定事項應於契約中以粗字體或不同顏色之醒目方式記載之，並明示發生加速期限到期（經通知或無須通知之效果）。）

九、甲方之住所如有變更，應即以書面通知乙方，如未為通知，乙方將有關文書於向本契約所載或甲方最後通知乙方之地址發出後，經通常之郵遞期間即視為到達。

十、甲方同意乙方得將甲方與乙方往來之資料提供予財團法人金融聯合徵信中心。

十一、本借款涉訟時，雙方同意以　　　　地方法院為第一審管轄法院。但法律有專屬管轄之特別規定者，從其規定。

十二、本契約乙式　　份，由　　方各執　　份，以資信守。

立契約書人　　甲方：　　　　　　（簽章）

乙方：　　　　　　（簽章）

中華民國　　年　　月　　日

土地
 建築改良物　抵押權設定契約書其他約定事項

一、擔保物提供人提供本抵押物之擔保範圍，依照左列第　　　款之規定：

　　㈠為債務人對抵押權人於　　年　　月　　日所立貸款契約發生之債務，包括本金及其利息、遲延利息、違約金、抵押權人墊付抵押物之保險費，實行抵押權之費用與因債務不履行而發生之損害賠償。

　　㈡為債務人對抵押權人現在及將來所負在本抵押權設定契約書所定債權最高限額內之借款、利息、遲延利息、違約金、抵押權人所墊付抵押物之保險費、實行抵押權之費用與因債務不履行而發生之損害賠償。

二、債務人及擔保物提供人應承諾所提供之擔保物完全為擔保物提供人合法所有，如有不實，債務人及擔保物提供人除應另行提供抵押權人認可之其他相同或較高價值之擔保物或立即清償債務外，並願賠償抵押權人因此所受之損害。

三、擔保物，應由債務人或擔保物提供人投保適當火險或貴行要求之其他保險，並聲請保險公司在保險單上加註抵押權特約條款，如債務人或擔保物提供人怠於辦理續約時，抵押權人得代為投保或續保，所墊保費，債務人或擔保物提供人應即償還。

四、本契約涉訟時，雙方同意以　　　　地方法院為第一審管轄法院，但法律有專屬管轄之特別規定者，從其規定。

五、本契約乙式　　份，由　　方各執　　份，另一份據以辦理不動產抵押權登記，以資信守。

本章試題

八十八年專門職業及技術人員特種考試不動產經紀人試題
請問依據「不動產經紀業管理條例」，對於不動產經紀人員之報酬
及簽章有何規定？

答：

㈠不動產經紀人之報酬規定如下

1.報酬之收取

經紀業或經紀人員不得收取差價或其他報酬，其經營仲介業務
者，並應依實際成交價金或租金按中央主管機關規定之報酬標準計
收（第十九條第一項）。

2.收取差價之處置

⑴違反前項規定者，其已收取之差價或其他報酬，應於加計利
息後加倍返還支付人（第十九條第二項）。

⑵並處新臺幣六萬元以上三十萬元以下罰鍰（第二十九條第一
項第二款），限期改正而未改正者，應連續處罰（第二十九條
第二項）。

⑶違反第十九條第一項規定者，應予六個月以上三年以下之停
止執行業務處分。經紀人員受申誡處分三次者，應另予六個
月以上三年以下之停止執行業務處分；受停止執行業務處分
累計達五年以上者，撤銷其經紀人員證書（第三十一條）。

3.報酬標準及收取方式之揭示

經營仲介業務者應揭示報酬標準及收取方式於營業處所明顯之

處（第二十條）。

　　經主管機關限期改正而未改正者，處新臺幣三萬元以上十五萬元以下罰鍰（第二十九條第一項第一款）。

㈡不動產經紀人之簽章規定

　1.應由經紀人簽章之文件

　　下列文件應由經紀業指派經紀人簽章（第二十二條）：

　　⑴不動產出租、出售委託契約書。

　　⑵不動產承租、承購要約書。

　　⑶定金收據。

　　⑷不動產廣告稿。

　　⑸不動產說明書。

　　⑹不動產租賃、買賣契約書。

　　前項第一款及第二款之規定，於經營代銷業務者不適用之。

　2.經紀業違反之處置

　　經紀業違反上述之規定者處新臺幣六萬元以上三十萬元以下罰鍰（第二十九條）。

　　　八十八年專門職業及技術人員普通考試不動產經紀人試題

試依不動產經紀業管理條例之規定，說明不動產經紀人員之法律責任。

答：

　　不動產經紀人員之法律責任如下：

㈠禁止收取差價或其他報酬

　　經紀業或經紀人員不得收取差價或其他報酬，其仲介業者，應依實際成交價金或租金按規定之報酬標準計收，違反者，其已收取之差價或其他報酬，應於加計利息後加倍返還支付人（第十九條）。

㈡不動產說明書之解說責任

　　經紀人員在執行業務過程中，應以不動產說明書向與委託人交易之相對人解說。

　　前項說明書提供解說前，應經委託人簽章（第二十三條）。

㈢下列文件應指派經紀人簽章（第二十二條）

　　⑴不動產出租、出售委託契約書。

　　⑵不動產承租、承購要約書。

　　⑶定金收據。

　　⑷不動產廣告稿。

　　⑸不動產說明書。

　　⑹不動產租賃、買賣契約書。

㈣保守秘密

　　經紀人對於因業務知悉或持有他人秘密時，不得無故洩漏（第二十五條）。

㈤損害賠償責任

　　經紀人故意或重大過失所致委託人受損時，由該經紀人負賠償責任（第二十六條）。

㈥經紀人員應專任一職

　　經紀人員應專任一經紀業，並不得為自己或他經紀業執行仲介或代銷業務。但經所屬經紀業同意為他經紀業執行業務，不在此限（第十六條）。

㈦本法施行前經紀人員之處置

　　本條例公布施行前已從事不動產經紀業之人員，得自本條例公布施行之日起繼續執業三年；三年期滿後尚未取得經紀人員資格者，不得繼續執行業務（第三十七條第一項）。

㈧經紀人員受懲戒之情形

　　經紀人員違反本條例者，依下列規定懲戒之：

(1)違反第十六條、第二十二條第一項、第二十三條或第二十五
    條規定者，應予申誡。

(2)違反第十九條第一項規定者，應予六個月以上三年以下之停
    止執行業務處分。

經紀人員受申誡處分三次者，應另予六個月以上三年以下之停
止執行業務處分；受停止執行業務處分累計達五年以上者，撤銷其
經紀人員證書（第三十一條）。

八十九年專門職業及技術人員特種考試不動產經紀人試題
試依不動產經紀業管理條例之規定，說明何謂預售屋及成屋？又
該條例對於不動產說明書如何規範之？

答：
㈠預售屋之意義

　　依不動產經紀業管理條例第四條第三款規定係指領有建造執照
尚未建造完成而以將來完成之建築物為交易標的之物。

㈡成屋之意義

　　依不動產經紀業管理條例第四條第二款規定係指領有使用執
照，或於實施建築管理前建造完成之建築物。

㈢不動產說明書之規範

(1)不動產說明書應由經紀業指派經紀人簽章（第二十二條第一
    項第五款）。

(2)經紀人員在執行業務過程中，應以不動產說明書向與委託人
    交易之相對人解說。前項說明書於提供解說之前，應經委託
    人簽章（第二十三條）。

(3)雙方當事人簽訂租賃或買賣契約書時，經紀人應將不動產說
    明書交付與委託人交易之相對人，並由相對人在不動產說明

書上簽章。前項不動產說明書視為租賃或買賣契約書之一部分（第二十四條）。

⑷不動產說明書，應記載及不得記載事項，由中央主管機關定之（第二十二條第三項）。

⑸經紀人員對於因業務知悉或持有之他人秘密，不得無故洩漏（第二十五條）。

第五章　獎　懲

一、獎勵事項及機關

　　為鼓勵優良之經紀業及經紀人員，誠信守法經營事業，俾一般民眾得簡便識別優良經紀業及經紀人員，爰規定經紀業或經紀人員有下列情事之一者，主管機關得予以獎勵；其在直轄市者，由直轄市主管機關為之；特別優異者，得層報中央主管機關獎勵之：(1)增進不動產交易安全、公平，促進不動產經紀業健全發展，有優異表現者，(2)維護消費者權益成績卓著者，(3)對於不動產經紀相關法規之研究或建議有重大貢獻者，(4)其他特殊事蹟經主管機關認定應予獎勵者（本條例第二十八條第一項）。

　　有關優良經紀業及經紀人員獎勵辦法由中央主管機關定之（本條例第二十八條第二項）。

二、經紀業處罰規定

　　不動產仲介或代銷業務之營業內容、方式，影響不動產交易市場穩定與發展，且與交易當事人之權利義務息息相關，為管理不動產經紀業，建立不動產交易秩序，保障交易者權益，違反本條例規定之不動產經紀業者，宜明定不動產經紀業應受懲戒之事宜，並依其違反情節輕重，規定不同懲戒方式，對於限期改正而未改正之業者予連續處罰。

㈠限期改正

　　1.違反「經紀業應於經紀人到職之日起十五日內，造具名冊報

請所在地主管機關層報中央主管機關備查，異動時，亦同」之規定（本條例第二十九條第一項第一款、第十二條）。

2.違反「經紀業應將其仲介或代銷相關證照及許可文件連同經紀人證書揭示於營業處所明顯之處；其為加盟經營者，應併標明之」（本條例第二十九條第一項第一款、第十八條）。

3.違反「經營仲介業務者應揭示報酬標準及收取方式於營業處所明顯之處」（本條例第二十九條第一項第一款、第二十條）。

4.經紀業拒絕主管機關檢查經紀業之業務（本條例第二十九條第一項第一款、第二十七條）。

㈡處新臺幣三萬元以上十五萬元以下罰鍰

違反前述㈠之1.2.3.4.情形之一者，經主管機關限期改正而未改正者，處新臺幣三萬元以上十五萬元以下罰鍰（本條例第二十九條第一項第一款）。

㈢處新臺幣六萬元以上三十萬元以下罰鍰

1.經紀業未置經紀人：違反本條例第十一條：「經紀業設立之營業處所至少應置經紀人一人。但非常態營業處所，其所銷售總金額達新臺幣六億元以上，該處所至少應置專業經紀人一人。營業處所經紀營業員數每逾二十名時，應增設經紀人一人。」（本條例第二十九條第一項第二款）

2.經紀業僱用未具備經紀人員資格：違反本條例第十七條：「經紀業不得僱用未具備經紀人員資格者從事仲介或代銷業務。」（本條例第二十九條第一項第二款）

3.經紀業或經紀人員收取差價：違反本條例第十九條第一項：「經紀業或經紀人員不得收取差價或其他報酬，其經營仲介業務者，並應依實際成交價金或租金按中央主管機關規定之報酬標準計收」（本條例第二十九條第一項第二款）。

4.經紀業未簽約即廣告或銷售：違反本條例第二十一條第一項：

「經紀業與委託人簽訂委託契約書後，方得刊登廣告及銷售」（本條例第二十九條第一項第二款）。

5.經紀業廣告及銷售內容與事實不符或未說明經紀業名稱：違反本條例第二十一條第二項：「前項廣告及銷售內容，應與事實相符，並註明經紀業名稱」（本條例第二十九條第一項第二款）。

6.重要文件未經經紀人簽章：違反本條例第二十二條第一項：「下列文件應由經紀業指派經紀人簽章：一、不動產出租、出售委託契約書。二、不動產承租、承購要約書。三、定金收據。四、不動產廣告稿。五、不動產說明書。六、不動產租賃、買賣契約書」（本條例第二十九條第一項第二款）。

㈣連續處罰

經紀業違反前述㈠、㈡、㈢情形處罰並限期改正而未改正者，應連續處罰（本條例第二十九條第二項）。

㈤停止營業並補足營業保證金

1.經紀業於辦妥公司登記或商業登記後，應依中央主管機關規定繳存營業保證金，超過一定金額者，得就超過部分以金融機構提供保證函擔保之，本條例第七條第三項有明文規定，旨在確保交易受害當事人受賠償之權益，故未繳營業保證金或不足一定金額或經中華民國不動產仲介經紀業或代銷經紀業同業公會全國聯合會通知應補足而未補足者，停止營業到補足為止（本條例第二十九條第一項第三款）。

2.違反中央主管機關所定應繳營業保證金及繳存或提供擔保之辦法（本條例第二十九條第一項第三款）。

㈥撤銷營業許可

1.經紀業開始營業後自行停止營業連續六個月以上者，直轄市或縣（市）主管機關得撤銷其許可。但依法辦理停業登記者，不在此限（本條例第三十條）。

2.違反本條例第七條第三項、第四項或第八條第四項者，未繳營業保證金停業期間達一年以上者（本條例第二十九條第一項第三款）應撤銷營業許可。

三、經紀人員處罰規定

經紀人從事經紀業務直接關係交易當事人之財產權益，應依本條例規定執行業務，如有違反應予懲戒，實有警惕與淘汰之作用，故明定經紀人員應受懲戒事由及依違反情節輕重規定不同懲戒方式，對於連續違規者，並予加重處罰。

㈠申　誡

1.違反經紀人員專任制：經紀人員未經所屬經紀業同意，為自己或他經紀業執行仲介或代銷業務（本條例第三十一條第一項第一款、第十六條）。

2.重要文件未簽章：經紀人對下列文件應簽章卻未簽章，⑴不動產出租、出售委託契約書，⑵不動產承租、承購要約書，⑶定金收據，⑷不動產廣告稿，⑸不動產說明書，⑹不動產租賃、買賣契約書（本條例第三十一條第一項第一款、第二十二條第一項）。

3.未公開不動產說明書：經紀人員執行業務過程中，應以不動產說明書向與委託人交易之相對人解說卻未解說，或該不動產說明書提供解說前應經委託人簽章卻未簽章，即向交易相對人解說（本條例第三十一條第一項第一款、第二十三條）。

4.洩漏業務知悉他人秘密：經紀人員對於因業務知悉或持有之他人秘密，不得無故洩漏卻予以洩漏（本條例第三十一條第一項第一款、第二十五條）。

依本條例施行細則第二十七條：經紀人員有上述情事之一者，由其經紀業所在地直轄市或縣（市）主管機關交付懲戒；懲戒結果，應通知當事人，並函請原核發證書之主管機關登錄。

㈡停止執行業務六個月以上三年以下處分

　　1.收取差價或其他報酬：經紀人員不得收取差價或其他報酬，卻收取差價或其他報酬（本條例第三十一條第一項第二款、第十九條第一項）。如已收取差價或其他報酬，依本條例第十九條第二項規定，應加計利息後加倍返還支付人。有時依其具體情形構成詐欺或侵占刑事罪責。

　　2.申誡處分三次：經紀人員受申誡處分三次者，應予停止執行業務六個月以上三年以下處分（本條例第三十一條第一項第二款）。

　　依本條例施行細則第二十七條：經紀人員有上述情事之一者，由其經紀業所在地直轄市或縣（市）主管機關交付懲戒；懲戒結果，應通知當事人，並函請原核發證書之主管機關登錄。

㈢撤銷經紀人員證書

　　原行政院草案第三十二條第二項規定受停止執行業務處分三次者，撤銷其仲介人員合格證書，立法院審查會乃仿建築師法第四十五條規定修正為：受停止執行業務處分累計達五年以上者，撤銷其經紀人員證書（本條例第三十一條第二項）。

　　撤銷經紀人員證書，由原核發證書之主管機關為之並應即公告，通知當事人、其任職之經紀業及該經紀業所屬之同業公會（本條例施行細則第二十六條）。

　　經紀人受撤銷證書者，於原因消滅後，得重新依本條例及本細則之規定請領證書（本條例施行細則第二十八條）。

四、設置獎懲委員會

　　行政院草案並無設置獎懲委員會條文，但為辦理經紀人員之獎懲事項，爰增設本條例第三十三條條文內容，以為受理獎懲事項。

㈠設置獎懲委員會

　　直轄市或縣（市）主管機關對於經紀人員獎懲事項應設置獎懲

委員會處理之（本條例第三十三條第二項）。有關獎懲委員之組織，由中央主管機關定之（本條例第三十三條第三項）。

㈡經紀人員違法之檢舉

經紀人員有應予申誡事由（即違反第十六條、第十九條第一項、第二十二條第一項、第二十三條或第二十五條規定者），利害關係人、各級主管機關或其同業公會得列舉證經紀人員違法事實，提出證據，報請直轄市或縣（市）主管機關交付懲戒（本條例第三十三條第一項）。

㈢獎懲委員會通知被檢舉或被移送之經紀人員答辯

為使被檢舉或移送之經紀人員有答辯救濟之機會，以免造成冤枉抑或不公之結果，爰明定獎懲委員會受理獎懲事項，應通知檢舉或移送之經紀人員（本條例第三十四條）。

㈣被檢舉或移送經紀人員答辯期限

被檢舉或移送之經紀人員，於收到獎懲委員會之通知，應於二十日內提出答辯或到場陳述；逾期未提出答辯或到場陳述時，得逕行決定（本條例第三十四條），以免拖延時日，以達懲戒之時效。

㈤非不動產經紀業者而經營不動產經紀業之處罰

不動產交易行為相當專業，事關人民財產安全甚鉅，為確保服務品質，管理不動產經紀業，建立不動產交易秩序，促進不動產交易市場健全發展，本條例對經紀業之成立應具下列要件：⑴申請中央主管機關許可制，⑵辦理公司或商業登記，⑶強制加入公會，⑷經紀業設立之申請人消極資格限制，⑸應繳存一定營業保證金及補足保證金義務，⑹營業處所應置經紀人等。為達上開立法目的，實有必要對未取得經紀業證照而擅自營業者或經撤銷許可而仍經營經紀業者，處以較重罰鍰並禁止營業，經禁止營業處分仍繼續營業者另處以刑罰，以有效遏止，有關處罰之對象亦予明定，以明其權責。爰就處罰事由及種類分述如下：

1.禁止營業併罰鍰

　　非經紀業而經營仲介或代銷業者，主管機關應禁止其營業，並處公司負責人、商號負責人或行為人新臺幣十萬元以上三十萬元以下罰鍰（本條例第三十二條第一項）。

2.處以刑罰

　　公司負責人、商號負責人或行為人經主管機關依前項規定為禁止營業處分後，仍繼續營業者，處一年以下有期徒刑、拘役或科或併科新臺幣十萬元以上三十萬元以下罰金（本條例第三十二條第二項）。

　　未依公司法及本法取得公司執照及經紀業許可證而經營房地仲介或代銷業者，除上開禁止營業併罰鍰外，尚可依公司法第十九條規定：未依公司法設立登記而以公司名義經營業務或其他法律行為者，行為人各處一年以下有期徒刑、拘役或科或併科新臺幣十五萬元以下罰金，並自負其責；行為人有二人以上者，連帶負責，並由中央主管機關禁止其使用公司名稱。

　　一般公司如經營登記範圍以外之不動產仲介或代銷業者業務，違反公司法第十五條規定：公司不得經營登記範圍以外之業務，且公司負責人違反此規定，各處一年以下有期徒刑、拘役或科或併科新臺幣十五萬元以下罰金，並賠償公司因此所受之損害。

五、逾期未繳罰鍰之強制執行

　　為免所處罰鍰無法落實，爰明定依本條例所處罰鍰，經通知繳納而逾期不繳納者，移送法院強制執行（本條例第三十六條）。

　　依行政執行法第四十二條第一項規定：法律有公法上金錢給付義務移送法院強制執行之規定者，自本法修正條文施行之日起（八十七年十月二十二日全文修正,同年十一月十一日公布),不適用之。

故有關依本條例所處之罰鍰，逾期不繳納，不再移送法院強制執行，而是移送法務部行政執行署所屬行政執行處執行之。

第六章　附　則

　　為避免在本條例施行前已經營仲介或代銷業者及從事仲介或代銷人員，因本條例公布施行時，馬上面臨違反本條例規定而遭處罰之窘境，影響其工作權與財產權益。同時，考慮交易相對人權益保障、建立不動產交易秩序、促進不動產交易市場健全發展之立法目的，乃有三年緩衝期規定，期滿後未取得營業資格者，不得繼續經營或執行不動產仲介或代銷業務。

　　基於國際平等互惠原則，及參加世界貿易組織，外國人亦應准其依規定取得經紀人員證書，充任經紀人員。

一、　本條例施行前已從事不動產經紀業之處理

　　本條例施行前已經營仲介或代銷業者應於本條例施行後，三年內依本條例規定領得經紀業證照後始得繼續營業（本條例第三十七條第一項）。於緩衝期間經過後仍未取得經紀業證照而繼續營業者，依本條例第三十二條規定，主管機關禁止其營業並處罰鍰，如仍繼續營業則處以刑罰（本條例第三十六條、第三十二條）。

二、　本條例施行前已從事不動產經紀業務人員之處理

　　本條例公布施行前已從事不動產經紀業務之人員，得自本條例公布施行之日起，繼續執業三年；三年期滿後尚未取得經紀人員資格者，不得繼續執行業務（本條例第三十七條）。

三、不動產經紀人特種考試應考資格

依行政院草案第三十六條規定：本條例施行前已從事仲介業務之仲介人員，得自本條例施行後繼續執行業務三年，期滿後未取得第十一條所定之資格者（仲介主任即本條例所指經紀人），不得繼續執行業務。行政院草案第十一條仲介主任應具備資格為㈠中央主管機關舉辦之仲介主任專業知識測定合格，㈡測定資格為⑴專科以上學校畢業，曾任仲介專員一年以上者，⑵高中或高職畢業，曾任仲介專員二年以上者，⑶曾任仲介專員三年以上者。故仲介主任應具備仲介專員資歷，最高者達三年之久，且仲介專員（即本條例所指經紀營業員）亦需另經測定合格，該人員在法定緩衝期間三年內，將無法或難以參加仲介主任之測定，既不合宜且難以因應業界實際人力之需，爰就仲介專員之資歷部分，放寬認為原已有從事仲介業務之資歷。立法院審查前開草案第十一條仲介主任應具備資格規定，修改後通過本條例第十三條條文內容為：中華民國國民經不動產經紀人考試及格並依本條例領有不動產經紀人證書者，得充不動產經紀人（第一項）。前項考試得以檢覈行之；其檢覈辦法，由考試院會同行政院定之（第二項）。

同時修改原草案第三十六條內容成為第三十七條第二項：本條例公布施行前已從事不動產仲介或代銷業務滿二年，有該項執行業務或薪資所得扣繳資料證明，經中央主管機關審查合格者，得自本條例公布施行之日起繼續執業三年；並得應不動產經紀業特種考試。本條第二項：「……，得自本條例公布施行之日起繼續執業三年；」似為贅文，因本條第一項已有規定。

故考試院舉辦之不動產經紀人特種考試之應考資格條件為：⑴對於本條例施行前已從事不動產仲介或代銷業務滿二年有該項執行業務或薪資所得扣繳資料證明，⑵經中央主管機關審查合格者（本

條例第三十七條第二項)。同時考試院依本條例第三十七條第三項規定，在公布施行後三年內至少應辦理三次。

四、外國人應考及受僱資格

得應不動產經紀人考試或營業員測定：本於國際平等互惠原則及加入世界貿易組織之需，外國人得依中華民國法律應不動產經紀人考試或營業員測定（本條例第三十八條第一項）。

外國人依法領有不動產經紀人考試及格證書或不動產經紀營業員測定合格證書，為便管理，應經中央主管機關許可，遵守中華民國一切法令，始得受僱於經紀業為經紀人員（本條例第三十八條第二項)，其有關業務上所為之文件、圖說，應以中華民國文字為主(本條例第三十八條第三項)。

五、本條例之施行細則及施行日期

有關本條例施行細則授權由中央主管機關定之（本條例第三十九條）。有關本條例施行日期，自公布日施行（本條例第四十條）。依中央法規標準法第十三條：法規明定自公布日施行者，自公布或發布之日起算至第三日起發生效力。本條例於民國八十八年二月三日經總統公布，故於民國八十八年二月五日生效。

第二篇　公寓大廈管理
條例

第一章　總　則

一、立法背景

近年來，由於高層公寓大廈隨社會經濟發展與人口大量都市化而激增，有關其住戶權利義務關係日趨複雜，於區分所有與管理維護上所產生的爭議也層出不窮，諸如專有及共有權屬界定混淆不清、附屬共用設施之管理維護、違規使用及對公共安全與衛生之危害問題等。目前相關建築物之權屬界定及管理維護有關事項，僅見於民法第七九九條、第八〇〇條、土地登記規則第六十九條至第七十四條及國民住宅社區管理維護辦法等規定，鑒於上開建築物管理維護對社會秩序及人民權益之保障攸關重大，亟需制定專法以為管理(公寓大廈管理條例草案總說明)。

二、條例要點

1.明定本條例立法目的、適用範圍、主管機關及用辭定義（第一條至第三條）。

2.明定專有部分、共用部分之使用權、共用部分不得約定專用之範圍，以供明確劃分使用管理標的（第四條、第五條、第七條、第八條）。

3.明定住戶應遵守事項及違反規定之處理（第六條）。住戶對於公共安全、公共安寧及公共衛生之維護義務及區分所有權之強制出讓等規定，以維公益（第十六條、第二十二條）。

4.明定公寓大廈變更使用及違法使用之禁止（第八條、第九條、

第十五條）。公寓大廈之維護、管理權責與改良、拆除、重大修繕、重建之要件及費用負擔（第十條、第十一條、第十三條、第十四條）。

5.明定區分所有權人對共同壁或樓地板之權屬，並規定維修或毀損時之費用負擔（第十二條）。

6.明定區分所有權人強制保險義務與差額補償責任及積欠費用催討程序（第十七條）。

7.明定公寓大廈公共基金籌措、保管運用原則及移交程序規定（第十八條至第二十一條）。

8.明定區分所有權人會議組成、臨時會議之召集要件與區分所有權人會議召集人及臨時召集人之產生方式（第二十五條）。第一次區分所有權人會議之召開要件及召集程序（第二十六條）。區分所有權人會議開議、決議與會議紀錄之作成及請求閱覽之規定（第二十八條至第三十三條）。

9.明定管理委員會之組織及選任（第二十七條）。管理委員會之職務、管理委員會有訴訟當事人能力及應向區分所有權人會議負責（第三十四條至第三十六條）。管理負責人之職務準用管理委員會之規定（第三十七條）。

10.明定公寓大廈規約訂定、變更要件（第三十一條）。

11.明定違反本條例規定有關罰則（第三十八條、第三十九條）。

12.明定集居地區管理及組織準用本條例之規定（第四十一條）。

13.明定本條例施行前已建造完成之公寓大廈，應依本條例規定成立管理組織（第四十三條）。

14.明定公寓大廈之起造人或區分所有權人應依使用執照所記載之用途及測繪規定，辦理建物所有權第一次登記（第四十四條）。起造人或建築業者未領得建造執照，不得處理銷售，不得將共用部分為讓售或為有損害區分所有權人權益之行為（第四十五條）。

15.明定管理服務人管理辦法、規約範本、治安維護配合事項及

施行細則由中央主管機關另定之（第四十七條至第四十九條）。本條例公布施行日期（第五十條）。

三、立法目的

本條例第一條第一項即開宗明義本法立法目的：「為加強公寓大廈之管理維護，提昇居住品質之目的，特制定本條例。」故本條例一方面規範住戶間之權利義務，另一方面建構住戶之管理組織，以確保居住之安寧、安全、衛生，增進公共福利。

四、法律適用原則

公寓大廈之管理維護，住戶間之權利義務及管理組織，依本條例之規定，如本條例未規定者，則依其他有關法律之規定（本條例第一條第二項）。諸如本條例未規定之事項而民法、建築法、都市計畫法、區域計畫法等法令皆可適用。例如共用部分（如電梯、警衛室、蓄水池、大廳）及其相關設施之拆除、重大修繕或改良，民法第八二八條及本條例第十一條均有規定，則依本條例之規定。又如公同共有物是否得請求分割，本條例未規定，民法第八二九條有規定，則依民法規定不得隨時請求分割。另外何謂「建築物」「建築執照」「使用執照」「構造上獨立性」「使用上獨立性」本條例未規定，則依建築法規有關規定。

五、主管機關

公寓大廈之管理維護，住戶居住品質之確保提昇，有賴行政機關適時執行公權力。為明確其權屬乃明定各級主管機關，在本條例第二條明定：「本條例所稱主管機關：在中央為內政部；在直轄市為直轄市政府；在縣（市）為縣（市）政府。」例如住戶擅自變更房屋使用執照所載用途（住宅用變更為營業用）、管理負責人或管理委員

會應予制止，並報請直轄市、縣（市）主管機關處理並要求其回復原狀（本條例第十五條），此所謂「直轄市、縣（市）主管機關」係指直轄市政府或縣（市）政府而言。又如管理服務人管理辦法、規約範本、本條例施行細則、公寓大廈治安維護配合事項，由中央主管機關定之（本條例第四十七條、第四十八條、第五十一條、第四十九條），此所謂中央主管機關係指內政部。

六、法律用辭定義

㈠公寓大廈

指構造上或使用上或在建築執照設計圖樣標有明確界線得區分為數部分之建築物及其基地。所謂「建築物」依建築法第四條：所稱建築物，為定著於土地上或地面下具有頂蓋、樑柱或牆壁，供個人或公眾使用之構造物或雜項工作物。所謂「建築基地」依建築法第十一條：所稱建築基地，為供建築物本身所占之地面及其所應留設之法定空地。建築基地原為數宗者，於申請建築前應合併為一宗。所謂「建築物之主要構造」依建築法第八條：所稱建築物之主要構造，為基礎、主要樑柱、承重牆壁、樓地板及屋頂之構造。

連棟式的透天厝，是否適用公寓大廈管理條例之規定？公寓大廈管理條例對於建築物構造種類與規模範圍，沒有限定適用的對象，只要「構造上或使用上或在建築執照設計圖樣標有明確界限得區分為數部分之建築物」均有適用，故無論是連棟式平房以至高層鋼骨構造建築物，凡具有前述性質之建築物及其基地均應適用公寓大廈管理條例。另各自獨立使用之建築物、公寓大廈，其共同設施之使用與管理具有整體不可分性之集居地區者，其管理及組織亦準用本條例之規定。

㈡區分所有

指數人區分一建築物而各有其專有部分，並就其共用部分按其

應有部分有所有權。故區分所有權包括專有部分及共用部分之所有
權。公寓大廈管理條例第四條第二項之規定:「專有部分不得與其所
屬建築物共用部分之應有部分及其基地所有權或地上權之應有部分
分離而為移轉或設定負擔。」,由此可知區分所有權之建築物,與其
基地有一體之特性。所謂應有部分? 指將共用部分所有權為抽象之
劃分而分屬於各區分所有權人,基此劃分而生之各區分所有權人對
共用物所有權之成數,稱為應有部分。

㈢專有部分

　　指公寓大廈之全部或一部分,具有使用上之獨立性,且為區分
所有之標的者。草案對「專有部分」之定義為: 指公寓大廈建築物
中具有構造與使用上之獨立性,為區分所有標的之部分者。前後對
照發現不同者有二,一是前者(現行條文)公寓大廈之全部得作為
專有部分,二是專有部分之成立要件似不需具備構造上之獨立性,
只須具備使用上獨立性即可。所謂使用上獨立性指區分所有部分須
與一般獨立之建築物相同,具有生活目的之獨立機能。至於是否具
有生活目的之獨立機能應就區分所有之利用目的、形態及其構造加
以判斷其是否具有單獨使用、獨立之經濟效能而言。

㈣共用部分

　　指公寓大廈專有部分以外之其他部分及不屬專有之附屬建築
物,而供共同使用者。共用部分成立的原因有二,一是法定共用部
分,如「法定空地、法定防空避難設備及法定停車空間」(本條例第
四十五條第二項)。二是構造上或性質上之共用部分,對建築物基礎
結構及安全或維持共用所必需之部分,如公寓大廈所占基地、連通
專有部分之走廊、樓梯、通往大門之通道、公寓大廈基礎工程、主
要樑柱、承重牆壁、樓地板、屋頂構造,其他固定的設備,並屬區
分所有權人生活利用上不可或缺之共用部分(本條例第七條)。

(五)約定專用部分

指公寓大廈共用部分經約定供特定區分所有權人使用者。公寓大廈共用部分如防空避難之用之地下室，約定平日供某住戶停車之用，該部分即為該住戶約定專用部分。區分所有權人約定專用事項之方法有二：一是公寓大廈建造期間或第一次區分所有權人會議召開前，出賣人與買受人於買賣契約中約定共用部分或基地之特定部分由某買受人專用，此種買賣契約起造人應在住戶規約草約中載明之，期以拘束各買受人。二是公寓大廈建築完成之後，經召集區分所有權人舉行會議，依公寓大廈管理條例第三十一條之規定，應有區分所有權人三分之二以上及其區分所有權比例合計三分之二以上出席，以出席人數四分之三以上及其區分所有權比例占出席人數區分所有權四分之三以上之同意約定之。

(六)約定共用部分

指公寓大廈專有部分經約定供共同使用。例如公寓大廈專有部分，如果約定某層樓室內供全體住戶閱讀、健身之用，則該層樓即為約定共用部分。

(七)區分所有權人會議

指區分所有權人為共同事務及涉及權利義務之有關事項，召集全體區分所有權人所舉行之會議。例如共用部分及其相關設施之拆除、重大修繕或改良，應依區分所有權人會議之決議為之（本條例第十一條第一項）。

(八)管理委員會

指住戶為執行區分所有權人會議決議事項暨公寓大廈管理維護工作，互選管理委員若干人設立之組織。管理委員係由住戶（指居住或使用公寓大廈之區分所有權人、承租人或使用人而言）互選三人以上組成，管理委員會之主要職權為執行區分所有權人會議之決議事項及管理維護公寓大廈工作並具有當事人能力（本條例第三十

四、三十五條)。為有效管理維護公寓大廈及提昇居住品質，必須有執行管理維護工作之組織單位，故本條例乃規定公寓大廈應成立管理委員會或推選管理負責人（本條例第二十七條第一項)。

㈨管理負責人

指未成立管理會，由區分所有權人及住戶互推一人為負責管理公寓大廈事務者。管理負責人之產生係在公寓大廈未組成管理委員會且未選任管理負責人時，由區分所有權人互推之召集人或申請指定之臨時召集人為管理負責人。區分所有權人無法互推召集人或申請指定臨時召集人，住戶得申請地方主管機關指定住戶一人為管理負責人（本條例第二十七條第四項)。管理負責人之職務準用第三十四條之規定。

㈩住　戶

指公寓大廈之區分所有權人、承租人或其他經區分所有權人同意，而為專有部分之使用者。

⑴管理服務人

指由區分所有權人會議決議或管理負責人或管理委員會僱傭或委任而執行建築物管理維護事務者。

⑵規　約

公寓大廈區分所有權人為增進共同利益，確保良好生活環境，經區分所有權人會議決議之共同遵守事項。

第二章　住戶之權利義務

　　所謂住戶，依本條例第三條第十款定義：公寓大廈之區分所有權人、承租人或其他經區分所有權人同意，而為專有部分之使用者。

　　住戶有關公寓大廈之使用、收益、處分、管理、維護、修繕及公共基金之來源、保管、運用、移交等，均關係著全體住戶之公共安全、公共安寧及公共衛生之居住品質，因應日漸複雜住戶關係，明確規範住戶之基本權利義務實有必要，於第二章專章加以釐清與規範。

第一節　區分所有權權能

　　區分所有權人除法律另有限制外，對其專有部分，得自由使用、收益、處分，並排除他人干涉（本條例第四條第一項）。

　　所謂「使用」乃不變更或損毀區分所有權之性質，而依其用法，滿足吾人所需，如房屋室內供居住之用。「收益」乃收取區分所有權之孳息，如房屋租賃租金收入。「處分」乃毀損、改造、變形區分所有權（事實上處分）或為權利之移轉、設定、拋棄等行為（法律上處分）。區分所有權人得自由使用收益處分區分所有標的物係其積極權能。

　　所謂「排除他人干涉」即區分所有權人本於區分所有，對不法之干涉，予以排斥除去。亦即法律賦予區分所有權人物上請求權（返還請求權、妨害排除請求權、妨害預防請求權）。區分所有權人對他人不法干涉得排除之權能係其消極權能。

　　區分所有權積極及消極權能，均須受法律上之限制。例如應依使用執照所載用途及規約使用專有部分，不得擅自變更（本條例第十五條第一項），此即對自由使用積極權能予以限制。他住戶因維護、修繕專有部分、約定專用部分或設置管線，必須進入其專有部分或約定專用部分時，不得拒絕（本條例第六條第一項第二款），對他人之干涉（進入）必須容忍，不得拒絕，此即對排除他人干涉消極權能予以限制，詳如下述：

一、本條例有關區分所有權積極權能之限制規定

㈠專有部分移轉或設定負擔之限制（建物、基地一體化原則）

　　專有部分不得與其所屬建築物共用部分之應有部分及其基地所有權或地上權之應有部分分離而為移轉或設定負擔（本條例第四條第二項）。為使專有部分與其共用部分及其基地權利之一體性，俾使法律關係單純化，以盡經濟上效用，防止當事人間紛爭而有必要就專有部分之移轉或設定負擔予以限制，亦即⑴專有部分不得與其所屬建築物共用部分之應有部分分離而為移轉或設定負擔。⑵專有部分不得與其基地所有權之應有部分（含共用部分之基地應有部分）分離而為移轉或設定負擔。⑶專有部分不得與地上權之應有部分分離而為移轉或設定負擔。如違反前述之限制而為移轉或設定負擔，均為無效（民法第七十一條：法律行為違反強制或禁止規定，無效）。例如公寓大廈共用部分（公共設施）不得單獨出售（或贈與、交換或設定抵押等）， 如違反此項限制而為移轉或設定負擔均為無效。

㈡專有部分利用之限制

　　區分所有權人對專有部分之利用，不得有妨害建築物之正常使用及違反區分所有權人共同利益之行為（本條例第五條）。所謂「利用」應指區分所有權之使用收益處分之積極權能而言，例如不能為室內之裝潢而除去室內樑柱、承重牆壁，以免造成公寓大廈公共危

險。所謂違反「共同利益」指影響有關公寓大廈公共安全、公共安寧、公共衛生之利益。可分下列三種情形：⑴違反允許使用規定。例如改變土地使用分區管制建築物原核准用途。⑵對於建築物構造實體之損害。違反建築法第七十七條之二第一項第二款：建築物室內裝修不得妨害或破壞防火避難設施、消防設備、防火區劃及主要構造。例如任意破壞或更改建築物樑、柱、承重牆壁、基礎等主要構造者，或超載使用建築物，影響建築物構造安全。⑶妨害建築物環境品質。例如製造、儲存危險品或經營公害行業及其他禁止之行為。

公寓大樓中若有住戶經營視聽 KTV、PUB 歌唱餐廳業，歌聲喧嘩，影響其他住戶之安寧，如該住戶經營視聽歌唱餐廳業依法申請許可登記經營者，其營業行為過於喧嘩，影響他住戶之安寧、安全及衛生者，經環保機關依其所訂標準認定過於喧嘩，違反噪音行為時，應視為同時違反公寓大廈管理條例第五條規定「區分所有權人對專有部分之利用，不得有妨害建築物之正常使用及違反區分所有權人共同利益之行為」。應依第三十九條第一項第一款規定，「由直轄市、縣（市）主管機關處新臺幣四萬元以上二十萬元以下罰鍰。」住戶經處以罰鍰後，仍不改善或續犯者，應依第二十二條規定，由管理負責人或管理委員會促請改善，於三個月內仍未改善者，得依區分所有權人會議之決議，訴請法院強制其遷離。

如其經營未獲許可，為違規營業者，則屬違反第十五條第一項規定「住戶應依使用執照所載用途及規約使用專有部分、約定專用部分，不得擅自變更」。並應依第三十九條第一項第三款處罰之。
㈢專有部分、約定專用部分之維護、修繕或行使其權利之限制

住戶在維護、修繕專有部分、約定專用部分或行使其權利時，不得妨害其他住戶之安寧、安全及衛生（本條例第六條第一項第一

款)，例如依法可供營業用之公寓大廈，其住戶在營業時即應注意營業喧嘩造成他住戶安寧權益之侵害，或堆放大量瓦斯、有毒物品造成公共危險等。

如住戶違反此限制，經協調仍不改善時，他住戶、管理負責人或管理委員會得按其性質請求各該主管機關或訴請法院為必要之處置（本條例第六條第三項）。

(四)專有部分不得擅自變更使用執照用途或規約約定

住戶應依使用執照所載用途及規約使用專有部分、約定專用部分，不得擅自變更（本條例第十五條第一項）。依建築法第七十三條規定：建築物非經領得使用執照，不准接水、接電，或申請營業登記及使用；非經領得變更使用執照，不得變更其使用。

擅自變更使用者，其處罰，建築法與本條例規定不一，即建築法第九十條：處建築物所有權人或使用人新臺幣六萬元以上三十萬元以下罰鍰，並勒令停止使用；本條例第三十九條規定處新臺幣四萬元以上二十萬元以下罰鍰。第十五條第二項規定，管理負責人或管理委員會應予制止，並報請直轄市、縣（市）主管機關處理，並要求其回復原狀。行政機關可否對住戶擅自變更使用執照所載用途之一行為，分別依本條例及建築法規定（法規競合）予以二罰（二次罰鍰)？本書認為除非法律有明文排除「一事不二罰」之原則或可同時採數種罰則，為符合憲法之比例原則，可從一重斷，但不得予以二次罰鍰。

目前有許多餐廳、KTV、PUB、酒廊等不依建築物使用執照所載用途使用，或擅自在住宅區設立，人員出入複雜影響其他住戶的生活安寧，更可能發生火災等嚴重影響生命財產安全，管理委員會得依公寓大廈管理條例第十五條，對此類違規案件予以制止，制止不理，訴請法院強制其遷離，住戶為區分所有權人時並可命出讓其房屋及拍賣。住戶有因違反第十五條第一項擅自變更專有或約定專

用之使用行為，因而致人於死者，尚可處一年以上七年以下有期徒
刑，得併科新臺幣一百萬元以上五百萬元以下罰金；致重傷者，處
六月以上五年以下有期徒刑，得併科新臺幣五十萬元以上二百五十
萬元以下罰金（本條例第三十九條第二項）。

㈤共用部分自由使用、收益及處分之限制

1.公寓大廈共用部分不得獨立使用供做專有部分(本條例第七條)

此乃因共用部分為全體區分所有權人共有，為因應實際使用之
需，確保區分所有權人權益，乃明定共有部分不得為專有部分。

2.下列共用部分不得約定專用部分（本條例第七條）

⑴公寓大廈本身所占之地面（本條例第七條第一款），公寓大廈
本身所占之地面，指建築物外牆中心線或其代替柱中心線以
內之最大水平投影範圍（本條例施行細則第五條）。

⑵連通數個專有部分之走廊或樓梯，及其通往室外之通路或門
廳，社區內各巷道、防火巷弄（本條例第七條第二款）。故公
寓大廈的一樓住戶做生意，縱與全體住戶約定讓其在公寓大
廈通往室外之庭院出入口擺攤做生意（約定專用），此約定專
用違反公寓大廈管理條例第七條第二款之規定，仍不能在公
寓大廈出入口處做生意。

⑶公寓大廈基礎、主要樑柱、承重牆壁、樓地板及屋頂之構造
（本條例第七條第三款）。故區分所有權人並購隔鄰之專有部
分後，原來共同壁變成為內牆，將之拆除有無違反規定？應
視該牆壁在構造上之作用是否屬構造上之承重牆壁？如是則
不得拆除，因為係不得約定專用部分之專案，至於非屬構造
上承重牆壁之分間牆，則不受前開限制。

⑷約定專用有違法令使用限制之規定者（第七條第四款）。

⑸其他固定使用方法，並屬區分所有權人生活利用上不可或缺
之共用部分（第七條第五款）。

有關防空避難室，平時可約定供停車之專用部分，以達物盡其用，解決停車位之不足之需，唯一旦發生緊急狀況，仍應供避難防空之用。故其約定停車專用，應限於只為平時使用，且對防空避難、緊急使用無安全顧慮。

3. 公寓大廈周圍上下、外牆面、樓頂平臺及防空避難室利用之限制

公寓大廈周圍上下、外牆面、樓頂平臺及防空避難室，非依法令規定並經區分所有權人會議之決議，不得變更構造、顏色、使用目的、設置廣告物或其他類似之行為（本條例第八條第一項）。換言之，欲對公寓大廈周圍上下、外牆面、樓頂平臺及防空避難室變更其構造、顏色、使用目的、設置廣告物或其他類似行為，須⑴依法令規定，⑵經區分所有權會議之決議。例如防空避難室雖經區分所有權會議之決議供做商場之用。因抵觸建築法等相關法令，仍不得變更使用。

住戶違反此限制規定，管理負責人或管理委員會應予制止，如制止無效，並報請各該主管機關依第三十九條第一項第二款處以新臺幣四萬元以上二十萬元以下罰鍰後，該住戶應於一個月內回復原狀。未回復原狀者，由主管機關回復原狀，其費用由該住戶負擔（本條例第八條第二項）。換言之，住戶違反此限制規定，其效果如下：⑴受管理負責人或管理委員會之制止，並應於一個月內自費回復原狀，⑵如制止無效，管理負責人或管理委員會應報請各該主管機關，各該主管機關依本條例第三十九條第一項第二款處以新臺幣四萬元以上二十萬元以下罰鍰，該住戶應於一個月內自費回復原狀，如未回復原狀，由主管機關回復原狀，其費用由該住戶負擔。故住戶擅自在大樓外牆架設廣告看板，其他住戶向管理負責人或管理委員會檢舉或管理負責人、管理委員會主動依上述程序救濟。

公寓大廈管理條例第七條第三款所稱之「屋頂構造」係指構造

物體之本身而言，第八條所稱「公寓大廈樓頂平臺」係指屋頂構造上方之平臺空間。樓頂平臺之保管使用應本於樓頂平臺本來之用法，依其性質、構造使用之，且無違背樓頂平臺之使用目的始為合法。故樓頂平臺得為「約定專用部分」。如頂樓平臺做為自己的室內或以圍牆阻隔而使用，則有違其構造、性質之使用目的，得予禁止為之。

4.依約定或設置目的或通常使用方法使用共用部分

各區分所有權人按其共有之應有部分比例，對建築物之共用部分及其基地有使用收益之權。但另有約定者，從其約定（本條例第九條第一項）。例如電梯、庭院、閱讀室、健身房之使用或供承租之收益。唯共用部分得約定專用部分，則其使用收益依其約定，例如防空避難室平日約定供某住戶專用，則其他住戶即受不得使用之限制。

住戶對共用部分之使用應依其設置目的及通常使用方法為之，但另有約定者從其約定（本條例第九條第二項）。例如公寓大廈之庭院被某住戶擅自作停車之用，因有礙居住之公共安全、公共安寧、公共衛生，該住戶違反該共用部分設置目的或不依通常使用方法使用之限制。

對於共用部分及其基地之使用收益另有約定，從其約定，唯約定事項，不得違反本條例、區域計畫法、都市計畫法及建築法令之規定(本條例第九條第三項)，例如防空避難室約定供營業商場之用，在庭院、防火巷弄搭建房舍，即違反建築法之相關規定。

住戶不依共用部分設置目的或通常使用方法使用，管理負責人或管理委員會應予制止，並得按其性質請求各該主管機關或訴請法院為必要之處置。如有損害並得請求損害賠償。例如在庭院、防火巷弄搭建房舍之行為，管理負責人或管理委員會應予制止，該住戶自費拆除，回復原狀，如制止無效，報請該主管機關，處以新臺幣四萬元以上二十萬元以下罰鍰或訴請法院拆屋還地，如有損害亦可

提起損害賠償之訴訟（本條例第九條第四項）。

二、本條例有關區分所有權消極權能之限制規定

㈠不得拒絕（即容忍）他住戶進入專有部分、約定專用部分

　　他住戶因維護、修繕專有部分、約定專用部分或設置管線，必須進入其專有部分或約定專用部分時，不得拒絕（本條例第六條第一項第二款）。例如樓下住戶欲更換水管瓦斯管線或裝設有線電視線路，樓上住戶應容忍（不得拒絕）其進入（進入行為即對區分所有權人行使權利之干涉行為）。

㈡不得拒絕（即容忍）管理負責人或管理委員會進入專有部分、約定專用部分

　　管理負責人或管理委員會因維護、修繕共用部分或設置管線，必須進入或使用其專有部分或約定專用部分時，不得拒絕（本條例第六條第一項第三款）。本款與前款不同者是依情形有時尚須容忍管理負責人或管理委員會使用專有部分或約定專用部分。

　　住戶依前述情形雖不得拒絕他住戶或管理負責人或管理委員會進入或使用其專有部分或約定專用部分，唯進入或使用應擇其損害最少之處所及方法為之，並應補償所生之損害（本條例第六條第二項）。

第二節　區分所有權人之義務

一、修繕、管理、維護專有部分、約定專用部分並負擔其費用

　　專有部分、約定專用部分之修繕、管理、維護，由各該區分所有權人或約定專用部分之使用人為之，並負擔其費用（本條例第十

條第一項)。例如室內管線定期檢查、維修或更換、室內牆壁之油漆、裝修等保存、改良行為均由區分所有權人自費為之。

二、因可歸責於區分所有權人之事由致損壞共用部分、約定共用部分，負擔修繕費用

共用部分、約定共用部分之修繕、管理、維護，由管理負責人或管理委員會為之，費用由公共基金支付或由區分所有權人按其共有之應有部分比例分擔之。但修繕費係因可歸責於區分所有權人之事由所致者，由該區分所有權人負擔(本條例第十條第二項)。所謂管理費就條文詞義之範圍，係包含共用部分、約定共用部分之管理、維護費用及必要之修繕費用。所謂「因可歸責於區分所有權人之事由」即區分所有權人有故意或過失行為致共用部分、約定共用部分須修繕，例如某住戶搬運物品不慎(即有過失)撞破大廳玻璃，該住戶須負修繕費用。

管理費分擔方式有三種：(1)是公共基金支付。(2)是規約或區分所有權人會議定之。(3)是按各區分所有權人共有之應有部分比例分擔(本條例第十條第二、三項)。故公寓大廈未設置公共基金，亦未訂定規約或召開區分所有權人會議時，則按第三種方式分擔管理費。住戶為空屋，亦應繳交管理費，不問區分所有權人有否搬入進住甚或建商尚未出售之餘屋亦應按其共有之應有部分比例分擔管理費。其欠繳費用已逾二期或達相當金額，經定相當期間催告仍不給付者，依第二十一條之規定，管理負責人或管理委員會得訴請法院命其給付應繳之金額及遲延利息。又管理費之繳納是區分所有權人(房東)之義務，雖然所有權人(房東)與承租人有約定由承租人負擔而承租人未繳納時，所有權人仍應承負繳納之義務，至於承租人與所有權人間之清償關係，自應適用民法規定解決。

三、專有部分之共用壁及樓地板或其內之管線維修費用之負擔

專有部分之共同壁及樓地板或其內之管線，其維修費用由該共同壁雙方或樓地板上下方之區分所有權人共同負擔。但修繕費係因可歸責於區分所有權人之事由所致者，由該區分所有權人負擔（本條例第十二條）。例如，專有部分之共同壁（同層樓之廚房、浴室）漏水或樓上排水管漏水，若屬於共同壁、樓板年久龜裂及管線失修以致造成漏水現象，則由共同壁、樓地板上下方區分所有權人共同平均負擔維修費用。但若該管線破損現象係因該區分所有權人施工（如改裝廚房、浴室等）原因或樓上住戶在其住宅內施工不慎所造成者，則維修費用應由施工之區分所有權人負擔。同時，進行修繕時，無論費用係雙方負擔或僅有一方負擔，如有必要進入任一方之專有部分或約定專用部分時，該住戶不得拒絕（本條例第六條第一項第二款）。

四、經區分所有權人會議對公寓大廈之重大修繕、改良、重建之決議服從義務及出讓義務

㈠公寓大廈之重建，應經全體區分所有權人及基地所有權人、地上權人或典權人之同意（全體同意決議）。但有下列情形之一者，不在此限

　　1.配合都市更新計畫而實施重建者。例如依都市更新條例而重建。

　　2.嚴重毀損、傾頹或朽壞，有危害公共安全之虞者。

　　3.因地震、水災、風災、火災或其他重大事變，肇致危害公共安全者（本條例第十三條）。

公寓大廈有前 2. 3.情形之一，經區分所有權人三分之二以上及

其區分所有權比例合計三分之二以上出席，以出席人數四分之三以上及其區分所有權比例占出席人數區分所有權四分之三以上之同意（特別多數決議），決議重建公寓大廈，不同意之區分所有權人有遵從決議，並履行決議內容之義務（本條例第三十一條第一項第三款）。

如區分所有權人不同意決議又不出讓區分所有權或同意後不依決議履行其義務者，管理負責人或管理委員會得訴請法院命區分所有權人出讓其區分所有權及其基地所有權應有部分。受讓區分所有權及其基地所有權應有部分之人視為同意重建。重建之建築執照之申請，其名義以區分所有權人會議之決議為之（本條例第十四條）。

㈡經區分所有權人會議對公寓大廈共用部分及其相關設施之拆除、重大修繕或改良之決議服從義務

共用部分及其相關設施之拆除、重大修繕或改良，應依區分所有權人會議之決議為之（本條例第十一條第一項）。如共用部分及其相關設施之拆除、重大修繕或改良，符合本條例第三十一條第一項第二款所指公寓大廈之重大修繕及改良情形，應有區分所有權人三分之二以上及其區分所有權比例合計三分之二以上出席，以出席人數四分之三以上及其區分所有權比例占出席人數區分所有權四分之三以上之同意（特別多數決議）行之。否則，僅須應有區分所有權人過半數及其區分所有權比例合計過半數之出席，以出席人數過半數及其區分所有權比例占出席人數區分所有權合計過半數之同意（普通多數決議）行之（本條例第二十九條）。

五、依使用執照及規約使用之義務

區分所有權人如是住戶應依使用執照所載用途及規約使用專有部分、約定專用部分，不得擅自變更。住戶違反前項規定，管理負責人或管理委員會應予制止，並報請直轄市、縣（市）主管機關處理，並要求其回復原狀（本條例第十五條）。

六、維護公共安全、公共衛生與公共安寧之義務

區分所有權人如是住戶不得任意棄置垃圾、排放各種污染物、惡臭物質或發生喧囂、振動及其他與此相類之行為。不得於防火間隔、防火巷弄、樓梯間、共同走廊、防空避難設備等處所堆置雜物、設置柵欄、門扇或營業使用，或違規設置廣告物或私設路障及停車位侵佔巷道妨礙出入。飼養動物，不得妨礙公共衛生、公共安寧及公共安全。但法令或規約另有禁止飼養之規定時，從其規定。違反規定時，管理負責人或管理委員會應予制止或按規約處理，必要時得報請地方主管機關處理（本條例第十六條）。

七、投保公共意外責任保險

區分所有權人如是住戶而在公寓大廈內依法經營餐飲、瓦斯、電焊或其他危險營業或存放有爆炸性或易燃性物品者，應依中央主管機關所定保險金額投保公共意外責任保險。其因此增加其他住戶投保火災保險之保險費者，並應就其差額負補償責任。投保公共意外責任保險，經催告於七日內仍未辦理者，管理負責人或管理委員會應代為投保；其保險費、差額補償費及其他費用，由該住戶負擔（本條例第十七條）。

八、繳納公共基金義務、強制遷出及出讓區分所有權

(一)區分所有權人依區分所有權人會議決議繳納公共基金（本條例第十八條第一項第二款）

本款包括一般管理費、重大修繕支出各區分所有權人分擔費用。區分所有權人積欠應繳納之公共基金或應分擔或其他應負擔之費用已逾二期或達相當金額，經定相當期間催告仍不給付者，管理負責人或管理委員會得訴請法院命其給付應繳納之金額及遲延利息（本

條例第二十一條)。催告應以書面為之 (本條例第四十二條)。

(二)區分所有權人如係公寓大廈之住戶而有如下事由之一時強制遷離 (本條例第二十二條第一項)

1.積欠依本條例規定應分擔之費用,經強制執行後再度積欠金額達其區分所有權總價百分之一者,由管理負責人或管理委員會促其繳納,於三個月內仍未繳納,管理負責人或管理委員會得依區分所有權人會議之決議 (本條例第三十一條第一項第四款特別多數決議),訴請法院強制其遷離。所謂區分所有權總價,指管理負責人或管理委員會向該區分所有權人或住戶催告時,建築物之評定價格及當期土地公告現值 (本條例施行細則第七條)。

2.違反本條例第五條:對專有部分之利用,不得妨害建築物之正常使用及違反區分所有權人共同利益之行為。被主管機關處以罰鍰後,由管理負責人或管理委員會促其改善,於三個月內仍未改善或續犯者,管理負責人或管理委員會得依區分所有權人會議之決議 (本條例第三十一條第一項第四款特別多數決議),訴請法院強制遷離。

3.違反本條例第八條第一項:公寓大廈周圍上下、外牆面、樓頂平臺及防空避難室擅自變更構造、顏色、使用目的、設置廣告物或其他類似之行為,經制止無效,被主管機關處以罰鍰後,由管理負責人或管理委員會促其改善,於三個月內仍未改善或續犯者,管理負責人或管理委員會得依區分所有權人會議之決議 (本條例第三十一條第一項第四款特別多數決議),訴請法院強制遷離。

4.違反本條例第九條第二項:對共用部分之使用不依其設置目的及通常使用方法為之或約定為之者,經制止無效,被主管機關處以罰鍰後,由管理負責人或管理委員會促其改善,於三個月內仍未改善者,管理負責人或管理委員會得依區分所有權人會議之決議(本條例第三十一條第一項第四款特別多數決議),訴請法院強制遷離。

5.違反本條例第十五條第一項：不依使用執照所載用途及規約使用專有或約定專用者，被主管機關處以罰鍰後，由管理負責人或管理委員會促其改善，於三個月內仍未改善或續犯者，管理負責人或管理委員會得依區分所有權人會議之決議（本條例第三十一條第一項第四款特別多數決議），訴請法院強制遷離。

6.其他違反法令或規約情節重大，由管理負責人或管理委員會促請其改善，於三個月內仍未改善者，管理負責人或管理委員會得依區分所有權人會議之決議（本條例第三十一條第一項第四款特別多數決議），訴請法院強制遷離。

(三)區分所有權人如為公寓大廈之住戶而有上開之六種事由之一時，強制出讓其區分所有權及其基地所有權應有部分（本條例第二十二條第二項）或拍賣之

區分所有權人如為公寓大廈之住戶而有上開六種事由之一時，管理負責人或管理委員會得依區分所有權人會議之決議（本條例第三十一條第一項第四款特別多數決議），訴請法院命區分所有權人出讓其區分所有權及其基地所有權應有部分；於判決確定後三個月內不自行出讓並完成移轉登記手續者，管理負責人或管理委員會得聲請法院拍賣之（本條例第二十二條第二項）。

九、區分所有權人對公共基金權利之限制

公共基金具有為全體區分所有權人及住戶之利益之一定公共目的，其性質屬公同共有形態，不能單獨處分及分配部分權利，係區分所有權之從屬權利，必須隨同主物移轉，且為避免區分所有權人之債權人扣押公共基金而導致公共基金之目的、公寓大廈管理維護工作及其他事務之停滯，影響全體區分所有權人及住戶之權益，本條例第十九條賦予公共基金之獨立性，即「區分所有權人對於公共基金之權利應隨區分所有權之移轉而移轉；不得因個人事由為讓與、

扣押、抵銷或設定負擔」。

十、遵守規約之義務

有關公寓大廈、基地或附屬設施之管理使用及其他住戶間相互關係，除法令另有規定外，得以規約定之（本條例第二十三條），故如規約有所約定，區分所有權人即應遵守之。

區分所有權人應依規約使用專有部分、約定專用部分，不得擅自變更（本條例第十五條第一項），如違反規約擅自變更使用，管理負責人或管理委員會應予制止，並報請直轄市、縣（市）主管機關處理，並要求其回復原狀。主管機關依本條例第三十九條規定處新臺幣四萬元以上二十萬元以下罰鍰。如仍不改善或續犯，依本條例第二十二條規定，尚可強制該區分所有權人遷離或出讓區分所有權及其基地所有權應有部分，已如前述八之㈡之 5.。

區分所有權人如違反規約情節重大，其效果如下：

㈠強制遷離

違反規約情節重大，由管理負責人或管理委員會促其改善，於三個月內仍未改善者，管理負責人或管理委員會得依區分所有權人會議之決議（須特別多數決議），訴請法院強制遷離（本條例第二十二條第一項第三款）。

㈡強制出讓或聲請法院拍賣

違反規約情節重大，由管理負責人或管理委員會促其改善，於三個月內仍未改善者，管理負責人或管理委員會得依區分所有權人會議之決議（須特別多數決議），訴請法院命區分所有權人出讓其區分所有權及其基地所有權應有部分；於判決確定三個月內不自行出讓並完成移轉登記手續者，管理負責人或管理委員會得聲請法院拍賣之。

十一、繼受原區分所有權人依本條例或規約所定之一切權利義務

區分所有權人之繼受人應繼受原區分所有權人依本條例或規約所定之一切權利義務 (本條例第二十四條)，所謂本條例之一切權利義務，如前述之區分所有權人之義務。規約是由區分所有權人共同訂定，屬「共同法律行為」，依共同行為之目的在於共同利益之促成與維護，對於不同意或未參與規約之訂定者，仍有其拘束力，否則規約訂定之目的無法達成，故本條例規定區分所有權人之繼受人繼受原區分所有權人依規約之一切權利義務，以維區分所有關係之一貫化。

第三節　住戶之義務及違反義務之責任

一、住戶之義務

本條例所稱「住戶」指公寓大廈之區分所有權人、承租人或其他經區分所有權人同意，而為專有部分之使用者，故無論是區分所有權人、承租人或使用借貸契約之借用人，只要實際使用建築物之人均為住戶。

為管理維護公寓大廈，並確保居住之公共安全、公共安寧、公共衛生之品質，明確住戶間權利義務實有必要，故本條例規定有如下住戶之義務規定：

(一)維護修繕、遵守法令規約義務

1.住戶於維護、修繕專有部分、約定專用部分或行使其權利時，不得妨害其他住戶之安寧、安全及衛生。

2.他住戶因維護、修繕專有部分、約定專用部分或設置管線，

必須進入其專有部分或約定專用部分時，住戶不得拒絕。

　　3.管理負責人或管理委員會因維護、修繕共用部分或設置管線，必須進入或使用其專有部分或約定專用部分時，住戶不得拒絕。前述 2.3. 之進入或使用，應擇其損害最少之處所及方法為之，並應補償該住戶所生之損害。

　　4.遵守其他法令或規約規定事項（本條例第六條）。

㈡依設置目的、規約、法令及通常使用方法使用之義務

　　1.住戶對公寓大廈周圍上下、外牆面、樓頂平臺及防空避難室，非依法令規定並經區分所有權人會議之決議，不得有變更構造、顏色、使用目的、設置廣告物或其他類似之行為。住戶違反規定，管理負責人或管理委員會應予制止，並報請各該主管機關依第三十九條第一項第二款處以罰鍰後，該住戶應於一個月內回復原狀。未回復原狀者，由主管機關回復原狀，其費用由該住戶負擔（本條例第八條）。故大樓外牆如某住戶擅自架設廣告看板，管理負責人或管理委員會應予制止，並報請各該主管機關依第三十九條第一項第二款處以罰鍰後，該住戶應於一個月內回復原狀。未回復原狀者，由主管機關回復原狀，其費用由該住戶負擔。

　　2.住戶對共用部分之使用應依其設置目的及通常使用方法為之。但另有約定者從其約定。但其約定事項，不得違反本條例、區域計畫法、都市計畫法及建築法令之規定。管理負責人或管理委員會對違規之住戶應予制止，並得按其性質請求各該主管機關或訴請法院為必要之處置。如有損害並得請求損害賠償（本條例第九條第二、三、四項）。

　　3.住戶應依使用執照所載用途及規約使用專有部分、約定專用部分，不得擅自變更。住戶違反規定，管理負責人或管理委員會應予制止，並報請直轄市、縣（市）主管機關處理，並要求其回復原狀（本條例第十五條）。

(三)維護公共衛生、公共安全、公共安寧之義務

1.住戶不得任意棄置垃圾、排放各種污染物、惡臭物質或發生喧囂、振動及其他與此相類之行為（本條例第十六條第一項）。故大樓的住戶經常夜間喧鬧或敲打樑柱、牆壁等，製造噪音，影響居住安寧，自可依噪音防治取締處罰，亦得依本條項禁止規定，請管理負責人或管理委員會出面制止處理，如制止無效，再依本條例第三十八條規定：由直轄市、縣（市）主管機關處新臺幣三千元以上一萬五千元以下罰鍰之處罰。

2.住戶不得於防火間隔、防火巷弄、樓梯間、共同走廊、防空避難設備等處所堆置雜物、設置柵欄、門扇或營業使用，或違規設置廣告物或私設路障及停車位侵佔巷道妨礙出入（本條例第十六條第二項）。

3.住戶飼養動物，不得妨礙公共衛生、公共安寧及公共安全。但法令或規約另有禁止飼養之規定時，從其規定（本條例第十六條第三、四項）。

4.住戶於公寓大廈內依法經營餐飲、瓦斯、電焊或其他危險營業或存放有爆炸性或易燃性物品者，應依中央主管機關所定保險金額投保公共意外責任保險。其因此增加其他住戶投保火災保險之保險費者，並應就其差額負補償責任。其投保、補償辦法及保險費率由中央主管機關會同財政部定之。投保公共意外責任保險，經催告於七日內仍未辦理者，管理負責人或管理委員會應代為投保；其保險費、差額補償費及其他費用，由該住戶負擔（本條例第十七條）。催告應以書面為之（本條例第四十二條）。

(四)繳納公共基金或其他應分擔之費用義務

住戶應繳納公共基金或其他應分擔之費用。住戶積欠應繳納之公共基金或應分擔或其他應負擔之費用已逾二期或達相當金額，經定相當期間催告仍不給付者，管理負責人或管理委員會得訴請法院

命其給付應繳之金額及遲延利息（本條例第二十一條）。

㈤強制遷離義務

住戶有下列情形之一者，由管理負責人或管理委員會促請其改善，於三個月內仍未改善者，管理負責人或管理委員會得依區分所有權人會議之決議，訴請法院強制其遷離：

　1.積欠依本條例規定應分擔之費用，經強制執行後再度積欠金額達其區分所有權總價百分之一者。

　2.違反本條例規定經依第三十九條第一項第一款至第四款處以罰鍰後，仍不改善或續犯者。

　3.其他違反法令或規約情節重大者。

二、住戶之責任

住戶違反前述㈠1. 2. 3. 4.之一者，經協調仍不履行時，住戶、管理負責人或管理委員會得按其性質請求各該主管機關或訴請法院為必要之處置（本條例第十六條第四項）。

住戶違反前述㈢1. 3.規定，管理負責人或管理委員會報請地方主管機關處理，各該主管機關依本條例第三十八條規定處新臺幣三千元以上一萬五千元以下罰鍰。

住戶違反前述㈡1. 2.（關於公寓大廈變更使用之限制，經制止而無效），㈢3.（擅自變更專有或約定專用之使用），㈢2.（在防火間隔等處所堆置雜物等行為而妨礙出入），㈢4.（投保責任保險義務），㈣（未繳納公共基金）情形之一者，管理負責人或管理委員會報請主管機關處理，主管機關依本條例第三十九條第一項規定處新臺幣四萬元以上二十萬元以下罰鍰。

有供營業使用事實之公寓大廈住戶，違反前述㈡3.（擅自變更專有或約定專用之使用）或㈢2.（在防火間隔等處所堆置雜物等行為而妨礙出入）之一事由，因而致人於死者，處一年以上七年以下

有期徒刑，得併科新臺幣一百萬元以上五百萬元以下罰金；致重傷者，處六月以上五年以下有期徒刑，得併科新臺幣五十萬元以上二百萬元以下罰金（本條例第三十九條第二項）。

依本條例所處之罰鍰，經通知限期繳納，屆期仍不繳納者，移送法院強制執行（本條例第四十條）。本條例第四十條移送法院強制執行規定，因行政執行法之全文修正而不再適用，換言之，行政執行法於八十七年十一月十一日全文修正公布，依修正後第四十二條第二項規定：法律有公法上金錢給付義務移送法院強制執行之規定者，自本法修正條文施行之日起，不適用之，故依本條例所處之罰鍰，逾期不繳納，移送法務部行政執行署所屬行政執行處執行之，不再移送法院強制執行。

案　例

住戶在公共樓梯間、堆放雜物、封閉樓梯、設置柵欄、門扇或營業使用，或違規設置廣告物或私設路障及停車位侵佔巷道妨礙出入之行為該如何處理？

1.管理負責人或管理委員會應予制止或按規約處理，必要時得報請地方主管機關處理（本條例第十六條第四項）。

2.直轄市、縣（市）主管機關處新臺幣四萬元以上二十萬元以下罰鍰（本條例第三十九條第一項第四款）。

3.屢勸不改或續犯者，由管理負責人或管理委員會促請其改善，於三個月內仍未改善者，管理負責人或管理委員會得依區分所有權人會議之決議，訴請法院強制其遷離及訴請法院命區分所有權人出讓其區分所有權及其基地所有權應有部分；於判決確定後三個月內不自行出讓並完成移轉登記手續者，管理負責人或管理委員會得聲

請法院拍賣之（本條例第二十二條）。

　　4.有供營業使用事實之公寓大廈住戶有違反第十六條第二項行為，因而致人於死者，處一年以上七年以下有期徒刑，得併科新臺幣一百萬元以上五百萬元以下罰金；致重傷者，處六月以上五年以下有期徒刑，得併科新臺幣五十萬元以上二百五十萬元以下罰金（本條例第三十九條第二項）。

第四節　公共基金

　　公寓大廈之管理維護及居住品質之提升，除健全管理組織之「人」的要素外，「錢」的要素亦不可缺，故公共基金之設置、管理、使用應予明文化，以明確權利義務關係，以利公寓大廈維護管理之工作順利進展。

一、公共基金之設置及來源

　　公寓大廈應設置公共基金，其來源如下（本條例第十八條）：
㈠起造人就公寓大廈領得使用執照一年內之管理維護事項，應按工程造價一定比例或金額提列

　　公共基金提列之時間與方式是起造人於該公寓大廈使用執照申請時，應提出已於金融業者設立專戶儲存之證明；並於成立管理委員會或選任管理負責人後移交之。所稱「金融業者」，準用票據法第四條第二項規定，即經財政部核准辦理支票存款業務之銀行、信用合作社、農會及漁會。所謂「按工程造價一定比例或金額提列公共基金」，依本條例施行細則第六條所定標準同下：⑴新臺幣一千萬元以下者為千分之二十。⑵逾新臺幣一千萬元至新臺幣一億元者，超過新臺幣一千萬元部分為千分之十五。⑶逾新臺幣一億元至新臺幣

十億元者，超過新臺幣一億元部分為千分之五。(4)逾新臺幣十億元者，超過新臺幣十億元部分為千分之三。政府興建住宅之公共基金，其他法令有特別規定者，依其規定。

起造人申請使用執照時或之前應提列公共基金，唯何人是起造人？依建築法第三十條、第三十一條起造人申請建築執照應備具申請書，申請書應載明起造人之姓名、年齡、住址。起造人為法人者，其名稱及事務所。故自以建築機關之資料及核發之建築執照為準。應予注意者係預售屋買賣情形，依建築法第五十五條起造人領得建築執照後可變更起造人名義，如此之下，建商或地主為逃避提列公共基金之義務，在申請使用執照前變更起造人為預售屋之購買者，使購屋者負擔提列公共基金之義務。如未提列公共基金，建管機關將不發給使用執照，則建築物無法申請水電而無法使用。

起造人應提列之公共基金，於本條例公佈施行前（即民國八十四年六月二十九日以前），起造人已取得建造執照者，不適用之（本條例第十八條第四項），即不用提列公共基金。

㈡區分所有權人依區分所有權人會議決議繳納

其所繳納者一般而言指管理費。

㈢本基金之孳息

指公共基金存於金融業者所生之利息及其他投資之收入。唯公共基金可否投資股票、債券或其他基金，立法並未限制，委由區分所有權人會議決議為之。另住戶遲延應繳納公共基金或應分擔之費用所生之遲延利息（本條例第二十一條），亦屬本款之孳息。

㈣其他收入

此係概括規定，例如公寓大廈停車場、其他場所之出租收入、住戶之捐獻、營業之收入等。

二、公共基金之運用及管理

公共基金之運用，應依區分所有權人會議決議之（本條例第十八條第三項）。例如共用部分、約定共用部分之修繕、管理、維護；共用部分及其相關設施之拆除、重大修繕或改良之費用，由公共基金支付或由區分所有權人按其共有之應有部分比例分擔（本條例第十、十一條）。

公共基金之管理，由管理負責人或管理委員會為之，應設置專戶儲存（本條例第十八條第三項）。管理負責人或管理委員會應定期將基金保管及運用情形公告，並於解職、離職或管理委員會改組時，將公共基金收支情形及餘額移交新管理委員會。管理負責人或管理委員會拒絕移交，經定相當期間催告仍不移交時，得報請主管機關或訴請法院命其移交（本條例第二十條）。催告應以書面為之（本條例第四十二條）。新建造之公寓大廈起造人所提列之公共基金，起造人應於成立管理委員會或選任管理負責人後移交之（本條例第十八條第二項）。

公共基金具有為全體區分所有權人及住戶之利益之一定目的，其性質屬公同共有形態，不能單獨處分及分配部分權利，是區分所有權之從屬權利，必須隨同主物移轉，且為避免區分所有權人之債權人扣押公共基金致公共基金設置目的及公寓大廈管理維護工作、業務停頓，影響全體區分所有權人及住戶權益，故本條例第十九條明定「區分所有權人對於公共基金之權利應隨區分所有權之移轉而移轉；不得因個人事由為讓與、扣押、抵銷或設定負擔」。此即公共基金之獨立性。區分所有權人繳交的公共基金因為讓售其房地給他人，不得請求退還已繳交之公共基金。

公共基金係由管理委員會或管理負責人保管，公共基金保管及運用情形應定期公告（本條例第二十條），區分所有權人即可瞭解公

共基金實際收支情形，至應按年、按月、按季公告及何一期日公告？法無限制，自可依規約或經區分所有權人會議之決議行之。

三、公共基金積欠之處理及處罰

為免公寓大廈管理維護之工作、業務停頓，影響居住品質及區分所有權人及住戶之權益，對公共基金積欠之區分所有權人或住戶應採必要之處置，其處理方法有(1)催告，(2)訴請法院命給付，(3)強制遷離或強制出讓、拍賣區分所有權及其基地所有權應有部分，茲分述如下：

(一)催　告

區分所有權人或住戶積欠應繳納之公共基金或應分擔或其他應負擔費用，本得用書面或口頭催告，唯為免增加訴訟舉證之困難，本條例規定以書面（尤其是存證信函）為之（本條例第四十二條），且應有相當期限給區分所有權人或住戶履行。

(二)訴請法院命給付

提起民事訴訟聲請法院命區分所有權人或住戶給付積欠之公共基金或應分擔或其他應負擔之費用，必須符合下列之要件：

1.積欠應繳納之公共基金或應分擔或其他應負擔之費用已逾二期或達相當金額。

2.經定相當期間催告仍不給付（本條例第二十一條）。

(三)強制遷離或強制出讓、拍賣區分所有權及其基地所有權應有部分

住戶積欠依本條例規定應分擔之費用，經前述訴請法院命給付之確定判決，經強制執行後再度積欠金額達區分所有權總價百分之一者，由管理負責人或管理委員會促其改善，於三個月內仍未改善者，管理負責人或管理委員會得依區分所有權人會議之決議，訴請法院強制其遷離（本條例第二十二條第一項第一款），故訴請命其遷

離之要件有：

　　1.積欠依本條例規定應分擔之費用，經強制執行後再度積欠金額達其區分所有權總價百分之一者。**所謂區分所有權總價？**指管理負責人或管理委員會向該區分所有權人或住戶催告時，建築物之評定價格及當期土地公告現值（本條例施行細則第七條）。

　　2.由管理負責人或管理委員會促其改善，於三個月內仍未改善。

　　3.區分所有權人會議之決議，應有區分所有權人三分之二以上及其區分所有權比例合計三分之二以上出席，以出席人數四分之三以上及其區分所有權比例占出席人數區分所有權四分之三以上同意行之（本條例第三十一條）。

　　4.由管理委員會或管理負責人名義起訴。住戶如為區分所有權人而符合前述要件時，管理負責人或管理委員會訴請法院命區分所有權人出讓其區分所有權及其基地所有權應有部分（本條例第二十二條第二項）。法院命該區分所有權人為出讓之判決確定後三個月內不自行出讓並完成移轉登記手續者，管理負責人或管理委員會得聲請法院拍賣之（本條例第二十二條第二項）。

　　故住戶經常滯納管理費或公共基金，屢次催繳，卻置之不理時，即可按上述規定處理。

四、繼受原區分所有權人依本條例或規約所應繳納公共基金或其他應分擔之費用

　　區分所有權人之繼受人應繼受原區分所有權人依本條例或規約所定之一切權利義務（本條例第二十四條）。故原區分所有權人積欠公共基金或其他費用，係本條例或規約所訂應繳納者，則區分所有權人之繼受人均應繼受繳納積欠公共基金或其他費用之義務。所謂繼受人包括買受人、繼承人、受遺贈人、受贈人。例如依規約每月

應繳納之管理費，原區分所有權人積欠，區分所有權之繼受人負繳
納責任。

本章試題

八十八年專門職業及技術人員特種考試不動產經紀人試題
公寓大廈之那些共用部分，不得約定為專用部分？

答：

㈠依公寓大廈管理條例第三條第四款所謂共用部分：指公寓大廈專
有部分以外之其他部分及不屬專有之附屬建築物，而供共同使用
者。同條第五款所稱約定專用部分：指公寓大廈共用部分經約定
供特定區分所有權人使用者。

㈡公寓大廈之那些共用部分不得約定為專用部分

　1.公寓大廈共用部分不得獨立使用供做專有部分。其為下列各款
　　者，並不得為約定專用部分（公寓大廈管理條例第七條）：

　　⑴公寓大廈本身所占之地面。

　　⑵連通數個專有部分之走廊或樓梯，及其通往室外之通路或門
　　　廳，社區內各巷道、防火巷弄。

　　⑶公寓大廈基礎、主要樑柱、承重牆壁、樓地板及屋頂之構造。

　　⑷約定專用有違法令使用限制之規定者。

　　⑸其他有固定使用方法，並屬區分所有權人生活利用上不可或
　　　缺之共用部分。

　2.公寓大廈之起造人或建築業者，不得將共用部分，包含法定空
　　地、法定防空避難設備及法定停車空間讓售於特定人或為區分
　　所有權人以外之特定人設定專用使用權或為其他有損害區分所
　　有權人權益之行為（公寓大廈管理條例第四十五條）。

> 八十八年專門職業及技術人員普通考試不動產經紀人試題
> 公寓大廈應設置之公共基金來源為何？該基金應由誰來管理？誰來決議如何應用？

答：

㈠公寓大廈應設置之公共基金來源為（公寓大廈管理條例第十八條第一項）

　　⑴起造人就公寓大廈領得使用執照一年內之管理維護事項，應按工程造價一定比例或金額提列。

　　⑵區分所有權人依區分所有權人會議決議繳納。

　　⑶本基金之孳息。

　　⑷其他收入。

㈡該基金應由誰來管理（公寓大廈管理條例第十八條第三項）

　　起造人應於該公寓大廈使用執照申請時，提出已於金融業者設立專戶儲存之證明；並於成立管理委員會或選任管理負責人後移交之，由管理負責人或管理委員會負責管理。

㈢誰來決議如何應用

　　其運用應依區分所有權人會議之決議為之（公寓大廈管理條例第十八條第三項）。

> 八十九年專門職業及技術人員特種考試不動產經紀人試題
> 公寓大廈之重建，於那些情形下，可不經過全體區分所有權人及基地所有權人、地上權人或典權人之同意？

答：

　　依公寓大廈管理條例第十三條規定：公寓大廈之重建，應經全體區分所有權人及基地所有權人、地上權人或典權人之同意。但有

下列情形之一者，不在此限：

一、配合都市更新計畫而實施重建者。

二、嚴重毀損、傾頹或朽壞，有危害公共安全之虞者。

三、因地震、水災、風災、火災或其他重大事變，肇致危害公共安全者。

公寓大廈之重建，有上述情形，可不經過全體區分所有權人及基地所有權人、地上權人或典權人之同意。

第三章　管理組織

通常公寓大廈之權利歸屬多數人或住戶均為多數人時，為統合多數人之意見，以集會方式決議公共事務，並授權某個人或委員會執行決議，以便維護管理公寓大廈，確保公共安全、安寧、衛生之目的，提昇居住之品質，實有必要設置管理組織，賦予職權，執行決議。本條例在第三章以專章規範關於管理組織之設置、成員、職權及運作規定。茲就一、區分所有權人會議，二、管理委員會及管理負責人，三、管理服務人，四、規約，分述如下：

第一節　區分所有權人會議

區分所有權人會議指區分所有權人為共同事務及涉及權利義務之有關事項，召集全體區分所有權人所舉行之會議（本條例第三條第七款）。全體區分所有權人為建築物之所有權人，就該建築物有關之權利義務及所生之共同事務，由區分所有權人會議決定，其性質屬團體中之意思機關，負責決策及監督事務之執行。

一、區分所有權人會議成員及種類

區分所有權人會議，由全體區分所有權人組成。會議種類有定期會議及臨時會議。定期會議每年至少召開會議一次。臨時會議於有下列情形之一者，召開之：⑴發生重大事故有及時處理之必要，經管理負責人或管理委員會請求者。⑵經區分所有權人五分之一以上及其區分所有權比例合計五分之一以上，以書面載明召集之目的

及理由請求召集者（本條例第二十五條第一項）。

二、區分所有權人會議召集人、任期

區分所有權人會議之召集人，首次區分所有權人會議之召集人為起造人，起造人有數人時，應互推一人為之。依本條例第二十六條：公寓大廈建築物所有權登記之區分所有權人達三分之二以上及其區分所有權比例合計三分之二以上時，起造人應於六個月內召集區分所有權人召開區分所有權人會議，首次區分所有權人會議主要目的之一即就起造人規約章案予以討論、審查、修改並通過成為正式規約。通過之規約向地方主管機關報備。

第二次以後之區分所有權人會議由區分所有權人互推一人為召集人，所謂「互推一人為召集人」，除規約另有規定者外，應有區分所有權人二人以上之書面推選，經公告十日後生效。被推選人為數人或公告期間另有他人被推選時，以推選之區分所有權人人數較多者任之；人數相同時，以區分所有權比例合計較多者任之。新被推選人與原被推選人不為同一人時，公告日數應自新被推選人被推選之日起算。推選人或被推選人於推選或被推選後喪失區分所有權人資格時，除受讓人另為意思表示者外，其所為或所受推選仍為有效（本條例施行細則第八條）。召集人任期一年，連選得連任。召集人無法互推產生時，區分所有權人得申請地方主管機關指定臨時召集人，或依規約相互輪流擔任，其任期至新召集人選出為止（本條例第二十五條第三、四項）。

三、區分所有權人會議召集程序

區分所有權人會議召集程序，依召集事由是否急迫而有不同：(1)區分所有權人常會及非急迫情事而召開之臨時會議，應由召集人於開會前十五日，以書面載明開會內容，通知各區分所有權人。(2)

急迫情事召開之臨時會議，由召集人得以公告為之，唯公告期間不得少於二日(本條例第二十八條)。公告應於公寓大廈公告欄內為之，未設公告欄者，應於主要出入口明顯處所為之（本條例施行細則第十五條）。

四、區分所有權人會議之決議

區分所有權人會議係為決定共同事務及涉及權利義務之有關事項，有時人數眾多，須全體同意，事實上有其困難，有時亦不必要，故其決議均採多數決，而不必全體一致同意，唯其表決比例，因事件之輕重在程度上有所區別而已。茲將其決議方法分述如下：

(一)普通決議

區分所有權人會議之決議，除本條例或規約另有規定外，應有區分所有權人過半數及其區分所有權比例合計過半數之出席，以出席人數過半數及其區分所有權比例占出席人數區分所有權合計過半數之同意行之。所謂「區分所有權比例」，指區分所有權人之專有部分依本條例第四十四條第三項測繪之面積與公寓大廈專有部分全部面積總和之比。建物已完成登記者，依登記機關之記載為準。同一區分所有權人有數專有部分者，前項區分所有權比例，應予累計。但於計算出席區分所有權人會議之比例時，應受本條例第二十九條第三項規定之限制（本條例施行細則第三條），所謂「區分所有權人之人數」，其計算方式如下：(1)區分所有權已登記者，按其登記人數計算。但數人共有一專有部分者，以一人計。(2)區分所有權未登記者，依本條例第四十四條第一項圖說之標示，每一專有部分以一人計（本條例施行細則第四條）。

(二)重新決議

區分所有權人會議無法依前述(一)普通決議方法通過而獲致決議，公共事務及涉及權利義務之有關事項將無法決定與執行，為免

公共事務及涉及權利義務之有關事項無法決定或執行而影響居住品質及住戶權益，不得不有如下權宜措施。召集人因出席區分所有權人之人數或其區分所有權比例合計未達本條例第二十九條定額或雖已達定額但未獲致決議時，得就同一議案重新召集會議；其開議，應有區分所有權人四分之一以上及其區分所有權比例合計四分之一以上出席，以出席人數過半數及其區分所有權比例占出席人數區分所有權合計過半數之同意作成決議（本條例第三十條第一項）。後述之特別事項不得依此方法為之。重新召集會議之程序應依前述召集程序（即本條例第二十八條）為之，所不同者是應於召集會議通知書或公告上載明通過決議之下限比例（即出席人數和區分所有權比例均降為四分之一以上）。

㈢特別決議

公寓大廈管理維護之特別事項（例如對住戶、區分所有權人權益關係重大或有危害公共安全者），為求慎重及顧及絕大多數人之權益計，有必要提高決議方法，而不同於前述㈠或㈡對普通事項之決議方法，茲分述其決議事項及方法（本條例第三十一條、第十三條）。

1.規約之訂定或變更

無論係由起造人召開之首次區分所有權人會議訂定規約，或區分所有權人互推產生之召集人召開之第二次區分所有權人會議對規約予以變更。

2.公寓大廈之重大修繕及改良

無論該修繕部分係專有部分或共用部分，只要客觀上對整體公寓大廈建築物而言係重大修繕或改良。

3.公寓大廈嚴重毀損、傾頹或朽壞，有危害公共安全之虞者而須重建時

所謂「有危害公共安全之虞者」指一種違反常規之非常狀態，在此具體情狀下（即嚴重毀損、傾頹或朽壞），依據客觀之預測，很

有可能不久即將發生公共安全上之損害或實害。

4.公寓大廈因地震、水災、風災或其他重大事變，肇致危害公共
　安全者而須重建時

　　所謂「危害公共安全者」係指一種違反常規之非常狀態（地震、
水災、風災或其他重大事變造成之狀態），依據客觀存在之具體情狀
下，不久將來定會發生損害或已發生實害而言。

5.訴請法院命住戶遷離或區分所有權人出讓區分所有權時

　　住戶或區分所有權人有本條例第二十二條或第十四條情形之一
者。

6.約定專用或約定共用事項

　　例如公寓大廈共用部分約定供特定區分所有權人使用，或公寓
大廈專有部分約定供共同使用時。

　　有前述六種情形之一者，其決議方法為應有區分所有權人三分
之二以上及其區分所有權比例合計三分之二以上出席，以出席人數
四分之三以上及其區分所有權比例占出席人數區分所有權四分之三
以上之同意行之。

　　至於公寓大廈無本條例第十三條所列事由而需重建者，無論是
召開區分所有權人會議討論決議，均須全體區分所有權人及基地所
有權人、地上權人或典權人之同意（本條例第十三條）。唯依都市更
新條例而重建者，依該條例規定。

五、區分所有權人之表決權

㈠區分所有權人之表決權意義、表決權數及扣除

　　區分所有權人之表決權，乃區分所有權人對於區分所有權人會
議之議決事項得參與決議之權利，亦即對議決事項為可決或否決之
意思表示，藉以形成管理維護公寓大廈決策之權利。

　　區分所有權人表決權之享有數，無論在普通多數決議、重新決

議或特別多數決議,各專有部分之區分所有權人有一表決權,是為
「區分所有權人平等原則」。數人共有一專有部分者該表決權應推由
一人行使。故同一區分所有權人有數專有部分,可以累計。同一區
分所有權人之區分所有權占全部區分所有權五分之一以上者,其超
過部分不予計算。此時,在計算決議比例時,區分所有權之總數亦
應同時扣除不予計算之部分(本條例第三十一條第二項)。

㈡區分所有權人表決權行使方法及代理

　　區分所有權人出席區分所有權人會議原則上親自為之。唯因故
無法出席,事有常見,依本條例第二十九條第四項規定得以書面委
託他人代理出席。所謂「他人」,法無限於具有區分所有權人資格,
故非具有區分所有權人資格亦可為代理人,如承租人或使用人均可
代理出席。委託另一區分所有權人代理出席亦可,唯如其代理之區
分所有權合計占全部區分所有權五分之一以上者,其超過部分是否
應扣除表決權數,不予計算,法無明文,依憲法對人民權利之限制
應以法律定之(憲法第二十三條)規定,不應扣除之。其結果可能
會影響公寓大廈維護管理及住戶之權益,似應明文予以限制為妥。

六、區分所有權人會議決議之瑕疵效果

　　所謂決議之瑕疵,指決議之成立過程(會議召集程序或決議方
法)及決議之內容,違反法令或規約。例如違反本條例第二十八條、
第二十九條、第三十條、第三十一條、第九條等,其決議之效力如
何?本條例無明文規定,可否類推適用民法(如第五十六條)或公
司法(如第一八九、一九一條)規定,有待研究。

七、區分所有權人會議紀錄之作成、保存及閱覽

　　區分所有權人會議應作成會議紀錄,載明開會經過及決議事項,
由主席簽名,於會後十五日內送達各區分所有權人並公告之。會議

紀錄，應與出席區分所有權人之簽名簿及代理出席之委託書一併保存（本條例第三十二條）。

　　利害關係人於必要時，得請求閱覽規約及區分所有權人會議紀錄，管理負責人或管理委員會不得拒絕（本條例第三十三條）。

第二節　管理委員會及管理負責人

一、管理委員會或管理負責人之設置

　　管理委員會或管理負責人是公寓大廈之住戶為執行區分所有權人會議決議事項暨管理維護公寓大廈工作，互選管理委員若干人設立之組織或是未成立管理委員會，而由區分所有權人及住戶互推一人為管理負責人。故管理委員會或管理負責人是管理維護公寓大廈之執行機關。在公寓大廈管理運作，扮演最重要角色，故本條例第二十七條第一項規定：公寓大廈應成立管理委員會或推選管理負責人。唯究應成立管理委員會或管理負責人，法無明文，委由住戶決定，不過住戶多者，公共事務複雜，可設立管理委員會，集思廣益分工合作，以利事務之推行；住戶少者，公共事務簡單，互推一人為管理負責人。公寓大廈成立管理委員會為強制性規定，未成立時尚應推選管理負責人充代之。

二、管理負責人之產生方式

　　管理負責人由區分所有權人及住戶互推一人擔任之（本條例第三條第八、九款）。公寓大廈之住戶非該專有部分之區分所有權人者，除本細則、區分所有權人會議之決議或規約另有規定外，得選舉、推選或被選任、推選為管理委員、主任委員或管理負責人（本條例施行細則第十一條）。

　　區分所有權人及住戶推選管理負責人時，(1)同一專有部分之區分所有權人及住戶共一推選權，區分所有權人及住戶意見不一致時，由區分所有權人行使之（本條例施行細則第八條第五項）。(2)除規約另有規定者外，應有二推選權人以上之書面推選，經公告十日後生效。被推選人為數人或公告期間另有他人被推選時，以推選權數額較多者任之；數額相同時，以區分所有權比例合計較多者任之。新被推選人與原被推選人不為同一人時，公告日數應自新被推選人被推選之日起算。推選人或被推選人於推選或被推選後喪失區分所有權人或住戶資格時，除受讓人另為意思表示者外，其所為或所受推選仍為有效（本條例施行細則第八條第四項）。

　　公寓大廈未組成管理委員會且未選任管理負責人時，以第二十五條區分所有權人互推之召集人或申請指定之臨時召集人為管理負責人。區分所有權人無法互推召集人或申請指定臨時召集人時，住戶得申請地方主管機關指定住戶一人為管理負責人（本條例第二十七條第四項）。

三、管理委員之選任、任期及組織

　　公寓大廈應成立管理委員會（本條例第二十七條第一項），管理委員會之委員由住戶互選管理委員（本條例第三條第八款）。再由管理委員互推一人為主任委員，主任委員對外代表管理委員會（本條例第二十七條第一項）。故承租人或使用人屬於住戶，當然可被選為管理委員會委員，惟可在規約予以排除承租人或使用人被選為管理委員會委員（本條例第二十七條第二項規定之「管理委員會之組織及選任應於規約中定之」）。

　　管理委員、主任委員及管理負責人任期一年，連選得連任（本條例第二十七條第三項）。本法未規定得以規約或經區分所有權人會議改變任期，因此，管理委員會每年改選一次係強制性之規定。管

理委員會任期屆滿，自應辦理改選。公寓大廈管理委員會如經年未改選，是可以改選新的管理委員會。

　　管理委員會之組織及選任應於規約中定之（本條例第二十七條第二項）。有關主任委員、管理委員之選任、解任、權限與其委員人數、召集方式及事務執行方法非經載明於規約者，不生效力（本條例施行細則第二條第二款）。故未依規約而產生之管理委員會或委員，其執行之事務（含法律行為、訴訟行為）合法性即受質疑，而陷於不確定狀態之效果，影響住戶及其相對人權益。故規約應明定有關管理委員、主任委員之選任、解任、權限、人數、事務執行方法、管理委員會之組織、召集方式、權限等事項。

四、管理委員會之職務

　　依本條例第三十四條規定，管理委員會之職務如下：

　　1.共有及共用部分之清潔、維護、修繕及一般改良。

　　2.住戶違反第六條第一項規定之協調。

　　3.住戶共同事務應興革事項之建議。

　　4.住戶違規情事之制止及相關資料之提供。

　　5.公寓大廈及其周圍之安全及環境維護事項。

　　6.收益、公共基金及其他經費之收支、保管及運用。

　　7.區分所有權人會議決議事項之執行。

　　8.規約、會議紀錄、使用執照謄本、竣工圖說及有關文件之保管。

　　9.管理服務人之委任、僱傭及監督。

　　10.會計報告、結算報告及其他管理事項之提出及公告。

　　11.其他規約所定事項。

　　其具體職務如下：

　　1.第六條所訂住戶應遵守事項,住戶違反後經協調仍不履行時,

住戶、管理負責人或管理委員會得按其性質請求各該主管機關或訴請法院為必要之處置。

2.住戶對於第八條所訂公寓大廈周圍上下、外牆面、樓頂平臺及防空避難設備未依規定有變更構造、顏色、使用目的、設置廣告物或其他類似之行為，管理負責人或管理委員會應予制止，並報請各該主管機關處罰。

3.住戶對於第九條所訂共用部分之使用未依其設置目的及通常使用方法為之，管理負責人或管理委員會應予制止，並得按其性質請求各該主管機關或訴請法院為必要之處置。

4.第十條之規定共用部分、約定共用部分之修繕、管理、維護，由管理負責人或管理委員會為之。

5.第十四條之規定，公寓大廈經區分所有權人會議依第三十一條規定決議重建時，區分所有權人不同意決議又不出讓區分所有權或同意後不依決議履行其義務者，管理負責人或管理委員會得訴請法院命區分所有權人出讓其區分所有權及其基地所有權應有部分。

6.第十五條之規定，住戶未依使用執照所載用途及規約使用專有部分、約定專用部分，或擅自變更使用，管理負責人或管理委員會應予制止，並報請直轄市、縣（市）主管機關處理，並要求其回復原狀。

7.第十六條之規定，住戶任意棄置垃圾、排放各種污染物、惡臭物質或發生喧囂、振動及其他與此相類之行為。或於防火間隔、防火巷弄、樓梯間、共同走廊、防空避難設備等處所堆置雜物、設置柵欄、門扇或營業使用或違規設置廣告物或私設路障及停車位侵佔巷道妨礙出入。或飼養動物，妨礙公共衛生、公共安寧及公共安全，管理負責人或管理委員會應予制止或按規約處理，必要時得報請地方主管機關處理。

8.第十七條之規定，住戶於公寓大廈內依法經營餐飲、瓦斯、

電焊或其他危險營業或存放有爆炸性或易燃性物品者，未依中央主管機關所定保險金額投保公共意外責任保險，經催告於七日內仍未辦理者，管理負責人或管理委員會應代為投保。

9.第十八條之規定，對於公共基金設專戶儲存，並由管理負責人或管理委員會負責管理。

10.定期報告公共基金保管及運用情形並公告之，如前任委員拒移交時則催告之或訴請法院命移交公共基金（本條例第二十條）。催繳住戶積欠之公共基金，逾期不繳者，訴請法院命其給付應繳之數額及遲延利息（本條例第二十一條）。

11.住戶違反第二十二條所訂義務，由管理負責人或管理委員會促請其改善，於三個月內仍未改善者，管理負責人或管理委員會得依區分所有權人會議之決議，訴請法院強制其遷離。如住戶為區分所有權人時，管理負責人或管理委員會得依區分所有權人會議之決議，訴請法院命區分所有權人出讓其區分所有權及其基地所有權應有部分；於判決確定後三個月內不自行出讓並完成移轉登記手續者，管理負責人或管理委員會得聲請法院拍賣之。

12.應將訴訟事件要旨速告區分所有權人（本條例第三十五條第二項）。

13.管理委員會應向區分所有權人會議負責，並向其報告會務（本條例第三十六條）。

五、管理委員會有當事人能力

所謂當事人能力，即得為訴訟之主體，以自己（指以○○○○公寓大廈管理委員會）名義向法院請求解決私權紛爭之原告，或為被告之資格。為了使管理委員會得因執行公寓大廈管理維護事務而生法律訴訟中有資格進行訴訟，本條例第三十五條賦予管理委員會有當事人能力，又管理委員會並非權利義務之主體（即無權利能力），

無享受權利或負擔義務之資格（故公寓大廈共用部分不得登記在管理委員會名下），此與一般社會通念均將管理委員會當做交易之主體不相吻合，是否應賦予具有實體法上之權利能力，值得立法者參考。

管理委員會執行公寓大廈事務而需提起訴訟者有：

1.住戶違反本條例第六條應遵守事項之一，訴諸法院為必要之處置。

2.住戶違反本條例第九條第二項共用部分之使用方式，訴請法院為必要之處置或損害賠償。

3.住戶違反本條例第十四條第一項不同意重建又不出讓其權利之規定，訴請法院命其出讓區分所有權及其基地應有部分。

4.前任管理委員會違反第二十條公共基金移交義務，訴請法院命其移交。

5.住戶積欠公共基金或其他應負擔之費用，訴請法院命其給付（本條例第二十一條）。

6.住戶或區分所有權人有本條例第二十二條所規定之重大違規事項之一，訴請法院命其遷離或出讓其區分所有權及其基地應有部分。

六、管理委員職務違反之處罰

㈠處新臺幣三千元以上一萬五千元以下罰鍰

管理委員如有下列行為之一者，由直轄市、縣（市）主管機關處新臺幣三千元以上一萬五千元以下罰鍰：

1.主任委員或管理委員違反第十七條代為投保責任保險之義務者。

2.主任委員無正當理由未執行第二十二條促請改善或訴請法院強制遷離或強制出讓該區分所有權之職務者。

3.主任委員或管理委員無正當理由未執行第三十四條第七款之

職務，顯然影響住戶權益者。

㈡處新臺幣四萬元以上二十萬元以下罰鍰

　　管理委員違反第二十條之移交義務者，由直轄市、縣（市）主管機關處新臺幣四萬元以上二十萬元以下罰鍰。所處之罰鍰，經通知限期繳納，屆期仍不繳納者，移送法院強制執行（本條例第四十條）。

七、管理委員會之職務、當事人能力之規定，就管理負責人準用之

　　公寓大廈管理條例第三十七條規定:「第三十四條至第三十六條之規定，於管理負責人準用之。」

第三節　管理服務人

一、管理服務人之意義

　　管理服務人指由區分所有權人會議決議或管理負責人或管理委員會僱傭或委任而執行建築物管理維護事務者（本條例第二條第十一款）。公寓大廈之管理維護可由住戶自己管理亦可委由他人管理。一般住戶較多之公寓大廈之公共事務複雜，有時亦涉及專業技能，非一般住戶所能勝任，故由具有專業管理服務人管理維護公寓大廈，以保障住戶之權益及提昇居住之品質。

二、管理服務人之職務

　　管理服務人之職務，本條例並無明文，僅在施行細則第十二條規定：本條例第三十四條所定管理委員會之職務，除第六款、第八款及第九款外，經管理委員會決議或管理負責人以書面授權者，得由管理服務人執行之。但區分所有權人會議或規約另有規定者，從

其規定。換言之，除非區分所有權人會議或規約另有規定或第六款、第八款、第九款規定之職務之外，如下職務均可經決議以書面授權管理服務人執行之：

　　1.共有及共用部分之清潔、維護、修繕及一般改良。

　　2.住戶違反第六條第一項規定之協調。

　　3.住戶共同事務應興革事項之建議。

　　4.住戶違規情事之制止及相關資料之提供。

　　5.公寓大廈及其周圍之安全及環境維護事項。

　　6.區分所有權人會議決議事項之執行。

　　7.會計報告、結算報告及其他管理事項之提出及公告。

　　8.其他規約所定事項。

三、管理服務人管理辦法

　　管理服務人之組織型態有個人、有公司或行號型態，本條例授權中央主管機關訂定「管理服務人管理辦法」(本條例第四十七條)。就管理服務人之類別、擔任資格、業務、義務、處罰、申請許可程序、條件、文件及核發許可證、主管機關之檢查、專任人員之勤務考核、離職核備予以規定。

第四節　規　約

一、規約之意義及目的

　　公寓大廈區分所有權人為增進共同利益，確保良好生活環境，經區分所有權人會議決議之共同遵守事項　(本條例第三條第十二款)。規約可謂公寓大廈之基本規範，為加強管理維護公寓大廈，提昇居住品質之公共福祉之目的，落實公寓大廈自律管理精神，有關

公寓大廈、基地或附屬設施之管理使用及其他住戶間相互關係，除
法令另有規定外，得以規約定之（本條例第二十三條）。故依據私法
自治及契約自由原則，不違反強制或禁止規定或公序良俗之下，得
自由訂定規約內容。

二、規約之性質及效力

法律行為之種類有單獨行為、契約行為及合同行為（共同行為）。
只要當事人之一方為意思表示，法律行為即行成立者，為單獨行為。
以二人相對立之意思表示合致而成立者，為契約行為。由多數人平
行之意思表示一致而成立者，為合同行為。規約既為區分所有權人
會議決議之共同遵守事項，故其性質為合同行為。具有類似社團之
規章，對全體區分所有權人及住戶均有拘束力。

又為避免區分所有權人之繼受人以其未參與訂定規約為理由逃
避規約拘束，致影響公寓大廈公共事務之執行，本條例第二十四條
規定：「區分所有權人之繼受人應繼受原區分所有權人依本條例或規
約所定之一切權利義務」。故規約之效力，不僅對當事人有拘束力，
其繼受人亦應遵守，該繼受人不得以「契約效力不及於第三人」為
藉口逃避規約義務。此有別於一般之契約僅有相對效力。

公寓大廈管理條例施行前之住戶公約，如不違反法律強制及禁
止規定，仍應有效，故舊有住戶公約仍具約束力。但為明確其權利
義務關係，宜依公寓大廈管理條例第二十三條訂定新規約。

三、規約之訂立人

新建公寓大廈之起造人於申請建築執照時，應檢附住戶規約草
約（本條例第四十四條第一項）。並於區分所有權人建物登記人數達
三分之二以上及其區分所有權比例合計三分之二以上時，起造人應
於六個月內召集區分所有權人召開區分所有權人會議訂定規約，並

向地方主管機關報備。起造人為數人時，應互推一人為之（本條例第二十六條第一項）。因此預售屋在取得建築執照之後，施工期間，建築業者所附在預售屋契約之住戶規約草約，依規定在第一次區分所有權人會議召開前，視同規約，對住戶及其繼受人有拘束力，規約草約應依中央主管機關所定之規約範本制作 （本條例第四十八條）。

本條例施行前（民國八十四年六月二十九日以前）已取得建築執照之公寓大廈，應依本條例規定成立管理組織（本條例第四十三條第一項）。換言之，依本條例第三章管理組織第二十五條第三項由區分所有權人互推一人為召集人，召開第一屆區分所有權人訂立規約。

四、規約之訂立或變更方式

㈠須經區分所有權人會議之決議

規約訂立或變更，應有區分所有權人三分之二以上及其區分所有權比例合計三分之二以上出席，以出席人數四分之三以上及其區分所有權比例占出席人數區分所有權四分之三以上同意行之（本條例第三十一條第一項第一款）。

㈡向地方主管機關報備

向地方主管機關報備之資料文件，應有⑴訂定規約時之全體區分所有權人名冊及出席區分所有權人名冊，⑵訂定規約時之區分所有權人會議會議紀錄，⑶規約內容。

直轄市、縣（市）主管機關受理報備資料，應予建檔（本條例施行細則第九條）。

五、規約之範本及內容

規約範本，由中央主管機關定之，起造人所擬定之規約草約應

依範本制作（本條例第四十八條）。

　　內政部依本條例頒布之規約範本，共二十一條，其內容大略如下：

　　1.規約效力所及範圍。

　　2.專有部分、共用部分、約定專用部分、約定共用部分之範圍。

　　3.區分所有權人會議之組成、召開、決議等。

　　4.公寓大廈有關文件保管。

　　5.管理委員會人數、產生、資格、選任、權限、解任、組織單位、會議召開、決議方法。

　　6.公共基金、管理費之繳納、管理、運用。

　　7.共用部分修繕費用之負擔比例。

　　8.共用部分、約定共用部分之使用、使用償金繳交。

　　9.專有部分、約定專用部分之使用限制。

　　10.財務運作之監督、糾紛協調程序及義務違反處置。

　　11.其他事項。

　　12.管理負責人準用規定事項。

　　13.訂立年月日。

　　有關公寓大廈、基地或附屬設施之管理使用及其他住戶間相互關係，除法令另有規定外，得以規約定之（本條例第二十三條）。

六、下列事項未載明於規約中，對區分所有權人或住戶不生效力

　　本條例所定規約除應載明專有部分及共用部分範圍外，下列各款事項非經載明於規約者，不生效力（本條例施行細則第二條）：

　　1.約定專用部分、約定共用部分之範圍及使用主體。

　　2.設有管理委員會者，其主任委員、管理委員之選任、解任、權限與其委員人數、召集方式及事務執行方法。

3. 各區分所有權人對建築物共用部分及其基地之使用收益權及住戶對共用部分使用之特別約定。

4. 共用部分、約定共用部分管理、維護費用之特別約定。

5. 禁止住戶飼養動物之特別約定。

6. 違反義務之處理方式。

7. 財務運作之監督規定。

8. 區分所有權人會議決議應有出席及同意之區分所有權人人數及其區分所有權比例之特別約定。

9. 糾紛之協調程序。

10. 其他不牴觸法令之特別約定。

第四章 罰 則

　　法律所定罰則其種類有行政罰與刑事罰，其執行機關，前者由主管機關執行，後者則由檢察及司法機關處理。又依本條例第四十六條之規定，「區分所有權人會議召集人、臨時召集人、起造人、建築業者、住戶、管理負責人或管理委員會有第三十八條或第三十九條第一項各款情事之一時，他區分所有權人、利害關係人、管理負責人或管理委員會得列舉事實及提出證據，報請直轄市、縣（市）主管機關處理。」由此可知本條例處罰之舉發，舉凡關係人均得為之。茲分述如下：

一、住戶之處罰

㈠行政責任

1. 由直轄市、縣（市）主管機關處新臺幣三千元以上一萬五千元以下罰鍰
    ⑴違反本條例第十六條第一項：住戶不得任意棄置垃圾、排放各種污染物、惡臭物質或發生喧囂、振動及其他與此相類之行為。
    ⑵違反本條例第十六條第三項：住戶飼養動物，不得妨礙公共衛生、公共安寧及公共安全。但法令或規約另有禁止飼養之規定時，從其規定。
2. 由直轄市、縣（市）主管機關處新臺幣四萬元以上二十萬元以下罰鍰
    ⑴違反本條例第八條第一項：公寓大廈周圍上下、外牆面、樓

頂平臺及防空避難室，非依法令規定並經區分所有權人會議
之決議，不得有變更。

　(2)違反本條例第九條第二項：住戶對共用部分之使用應依其設
置目的及通常使用方法為之。但另有約定者從其約定。

　(3)違反本條例第十五條第一項：住戶應依使用執照所載用途及
規約使用專有部分、約定專用部分，不得擅自變更。

　(4)違反本條例第十六條第二項：住戶不得於防火間隔、防火巷
弄、樓梯間、共同走廊、防空避難設備等處所堆置雜物、設
置柵欄、門扇或營業使用，或違規設置廣告物或私設路障及
停車位侵佔巷道妨礙出入。

　(5)違反本條例第十七條第一項：住戶於公寓大廈內依法經營餐
飲、瓦斯、電焊或其他危險營業或存放有爆炸性或易燃性物
品者，應依中央主管機關所定保險金額投保公共意外責任保
險。

　(6)違反本條例第十八條第一項第二款：住戶應依區分所有權人
決議或規約繳納公共基金。

㈡刑事責任

　　違反本條例第三十九條第二項：有供營業使用事實之公寓大廈
住戶有前述(3)違反第十五條第一項之行為或(4)違反第十六條第二項
之行為，因而致人於死者，處一年以上七年以下有期徒刑，得併科
新臺幣一百萬元以上五百萬元以下罰金；致重傷者，處六月以上五
年以下有期徒刑，得併科新臺幣五十萬元以上二百五十萬元以下罰
金。

㈢民事責任

　(1)強制遷離：

　　住戶有下列情形之一者，由管理負責人或管理委員會促請其改
善，於三個月內仍未改善者，管理負責人或管理委員會得依區分所

有權人會議之決議，訴請法院強制其遷離：

　　①積欠依本條例規定應分擔之費用，經強制執行後再度積欠
　　　金額達其區分所有權總價百分之一者。

　　②違反本條例規定經依第三十九條第一項第一款至第四款處
　　　以罰鍰後，仍不改善或續犯者。

　　③其他違反法令或規約情節重大者。

　(2)強制出讓：

　　住戶如為區分所有權人而有第二十二條第一項行為之一時，管
理負責人或管理委員會得依區分所有權人會議之決議，訴請法院命
區分所有權人出讓其區分所有權及其基地所有權應有部分；於判決
確定後三個月內不自行出讓並完成移轉登記手續者，管理負責人或
管理委員會得聲請法院拍賣之（本條例第二十二條第二項）。

二、區分所有權人之處罰

　　區分所有權人有下列行為之一者，由直轄市、縣（市）主管機
關處新臺幣四萬元以上二十萬元以下罰鍰：

　　1.違反本條例第五條：區分所有權人對專有部分之利用，不得
有妨害建築物之正常使用及違反區分所有權人共同利益之行為。

　　2.違反本條例第十八條第一項第二款：應依區分所有權人決議
或規約繳納公共基金。

三、區分所有權人會議召集人（含起造人為召集人時）
　　或臨時召集人之處罰

　　區分所有權人會議召集人、起造人或臨時召集人，有下列行為
之一者，由直轄市、縣（市）主管機關處新臺幣三千元以上一萬五
千元以下罰鍰：

　　1.違反本條例第二十五條規定，未召開區分所有權人會議常會

或臨時會議。

2.違反本條例第二十六條規定,起造人未召集區分所有權人會議訂定規約或未向主管機關報備規約。

四、管理負責人、主任委員或管理委員之處罰

1.有下列行為之一者,由直轄市、縣(市)主管機關處新臺幣三千元以上一萬五千元以下罰鍰:

⑴管理負責人、主任委員或管理委員違反第十七條代為投保責任保險之義務者。

⑵管理負責人或主任委員無正當理由未執行第二十二條促請改善或訴請法院強制遷離或強制出讓該區分所有權之職務者。

⑶管理負責人、主任委員或管理委員無正當理由未執行第三十四條第七款之職務,顯然影響住戶權益者。

2.有下列行為者,由直轄市、縣(市)主管機關處新臺幣四萬元以上二十萬元以下罰鍰:

管理負責人、主任委員或管理委員違反第二十條之公共基金移交義務者。

五、起造人或建築業者之處罰

有下列行為者,由直轄市、縣(市)主管機關處新臺幣四萬元以上二十萬元以下罰鍰:

1.公寓大廈起造人或建築業者,未領得建造執照,即辦理銷售(本條例第四十五條第一項)。

2.公寓大廈之起造人或建築業者,得將共用部分,包含法定空地、法定防空避難設備及法定停車空間讓售於特定人或為區分所有權人以外之特定人設定專用使用權或為其他損害區分所有權人權益之行為(本條例第四十五條第二項)。

第五章 附 則

一、準用本條例規定之公寓大廈

多數各自獨立使用之建築物、公寓大廈，其共同設施之使用與管理具有整體不可分性之集居地區者，其管理及組織準用本條例之規定（第四十一條）。所謂共同設施之使用與管理具有整體不可分性之集居地區者，指有下列情形之一：(1)依建築法第十一條規定之一宗建築基地。(2)依山坡地開發建築管理辦法申請開發許可範圍內之地區。(3)其他經直轄市、縣（市）主管機關認定其共同設施之使用與管理具有整體不可分割之地區（本條例施行細則第十三條）。

本條例施行前已取得建造執照之公寓大廈，應依本條例規定成立管理組織（第四十三條）。

二、公寓大廈起造人、建築業者之義務

㈠申請建造執照應檢附文件

公寓大廈起造人，應依本條例第四十四條規定於申請建造執照時，應檢附專有部分、共用部分標示詳細圖說及住戶規約草約。於設計變更時亦同（第一項）。前項規約草約於第一次區分所有權人會議召開前，視同規約（第二項）。

㈡建物所有權登記

公寓大廈之起造人或區分所有權人應依使用執照所記載之用途及下列測繪規定，辦理建物所有權第一次登記(本條例第四十四條)：

  1.獨立建築物所有權之牆壁，以牆之外緣為界。

2.建築物共用之牆壁，以牆壁之中心為界。

3.附屬建物以其外緣為界辦理登記。

4.有隔牆之共用牆壁，依第二款之規定，無隔牆設置者，以使用執照竣工平面圖區分範圍為界，其面積應包括四周牆壁之厚度。

㈢非經領得建造執照不得辦理銷售

公寓大廈起造人、建築業者依本條例第四十五條：公寓大廈起造人或建築業者，非經領得建造執照，不得辦理銷售（第一項）。故未核發建造執照之房屋不得銷售。建設公司預售房地時，在房地預售契約書上註明「建造執照如無法取得，退還訂金」或建設公司虛稱已領照許可建築，公開預售，經查建造執照尚未核發時，消費者或其他建築業競爭者可向主管機關請求制止該業者此一行為。並依第三十九條第一項第八款之規定，由直轄市、縣（市）主管機關處該起造人或建築業者新臺幣四萬元以上二十萬元以下罰鍰。預購戶如權利因而受損害，亦可訴請司法機關處理。

㈣共用部分設定專用使用權或為其他有損害行為之禁止

公寓大廈之起造人或建築業者，不得將共用部分，包含法定空地、法定防空避難設備及法定停車空間讓售於特定人或為區分所有權人以外之特定人設定專用使用權或為其他損害區分所有權人權益之行為（本條例第四十五條第二項）。

本條例施行前購買大樓底樓店鋪連同地下室，且該地下室係屬法定防空避難設備時，按本條項之規定「法定防空避難設備」屬公寓大廈之共用部分，然於本法施行前，依該時法令登記狀態已有辦理產權登記者，基於不溯既往原則，應可繼續使用該防空避難設備，但依法仍不應違反其設置之目的，如不得妨礙防空避難、不違反分區使用規定及建築法規定及各業法令。已核准兼作停車空間者，其兼作面積，不得申請開設臨時對外營業場所。進入警戒戰備或宣布戒嚴時，凡是使用或占用的防空避難設備，應在二十四小時內，騰

出供大眾作防空避難之用。

三、違反公寓大廈管理條例罰則規定之處理

　　區分所有權人會議召集人、臨時召集人、起造人、建築業者、住戶、管理負責人或管理委員會有第三十八條或第三十九條第一項各款情事之一時，他區分所有權人、利害關係人、管理負責人或管理委員會得列舉事實及提出證據，報請直轄市、縣（市）主管機關處理。

　　依本條例所處之罰鍰，經通知限期繳納，屆期仍不繳納者，移送法院強制執行（本條例第四十條）。本條因行政執行法第四十二條規定而不適用，不移送法院強制執行；換言之，行政執行法第四十二條規定：法律有公法上金錢給付義務移送法院強制執行之規定者，自本法修正條文施行之日起，不適用之（第一項）。本法修正施行前之行政執行事件，未經執行或尚未執行終結者，自本法修正條文施行之日起，依本法之規定執行之；其為公法上金錢給付義務移送法院強制執行之事件，移送該管行政執行處繼續執行之，即移送行政院法務部行政執行署執行處執行。

四、公寓大廈管理條例相關子法之訂定

　　1.公寓大廈公共意外責任保險投保及火災保險費差額補償辦法（第十七條）。

　　2.公寓大廈管理組織申請報備處理原則（施行細則第十條）。

　　3.管理服務人管理辦法，由中央主管機關定之（第四十七條）。

　　4.規約範本，由中央主管機關定之（第四十八條）。

　　5.公寓大廈治安維護配合事項，由中央主管機關定之（第四十九條）。

　　6.本條例施行細則，由中央主管機關定之（第五十一條）。

五、公寓大廈管理條例主管機關職權授權規定

本條例第六條、第九條、第十五條、第十六條、第二十條、第二十五條至第二十七條及第四十六條主管機關處理事項得授權鄉、鎮、市區公所辦理（本條例第五十條）。

1.住戶應依本條例第六條應遵守事項，經協調仍不履行時，依住戶、管理負責人或管理委員會得按其性質請求各該主管機關為必要處置之職權授權。

2.住戶應依本條例第九條：住戶對共用部分之使用應依其設置目的及通常使用方法為之。但另有約定者從其約定。住戶違反此規定，管理負責人或管理委員會應予制止，並得按其性質請求各該主管機關為必要處置之職權授權。

3.住戶應依使用執照所載用途及規約使用專有部分、約定專用部分，不得擅自變更（本條例第十五條）。住戶違反此規定，管理負責人或管理委員會應予制止，並報請直轄市、縣（市）主管機關處理之職權授權。

4.住戶違反第十六條規定：不得任意棄置垃圾、排放各種污染物、惡臭物質或發生喧囂、振動及其他與此相類之行為（第一項）。住戶不得於防火間隔、防火巷弄、樓梯間、共同走廊、防空避難設備等處所堆置雜物、設置柵欄、門扇或營業使用，或違規設置廣告物或私設路障及停車位侵佔巷道妨礙出入（第二項）。住戶飼養動物，不得妨礙公共衛生、公共安寧及公共安全。但法令或規約另有禁止飼養之規定時，從其規定（第三項）。住戶違反前三項規定時，管理負責人或管理委員會應予制止或按規約處理，必要時得報請地方主管機關處理之職權授權。

5.管理負責人或管理委員會拒絕移交公共基金，經定相當期間催告仍不移交時，得報請主管機關處理之職權授權。

　6.召集人無法互推產生區分所有權人會議之召集人時，區分所有權人得申請地方主管機關指定臨時召集人之職權授權。

　7.公寓大廈建築物所有權登記之區分所有權人達三分之二以上及其區分所有權比例合計三分之二以上時，起造人應於六個月內召集區分所有權人召開區分所有權人會議訂定規約，並向地方主管機關報備，受理報備之職權授權。

　8.區分所有權人無法互推召集人或申請指定臨時召集人時，住戶得申請地方主管機關指定住戶一人為管理負責人之職權授權。

　9.區分所有權人會議召集人、臨時召集人、起造人、建築業者、住戶、管理負責人或管理委員會有第三十八條或第三十九條第一項各款情事之一時，他區分所有權人、利害關係人、管理負責人或管理委員會得列舉事實及提出證據，報請直轄市、縣（市）主管機關處理，處理權之授權。

六、公寓大廈管理條例之施行

　本條例自公布日施行（本條例第五十二條）。於民國八十四年六月二十八日總統令公布全文五十二條。依中央標準法之規定，法律自公布日施行生效者自公布日第三日生效。故本條例自民國八十四年六月三十日生效。

第三篇　公平交易法

第一章　總　則

一、公平交易法立法與修法經過

(一)立法經過

　　近年來我國經濟急速的發展，社會結構快速的變遷，原有的經濟秩序與規範，無法因應當前經濟社會環境所需。為配合經濟自由化、國際化以及制度化政策，建立一自由與公平競爭環境，制定公平合理的競爭法規實有必要。行政院乃於民國六十九年指示經濟部，研擬公平交易法草案。經濟部爰參酌外國立法例及配合我國特有的經濟環境與國情，於民國七十四年完成公平交易法草案並即函報行政院，經行政院研議修正後，於七十五年五月函請立法院審議。

　　立法院經濟及司法兩委員會於民國七十五年六月二十六日召開第一次聯席會議，展開公平交易法草案長達五年的審查過程，其間並曾於七十六年五月召開聽證會，邀請專家學者、工商團體及社會人士就公平交易法草案提供意見。自七十五年草案送達立法院經濟及司法委員會聯席會議計召開過十三次會議審議，四次大會討論，而後於八十年元月十八日完成三讀程序，總統於同年二月四日公布。鑑於公平交易法在我國係首次施行，其規範內容，密切影響事業經營方式及交易秩序，為使事業有所調整適應，於公平交易法第四十九條明定，自公布後一年，即八十一年二月四日起施行。八十一年六月二十四日公平交易委員會依公平交易法第四十八條規定發布公平交易法施行細則共三十二條，並自發布日施行。

㈡修法經過

公平交易法自施行以來，公平會執行本法二年多之經驗，發現公平交易法規定有不相協調或窒礙難行者，影響公平交易法目的之實現，衡量現況及未來經濟發展，行政院於民國八十三年四月二十八日將「公平交易法部分修正草案」送請立法院審議，經立法院經濟及司法委員會聯席審查會於八十五年六月十七日起陸續召開五次審查會議，於同年十二月十一日完成審查，八十八年一月五日朝野各黨團協商，於八十八年一月十五日二讀及三讀通過，修正第十、十一、十六、十八、十九、二十、二十一、二十三、三十五、三十六、三十七、四十、四十一、四十二、四十六、四十九條等十六條文；增訂第二十三之一、二、三、四條等四條文，總統於同年二月三日公布，同年二月五日生效施行。公平會並對公平交易法施行細則予以修正公布，於八十八年九月一日生效。有關修法重點及新舊條文之適用，詳參第四章之三、四。

二、公平交易法立法目的

長期以來由於工商企業蓬勃迅速發展，經濟社會結構發生重大變遷，原有經濟規範不能適應時代社會的需求，經濟發展必須走向自由化及國際化，為建立公平合理的自由競爭秩序與環境，以維護市場正常交易秩序。故一方面，為防止市場經濟力較大的企業不致有濫用市場力量，限制市場競爭的行為發生；另一方面，為有效防止不肖業者用仿冒或不實廣告標示、損害事業信譽等不公平手段，擾亂市場交易秩序。

事業經營者如能立於公平的基礎上從事競爭，使資源得以合理分配、提高事業經營效率，消費者權益可在此一公平競爭的過程中，獲得有效的保障，此即公平交易法立法目的。故本法即開宗明義在第一條規定：「為維護交易秩序與消費者利益，確保公平競爭，促進

經濟之安定與繁榮，特制定本法」。藉由公平交易法之施行，建立公平合理之自由競爭規則，直接促使事業在公平基礎上自由競爭，提高事業經營效率；間接促進資源合理分配，保障消費者權益。

三、公平交易法規範對象

公平交易法規範的對象，包括「事業」及事業爭取交易之「行為」；換言之，在主體係指「事業」；在客體則為事業爭取交易的「行為」。而所謂的「事業」，依公平交易法第二條規定，包括下列四種類型：

㈠公　司

係指依公司法第一條以營利為目的，依照公司法組織、登記、成立社團法人而言。此外，以營利為目的，依照外國法律組織登記，並經我國政府認許，在我國境內營業之外國公司亦屬之（公司法第四條）。

㈡獨資或合夥之工商行號

係指依商業登記法或其他法令設立，以營利為目的，獨資或合夥方式經營，經主管機關登記成立之行號。

㈢同業公會

係指在一定地區相同職業之人，依工業或商業等團體法律組織之，能獨立為權利義務主體的法人團體。此外，依「不動產經紀業管理條例」、「不動產估價師法」、「醫師法」、「建築師法」、「律師法」、「會計師法」組成的不動產仲介或代銷經紀業公會、不動產估價師公會、醫師公會、建築師公會、律師公會及會計師公會等亦屬之。同業公會，若藉章程或會員大會、理監事會議決議或其他方法所為相互約束事業活動之行為，其結果與個別事業間為聯合行為並無差異，故同業公會雖非為獲取收入、從事經濟活動的主體，惟公平交易法施行前產業活動之習慣，同業公會多有主導聯合行為之行徑，

例如同業公會為達成合意之運作樞紐，而從事諸如市場劃分、統一訂價、產銷協商、產品標準化等聯合行為，獲取不法利益。為避免同業公會主導事業從事聯合行為，或公司、獨資或合夥之工商行號利用同業公會從事聯合行為，造成限制競爭及損害消費者權益，是以本法第二條第三款於立法時即將「同業公會」列為事業，使其為規範之主體，以導正同業公會從事限制或不公平競爭行為。

四其他提供商品或服務從事交易之人或團體

此係概括規定，主要係指不具備前三款所定的組織型式，但卻具有「獨立自主」、「持續」、「從事經濟活動」之性質的人或團體。例如農會、漁會、合作社等均屬之。土地登記專業代理人公會會員雖以個人名義參加，非受僱人員且均有一固定執業場所，可以獨立從事土地登記代理工作，應符合本法第二條第一項第四款「其他提供商品或服務從事交易之人或團體」所稱事業之規定，故不能以會員屬無固定僱主之勞工，缺乏「事業」所應具有之獨立性，不屬本法所規範「事業」而加以排除（公平交易委員會網站 http://www.ftc.gov.tw 交流道 Q&A 第 18 題）。

「事業」是否須以營利為前提？凡行為對商品或服務供需之市場秩序或競爭關係有所影響者，即應為公平交易法之規範對象，所稱之「事業」，不論其是否以營利為目的，均受其規範，以維護交易秩序與消費者利益，確保公平競爭（公平交易委員會網站 http://www.ftc.gov.tw 交流道 Q&A 第 12 題）。

未經登記的工商行號是否屬公平交易法第二條所稱之事業？只要實際上提供商品或服務從事交易，即屬公平交易法第二條所稱之事業，故未經登記的工商行號，例如依據商業登記法第四條規定免登記之小規模商業或依法應登記而未登記之工商行號，只要實際上提供商品或服務從事交易，即屬公平交易法第二條所稱之事業（公平交易委員會網站 http://www.ftc.gov.tw 交流道 Q&A 第 13 題）。

　　勞工是否屬於本款「其他提供商品或服務從事交易之人」？勞工係提供勞務之人，受僱主指揮而不能自主決定，缺乏事業所應具備之獨立性，不負擔企業經營的風險，因此勞工並不屬於公平交易法第二條所稱的事業，自不受公平交易法之規範（公平交易委員會網站 http://www.ftc.gov.tw 交流道 Q&A 第 16 題）。

　　行政機關係代表國家或地方自治團體等公法人對外為行為之組織體，在其權限範圍內，以機關本身名義代表所屬法人對外為行為，因而具有「行為主體」之地位。惟行政機關是否為公平交易法第二條所稱之事業？依行政機關私法行為適用公平交易法之審度原則：「公平法之立法宗旨在於維護交易秩序，確保公平競爭。事業之私經濟行為違反此宗旨者，即應受公平法之規範。行政機關行使公權力之公法行為，性質上非屬私法行為，故不受公平法之規範，惟行政機關之私經濟行為，有無公平交易法之適用，則有疑義。爰此，公平會乃自民國八十二年起成立專案小組，就行政機關之私法行為有無公平法適用乙案進行研究，經召集多次座談會，聽取專家學者意見後，於八十二年四月十四日本會第八十次委員會議作成決議，並報請行政院核備。案經行政院召集各有關單位於八十二年十月十四日開會研商，同意予以備查。依據前開會議結論，行政機關之私法行為有無公平法之適用，可自以下二方面加以考量：⑴行政機關以私法行為提供具市場經濟價值之商品或服務為業務或目的，所引起之需求行為，不論在需求時是否已為該項商品或服務之提供，均應受公平法之規範。其因提供商品或服務而收取規費，所引起之需求行為，不論在需求時是否已為該項商品或服務之提供，亦均應受公平法之規範。⑵前項於委託民間或其他機構辦理者，亦同」。故行政機關之行為⑴係居於國家統治權地位行使公權力或為公法行為，並非在提供商品或服務從事交易，與公平交易法定義事業須具備之要件不符，故非本法所稱之事業。⑵行政機關立於私法主體之地位，

從事如一般私法上之交易行為或經濟活動時，為確保其交易相對人及競爭者之公平交易與競爭機會，仍應比照一般私人經營之事業同受公平交易法規範（公研釋第九十號；公平交易委員會網站 http://www.ftc.gov.tw 交流道 Q&A 第 20 題）。

四、公平交易法對同業公會之規範

八十二年六月十六日第八十九次委員會議通過、八十八年六月十六日第三九七次委員會議修正、八十八年七月八日（八八）公法字第〇一八七三號函分行（公平交易法公報八十八年八月三十一日第八卷第八期）

㈠說　明

公平交易法已自民國八十一年二月四日起正式施行，並經八十八年二月三日修正部分條文，同年二月五日施行，同業公會係屬該法第二條所稱之「事業」，與公司行號等同受規範。有鑒於係同業公會係以協調同業關係、增進共同利益及促進社會、經濟建設為宗旨而成立之組織，其行為與公平交易法之適用關係頗為各界所關注。為使同業公會瞭解並落實公平交易法之相關規範，本會爰參酌美國、日本、德國及韓國等相關規定，並經多次邀請專家學者、同業公會代表及政府主管機關開會研討，以廣納各界意見後，彙整予以闡明。

研訂本規範說明之目的，除為使同業公會瞭解公平交易法之有關規定俾利遵循外，同時作為本會處理相關案件之參考。惟本規範說明僅係就同業公會過去可能牴觸公平交易法之行為態樣予以舉例說明，其中容或有未盡周延之處，故仍須就個案加以認定。

㈡同業公會可能牴觸公平交易法之行為

1. 限制事業進出特定市場。

2. 以下列行為限制特定市場競爭，致妨害市場功能者：

⑴限制商品或服務之種類、規格或型式：

①於會員間劃分製造商品或銷售服務之種類、規格，以使其協同規範製造之商品或銷售之服務，或建立起事業之獨占力。

②以拒絕許可之方式限制新商品之運送或對新商品銷售時間設限。

(2)限制商品產能或服務規模擴充之行為：公會可能藉由限制會員設備之重置或擴充及機器設置之行為來限制商品之產能，另外亦可能經由限制廣告、技術引進、研發，或營業之據點、內容及方式來控制商品產能及服務規模之擴充，而妨礙市場競爭功能。

(3)限制商品製造、運送或銷售之行為及限制勞務提供之行為，上述限制可能經由量的控制，例如以配額、產銷數量上下限、存貨量、生產時間、原料購買等方式加以限制。另外，除量之限制外，亦可能為質的控制，例如對商品製造、銷售或服務提供之水準予以約制。茲列舉以往國內公會較常見之相關行為說明如下：

①公會協商同業集體減產：例如部分公會曾涉及協議減產，並由公會分配，限制各會員廠之發貨數量。

②公會限制發貨行為：國內部分公會曾涉及協議減產，並由公會分配，限制各會員廠之發貨數量。

③公會成立聯合社統一採購行為：部分同業公會藉聯合社方式大量採購商品協議售價及約定其他事業活動。

(4)有關會員銷售商品之價格或服務報酬之協議、訂定、公告、維持或變更。

(5)限制商品或服務之交易地區或交易對象之行為：

①以劃分或協同規範之方式限制會員之交易地區或交易對象。

②約制會員接受訂單之行為或方式，或投標資格。

③無具體或合理標準，以對會員區分等級之方式限制會員之交易對象。

(6)共同決定商品銷售條件、服務條件或其他有關交易支付條件：例如同業公會統一制定標準契約條款，或相互約束收費方式、服務方法、付款期間、付款條件、交貨地點、方法、售後服務之期間、內容及方法之統一約定，亦可能涉及公平交易法之有關規定。

3.以不當之交易限制或不公平交易之方法為內容訂立國際協定或契約。

4.使所屬會員為差別待遇或其他不公平之交易行為。

5.其他有關不當之共同行為限制特定市場之營業競爭。

㈢公平交易法之豁免

依公平交易法第十四條之規定申請許可之行為。

㈣同業公會行為若未涉及上開「可能牴觸公平交易法之行為」，符合商業團體法及工業團體法等相關規定，應無牴觸公平交易法之規定，茲列舉如次

1.蒐集產業資料供會員參考，例如海外市場及國內外經濟趨勢等資料。

2.研發推廣或指導會員有關經營管理之技巧，並提供教育及訓練。

㈤同業公會之自律公約如涉及公平交易法之聯合行為規定，仍須向公平交易委員會申請解釋或許可，茲舉例如次

1.為提高經營效率及便利消費者之選購，建立一套非強制性之規格或品質之自我規範標準。

2.為避免不公平競爭行為，例如過度贈獎或贈品、誇大不實廣告等，建立一非強制性之合理自律規範。

3.前述第二項所稱之行為。

五、公平交易法規範行為

公平交易法所規範行為分為二大部分：**一為對事業獨占、結合、聯合行為的規範；另一部分則是對不公平競爭行為的規範**。其主要內容包括：

㈠獨占行為

獨占事業不得有⑴以不公平之方法，直接或間接阻礙他事業參與競爭；⑵對商品價格、服務報酬為不當之決定、維持或變更；⑶無正當理由，使交易相對人給予特別優惠；⑷其他濫用市場地位之行為（本法第十條）。

㈡結合行為

⑴事業結合達一定規模者，應事先向公平會申請許可。⑵如應申請許可而未申請，或經申請未獲許可而為結合者，中央主管機關得禁止其結合、限期命其分設事業、處分全部或部分股份、轉讓部分營業、免除擔任職務或為其他必要之處分。⑶如事業違反中央主管機關前述處分，中央主管機關得命令解散、停止營業或勒令歇業（本法第十一條至第十三條）。

㈢聯合行為

⑴禁止事業聯合行為，⑵但符合第十四條所列七款規定之一者，且有益於整體經濟與公共利益，經公平會許可者除外（本法第十四至十七條）。

㈣限制商品轉售價格行為

約定商品的轉售價格者，其約定無效（本法第十八條）。

㈤限制競爭或妨礙公平競爭行為

事業有下列行為而有妨礙公平競爭之虞者，均禁止之（本法第十九條）：⑴以損害特定事業為目的，促使他事業對該特定事業斷絕

供給、購買或其他交易之行為（杯葛行為）。(2)無正當理由對他事業給予差別待遇之行為（差別待遇行為）。(3)以脅迫、利誘或其他不正當方法，使競爭者之交易相對人與自己交易之行為（不當爭取交易相對人行為）。(4)以脅迫、利誘或其他不正當方法，使他事業不為價格之競爭、參與結合或聯合之行為（迫使參與限制競爭行為）。(5)以脅迫、利誘或其他不正當方法，獲取他事業之產銷機密、交易相對人資料或其他有關技術秘密之行為（不當獲取營業秘密行為）。(6)以不正當限制交易相對人之事業活動為條件，而與其交易之行為（不當限制交易相對人事業活動行為）。

(六)仿冒他人商品或服務表徵行為

禁止事業就其營業所提供之商品或服務，仿冒相關事業或消費者所普遍認知之他人姓名、商號或公司名稱、商標、商品容器、包裝、外觀或其他顯示他人商品之表徵或他人營業、服務之表徵，以及使用未經註冊之外國著名商標，或販賣、運送、輸出或輸入使用該項商標之商品（本法第二十條）。

(七)虛偽不實或引人錯誤廣告行為

禁止事業在商品或其廣告上為虛偽不實或引人錯誤之表示或表徵。廣告代理業與媒體業在明知或可得知情況下，仍製作、設計、傳播或刊載引人錯誤之廣告者，應與廣告主負連帶損害賠償責任（本法第二十一條）。

(八)損害他人營業信譽行為

禁止事業為競爭目的，而陳述、散布足以損害他人營業信譽之不實情事（本法第二十二條）。

(九)不當之多層次傳銷行為

禁止事業利用不正當之多層次傳銷行為（本法第二十三條至第二十三條之四）。

㈩其他欺罔或顯失公平行為

　　禁止事業為其他足以影響交易秩序之欺罔或顯失公平行為（本法第二十四條）。

六、公平交易法架構

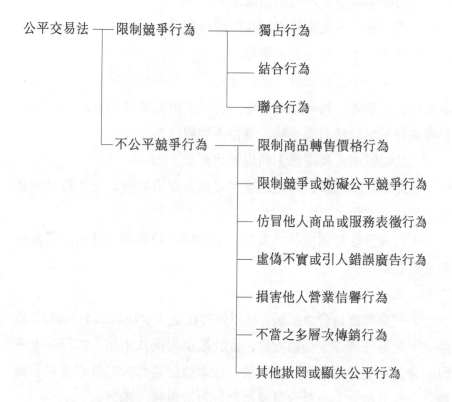

七、公平交易法主管機關職掌與組織

　　公平交易法主管機關，公平交易法第九條原規定在中央為行政院公平交易委員會；在省（市）為建設廳（局）；在縣（市）為縣（市）政府。於民國八十九年四月七日修正為：在中央為行政院公平交易委員會；在直轄市為直轄市政府；在縣（市）為縣（市）政府（民國八十九年四月二十六日公布）。

(一)職　掌

依公平交易法第二十五條規定，公平會的職掌包括：

1. 關於公平交易政策及法規之擬訂事項。

2. 關於審議本法有關公平交易事項。

3. 關於事業活動及經濟情況之調查事項。

4. 關於違反本法案件之調查、處分事項。

5. 關於公平交易之其他事項。

另依據公平交易法第二十六條規定：「公平交易委員會對於違反本法規定，危害公共利益之情事，得依檢舉或職權調查處理。」；公平會依公平交易法為調查時，得依下列程序進行：

1. 通知當事人及關係人到場陳述意見。

2. 通知有關機關、團體、事業或個人提出帳冊、文件及其他必要之資料或證物。

3. 派員前往有關團體或事業之事務所、營業所或其他場所為必要之調查。

(二)組　織

公平交易委員會之組織，另以法律定之（本法第二十九條）。故依公平交易法第二十九條規定，立法院於民國八十年十二月三十一日制定公平交易委員會組織條例，依本條例設行政院公平交易委員會，大致可劃分為委員會議及業務、行政單位二階層。

1. 委員會議：置委員九人，任期三年，任滿得連任。其中一人為主任委員，特任，綜理會務；一人為副主任委員，襄助主任委員處理會務。委員之任用，應具有法律、經濟、財稅、會計或管理等相關學識及經驗。委員須超出黨派以外，於任職期間不得參加政黨活動，並依法獨立行使職權。委員會議職權如下：⑴關於公平交易政策之審議。⑵關於公平交易行政計畫方案之審議、考核。⑶關於執行公平交易法之公告案、許可案、處分案之審核。⑷關於公平交

易法規之審議。⑸委員提案之審議。⑹其他依法應由委員會議決議事項。每週舉行委員會議一次，必要時，得召開臨時會議。會議之決議，應有全體委員過半數之出席，及出席委員過半數之同意行之。

2.業務、行政單位：包括第一處、第二處、第三處、企劃處及法務處五個業務單位，及秘書室、人事室、會計室、統計室及政風室等五個行政單位。另以任務編組方式，設置「競爭政策資料及研究中心」。

八、不適用公平交易法之行為

1.依照著作權法、商標法或專利法行使權利之正當行為，不適用本法之規定（本法第四十五條）。

2.事業關於競爭之行為，另有其他法律規定者，於不牴觸本法立法意旨之範圍內，優先適用該其他法律之規定（本法第四十六條）。

修正前公平交易法第四十六條第一項原規定，事業依照其他法律規定之行為，可排除不適用本法之規定。亦即如其他法律明文規定且在目的事業主管機關監督之下得以為之，事業雖為公平交易法所規範之禁制行為，仍排除公平交易法之適用。

為確立公平交易法為經濟基本法地位，調和競爭政策與產業政策，乃修正第四十六條為：「事業關於競爭之行為，另有其他法律規定者，於不牴觸本法立法意旨之範圍內，優先適用該其他法律之規定。」故於「不牴觸本法立法意旨」之範圍內，始得排除適用公平交易法。所謂「不牴觸本法立法意旨」，應考慮特別法與普通法之法律適用原則、其他法律之立法時間與立法目的，以調和競爭政策與產業政策，促進整體經濟利益。

又公平交易法自八十年二月四日公布已逾 5 年，爰刪除本條第二項：「公營事業、公用事業及交通運輸事業，經行政院許可之行為，於本法公布後五年內，不適用本法之規定。」

第二章　獨占、結合、聯合

第一節　獨占行為之規範

一、獨占事業之意義

依公平交易法第五條規定，所謂獨占是指「事業在特定市場處於無競爭狀態，或具有壓倒性地位，可排除競爭之能力者」。「二以上事業，實際上不為價格之競爭，而其全體之對外關係，具有前項規定之情形者，視為獨占。」由定義可知，公平交易法上所稱之獨占尚包括寡占的情形，其範圍較經濟學所稱之獨占為廣（獨占在經濟學上之意義原指特定市場上獨家生產、銷售或購買者而言）。

二、獨占事業之認定

依據公平交易法施行細則第二條規定，公平會在認定獨占事業時，應審酌下列因素：

1.事業在特定市場之占有率。

2.考量時間、空間等因素下，商品或服務在特定市場變化中之替代可能性。

3.事業影響特定市場價格之能力。

4.他事業加入特定市場有無不易克服之困難。

5.商品或服務之輸入、輸出情形。

惟為避免將規模過小事業被認定為獨占事業，故於施行細則第

三條第一項規定，事業無下列各款情形者，則不列入獨占事業認定範圍：

    1. 一事業在特定市場占有率達二分之一。

    2. 二事業在特定市場占有率達三分之二。

    3. 三事業在特定市場占有率達四分之三。

有上述各款情形之一，其個別事業在該特定市場占有率未達十分之一或上一會計年度銷售金額未達十億元者，該事業不列入獨占事業之認定範圍（本法施行細則第三條第二項）。本項規定主要考量國內經濟發展，避免過度限制對市場競爭影響不大之新興事業或中小企業之經濟活動。但若「事業之設立或事業所提供之商品或服務進入特定市場，受法令、技術之限制或有其他足以影響市場供需可排除競爭能力之情事者，雖有前二項不列入認定範圍之情形，中央主管機關仍得認定其為獨占事業」（本法施行細則第三條第三項）。

三、刪除獨占事業公告規定

依公平交易法第十條第二項原來規定，公平會必須定期公告獨占事業名單。其立法本意在提醒市場上已處於獨占地位之事業，勿從事濫用市場地位之力量。公平會曾於八十二年二月八日公告「鐵路客運服務市場」等三十三個特定市場之獨占事業名單；惟所公告之獨占事業，僅表示其在特定市場具有優勢地位的事實狀態，而非認定該等事業企圖或曾經於國內外市場濫用其市場地位。

公平會為執行此項規定，不僅耗費大量行政成本，且事業於濫用獨占地位之行為發生時，原認定之資料及結果，如與行為時點不一，尚不能直接援用，仍須重新調查市場資料，依現行規定公告獨占事業，非但浪費人力物力，且顯屬無意義，故刪除本項規定（八十八年元月十五日立法院三讀通過刪除第十條第二項規定）。

故今後公平交易委員會對於事業是否違反獨占規定？即得依所

調查之市場資料，直接處理違法獨占行為。

四、獨占事業禁止之行為

公平交易法對「獨占的市場結構」基本上是不禁止而保持中立的態度，只有在**獨占事業濫用市場地位，破壞競爭秩序，損害消費者利益時，才加以規範**。依公平交易法第十條第一項，獨占事業不得有下列行為：

(一)以不公平之方法直接或間接阻礙他事業參與競爭

進入市場之障礙原因，有時是經濟體制、法規限制或產業特性，但有時是獨占事業故意行為所造成。如獨占事業利用其在市場上經濟力，以不公平的方法直接或間接阻礙其他事業加入市場參與競爭（排除競爭者），企圖維持獨占市場現況，即違反公平交易法。

(二)對商品價格或服務報酬，為不當之決定、維持或變更

商品或服務的價格在自由競爭市場，取決於市場的供需。獨占事業對於商品或服務價格具有較大的決定能力，如獨占事業利用此能力，對商品或服務價格予以影響或決定，獲取不法利潤、差別取價或排擠競爭者的情形，則有違自由及公平競爭法則，為公平交易法所禁止。

(三)無正當理由，使交易相對人給予特別優惠

在買方獨占市場中，買方（獨占事業）可能會挾其市場經濟力優勢地位，要求製造商或供應廠商給予特殊補貼或履行特別交易義務或規定，例如在買方獨占時，要求上游事業對買方給予特別之上架費、補貼倉儲、裝潢費用或負擔買方各項成本變動之損失等，凡此皆屬第十條第三款所稱之優惠行為。至於該行為是否「特別」？理由是否「正當」？則仍需針對個案綜合考量。

(四)其他濫用市場地位之行為

此為一概括性補充條款，彌補前三款規範之不足。本款規定獨

占事業不得為「濫用市場地位之行為」，並未特指何種行為態樣，如何認定事業有濫用市場地位之行為，以該行為對市場競爭環境之影響為準；換言之，若事業利用其在特定商品或服務市場上獨占之優勢經濟力，而為妨礙自由及公平市場競爭或攫取不法利潤之行為時，如不屬第十條前三款所稱之行為，則仍得依具體事證，以第十條第四款論處（公平交易委員會網站 http://www.ftc.gov.tw 交流道 Q&A 第 33 題）。

大企業確實較可能是本法第五條所稱獨占事業或達到第十一條結合應事前提出申請之標準，但縱使達到該標準並不表示違法。如該大企業之行為有(1)以不公平之方法，直接或間接阻礙他事業參與競爭，或(2)不當決定價格、維持或變更，或(3)無正當理由使交易相對人給予特別優惠，或(4)其他濫用獨占市場地位之行為，其行為才違反第十條之規定（公平交易委員會網站 http://www.ftc.gov.tw 交流道 Q&A 第 35 題）。

本國總經銷商進口販賣外國產品，是否即違反獨占之規定？外國產品由本國總經銷商進口販賣係指國內總經銷商取得在特定地區該項產品總經銷（獨家經銷）之授權，進而能獨家販售該項產品之行銷方式。通常此種總經銷制度是一種排他性契約。是否違反獨占之規定，須考量該產品所處市場之結構以及總經銷商是否有從事違反公平交易法所規範之限制競爭或不公平競爭行為而定，不能僅以其有獨家銷售權利即認定其違反獨占行為　（公平交易委員會網站 http://www.ftc.gov.tw 交流道 Q&A 第 34 題）。

五、違反獨占行為規定之處罰

㈠民事責任

1.除去侵害請求權及防止侵害請求權：事業違反本法之規定，致侵害他人權益者，被害人得請求除去之；有侵害之虞者，並得請

求防止之（本法第三十條）。

2.損害賠償責任：事業違反本法之規定，致侵害他人權益者，應負損害賠償責任（本法第三十一條）。

3.賠償額之酌定：法院因前條被害人之請求，如為事業之故意行為，得依侵害情節，酌定損害額以上之賠償。但不得超過已證明損害額之三倍。侵害人如因侵害行為受有利益者，被害人得請求專依該項利益計算損害額（本法第三十二條）。

4.消滅時效：本章所定之請求權，自請求權人知有行為及賠償義務人時起，二年間不行使而消滅；自為行為時起，逾十年者亦同（本法第三十三條）。

5.判決書之登載新聞紙：被害人依本法之規定，向法院起訴時，得請求由侵害人負擔費用，將判決書內容登載新聞紙（本法第三十四條）。

㈡刑事責任

1.違反第十條規定（獨占禁止之行為），經中央主管機關依第四十一條規定限期命其停止、改正其行為或採取必要更正措施，而逾期未停止、改正其行為或未採取必要更正措施，或停止後再為相同或類似違反行為者，處行為人三年以下有期徒刑、拘役或科或併科新臺幣一億元以下罰金（本法第三十五條第一項）。

2.法人犯獨占禁止行為之罪者，除依規定處罰其行為人外，對該法人亦科以各該條之罰金（本法第三十八條）。

事業違反本法第十條獨占行為之規定，依本法修正前第三十五條原來規定對於違法行為人係直接移送司法機關偵查其刑責，八十八年二月三日修正公布之公平交易法，將本法第三十五條改以「先行政後司法」，即對於事業違反獨占行為禁止規定，須經中央主管機關依第四十一條規定限期命其停止、改正其行為或採取必要更正措施，逾期未停止、改正其行為或未採取必要更正措施，或停止後再

為相同或類似違反行為者，始得依修正後公平交易法第三十五條第一項後段規定，移送司法機關論究刑責。司法機關對於獨占行為之行為人認定，仍按個案違法事證，依據罪刑法定主義，以實際從事相關限制事業活動之行為者認定之。

㈢行政責任

1.公平交易委員會對於違反本法規定之事業，得限期命其停止、改正其行為或採取必要更正措施，並得處新臺幣五萬元以上二千五百萬元以下罰鍰；逾期仍不停止、改正其行為或未採取必要更正措施者，得繼續限期命其停止、改正其行為或採取必要更正措施，並按次連續處新臺幣十萬元以上五千萬元以下罰鍰，至停止、改正其行為或採取必要更正措施為止（本法第四十一條）。

2.公平交易委員會依第二十七條規定進行調查時，受調查者於期限內如無正當理由拒絕調查、拒不到場陳述意見，或拒不提出有關帳冊、文件等資料或證物者，處新臺幣二萬元以上二十五萬元以下罰鍰；受調查者再經通知，無正當理由連續拒絕者，公平交易委員會得繼續通知調查，並按次連續處新臺幣五萬元以上五十萬元以下罰鍰，至接受調查、到場陳述意見或提出有關帳冊、文件等資料或證物為止（本法第四十三條）。

第二節　結合行為之規範

一、事業結合之意義

公平交易法中所稱事業結合，其範圍遠較一般人所認為係指兩家公司合併為一家來得廣些，況且公平交易法中所稱的事業不單指公司而已，尚包括獨資或合夥之工商行號、同業公會及其他提供商品或服務從事交易之人或團體（本法第二條）。故本法所稱事業結合

（本法第六條）不僅指公司合併，尚包括其他型態，詳如下述：

㈠與他事業合併者

從事業在生產、技術及行銷上之關係，可將合併型態分為下列三種：⑴水平合併：係指生產相同產品或代替性很高產品之公司間之合併行為。⑵垂直合併：係指公司一方為他方之實際或可能供應者之合併行為。⑶多角化合併：指公司間並不生產相同之產品，同時一方亦非他方之實際或潛在供應者之合併。

原已存在母子公司關係的事業結合是否仍須向公平交易委員會申請許可？ 二以上事業之結合，只要其符合公平交易法第十一條第一項之規定，均須事前向公平交易委員會申請許可，並不因其原本是否即已存在母子公司關係而有不同（公平交易委員會網站 http://www.ftc.gov.tw 交流道 Q&A 第 46 題）。

㈡持有或取得他事業股份或出資額達到他事業有表決權股份或資本總額三分之一以上者

事業為建立統一管理關係，而持有或取得他事業之股份或出資額，達到他事業有表決權股份或資本總額三分之一以上者，應可認定具有統一管理關係，而屬於結合的類型之一。

事業參與投資新設事業認股金額達三分之一以上，是否符合公平交易法第六條第一項第二款之結合定義？ 此可分兩種情形，一在事業結合申請：因公平交易法第六條第一項所稱之他事業，係以結合時既存之事業為要件，二以上既存事業共同投資設立新事業之行為，不符合規範要件，尚非該條規範對象，縱使有同法第十一條第一項所定各款情形，亦無需向公平交易委員會申請結合之許可；二在參予投資目的：參與投資之既存事業如有利用設立新事業方式進行聯合行為或濫用獨占市場經濟力，或從事不公平競爭行為等變相行為，依公平交易法相關規定處理（公平交易委員會網站 http://www.ftc.gov.tw 交流道 Q&A 第 44 題）。

㈢受讓或承租他事業全部或主要部分之營業或財產者

所謂「受讓」，指當事人之一方，依讓與契約關係而取得他方所讓與之營業、財產之所有權或其他權利而言。

所謂「承租」，指當事人約定，一方以營業、財產之所有權或其他權利租與他方使用、收益；他方支付租金之契約而言。

所謂的「主要部分」從公平交易法的觀點來看，則是指代表出售公司營業或財產項目的實質部分。例如讓與部分之財產或營業占讓與事業之總財產價值之比例及其營業額比例；讓與部分之財產或營業得與讓與事業分離，而得被視為獨立存在之經營單位；讓與部分之財產或營業在生產、行銷通路或其他市場上具有相當之重要性；受讓公司取得讓與部分之財產或營業，將構成受讓事業經濟力之擴張，而得增加其既有之市場地位。故所謂的「主要部分」即除了應從該財產或營業項目的「量」占讓與事業總財產或營業之比例，及該財產或營業的「質」相較於讓與事業其他財產或營業項目之重要性外，更應衡酌參與結合事業之市場地位是否因此而有改變，依具體個案綜合考量。

㈣與他事業經常共同經營或受他事業委託經營者

所謂與他事業經常共同經營，乃數事業間為求經濟之一體化，乃訂定公司分享或分擔全部損益之契約，訂定此契約關係之公司均須服從統一指揮權。至於損益之分配，則依各公司的投資比例或其實際價值比例為之，經營行為需經常共同經營，如僅係偶爾為之，則無本款之適用。共同經營契約，也可能是二以上公司合資經營某一事業時簽訂者，所謂合資經營，以國際間一般接受的觀念而論，最為類似並普遍了解的名詞係 "JOINT VENTURE"。

所謂委託經營，係某事業將全部營業委由受託事業經營，但委託事業有指揮權即監督權，受託事業以委託事業之名義經營，營業上的損益概歸委託事業所有，委託事業對受託事業負有給付一定報

酬的義務。例如總公司將直營店或新分店委託他事業經營之加盟型態結合（公平交易委員會網站 http://www.ftc.gov.tw 交流道 Q&A 第39 題）。

㈤直接或間接控制他事業之業務經營或人事任免者

此款規定係概括性規定，將非屬前四款所規範之結合類型，全部包括。其意義與關係企業同。所謂「直接控制」係指 A 公司直接控制 B 公司；「間接控制」則係 A 公司經由 B 控制 C 公司。因而所謂關係企業中之從屬公司應包括直接控制下之子公司及間接控制下之孫公司二者。

二、事業結合之申請與許可

㈠事業結合應申請情形

本法對事業結合採取「原則自由，例外申請許可」制度。亦即為兼顧鼓勵中小企業合併以達到經濟規模之政策，公平交易法僅對達到一定規模之事業結合予以規範，規定事前須向公平交易委員會申請許可。詳言之，事業結合時，有下列情形之一者，應事前向公平會申請許可（本法第十一條）：

1.事業因結合而使其市場占有率達三分之一者。

2.參與結合之一事業，其市場占有率達四分之一者。

3.參與結合之一事業，其上一會計年度之銷售金額，超過中央主管機關所公告之金額者。

上述第一、二款係以市場占有率作為事業結合應申請許可之標準，但事業進行水平或垂直結合，有可能在個別產品的市場占有率計算上，雖未達前兩款標準，但與他事業結合後，因在市場影響力增加，亦有可能限制產業競爭，故於第三款補充以年度銷售金額作為條件，並授權中央主管機關依經濟情況隨機訂定其標準。公平交易委員會公告自八十八年二月一日起，凡是上一會計年度銷售金額

在新臺幣五十億元以上之事業結合案，均必須事前向公平交易委員會申請許可（公平交易委員會網站 http://www.ftc.gov.tw 交流道 Q&A 第 41、42 題）。銷售金額指總銷售金額而言（本法施行細則第六條）。

兩、三家房屋仲介公司之結合是否要向公平會申請許可，可依上述規定來決定；亦即原則上不須申請，例外符合上述規定則須事前申請。

計算市場占有率應審酌事項為何？「市場占有率」是指一個事業在特定市場上所銷售之商品或提供之服務，占該特定市場所有銷售之商品或提供之服務的比例。所稱特定市場，係指事業就一定之商品或服務，從事競爭之區域或範圍（本法第五條第一項）。計算事業之市場占有率，應先審酌該事業及該特定市場之生產、銷售、存貨、輸入及輸出值（量）之資料。計算市場占有率所需之資料，得以中央主管機關調查所得資料或其他政府機關記載資料為基準（本法施行細則第四條）。

㈡應向公平會申請結合之事業及文件

依公平交易法第十一條第一項之事業結合，由下列之事業向中央主管機關申請：⑴與他事業合併、受讓或承租他事業之營業或財產、經常共同經營或受他事業委託經營者，為參與結合之事業。⑵持有或取得他事業之股份或出資額者，為持有或取得之事業。⑶直接或間接控制他事業之業務經營或人事任免者，為控制事業（本法施行細則第七條）。

申請結合應備文件向中央主管機關申請許可（本法施行細則第八條）。

事業申請許可結合時，所提資料不全或記載不完備者，中央主管機關得敘明理由限期補正；逾期不補正者，駁回其申請。前項補正以一次為限（本法施行細則第九條）。

㈢許可之標準、附加條件或負擔

事業為前述之結合申請，對整體經濟之利益大於限制競爭之不利益者，公平會得予許可（本法第十二條）。事業間進行結合，產生減少競爭，或妨害市場競爭之功能，但亦有可促進生產之規模經濟，降低生產成本，增強結合後事業之整體競爭能力或促成產銷合理化，故事業結合之申請應審酌其利弊得失，如果因結合所生之利益大於其所致之不利益（損害），就整體經濟利益而言，仍然有益時，中央主管機關得予許可。

中央主管機關為本法第十二條之許可時，為確保整體經濟利益大於限制競爭之不利益，並配合事業對於事業結合之需求，自得斟酌結合申請之內容，附加條件或負擔。乃修訂公平交易法施行細則增訂第十條：「中央主管機關為本法第十二條結合之許可時，為確保整體經濟利益大於限制競爭之不利益，得定合理期間附加條件或負擔。前項附加條件或負擔，不得違背許可之目的，並應與之具有正當合理之關聯。」

㈣核駁決定期限

中央主管機關收受結合之申請，應於二個月內為核駁之決定（本法第十一條）。二個月自公平會收受之日起算，但事業提出資料不全或記載不完備，經公平會限期通知補正者，自補正之日起算（本法施行細則第九條第三項）。

三、刪除公告「市場占有率達五分之一」之事業規定

公平交易法第十一條第二項原來規定：「市場占有率達五分之一之事業，由中央主管機關定期公告之」。按本項定期公告之立法目的，原在使事業符合結合申請許可要件者，有所遵循具有警示作用。唯實施以來，發現公告市場占有率（五分之一）與法定須申請許可之占有率（四分之一）尚有差距，預警效果不大。又公告資料為全國

性市場資料，實際案件若是在區域市場時，產生適用之問題，且浪費人力、物力在事前公告上顯無意義，乃刪除本項規定（八十八年元月十五日立法院三讀通過）。

四、結合許可得刊載政府公報

中央主管機關對於事業結合之許可，必要時，得刊載政府公報（本法施行細則第十一條）。

五、違反結合規定之處罰

㈠民事責任

1.除去侵害請求權及防止侵害請求權：事業違反本法之規定，致侵害他人權益者，被害人得請求除去之；有侵害之虞者，並得請求防止之（本法第三十條）。

2.損害賠償責任：事業違反本法之規定，致侵害他人權益者，應負損害賠償責任（本法第三十一條）。

3.賠償額之酌定：法院因前條被害人之請求，如為事業之故意行為，得依侵害情節，酌定損害額以上之賠償。但不得超過已證明損害額之三倍。侵害人如因侵害行為受有利益者，被害人得請求專依該項利益計算損害額（本法第三十二條）。

4.消滅時效：本章所定之請求權，自請求權人知有行為及賠償義務人時起，二年間不行使而消滅；自為行為時起，逾十年者亦同（本法第三十三條）。

5.判決書之登載新聞紙：被害人依本法之規定，向法院起訴時，得請求由侵害人負擔費用，將判決書內容登載新聞紙（本法第三十四條）。

㈡刑事責任

無。

㈢行政責任

　　1.公平交易委員會對於違反本法規定之事業,得限期命其停止、改正其行為或採取必要更正措施,並得處新臺幣五萬元以上二千五百萬元以下罰鍰;逾期仍不停止、改正其行為或未採取必要更正措施者,得繼續限期命其停止、改正其行為或採取必要更正措施,並按次連續處新臺幣十萬元以上五千萬元以下罰鍰,至停止、改正其行為或採取必要更正措施為止(本法第四十一條)。

　　2.公平交易委員會依第二十七條規定進行調查時,受調查者於期限內如無正當理由拒絕調查、拒不到場陳述意見,或拒不提出有關帳冊、文件等資料或證物者,處新臺幣二萬元以上二十五萬元以下罰鍰;受調查者再經通知,無正當理由連續拒絕者,公平交易委員會得繼續通知調查,並按次連續處新臺幣五萬元以上五十萬元以下罰鍰,至接受調查、到場陳述意見或提出有關帳冊、文件等資料或證物為止(本法第四十三條)。

　　3.事業結合應申請許可而未申請,或經申請未獲許可而為結合者,除依第十三條規定處分外,處新臺幣十萬元以上五千萬元以下之罰鍰(本法第四十條)。

　　4.事業結合,應申請許可而未申請,或經申請未獲許可而為結合者,中央主管機關得禁止其結合、限期命其分設事業、處分全部或部分股份、轉讓部分營業、免除擔任職務或為其他必要之處分。事業違反中央主管機關依前項所為之處分者,中央主管機關得命令解散、停止營業或勒令歇業(本法第十三條)。

第三節　聯合行為之規範

一、聯合行為之意義及構成要件

(一)聯合行為之意義

　　本法所稱聯合行為，謂事業以契約、協議或其他方式之合意，與有競爭關係之他事業共同決定商品或服務之價格，或限制數量、技術、產品、設備、交易對象、交易地區等，相互約束事業活動之行為而言（本法第七條）。聯合行為，以事業在同一產銷階段之水平聯合，足以影響生產、商品交易或服務供需之市場功能者為限。所謂其他方式之合意，指契約、協議以外之意思聯絡，不問有無法律拘束力，事實上可導致共同行為者（本法施行細則第五條第一、二項）。房仲業、土地代書業等同業公會，藉章程或會員大會、理監事會議決議或其他方法所為約束事業活動之行為，亦為第一項之水平聯合；同業公會代表人得為行為人（本法施行細則第五條第三項）。

(二)聯合行為之構成要件

1. 就聯合行為的主體而言

　　須存在於有競爭關係的事業間。所謂「有競爭關係之事業間」，係指位於同一產銷階段之事業，其彼此間即具有競爭之關係。例如處於同一特定市場上之多家製造商或經銷商，該等製造商或經銷商因位於同一產銷階段，其彼此間即謂有競爭的關係。

　　所謂「事業」依公平交易法第二條規定：「本法所稱事業如左：一、公司。二、獨資或合夥之工商行號。三、同業公會。四、其他提供商品或服務從事交易之人或團體。」詳參第一章所述。

2. 就聯合行為的方法而言

　　包括契約、協議或其他方式之合意。所謂「其他方式之合意」，

指契約、協議以外之意思聯絡，不問有無法律拘束力，事實上可導致共同行為者（本法施行細則第五條第二項）。例如，銀行間達成利率同步調整的合意即應予規範，因此有關高雄五家信用合作社開會協商利率調整事宜，並訂出其定存利率調幅以二碼為限之合意，經公平會認定違反聯合行為之禁制規定，故予處分。**房仲業、代書業等多數同業公會均有統一制定價格之功能，此項行為是否屬「聯合行為」之一種？** 規範聯合行為目的在防止有競爭關係之事業，相互約束事業活動之行為，以達不法目的。另據本法第二條所稱事業包括同業公會在內，因此若同業公會統一制定價格，致妨害市場功能，市場自由競爭受到扭曲，此透過公會統一制定價格行為，應受到公平交易法聯合行為之規範（公平交易委員會網站 http://www.ftc.gov.tw 交流道 Q&A 第 66 題）。**公會接受法律授權制定統一收費標準，是否違反公平交易法之聯合行為？** 公會接受法律授權制定統一收費標準，係公平交易法第十四條之聯合行為，但依法律授權有據者（例如不動產經紀業管理條例第十九條），依新修正本法第四十六條規定於不牴觸本法立法意旨之範圍，方排除聯合行為規範之適用，故公會接受法律授權制定統一收費標準，而產生限制競爭效能時仍應受聯合行為之規範（公平交易委員會網站 http://www.ftc.gov.tw 交流道 Q&A 第 67 題）。**同業公會訂定僅供參考之統一價格標準，是否仍屬「聯合行為」？** 同業公會訂定「僅供參考」之統一價格標準，縱未必具強制性，或僅以建議性質名之，仍往往造成企業調整個別成本與價格幅度之障礙，有違公平交易法所規範之聯合行為目的，在防止有競爭關係之事業，相互約束事業活動之行為，不失聯合行為之本質（公平交易委員會網站 http://www.ftc.gov.tw 交流道 Q&A 第 68 題）。**寡占市場中小廠商常以大廠商之銷售價格作為其售價，但廠商間彼此從未有協調合意訂定價格，是否視為聯合行為？** 所謂合意方式包括書面或口頭、明示或默認等之約定，前已述及。寡占市場中，

小廠商經常以大廠商價格為其售價，此為市場結構關係造成之價格領導一致行為，倘確無合意情形，應可不視為聯合行為之一種。但在國外公平交易法執法機關實務上，在有相關間接事證上，足以知悉其為有意識之平行行為者，亦以聯合行為論處。公平交易委員會實務上，已逐漸發展出事業在明知且有意識之情況下，以意思聯絡之方式，就其未來的市場行為，達成不具法律拘束力的共識或瞭解，足認定為聯合行為(公平交易委員會網站 http://www.ftc.gov.tw 交流道 Q&A 第 59 題)。現行各金融行庫對於存戶定期存款之提前解約，均將其利息以八折計算，是否屬聯合行為，有無違反公平交易法？銀行或其他金融機構對其客戶之定期存款，若其提前解約，以八折計算該存款利息，係銀行或金融機構各自依財政部所頒之「定期存款中途解約及逾期處理辦法」辦理，尚不足構成本法所稱之「聯合行為」。至於有無以契約、協議或其他方式之合意等方法違反公平交易法其他相關規定，仍須視具體個案而定（公研釋第四十九號；公平交易委員會網站 http://www.ftc.gov.tw 交流道 Q&A 第 61 題）。

3.就聯合行為的內容而言

依公平交易法第七條規定，事業與有競爭關係之他事業共同決定商品或服務之價格，或限制數量、技術、產品、設備、交易對象、交易地區等，歸納其內容，事業間常見的聯合行為類型有：價格之聯合；限制產銷數量、產品、設備之聯合；限制技術之聯合；限制交易對象之聯合；限制交易地區之聯合等。

4.就聯合行為的目的而言

係在相互約束事業活動，以達限制競爭的目的。換言之，事業聯合行為之目的，即在於透過共同決定商品或服務之價格，或限制數量、技術、產品、設備、交易對象、交易地區等，相互約束事業之活動，進而影響生產、商品交易或服務供需之市場功能的發揮。若實施聯合行為之結果，不致妨害價格及市場供需之功能時，即無

禁止之必要。例如同一條街上的兩家早餐店共同訂定統一價格之行為，雖是聯合行為但其行為的結果，並不致妨害市場供需及價格機能，因此不致違反公平交易法。**公會統一休市日是否違反公平交易法？** 同業公會以決議方式決定會員之公休日，其目的在於維護會員員工之福利與休閒之需求，為一種有正當理由的休假，該行為不致妨礙市場之功能， 無公平交易法之適用 （公平交易委員會網站 http://www.ftc.gov.tw 交流道 Q&A 第 72 題）。 但如統一休假目的在約束事業活動，以達限制競爭的目的，則仍有違聯合行為規定之可能。

　　5.就聯合行為的效果而言

　　須足以影響生產、商品交易或服務供需之市場功能的發揮。因此若聯合行為實施的結果，不致妨害價格及市場供需之功能時，即無禁止之必要。**若二、三家建設公司共同出資興建住宅及共同委託銷售，是否違反公平交易法相關規定？** 二、三家建商共同出資合建房屋及共同銷售之行為，如僅涉當事人約定出資種類、比例及利益分配，未影響市場供需關係致妨害市場競爭者，無公平交易法聯合行為規定之適用(公平交易委員會網站 http://www.ftc.gov.tw 交流道 Q&A 第 64 題)。

二、聯合行為原則禁止例外許可

　　依公平交易法第十四條規定：事業不得為聯合行為。但有法定七種情形之一，而有益於整體經濟與公共利益，並經中央主管機關許可者，不在此限。

　　因此，公平交易法第十四條乃設有例外許可規定，下列情形若有益於整體經濟與公共利益，並經公平會許可者，可例外許可：

　　1.為降低成本、改良品質或增進效率，而統一商品規格或型式者（一般稱為「統一規格或型式之聯合」）。

　　2.為提高技術、改良品質、降低成本或增進效率，而共同研究

開發商品或市場者（一般稱為「合理化之聯合」）。

3.為促進事業合理經營，而分別作專業發展者（一般稱為「專業化聯合」）。

4.為確保或促進輸出，而專就國外市場之競爭予以約定者（一般稱為「輸出之聯合」）。

5.為加強貿易效能，而就國外商品之輸入採取共同行為者（一般稱為「輸入之聯合」）。

6.經濟不景氣期間，商品市場價格低於平均生產成本，致該行業之事業，難以繼續維持或生產過剩，為有計畫適應需求而限制產銷數量、設備或價格之共同行為者（一般稱為「不景氣聯合」）。

此所謂「不景氣」，包含整體經濟之不景氣及個別行業之不景氣，公平會於收受行業不景氣之聯合申請時，除考量該行業之個別狀況如是否投資過度、缺乏效率或產能過剩外，仿似其聯合行為是否有益於整體經濟為准駁之依據。

7.為增進中小企業之經營效率，或加強其競爭能力所為之共同行為者（一般稱為「中小企業之聯合行為」）。

中小企業之認定標準依中小企業發展條例（本法施行細則第二十二條）。許可中小企業聯合定價審查原則如下：

1.交易穩定化原則：

同質性高、交易金額細微的商品或勞務的偶發性交易行為，若預見交易價格，可減輕如詢（議）價等交易成本，同時有促進提供商品或勞務之一方從事效能競爭，並防制其乘交易相對人之急迫為顯失公平之行為，經認聯合定價行為有益於公共利益與整體經濟發展者。

2.資訊透明化原則：

對於商品或勞務的交易，聯合定價行為的實現目的與效果，不在於影響市場供需，或市場上已有國際行情，另或其計價方式、計

價項目及相關計算參數等資訊公開結果，有助於交易資訊的取得，減輕社會交易成本，且有益於交易機會的實現，經認有利於公共利益與整體經濟者（八十八年十一月四日（八八）公法字第○三一八二號函分行）。

　　土地登記專業代理人，年營業額在新臺幣四千萬以下是否為本條所指中小企業？第一八七次委員會議決議：土地登記專業代理人係公平交易法第二條第四款所稱之事業，自受公平交易法所規範。至公平交易法施行細則第二十二條規定「本法第十四條第七款所稱中小企業，依中小企業發展條例規定之標準認定之」。而中小企業發展條例第二條第二項明定係以事業種類、資本額、營業額、資產總值等標準區分大企業與中小企業。土地登記專業代理人，年營業額在新臺幣四千萬以下，依中小企業認定標準第二條第一項第四款之規定，可認屬中小企業。

三、聯合行為之申請

㈠應申請聯合許可之事業（本法施行細則第十二條）

　　事業依本法第十四條但書規定為聯合行為時，應由各參與聯合行為之事業共同向中央主管機關申請許可。同業公會為第五條第三項之聯合行為而申請許可時，應由同業公會向中央主管機關為之。前二項之申請，得委任代理人為之（本法施行細則第十二條）。

㈡申請聯合許可應備文件（本法施行細則第十三條）

　　依本法第十四條但書申請許可，應備下列文件：

1. 申請書。
2. 聯合行為之契約書、協議書或其他合意文件。
3. 實施聯合行為之具體內容及實施方法。
4. 參與事業之基本資料。
5. 參與事業最近兩年與聯合行為有關之商品或服務價格及產銷

值（量）之逐季資料。

6.參與事業上一會計年度之財務報表及營業報告書。

7.聯合行為評估報告書。

8.其他經中央主管機關指定之文件。

前項申請書格式，由中央主管機關定之。

㈢文件之補正

申請聯合行為許可時，所提資料不全或記載不完備者，中央主管機關得敘明理由限期補正；逾期不補正者，駁回其申請。補正，以一次為限（本法施行細則第二十一條）。

四、聯合行為之許可附加條件、限制、負擔、期限

此外，為避免經許可為聯合行為之業者，有利用該項許可，從事其他不利市場競爭的行為，因此公平交易法第十五條乃規定，公平會於許可聯合行為時，得附加條件、限制或負擔，以減輕可能之弊害。公平會為許可聯合行為應附期限，其期限不得逾三年；事業如有正當理由，得於期限屆滿前三個月內，以書面向中央主管機關申請延展；其延展期限，每次不得逾三年。

五、聯合行為許可之撤銷、變更、命令停止、改正或必要更正措施

公平交易法第十六條規定：「聯合行為經許可後，如因許可事由消滅、經濟情況變更或事業有逾越許可之範圍行為者，中央主管機關得撤銷許可、變更許可內容、命令停止、改正其行為或採取必要更正措施。」立法院於民國八十八年元月十五日將本條修正增列「採取必要更正措施」以配合本法第四十一條。

六、聯合行為許可之期限延展及應提文件

㈠許可期限延展申請

事業如有正當理由，得於期限屆滿前三個月內，以書面向中央主管機關申請延展；其延展期限，每次不得逾三年（本法第十五條第二項）。

㈡許可期限延展應提文件

事業依本法第十五條第二項延展時，應提出下列資料，向中央主管機關申請（本法施行細則第二十三條）：

1. 申請書。

2. 原許可文件影本。

3. 申請延展之理由。

4. 其他經中央主管機關指定之文件或資料。

中央主管機關准予延展時，應將原許可文號及期限，一併登記，並刊載政府公報。

七、聯合許可准駁考量因素

因事業為聯合行為使市場競爭及價格調整功能受到限制，危害消費者權益，故公平交易法對聯合行為原則禁止。但聯合行為的態樣甚多，對市場影響績效亦不同，如有益於整體經濟與公共利益時（對於整體經濟與公共利益之正面貢獻大於對於營業競爭限制之負面影響），並不予以禁制。

衡量整體經濟與公共利益之考量因素，包括⑴許可後可致整體產業技術水準提昇程度，⑵產品或服務價格變化幅度，⑶使用者便利性提高情形，⑷安全、衛生、環保等公共利益。

衡量限制營業競爭之考量因素，包括⑴對未參與聯合事業之阻礙程度，⑵對市場競爭或上、下游產業之影響程度，⑶業者有無濫

用市場地位之虞，(4)有無不當侵害一般消費者及其他相關事業利益之虞等（公平交易委員會網站 http://www.ftc.gov.tw 交流道 Q&A 第83 題）。

八、違反聯合行為規定之處罰

(一)民事責任

　　1.除去侵害請求權及防止侵害請求權：事業違反本法之規定，致侵害他人權益者，被害人得請求除去之；有侵害之虞者，並得請求防止之（本法第三十條）。

　　2.損害賠償責任：事業違反本法之規定，致侵害他人權益者，應負損害賠償責任（本法第三十一條）。

　　3.賠償額之酌定：法院因前條被害人之請求，如為事業之故意行為，得依侵害情節，酌定損害額以上之賠償。但不得超過已證明損害額之三倍。侵害人如因侵害行為受有利益者，被害人得請求專依該項利益計算損害額（本法第三十二條）。

　　4.消滅時效：本章所定之請求權，自請求權人知有行為及賠償義務人時起，二年間不行使而消滅；自為行為時起，逾十年者亦同（本法第三十三條）。

　　5.判決書之登載新聞紙：被害人依本法之規定，向法院起訴時，得請求由侵害人負擔費用，將判決書內容登載新聞紙（本法第三十四條）。

(二)刑事責任

　　1.違反第十四條規定，經中央主管機關依第四十一條規定限期命其停止、改正其行為或採取必要更正措施，而逾期未停止、改正其行為或未採取必要更正措施，或停止後再為相同或類似違反行為者，處行為人三年以下有期徒刑、拘役或科或併科新臺幣一億元以下罰金（本法第三十五條第一項）。

2.法人犯聯合行為之罪者，除依規定處罰其行為人外，對該法人亦科以各該條之罰金（本法第三十八條）。

事業違反本法第十四條聯合行為之規定，依本法修正前第三十五條規定對於違法行為人直接移送司法機關偵查其刑責，於民國八十八年二月三日修正公布之公平交易法，將本法第三十五條改以「先行政後司法」，亦即事業違反聯合行為禁止規定，須經中央主管機關依第四十一條規定限期命其停止、改正其行為或採取必要更正措施，逾期未停止、改正其行為或未採取必要更正措施，或停止後再為相同或類似違反行為者，始得依修正後公平交易法第三十五條第一項後段規定，移送司法機關論究刑責。司法機關對於聯合行為之行為人認定，仍按個案違法事證認定之。

㈢行政責任

1.公平交易委員會對於違反本法規定之事業，得限期命其停止、改正其行為或採取必要更正措施，並得處新臺幣五萬元以上二千五百萬元以下罰鍰；逾期仍不停止、改正其行為或未採取必要更正措施者，得繼續限期命其停止、改正其行為或採取必要更正措施，並按次連續處新臺幣十萬元以上五千萬元以下罰鍰，至停止、改正其行為或採取必要更正措施為止（本法第四十一條）。

2.公平交易委員會依第二十七條規定進行調查時，受調查者於期限內如無正當理由拒絕調查、拒不到場陳述意見，或拒不提出有關帳冊、文件等資料或證物者，處新臺幣二萬元以上二十五萬元以下罰鍰；受調查者再經通知，無正當理由連續拒絕者，公平交易委員會得繼續通知調查，並按次連續處新臺幣五萬元以上五十萬元以下罰鍰，至接受調查、到場陳述意見或提出有關帳冊、文件等資料或證物為止（本法第四十三條）。

3.聯合行為經許可後，如因許可事由消滅、經濟情況變更或事

業有逾越許可之範圍行為者，中央主管機關得撤銷許可、變更許可內容、命令停止、改正其行為或採取必要更正措施(本法第十六條)。

本章試題

八十九年專門職業及技術人員特種考試不動產經紀人試題

何謂獨占？獨占事業不得有那些行為？試述之。

答：

㈠獨占之意義

依公平交易法第五條規定：所謂獨占，謂事業在特定市場處於無競爭狀態，或具有壓倒性地位，可排除競爭之能力者。二以上事業，實際上不為價格之競爭，而其全體之對外關係，具有前項規定之情形者，視為獨占。

故本法所稱之獨占範圍比經濟學所稱獨占之意義為廣，尚包括經濟學所稱之寡占在內。

㈡獨占事業不得有那些行為

依公平交易法第十條規定：

獨占之事業，不得有左列行為：

一、以不公平方法，直接或間接阻礙他事業參與競爭。

二、對商品價格或服務報酬，為不當之決定、維持或變更。

三、無正當理由，使交易相對人給予特別優惠。

四、其他濫用市場地位之行為。

第三章 不公平競爭

第一節 限制轉售價格行為之規範

一、限制轉售價格行為之意義

所謂「限制轉售價格」指事業對於其交易相對人（下游經銷商），就供給之商品轉售與第三人或第三人再轉售時,約定一定轉售價格,要求交易相對人遵循約定之轉售價格之一種限制交易行為。要求交易相對人依約定轉售價格之行為, 係屬於上下游事業間垂直交易限制競爭行為之一種。舉例而言, 若甲製造商在將商品出售予乙批發商時, 要求乙必須按照其所規定的價格轉售與零售商, 或甲直接限定其所製造商品之零售價格等行為, 即所謂之「限制轉售價格」（公平交易委員會網站 http://www.ftc.gov.tw 交流道 Q&A 第 88 題）。

二、規範限制轉售價格行為之目的（對市場競爭之影響）

上游廠商施行「限制轉售價格」, 即剝奪下游廠商自由決定商品價格的權利, 產生配銷階段事業在價格上限制競爭的效果, 不利市場自由競爭, 在產品差異化程度高或具獨寡占傾向之產品尤為明顯（據學者研究指出限制轉售價格行為結果常使物價偏高）。故多數國家對於事業之限制轉售價格行為予以規範禁止, 僅對於出版品或少部分市場競爭較激烈之日常用品例外許可；但近幾年來各主要國家

對於限制轉售價格例外許可之範圍有逐漸縮小之趨勢（公平交易委員會網站 http://www.ftc.gov.tw 交流道 Q&A 第 89 題）。

三、限制轉售價格行為之規範

公平交易法第十八條對於事業限制轉售價格行為的規定為:「事業對於其交易相對人，就供給之商品轉售與第三人或第三人再轉售時，應容許其自由決定價格；有相反之約定者，其約定無效。」

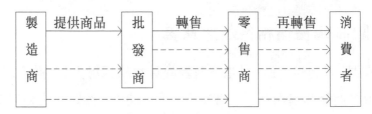

（公平會，《簡介公平交易法》頁二七，民國八十四年十二月）

・製造商不得限制批發商或零售商販賣商品的價格。
・批發商不得限制零售商販賣商品的價格。

由第十八條之規定可知:

1.事業應容許其交易相對人有自由決定價格之權利。上游廠商以下游商的售價太低，影響該廠商產品的市場行情，而對其下游商或零售商採取停止供貨等之處罰，違反本條之規定，同時尚有可能違反公平交易法第十九條各款之可能（公平交易委員會網站 http://www.ftc.gov.tw 交流道 Q&A 第 94 題）。製造商在產品貼上「定價」或「金額多少」之標籤售予零售商，批發商對下游零售商如約定應以某固定價格出售或不得打折，有違本條之規定（公研釋第二十二號；公平交易委員會網站 http://www.ftc.gov.tw 交流道 Q&A 第 91 題）。

2.價格限定並不以限制特定價格為限，尚包括了限制上（下）限價格。因仍在價格上產生限制競爭的效果，不利市場自由競爭。

3.若僅係上游廠商單純的建議轉售價格，應不屬於公平交易法第十八條的規範範圍。若上下游廠商在經銷契約上寫明產品之建議消費價格為×××元，此行為是否違反公平交易法？在經銷契約上明定建議售價×××元，如對下游經銷商未要求或約定應以該上下限價格出售或不得打折，**下游經銷商有自由決定價格之權利**，即不能僅以印有建議售價而認定違反公平交易法第十八條規定；反之如約定應以某固定價格出售或不得打折，則有違本條之規定（公平交易委員會網站 http://www.ftc.gov.tw 交流道 Q&A 第 93 題）。

4.如於銷售契約中訂有「限制轉售價格」之條款，依據第十八條，此一部分之約定無效。

5.上、下游廠商間僅存在真正之代銷關係，由於未發生讓售行為，故無所謂限制轉售價格的問題。但製造商為逃避本條之規範而假代銷之名，行約定轉售價格之實，上下游事業間是否有代銷關係，應就契約之實質內容加以判斷。不得僅依契約名為代銷契約來規避本條之適用（公研釋第十三號）。

四、刪除公告「一般消費者之日常用品」規定

公平交易法第十八條第一項但書及第二項原來規定:「一般消費者之日常用品，有同種類商品在市場上可為自由競爭者,不在此限」「前項之日常用品，由中央主管機關公告之」。如被公平會公告之一般日常用品，有同種類商品在市場上可為自由競爭者，可以限制轉售價格之行為。

鑒於一般消費者之日常用品，在國內並非為完全競爭之市場，且為反映與水平價格聯合一致規範理念，立法院於民國八十八年元月十五日三讀刪除本條第一項但書及第二項規定。故一般消費者之

日常用品，亦不得為限制轉售價格行為之約定。

五、違反限制轉售價格行為之處罰

㈠民事責任

　　1.事業對於其交易相對人，就供給之商品轉售與第三人或第三人再轉售時，應容許其自由決定價格；有相反之約定者，其約定無效（本法第十八條）。

　　2.除去侵害請求權及防止侵害請求權：事業違反本法之規定，致侵害他人權益者，被害人得請求除去之；有侵害之虞者，並得請求防止之（本法第三十條）。

　　3.損害賠償責任：事業違反本法之規定，致侵害他人權益者，應負損害賠償責任（本法第三十一條）。

　　4.賠償額之酌定：法院因前條被害人之請求，如為事業之故意行為，得依侵害情節，酌定損害額以上之賠償。但不得超過已證明損害額之三倍。侵害人如因侵害行為受有利益者，被害人得請求專依該項利益計算損害額（本法第三十二條）。

　　5.消滅時效：本章所定之請求權，自請求權人知有行為及賠償義務人時起，二年間不行使而消滅；自為行為時起，逾十年者亦同（本法第三十三條）。

　　6.判決書之登載新聞紙：被害人依本法之規定，向法院起訴時，得請求由侵害人負擔費用，將判決書內容登載新聞紙（本法第三十四條）。

㈡刑事責任

　　無。

㈢行政責任

　　1.公平交易委員會對於違反本法規定之事業,得限期命其停止、改正其行為或採取必要更正措施，並得處新臺幣五萬元以上二千五

百萬元以下罰鍰；逾期仍不停止、改正其行為或未採取必要更正措施者，得繼續限期命其停止、改正其行為或採取必要更正措施，並按次連續處新臺幣十萬元以上五千萬元以下罰鍰，至停止、改正其行為或採取必要更正措施為止（本法第四十一條）。

　　2.公平交易委員會依第二十七條規定進行調查時，受調查者於期限內如無正當理由拒絕調查、拒不到場陳述意見，或拒不提出有關帳冊、文件等資料或證物者，處新臺幣二萬元以上二十五萬元以下罰鍰；受調查者再經通知，無正當理由連續拒絕者，公平交易委員會得繼續通知調查，並按次連續處新臺幣五萬元以上五十萬元以下罰鍰，至接受調查，到場陳述意見或提出有關帳冊、文件等資料或證物為止（本法第四十三條）。

第二節　限制競爭或妨礙公平競爭之虞行為

一、妨礙公平競爭之虞行為之意義與類型

㈠妨礙公平競爭之虞行為之意義

　　按事業之競爭手段本身顯已失公平性者，即具可非難性，相當於所謂「當然違法」，即為妨礙公平競爭之虞行為；如競爭手段之「不公平」未達當然違法時，但其競爭結果依合理原則認定有減損市場之自由競爭機能，亦為妨礙公平競爭之虞行為。故是否為妨礙公平競爭之虞行為，應就事業採取之「競爭手段」本身是否具有「不公平性」，或其「競爭結果」是否「減損市場之自由競爭機能」分別或綜合加以判斷（行政院公平交易委員會：妨礙公平競爭之虞之適用考量處理原則）。

㈡妨礙公平競爭之虞行為之類型

　　公平交易法第十九條規定：「有左列各款行為之一，而有限制競

爭或妨礙公平競爭之虞者，事業不得為之：

　　1.以損害特定事業為目的，促使他事業對該特定事業斷絕供給、購買或其他交易之行為。

　　2.無正當理由，對他事業給予差別待遇之行為。

　　3.以脅迫、利誘或其他不正當方法，使競爭者之交易相對人與自己交易之行為。

　　4.以脅迫、利誘或其他不正當方法，使他事業不為價格之競爭、參與結合或聯合之行為。

　　5.以脅迫、利誘或其他不正當方法，獲取他事業之產銷機密、交易相對人資料或其他有關技術秘密之行為。

　　6.以不正當限制交易相對人之事業活動為條件，而與其交易之行為。」

二、妨礙公平競爭之虞之構成要件

　　事業之競爭行為是否該當公平交易法第十九條「妨礙公平競爭之虞」的構成要件，應就事業採取之「競爭手段」本身是否具有「不公平性」或其「競爭結果」是否「減損市場之自由競爭機能」分別或綜合加以判斷。其競爭手段本身顯已失公平性者，即具可非難性，構成「妨礙公平競爭之虞」的適用要件，相當於所謂「當然違法」。其競爭手段之「不公平」未達當然違法時，應進一步從其競爭結果是否增加或減損市場之自由競爭機能併同認定之。減損之者，必須再從「合理原則」審酌有無構成「妨礙公平競爭之虞」（行政院公平交易委員會：妨礙公平競爭之虞之適用考量處理原則）。

(一)競爭手段

　　第十九條各款明訂已具非難性之不公平競爭手段者如第三款、第四款脅迫性競爭行為，及第五款以脅迫、利誘或其他不正當方法，獲取他事業之產銷機密、交易相對人資料或其他有關技術秘密之行

為。上開行為原則為刑法禁止之行為，故其市場行為之違法性或違反公平性應無疑義（刑法第三一七條洩漏業務上知悉工商秘密罪、第三〇四條強制罪）。至於其他情形，其競爭手段是否已因有失公平而當然違法，尚須自具體個案中，考量對於商業倫理及公序良俗的違反程度為審酌是否構成妨礙公平競爭之虞的要件。

㈡競爭結果

　　當競爭手段之「不公平」性格不明顯，從而不能逕認其競爭手段為當然違法者，必須從其競爭結果是否有增加或減損市場之自由競爭併同加以認定。在此並不以市場之競爭機能已實際受到影響為必要，只要認其實施，將可能減損市場之競爭機能即具可非難性。惟倘經其實施之結果，對於市場不生影響，則反之。須經認定其競爭手段能減損市場之自由競爭機能，才再依「合理原則」的經濟分析觀點加以審酌是否構成妨礙公平競爭之虞的要件。

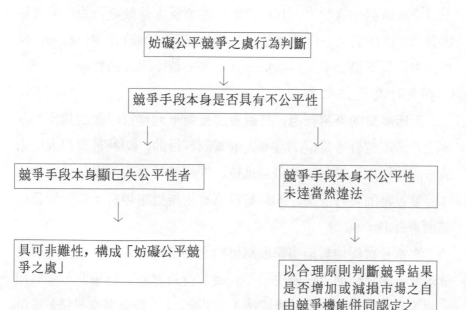

三、杯葛行為

㈠杯葛行為之意義

　　所謂「杯葛」係指事業為達成損害特定事業或剝奪特定事業日後進入市場活動之目的，促使或透過聯合方式約定他事業不與特定對象事業從事交易之行為。依公平交易法第十九條第一款「以損害特定事業為目的，促使他事業對該特定事業斷絕供給、購買或其他交易之行為。」的規定，符合第十九條第一款的杯葛，必須存在三方的當事人，即杯葛發起人、杯葛參與人以及受杯葛人。一般而言，個別事業基於本身商業利益之考慮，皆得自由拒絕與任何企業為經濟上之往來，但是事業受他事業的抵制行為，致使其無法與其競爭同業從事公平競爭者，乃扭曲競爭本質，減損競爭機能，故應受到公平交易法之規範。例如下游經銷商若為打擊同業競爭者而要求其上游廠商斷絕供貨行為，其行為即可能違反本條款之行為，但若是事業單方面的對某一特定事業採行斷絕購買、供給等交易行為，嚴格說來，並不是公平交易法第十九條第一款所規範的對象。

㈡杯葛行為違法之判斷

　　判斷事業的杯葛行為，是否會違反第十九條第一款的規定？基本上，仍須綜合考量：⑴當事人的意圖、目的，⑵杯葛發起人所處的市場結構以及其本身的市場地位，⑶杯葛行為所涉商品的特性，⑷杯葛行為的履行狀況，⑸杯葛行為實施後對市場競爭的影響程度等因素而定。

　　事業若有促使其他事業斷絕供給之杯葛行為，且其手段從商業倫理及公序良俗觀之已顯失公平。或該行為實施之結果將可能減損市場之競爭機能者，即可能違法（公平會，《認識公平交易法》增訂三版頁八四、八五，民國八十四年六月）。

四、差別待遇行為

㈠差別待遇行為之意義

所謂差別待遇是指事業就同一商品或勞務,以不同之價格或價格以外之條件出售給同一競爭階層不同之購買者而言。

㈡差別待遇行為違法之判斷

由於差別待遇亦屬於商業活動中常見的交易行為,且施行差別待遇的廠商也常有其行銷上的特定原因,未必均會對市場競爭造成不公平的影響。因此公平交易法並未完全禁止事業的差別待遇行為,僅禁止「無正當理由」且「有妨礙公平競爭之虞」之差別待遇行為。

事業實施差別待遇行為的有無正當理由之判斷?依據公平交易法施行細則第二十四條規定:本法第十九條第二款所稱正當理由,應審酌下列情形認定之:⑴市場供需情況。例如易腐敗的產品或屬於有季節性產品;或基於出清存貨或儘速變賣商品的考量,而對即將下市的產品予以特別折扣優待。⑵成本差異。例如基於包裝、行銷等成本不同,而給予不同折扣或其他交易條件。⑶交易數額。例如對購買數量或金額較大者,給予較高價格上折扣。⑷信用風險。例如對於信用評選等級較佳或往來較久的客戶,給予價格優惠或較佳付款條件。⑸其他合理之事由。例如基於公益而給予慈善公益機關較低之供應價;或視往來廠商配合程度的好壞,給予不同待遇(公平會,《認識公平交易法》增訂三版頁九十,民國八十四年六月)。

出版業對不同作者給予不同的稿費是否構成差別待遇?出版業如因作者之知名度、讀者偏好、知識、經歷、市場等因素之不同而給付不同之稿酬或版稅之差異,此非「相同之商品或勞務」,同時亦有「正當理由」,應無公平交易法第十九條第二款規定之適用(公平交易委員會網站 http://www.ftc.gov.tw 交流道 Q&A 第 100 題)。

銀行對不同信用等級之客戶給予不同之貸款利率、費率、匯率

是否違反公平交易法？本法第十九條第二款所稱正當理由，應審酌下列情形認定之：市場供需情況、成本差異、交易數額、信用風險、其他合理之事由（本法施行細則第二十三條）。銀行對不同信用等級之客戶給予不同之貸款利率、費率、匯率，係因銀行審酌客戶財務狀況、經營管理、產業特性暨展望等因素之不同給予不同之信用等級，進而給予不同之交易條件，屬公平交易法施行細則第二十四條第四款所謂信用風險上之正當理由，其差別待遇行為不必然違法（惟其實際行為於公平交易法之適用性，仍應個案認定之）（公平交易委員會網站 http://www.ftc.gov.tw 交流道 Q&A 第 101 題）。

業者批售予大、中盤與販賣店不同之折扣有無違法？業者如按市場供需情況、成本差異、交易數額、信用風險或其他合理之事由，對不同銷售階層或不同銷售點之大、中盤與販賣店給予不同的供應價或折扣，乃市場價格機能之正常現象，應不構成公平交易法第十九條第二款規定之差別待遇 （公平交易委員會網站 http://www.ftc.gov.tw 交流道 Q&A 第 102 題）。經銷商進貨量愈大，則給予較大的折扣，是否為差別待遇的正當理由？經銷商進貨量大，可因而節省廠商生產、行銷等費用，將成本節省部分，轉換為較低的價格折扣之作法，應可視為正當理由，惟實際情況，仍須俟個別案例發生後，蒐集相關資料，方能予以具體認定（公平交易委員會網站 http://www.ftc.gov.tw 交流道 Q&A 第 103 題）。

五、不當爭取交易相對人行為

所謂「不當爭取交易相對人」係指企業以脅迫、利誘等不正當方法，迫使競爭事業之交易相對人與自己交易之行為。其目的在藉由侵害競爭事業或剝奪競爭事業交易機會之方式，以阻擾市場競爭，使其交易相對人與自己交易，常見之不正當方法除脅迫、利誘外，尚包括恐嚇、暴力行為、給付不當利益等。公平交易法第十九條第

三款禁止「以脅迫、利誘或其他不正當方法，使競爭者之交易相對人與自己交易」而有妨礙公平競爭之虞的行為。就此一規定觀之，違法的行為類型大致包括脅迫、利誘及其他不正當的方法。

(一)脅　迫

所謂脅迫可參考刑法強制罪之定義：指以所用之強脅手段足以妨害他人行使權利或足使他人行無義務之事為已足，並非以被害人之自由完全受壓制為必要（28 上 3650），亦不以被害人心生畏懼為必要。透過脅迫手段爭取競爭者之交易相對人在商業道德倫理的非難性甚為明顯，故應予規範。

(二)利　誘

所謂利誘係指「事業不以品質、價格或服務爭取顧客，而利用顧客的僥倖、暴利心理，以利益影響顧客對商品或服務為正常之選擇，從而誘使顧客與自己為交易之行為」。

事業利用其人力物力之優勢在行銷上採用大量之贈品等行為以便獲取交易機會。**該事業為贈品贈獎促銷活動，是否違反公平交易法第十九條第三款利誘之規定**？應視其贈獎促銷之內容是否已達利誘之程度，而使競爭者之交易相對人因此而與自己為交易行為而定。公平交易委員會為有效處理公平交易法第十九條第三款，以利誘之方法使競爭者之交易相對人與自己交易之不公平競爭案件，訂定有「公平交易委員會處理贈品贈獎促銷額度案件原則」，並自八十四年四月一日起實施，以有效處理事業的贈獎促銷活動。規定如下：

　1.事業銷售商品附送贈品，其贈品價值上限如下：

⑴商品價值在新臺幣一百元以上者，為商品價值之二分之一。

⑵商品價值在新臺幣一百元以下者，為新臺幣五十元。

　2.事業辦理贈獎，其全年贈獎總額之上限如下：

⑴上一會計年度之銷售金額在新臺幣十億元以上者，為新臺幣二億元。

(2)上一會計年度之銷售金額超過新臺幣二億五千萬元，未滿新
臺幣十億元者，為銷售金額的五分之一。

(3)上一會計年度之銷售金額在新臺幣二億五千萬元以下者，為
新臺幣五千萬元。

(4)事業辦理贈獎，其最大獎項之金額，不得超過行政院勞工委
員會公布之每月基本工資的 120 倍。

事業辦理附送贈品及贈獎，違反前開各點之規定者，違反公平
交易法第十九條第三款。

(三)其他不正當的方法

所謂其他不正當的方法基本上是一種概括的規定。在認定上應
自行為人的動機、目的及手段等綜合研判。

六、迫使參與限制營業競爭行為

所謂「迫使參與限制營業競爭行為」是指事業以脅迫、利誘或
其他不正當的方法，使其他事業不與其進行競爭，或者參與結合或
聯合行為。迫使參與限制營業競爭行為，其目的在藉由營業競爭活
動的限制，而達成共同利益的目的。此種行為會對市場自由競爭有
所影響，應予以規範（公平會，《認識公平交易法》增訂三版頁一〇
一，民國八十四年六月）。

七、不當獲取他事業營業秘密行為

所謂營業秘密？依營業秘密法第二條：「本法所稱營業秘密，係
指方法、技術、製程、配方、程式、設計或其他可用於生產、銷售
或經營之資訊，而符合左列要件者：一、非一般涉及該類資訊之人
所知者。二、因其秘密性而具有實際或潛在之經濟價值者。三、所
有人已採取合理之保密措施者。」故事業投下人力物力所研發出來的
各種有形無形的成果，在營業活動中具有經濟價值，並對此成果未

經公開，且施以合理保密措施，他事業不當獲取此具有經濟價值之營業秘密，致影響競爭故應予以保護。

依據公平交易法第十九條第五款的規定，公平交易法所保護的營業秘密客體包括(1)事業的產銷機密，(2)交易相對人資料，(3)其他有關的技術秘密。由於營業秘密在營業活動中具有經濟價值，且可做為買賣的客體，因此對於事業以脅迫、利誘或其他不正當方法，獲取他事業營業機密以取得競爭優勢的行為，認為係屬一種不公平競爭行為，故予以禁止（公平會，《認識公平交易法》增訂三版頁一〇四，民國八十四年六月）。

八、不當限制交易相對人事業活動行為

所謂限制？依公平交易法施行細則第二十五條規定：本法第十九條第六款所稱限制，指搭售、獨家交易、地域、顧客或使用之限制及其他限制事業活動之情形。前項限制是否不正當，應綜合當事人之意圖、目的、市場地位、所屬市場結構、商品特性及履行情況對市場競爭之影響等加以判斷。換言之：**(1)當事人之意圖、目的：**事業藉搭售、獨家交易安排等限制交易相對人之事業活動，而達到限制競爭或不公平競爭之目的。**(2)當事人之市場地位及所屬市場結構：**一般而言，事業所處之市場愈集中（具獨寡占傾向）或該廠商之市場力愈大，則為該行為之事業較有違法之可能。而自市場結構來看，市場品牌間競爭愈小，愈不活絡者，該行為之事業較有違法之可能。故實施此一行為之事業，其所處之市場究係屬具獨占或寡占傾向之市場結構，或是自由競爭市場，而該事業在此一市場中，其本身之市場地位，究係具市場領導地位之事業，或是小事業。**(3)商品特性：**商品本身之特性，有時亦會影響某一交易限制對市場之影響。例如，在獨家交易限制之情況下，若實施獨家交易者，係販賣所謂文具、日用之便利品、或單價低、或忠誠度不高產品之事業，

其所產生之限制競爭效果將大於一般耐久財如汽車、家電等。(4)對市場競爭之影響：獨家交易限制實施此類行為之事業未必均會對市場競爭有不利之影響，故判斷此類行為是否違法，須衡量該行為實施後，對市場競爭的影響程度（公平交易委員會網站 http://www.ftc.gov.tw 交流道 Q&A 第 115 題）。

(一)搭　售

例如製造商要求經銷商在購買甲產品時，一併要購買交易習慣不相隸屬之乙產品的行為。

在判斷事業搭售行為是否違反公平交易法時，可考慮以下因素（公平會，《認識公平交易法》增訂三版頁一○六，民國八十四年六月；公平交易委員會網站 http://www.ftc.gov.tw 交流道 Q&A 第 121 題）：

1.在判斷是否符合搭售之構成要件方面，應考慮以下因素：

(1)至少存在二種可分的產品（或服務）在分析任何搭售契約時，首先必須確立者為必須存在二種可分的產品（或服務）。

(2)須存在明示或默示之約定，買受人無法自由選擇購買搭售與被搭售產品。

2.在判斷搭售是否違法之標準，應考慮以下因素：

(1)出賣人須在搭售產品擁有一定程度的市場力。

(2)有無妨礙搭售產品市場競爭之虞。

(3)是否具有正當理由。

事業為了保護商品創作者之智慧財產權或確保事業之商譽及品質管制，可視為具有商業上之正當理由而予以容許搭售，又事業在搭售產品市場擁有足夠之市場力是判斷違法搭售行為極為重要的考量因素之一，若事業未具足夠之市場力，其搭售行為將很難成功地推動；即或是能夠推動，但對於市場競爭亦不致於嚴重。

至於如何判斷產品或服務是否可分，考慮因素有：(1)同類產業

之交易慣例，(2)該二產品（或服務）分離是否仍有效用價值，(3)該二產品（或服務）合併包裝、販賣是否能節省成本，(4)出賣人是否對該二產品（或服務）分別指定價錢，(5)出賣人是否曾分別販賣該二產品（或服務）。

搭售之實施而有限制競爭或妨害被搭售產品市場公平競爭之虞時，例如被搭售產品的市場受到一定程度、數量或比例之排除競爭時，即為違法。

㈡獨家交易限制

所謂獨家交易是指供應商限制其經銷商僅能向其購買商品而不能向其他供應商進貨銷售其他競爭者廠商商品之行為。有時下游經銷商市場力量大，亦有可能要求上游供應商與其獨家交易，亦即要求上游供應商不得供應商品給其競爭者（經銷商）。

例如甲製造商要求下手經銷商只能販賣甲品牌商品，不能銷售其他競爭品牌商品的行為。

國外供應商如授與國內經銷商「獨家經銷權」而要求國內經銷商不得經銷競爭產品，此條款是否違反公平交易法？基本上此約定行為屬公平交易法第十九條第六款「限制交易相對人之事業活動為條件，而與其交易之行為」之規範範圍，惟事業之此種獨家及排他性約定，並非所有之獨家與排他性約定均屬違法，違法與否須綜合考量當事人間意圖、目的、市場結構、商品特性及履行情況、對市場競爭影響等加以判斷（本法施行細則第二十四條；公平交易委員會網站 http://www.ftc.gov.tw 交流道 Q&A 第 116 題）。

㈢地域限制

所謂地域限制是指劃定一定的銷售區域，限制其交易相對人僅能在特定區域內銷售，不能越區銷售之限制交易行為。例如製造商要求其經銷商只能在某一特定區域內銷售的行為。

事業對於經銷商區域的限制是否違反公平交易法的規定？事業

對於經銷商銷售區域的限制，應屬公平交易法第十九條第六款所稱
「限制交易相對人之事業活動為條件，而與其交易之行為」之規範
範圍，惟並非所有之地區限制均屬違法，只有當事業之該項行為無
法提出正當理由，且該項地區限制之結果有導致妨礙市場競爭之虞
時，方有違法之可能。至於該項限制是否不正當，應綜合考量當事
人之意圖、目的、市場地位、所屬市場結構、商品特性及履行情況、
對市場競爭之影響等加以判斷（公研釋第六十四號；公平交易委員
會網站 http://www.ftc.gov.tw 交流道 Q&A 第 122 題）。

㈣顧客限制

　　限制交易相對人僅能將產品售與或不得售與特定第三人之限制
交易行為。例如製造商要求下游經銷商只能販賣給某一特定類型顧
客的行為。

九、事業有限制競爭或妨礙公平競爭之虞之行為之
　　處罰

㈠民事責任

　　1.除去侵害請求權及防止侵害請求權：事業違反本法之規定，
致侵害他人權益者，被害人得請求除去之；有侵害之虞者，並得請
求防止之（本法第三十條）。

　　2.損害賠償責任：事業違反本法之規定，致侵害他人權益者，
應負損害賠償責任（本法第三十一條）。

　　3.賠償額之酌定：法院因前條被害人之請求，如為事業之故意
行為，得依侵害情節，酌定損害額以上之賠償，但不得超過已證明
損害額之三倍。侵害人如因侵害行為受有利益者，被害人得請求專
依該項利益計算損害額（本法第三十二條）。

　　4.消滅時效：本章所定之請求權，自請求權人知有行為及賠償
義務人時起，二年間不行使而消滅；自為行為時起，逾十年者亦同

（本法第三十三條）。

　　5.判決書之登載新聞紙：被害人依本法之規定，向法院起訴時，得請求由侵害人負擔費用，將判決書內容登載新聞紙（本法第三十四條）。

㈡刑事責任

　　違反公平交易法第十九條規定，經中央主管機關依第四十一條限期命其停止、改正其行為或採取必要更正措施，而逾期未停止、改正其行為或未採取必要更正措施，或停止後再為相同或類似違反行為者，處行為人二年以下有期徒刑、拘役或科或併科新臺幣五千萬元以下罰金（本法第三十六條）。

㈢行政責任

　　1.公平交易委員會對於違反本法規定之事業，得限期命其停止、改正其行為或採取必要更正措施，並得處新臺幣五萬元以上二千五百萬元以下罰鍰；逾期仍不停止、改正其行為或未採取必要更正措施者，得繼續限期命其停止、改正其行為或採取必要更正措施，並按次連續處新臺幣十萬元以上五千萬元以下罰鍰，至停止、改正其行為或採取必要更正措施為止（本法第四十一條）。

　　2.公平交易委員會依第二十七條規定進行調查時，受調查者於期限內如無正當理由拒絕調查、拒不到場陳述意見，或拒不提出有關帳冊、文件等資料或證物者，處新臺幣二萬元以上二十五萬元以下罰鍰；受調查者再經通知，無正當理由連續拒絕者，公平交易委員會得繼續通知調查，並按次連續處新臺幣五萬元以上五十萬元以下罰鍰，至接受調查、到場陳述意見或提出有關帳冊、文件等資料或證物為止（本法第四十三條）。

第三節　仿冒行為之規範

一、仿冒行為之意義與判斷

公平交易法第二十條規定：「事業就其營業所提供之商品或服務，不得有左列行為：

1.以相關事業或消費者所普遍認知之他人姓名、商號或公司名稱、商標、商品容器、包裝、外觀或其他顯示他人商品之表徵，為相同或類似之使用，致與他人商品混淆，或販賣、運送、輸出或輸入使用該項表徵之商品者。

2.以相關事業或消費者所普遍認知之他人姓名、商號或公司名稱、標章或其他表示他人營業、服務之表徵，為相同或類似之使用，致與他人營業或服務之設施或活動混淆者。

3.於同一商品或同類商品，使用相同或近似於未經註冊之外國著名商標，或販賣、運送、輸出或輸入使用該項商標之商品者。

前項規定，於左列各款行為不適用之：

1.以普通使用方法，使用商品本身習慣上所通用之名稱，或交易上同類商品慣用之表徵，或販賣、運送、輸出或輸入使用該名稱或表徵之商品者。

2.以普通使用方法，使用交易上同種營業或服務慣用名稱或其他表徵者。

3.善意使用自己姓名之行為，或販賣、運送、輸出或輸入使用該姓名之商品者。

4.對於前項第一款或第二款所列之表徵，在未為相關事業或消費者所普遍認知前，善意為相同或類似使用，或其表徵之使用係自該善意使用人連同其營業一併繼受而使用，或販賣、運送、輸出或

輸入使用該表徵之商品者。

　　事業因他事業為前項第三款或第四款之行為，致其營業、商品、設施或活動有受損害或混淆之虞者，得請求他事業附加適當表徵。但對僅為運送商品者，不適用之。」

公平交易法對仿冒行為之規範	仿冒之行為	仿冒之客體	成立之要件
	商品表徵的仿冒	他人姓名、商號或公司名稱、商標、商品容器、包裝、外觀或其他顯示他人商品之表徵	1. 以相關事業或消費者所普遍認知 2. 須為相同或類似之使用致與他人商品或服務表徵混淆
	服務表徵的仿冒	他人姓名、商號或公司名稱、標章或其他表示他人營業、服務之表徵	
	外國著名商標的仿冒	於同一商品或同類商品，使用相同或近似於未經註冊之外國著名商標	
例外許可	1.以普通使用方法，使用商品習慣上所通用之名稱或表徵 2.以普通使用方法，使用同種營業或服務慣用名稱或表徵 3.善意使用自己姓名 4.善意為相同或類似使用未為相關事業或消費者所普遍認知前之他人商品或服務的表徵		

（公平會，《簡介公平交易法》頁三八，民國八十四年十二月）

㈠所稱相關事業或消費者

　　係指與該商品或服務有可能發生銷售、購買等交易關係者而言（處理公平交易法第二十條原則第二點）。例如日常用品，其交易對象為一般消費大眾；但若商品或服務具有專業性或特定性，有其特定的消費群，則應以該等具專業性或特定性的人員為「相關事業或消費者」。

㈡所稱相關事業或消費者所普遍認知

　　指具有相當知名度，為相關事業或消費者多數所周知（處理公

平交易法第二十條原則第三點）。 實務上將斟酌具體個案之各項因素，如銷售地區、時間、廣告多寡等綜合加以判斷。判斷表徵是否為相關事業或消費者所普遍認知，應綜合審酌左列事項（處理公平交易法第二十條原則第十點）：

(1)以該表徵為訴求之廣告量是否足使相關事業或消費者對該表徵產生印象。

(2)具有該表徵之商品或服務於市場之行銷時間是否足使相關事業或消費者對該表徵產生印象。

(3)具有該表徵之商品或服務於市場之銷售量是否足使相關事業或消費者對該表徵產生印象。

(4)具有該表徵之商品或服務於市場之占有率是否足使相關事業或消費者對該表徵產生印象。

(5)具有該表徵之商品或服務是否經媒體廣泛報導足使相關事業或消費者對該表徵產生印象。

(6)具有該表徵之商品或服務之品質及口碑。

(7)當事人就該表徵之商品或服務提供具有科學性、公正性及客觀性之市場調查資料。

(8)相關主管機關之見解。

審酌涉及當事人所提供市場調查資料時，適用本會第三二二次委員會議通過並經第三四七次委員會議修正通過之「行政院公平交易委員會處理當事人所提供市場調查報告之評估要項」處理。

(三)所稱表徵

係指某項具識別力或次要意義之特徵，其得以表彰商品或服務來源，使相關事業或消費者用以區別不同之商品或服務（處理公平交易法第二十條原則第四點）。如商品或服務上之文字、圖形、記號、商品容器、包裝、形狀、或其聯合式特別顯著，足以使相關事業或消費者據以認識其為表彰商品或服務之標誌，並藉以與他人之商品

或服務相辨別，即為本條所保護之表徵；如文字、圖形、記號、商品容器、包裝、形狀、或其聯合式本身未特別顯著，然因相當時間之使用，足使相關事業或消費者認知並將之與商品或服務來源產生聯想，亦同（處理公平交易法第二十條原則第七點）。

下列各款為本法第二十條所稱之表徵：⑴姓名。⑵商號或公司名稱。⑶商標。⑷標章。⑸經特殊設計，具識別力之商品容器、包裝、外觀。⑹原不具識別力之商品容器、包裝、外觀，因長期間繼續使用，取得次要意義者（處理公平交易法第二十條原則第八點）。

下列各款，不具表彰商品或來源之功能，非本法第二十條所稱之表徵：⑴商品慣用之形狀、容器、包裝。⑵商品普通之說明文字、內容或顏色。⑶具實用或技術機能之功能性形狀。⑷商品之內部構造。⑸營業或服務之慣用名稱（處理公平交易法第二十條原則第九點）。

㈣所稱識別力

指某項特徵特別顯著，使相關事業或消費者見諸該特徵，即得認知其表彰該商品或服務為某特定事業所產製或提供（處理公平交易法第二十條原則第四點）。

㈤所稱次要意義

指某項原本不具識別力之特徵，因長期繼續使用，使相關事業或消費者認知並將之與商品或服務來源產生聯想，該特徵因而產生具區別商品或服務來源之另一意義（處理公平交易法第二十條原則第四點）。

㈥所稱相同或類似之使用

所稱相同係指文字、圖形、記號、商品容器、包裝、形狀、或其聯合式之外觀、排列、設色完全相同而言；所稱類似則指因襲主要部分，使相關事業或消費者於購買時施以普通注意猶有混同誤認之虞者而言（處理公平交易法第二十條原則第五點）。二公司名稱中

標明不同業務種類者，其公司名稱非本法第二十條所稱之相同或類似之使用。以普通使用方法，使用依公司法登記之公司名稱，若無積極行為使人與相關事業或消費者所普遍認知之他人營業混淆者，不違反本法第二十條規定（處理公平交易法第二十條原則第十四點）。以普通使用方法，使用依商業登記法登記之商號名稱，若無積極行為使人與相關事業或消費者所普遍認知之他人營業混淆者，不違反本法第二十條規定（處理公平交易法第二十條原則第十五點）。

　　審酌表徵是否相同或類似之使用，應本客觀事實，依左列原則判斷之：（處理公平交易法第二十條原則第十二點）

　　⑴具有普通知識經驗之相關事業或消費者施以普通注意之原則。

　　⑵通體觀察及比較主要部分原則。

　　⑶異時異地隔離觀察原則。

(七)所稱混淆

　　所稱混淆，係指對商品或服務之來源有誤認誤信而言（處理公平交易法第二十條原則第六點）。 判斷是否造成第二十條所稱之混淆，應審酌左列事項（處理公平交易法第二十條原則第十一點）：

　　⑴具普通知識經驗之相關事業或消費者，其注意力之高低。

　　⑵商品或服務之特性、差異化、價格等對注意力之影響。

　　⑶表徵之知名度、企業規模及企業形象等。

　　⑷表徵是否具有獨特之創意。

(八)所稱設施與活動

　　此所稱「設施與活動」則係指事業為爭取交易機會所表現於外之營業設備與活動而言，故舉凡營業場所之擺設、色彩、符號等事業營業所需之設備及採行之措施，均屬該事業之設施與活動之標的（公研釋第八十號）。

㈨所謂「同一商品、同類商品」

　　所謂「同一商品」係指仿冒者所使用之商品與被仿冒者之商品相同；至於「同類商品」則可參酌商標法施行細則第二十四條之分類標準，另輔以社會通念判斷之（公研釋第八十號）。

二、構成仿冒行為之基本要件

㈠仿冒之客體：以相關事業或消費者所普遍認知之

　1.商品之表徵

　　他人姓名、商號或公司名稱、商標、商品容器、包裝、外觀或其他顯示他人商品之表徵。

　2.營業、服務之表徵

　　他人姓名、商號或公司名稱、標章或其他表示他人營業、服務之表徵。

　3.外國著名商標

　　於同一商品或同類商品，使用相同或近似於未經註冊之外國著名商標。

㈡仿冒之行為

　　須為相同或類似之使用致與他人商品或服務表徵混淆。但無下述情形：⑴以普通使用方法，使用商品習慣上所通用之名稱或表徵。⑵以普通使用方法，使用同種營業或服務慣用名稱或表徵。⑶善意使用自己姓名。⑷善意為相同或類似使用未為相關事業或消費者所普遍認知前之他人商品或服務的表徵。

三、認定仿冒行為程序

　　表徵是否為相關事業或消費者所普遍認知、是否相同或類似之使用、或是否致混淆，依左列程序認定之（處理公平交易法第二十條原則第十三點）：

1.由本會委員會議認定。

2.有相當爭議致難以判斷，得舉行公聽會或座談會，徵詢學者專家、業者代表、消費者代表、相關產業公會及機關意見，供本會認定之參考。

3.影響重大且有相當爭議致難以判斷，得委託公正、客觀之團體、學術機構，以問卷徵詢一般大眾或相關交易對象意見。

四、本法第二十條與第二十四條關係

左列各款情形，於未符合本法第二十條規定之構成要件時，得以違反本法第二十四條規定處理之（處理公平交易法第二十條原則第十六點）：

1.襲用他人著名之商品或服務表徵，雖尚未致混淆，但有積極攀附他人商譽之情事。

2.抄襲他人商品或服務之外觀，積極榨取他人努力成果，對競爭者顯失公平，足以影響交易秩序。前項情形，於商品外觀係屬公眾得自由利用之技術者，不適用之。

五、排除適用公平交易法第二十條第一項仿冒行為

依據公平交易法第二十條第二項規定，下列行為不適用該條第一項（公平交易委員會網站 http://www.ftc.gov.tw 交流道 Q&A 第136題）：

1.以普通使用方法使用商品通用之名稱或表徵，例如「可樂」、「披薩」、「阿斯匹靈」即已成為同類商品習慣上所通用之名稱，故於商品上使用「可樂」、「披薩」或「阿斯匹靈」，並不屬於違法行為。

2.以普通使用方法，使用營業或服務慣用的名稱或表徵，例如"MTV"、"KTV"現已成為該娛樂事業的通用名稱，故同業使用"MTV"、"KTV"亦不構成違法行為。

3.善意使用自己姓名行為。

4.善意為相同或類似使用未為相關事業或消費者所普遍認知前之他商品或服務的表徵。

六、不溯既往原則

公平交易法施行之前，某項已為多數相關廠商所共同使用之商品容器、包裝、外觀或其他表徵，致相關事業或消費者無從依其容器、標示之外觀辨識其來源時，即不得再由某一事業主張係其最先使用，而排除他人之使用（處理公平交易法第二十條原則第十七點）。

七、違反仿冒行為規定之處罰

㈠民事責任

1.除去侵害請求權及防止侵害請求權：事業違反本法之規定，致侵害他人權益者，被害人得請求除去之；有侵害之虞者，並得請求防止之（本法第三十條）。

2.損害賠償責任：事業違反本法之規定，致侵害他人權益者，應負損害賠償責任（本法第三十一條）。

3.賠償額之酌定：法院因前條被害人之請求，如為事業之故意行為，得依侵害情節，酌定損害額以上之賠償。但不得超過已證明損害額之三倍。侵害人如因侵害行為受有利益者，被害人得請求專依該項利益計算損害額（本法第三十二條）。

4.消滅時效：本章所定之請求權，自請求權人知有行為及賠償義務人時起，二年間不行使而消滅；自為行為時起，逾十年者亦同（本法第三十三條）。

5.判決書之登載新聞紙：被害人依本法之規定，向法院起訴時，得請求由侵害人負擔費用，將判決書內容登載新聞紙（本法第三十四條）。

⟨二⟩刑事責任

違反第二十條第一項規定，經中央主管機關依第四十一條規定限期命其停止、改正其行為或採取必要更正措施，而逾期未停止、改正其行為或未採取必要更正措施，或停止後再為相同或類似違反行為者，處行為人三年以下有期徒刑、拘役或科或併科新臺幣一億元以下罰金（本法第三十五條第一項）。仿冒他事業之商標或著作行為，在商標法或著作權法亦有刑責規定應予注意。

⟨三⟩行政責任

1.公平交易委員會對於違反本法規定之事業，得限期命其停止、改正其行為或採取必要更正措施，並得處新臺幣五萬元以上二千五百萬元以下罰鍰；逾期仍不停止、改正其行為或未採取必要更正措施者，得繼續限期命其停止、改正其行為或採取必要更正措施，並按次連續處新臺幣十萬元以上五千萬元以下罰鍰，至停止、改正其行為或採取必要更正措施為止（本法第四十一條）。

2.公平交易委員會依第二十七條規定進行調查時，受調查者於期限內如無正當理由拒絕調查、拒不到場陳述意見，或拒不提出有關帳冊、文件等資料或證物者，處新臺幣二萬元以上二十五萬元以下罰鍰；受調查者再經通知，無正當理由連續拒絕者，公平交易委員會得繼續通知調查，並按次連續處新臺幣五萬元以上五十萬元以下罰鍰，至接受調查、到場陳述意見或提出有關帳冊、文件等資料或證物為止（本法第四十三條）。

第四節　虛偽不實或引人錯誤廣告行為

一、規範目的

公平交易法對虛偽不實或引人錯誤之廣告，係規定在第二十一

條，其內容為：「事業不得在商品或其廣告上，或以其他使公眾得知之方法，對於商品之價格、數量、品質、內容、製造方法、製造日期、有效期限、使用方法、用途、原產地、製造者、製造地、加工者、加工地等，為虛偽不實或引人錯誤之表示或表徵。事業對於載有前項虛偽不實或引人錯誤表示之商品，不得販賣、運送、輸出或輸入。前二項規定於事業之服務準用之。廣告代理業在明知或可得知情況下，仍製作或設計有引人錯誤之廣告，與廣告主負連帶損害賠償責任。廣告媒體業在明知或可得知其所傳播或刊載之廣告有引人錯誤之虞，仍予傳播或刊載，亦與廣告主負連帶損害賠償責任。」

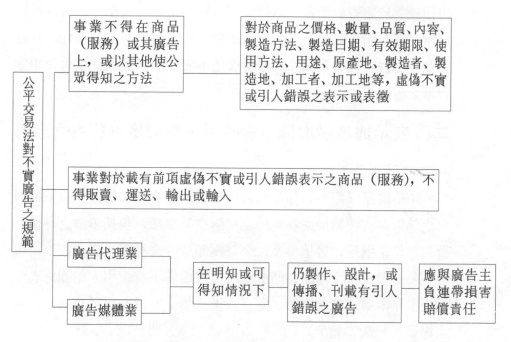

（公平會，《簡介公平交易法》頁四十，民國八十四年六月）

商品或服務之價格、數量、品質、內容、製造方法、製造日期、有效期限、使用方法、用途、原產地、製造者等資訊，是消費者決定購買與否之主要判斷依據。而事業為銷售其商品或服務，在商品

或服務本身上作標示或表徵以外，通常透過宣傳廣告或其他公開活動傳達商品或服務之資訊，以招徠消費者之購買。但部分不肖業者作虛偽不實或引人錯誤之廣告標示，例如商品或服務之廣告內容與實際情形不符、實際重量少於標示之重量、塗改有效期限或偽造出產地、製造地等，藉以誘使消費者購買，**造成消費者權益受損**並對其他以正當方法銷售之業者**造成不公平競爭**。

又廣告代理業與媒體業對事業所為之虛偽不實或引人錯誤廣告在明知或可得知情形下，仍製作、設計或刊載有引人錯誤之廣告時，亦應負某種程度之責任。公平交易法第二十一條第四項規定課以廣告代理業及廣告媒體業，明知或可得知情形下，仍製作、設計或傳播、刊載有引人錯誤之廣告時，應與廣告主負連帶民事責任。其目的在使廣告代理業及媒體業能對虛偽不實或引人錯誤之廣告作相當程度之篩選。

二、 表示或表徵虛偽不實或引人錯誤廣告行為之意義

㈠商品（服務）之意義

所稱商品（服務）係指具有經濟價值之交易標的暨具有招徠效果之其他非直接屬於交易標的之相關交易事項，包括事業之身份、資格、營業狀況，與他事業、公益團體或政府機關之關係，事業就該交易附帶提供之贈品、贈獎等（處理虛偽不實或引人錯誤之表示或表徵原則第一章總則第二點，八十八年十一月九日（八八）公法字第○三一八二號函）。

㈡其他使公眾得知之方法之意義

所稱其他使公眾得知之方法，係指得直接或間接使非特定之一般或相關大眾共見共聞之訊息的傳播行為。產品（服務）說明會、以推銷介紹方式將宣傳資料交付於消費者、市招、名片、以發函之方式使具相當數量之事業得以共見共聞、事業將資料提供媒體以報

導方式刊登、於公開銷售之書籍上登載訊息、散發產品使用手冊於專業人士進而將訊息散布於眾等，均可謂其他使公眾得知之方法（處理虛偽不實或引人錯誤之表示或表徵原則第一章總則第三點）。

㈢表示或表徵之意義

　　所稱表示或表徵，係指以文字、語言、聲響、圖形、記號、數字、影像、顏色、形狀、動作、物體或其他方式足以表達或傳播具商業價值之訊息或觀念之行為（處理虛偽不實或引人錯誤之表示或表徵原則第一章總則第四點）。

㈣虛偽不實、引人錯誤之意義

　　本法第二十一條所稱虛偽不實，係指表示或表徵與事實不符，其差異難為相當數量之一般或相關大眾所接受，而足以引起錯誤之認知或決定者。所稱引人錯誤，係指表示或表徵不論是否與事實相符，足以引起相當數量之一般或相關大眾錯誤之認知或決定者（處理虛偽不實或引人錯誤之表示或表徵原則第一章總則第五、六點）。至於單純的「虛偽不實」廣告、標示，因一般的消費者以合理的判斷即可明辨其內容是誇大虛偽不實，通常不具可罰性。表示或表徵是否虛偽不實或引人錯誤應考量左列因素：⑴表示或表徵與實際狀況之差異程度。⑵表示或表徵之內容是否足以影響具有普通知識經驗之一般大眾為合理判斷並作成交易決定。⑶對處於競爭之事業及交易相對人經濟利益之影響（處理虛偽不實或引人錯誤之表示或表徵原則第一章總則第八點）。

三、虛偽不實或引人錯誤廣告行為態樣

　　依據「行政院公平交易委員會處理虛偽不實或引人錯誤表示或表徵原則」，凡事業於商品或服務的表示或表徵上，有下列情形之一者，為虛偽不實或引人錯誤，而有違反公平交易法第二十二條之虞：

　　1.表示或表徵使人誤認事業主體係他事業之（總）代理商、（總）

經銷商、分支機構、維修中心或服務站等具有一定之資格、信用或其他足以吸引其交易相對人與其交易者。

2.表示或表徵使人誤認政府機關、公益團體係主辦或協辦單位，或與政府機關、公益團體有關者。

3.表示或表徵使人誤認他事業名稱或產品品牌已變更者。

4.表示或表徵誇大營業規模、事業或商品（服務）品牌之創始或存續期間且差距過大者。

5.表示或表徵偽稱他人技術（合作）或授權者。

6.表示或表徵使人誤認已取得特定獎項，以提升商品（服務）之地位者。

7.表示或表徵使人誤認其有專利、商標授權或其他智慧財產權者。

8.表示或表徵使人誤認係特定商品（服務）之獨家供應者。

9.表示或表徵使人誤認其商品（服務）有投保責任險者。

10.表示或表徵訂價長期與實際售價不符且差距過大者。

11.長期以特價或類似名義標示價格，而實為原價者。

12.有最低價格之表示，然無符合最低價格商品（服務）或符合最低價格商品（服務）數量過少，難為一般人所接受者。

13.表示或表徵使人誤認給付一定價格即可獲得所宣稱之商品（服務）者。

14.表示或表徵之具體數字與實際不符，其差距逾越一般交易相對人所能接受程度者。

15.表示或表徵說明之項目或等級與實際之差距逾越一般交易相對人所能接受程度者。

16.表示或表徵說明商品（服務）具有一定品質，然差距逾越一般交易相對人所能接受程度者。

17.表示或表徵使人誤認商品（服務）已獲政府機關核發證明或

許可者。

18.表示或表徵援引公文書敘述使人誤認商品（服務）品質者。

19.表示或表徵使人誤認出版品之實際演出者、撰寫者或參與工作者。

20.表示或表徵使人誤認商品具有特定功能，且差距逾越一般交易相對人所能接受程度者。

21.實際附有條件、負擔、期間或其他限制等，而表示或表徵未予明示者。

22.表示或表徵將不同資格、性質、品質之商品（服務）合併敘述，使人誤認所提及商品（服務）皆有同等級之資格、性質、品質者。

23.表示或表徵產品原產地（國）之標示使人誤為係於該原產地（國）所生產或製造者。但該產地（國）名稱已為產品通用之說明者不在此限。

24.多層次傳銷事業所為表示或表徵使人誤認參加人有巨額收入者。

25.銷售投資性商品或服務之事業所為表示或表徵使人誤認加盟者或經銷商有巨額收入者。

26.表示或表徵使人誤認節目收視率者。

27.表示或表徵之利率與實際成交之利率不符，其差距逾越一般交易相對人所能接受程度者。

28.表示或表徵使人誤認其商品（服務）之製造者或提供者。

29.表示或表徵使人誤認政府將舉辦特定資格、公職考試或特定行業之檢定考試者。

30.表示或表徵就贈品（或贈獎）活動之優惠內容、參加辦法（人數、期間、數量、方式）、抽獎日期與實際不符；或附有條件、負擔或其他限制未予明示者。

四、虛偽不實或引人錯誤之表示或表徵判斷原則

依行政院公平交易委員會處理虛偽不實或引人錯誤之表示或表徵原則第一章總則第七點虛偽不實或引人錯誤之表示或表徵判斷原則如下：

1.表示或表徵應以交易相對人之認知，判斷有無虛偽不實或引人錯誤之情事。**一般商品（服務）以一般大眾施以普通注意力為準；專業性產品則以相關大眾之普通注意力為準。**

2.表示或表徵隔離觀察雖為真實，然合併觀察之整體印象及效果，倘足以引起相當數量之一般或相關大眾錯誤之認知或決定，即屬虛偽不實或引人錯誤。

3.表示或表徵之內容以對比或特別顯著方式為之，而其特別顯著之主要部分易形成消費者決定是否交易之主要因素，故其是否虛偽不實或引人錯誤，得就該特別顯著之主要部分單獨加以觀察而判定。

4.表示或表徵具有多重解釋時，其中一義為真者，即無不實。惟其引人錯誤之意圖明顯者，不在此限。

預售屋廣告是否虛偽不實或引人錯誤？應以廣告主使用廣告時之客觀狀況予以判斷，預售屋廣告之廣告主使用廣告時，已預知或可得知其日後給付之內容無法與廣告相符，則其廣告有虛偽不實或引人錯誤。第一項所稱之客觀狀況，係指廣告主提供日後給付之能力、法令之規定、建材之供給……等（處理虛偽不實或引人錯誤之表示或表徵原則第一章總則第九點）。

五、不動產之表示或表徵虛偽不實或引人錯誤

依行政院公平交易委員會處理虛偽不實或引人錯誤之表示或表徵原則第三章違法行為之類型化第二十三點：

　1. 工業住宅：

⑴廣告未對建築基地使用限制為「工業區」或「丁種建築用地」之表示。

⑵廣告雖已載明基地使用限制為「工業區」或「丁種建築用地」，但標註較廣告中其他說明顯然有所不足。

⑶廣告未對建築物係供與工業有關之使用明確加以表示。

⑷廣告使用一般住宅配備為圖示，或文字說明暗示其建築物適合供住宅使用。

⑸廣告中有關「建築物用途」之宣傳，與建築或使用執照不同。

　2. 國民住宅公告：

⑴未經主管機關核准即以國民住宅名義為售屋廣告。

⑵建商於獎勵投資興建國民住宅廣告中，使人誤認政府機關為主、協辦單位。

⑶廣告中引人誤認未限制承購資格即可辦理國民住宅優惠貸款。

⑷僅部分建物經核准興建國民住宅，廣告使人誤認全部建物均屬國民住宅。

⑸建商以「公告」型式為國民住宅廣告，而廣告中隱匿廣告主體，或所載內容不足以辨明交易主體，或足以引人誤認為政府機關直接興建銷售之國民住宅所為之「公告」。

　3. 建物座落地點：

廣告上標示建物座落地點與實際不符，而差異難為一般大眾所接受程度者。

　4. 建物面積：

⑴廣告上標示建物之房屋或土地總面積與所有權狀登記之面積不符者。

⑵廣告上標示建物之房屋或土地總面積雖與所有權狀登記之面

積相符，然有左列情形者：①建商於廣告中以「使用面積」、「公共面積」、「室內面積」、「受益面積」、「公共設施」、「受益憑證」等非法定名詞為建築物面積之表示或表徵，未於廣告中明顯處，以相當比例之字體註明其包括範圍，而有引人誤認面積數量者。②建商使用法定用語（如「建築面積」、「基地面積」、「主建物面積」、「附屬建物面積」、「共同使用部分面積」）作為建物面積之表示時，而面積表示之數量與法定用語所應有或登記之面積不符，其差距難為一般消費大眾所接受者。

(3)廣告表示建物公同共有或共同使用設施比例之具體數字與完工建物不符者。

5. 建築物外觀、設計、格局配置、建築物環境（區分所有權建物之公同共有或共同使用部分，如休閒步道、戲水池、健身房、花園、游泳池、涼亭等）：

(1)建築物之外觀、設計、格局配置與廣告海報不符者。

(2)建築物之外觀、設計、格局配置與廣告海報相符，惟與施工平面圖或竣工圖不符，且經建築管理單位認定係屬違建者。

(3)設施不屬於給付或附隨給付之內容，而有被誤為屬於之虞者。

6. 建材設備：

廣告上對建築物建材所為之表示或表徵，與實際不符，且其差距難為一般消費大眾接受者。

7. 建物廣告與公有公共設施及交通不符：

(1)廣告對公有公共設施（如學校、公園、運動場、政府機關等）之表示與使用廣告當時之客觀狀況或完工後之實際狀況不符，且其差距難為一般消費大眾接受者。

(2)建築物之銷售廣告上以未完成之公有公共設施及交通道路為表示或表徵，使人誤認已完成者。

　(3)廣告對交通狀況、時間或空間距離之表示，未以通常得使用
　　　之道路狀況為計算標準。

　　8.房屋仲介加盟店標示：未於廣告、市招、名片上明顯加註「加
盟店」字樣，使人誤以為係該仲介直營店之行為者。

　　9.建造執照尚未核發引人誤認已取得建照。

　　10.納骨塔廣告使人誤認業經核准啟用、開發等。

　　11.廣告表示建築物之用途與建造執照（或使用執照）所載不符，
且依都市計畫或建築管理法規不得變更使用者。

　　12.夾層屋：

　　廣告表示系爭房屋為挑高空間，並以文字、照（圖）片、裝潢
參考圖、平面配置圖、立面剖視圖或樣品屋表示有夾層設計或較建
物原設計更多之使用面積，且有左列情形之一者：

　　(1)廣告平面圖與施（竣）工平面圖不符者。

　　(2)廣告未明示建築法規對施作夾層之限制（樓層、面積、材質、
　　　容積率管制……等）者。

　　(3)經建築管理機關確認為違建者。

　　13.建築物視野、景觀與廣告所表示不符，且其差距難為一般消
費大眾所接受者。

　　14.停車位：

　　廣告與施（竣）工圖不符，經營建主管機關認定為違法者。縱
建商嗣後實際交付之停車位與廣告相符，亦同。

六、行政院公平交易委員會不動產銷售行為之規範
　　（對房屋廣告之規範）

(一)前　言

　　按不動產交易金額相當龐大，消費者終其一生多僅進行少次交
易，故購買經驗甚為有限，加以購屋資訊不足，極易發生建商以不

公平競爭行為從事交易。其中尤以建商不實廣告誤導交易相對人，影響市場交易秩序至深。為建立不動產市場交易秩序及保護消費者利益，實有必要對其廣告行為建立明確規範，避免業者沿襲舊有陋習或因疏忽而觸法。又我國房屋買賣得採預售方式，消費者多依憑廣告認識所購房屋，為明確告知建商製作不動產廣告時應注意之相關事項，謹彙整本會已處分或採通案導正之不動產廣告案件，並參酌與我國國情相近之日、韓二國對不動產交易之廣告規範，研訂「不動產銷售行為——對房屋廣告之規範」，除做為本會同仁調查、委員會議審議相關案件之參考外，並對外提供各界參照。至於有關本會案例之說明係僅從公平交易法立場所作之處分，另雙方買賣關係之權利仍宜由各權責機關自行認定，併此說明。

㈡不動產廣告應注意事項

1. 工業用廠房

⑴定義：

所謂工業用廠房係指在都市計畫工業用地或非都市計畫土地使用區分編定為丁種建築用地上，興建供有關工業使用之房屋。

⑵規範要旨：

工業用廠房不得引人誤認為供一般住宅或辦公室、商場使用。

⑶應載事項：

工業用廠房之廣告應明顯註記其建築基地使用限制為工業用地（區）或丁種建築用地，及建築物係供有關工業使用之表示或表徵。例如：於工業用廠房之廣告上載明「投資興建／○○建設公司　建造（或使用）執照／工建（或使）字第○○○○號　土地使用區分／工業區（或丁種建築用地）建築物用途／廠房」。

⑷不應載事項：

例如工業用廠房之廣告不應使用住家客廳、臥（主臥）室、親子遊戲間、書房、娛樂間、店鋪、商場、地下街、超市、百貨、專

櫃、專賣店等引人誤為可供住家或商業使用之文字，並不應刊載相同或類似引人誤認可供住家或商業使用之圖片。如於工業用廠房之廣告上稱「室內裝修：一樓店鋪採用大理石，二樓以上住家客廳、餐廳、臥室……浴室」；或刊載相同或類似之實景照片、平面配置圖、傢俱配置圖等；或與一般住宅、辦公室、商場為比較廣告等，均足以引人誤認可供住家或商業使用。

2.國宅廣告

⑴定義：

所謂獎勵投資興建之國民住宅係指依國民住宅條例規定，由民間（建商）自備土地，並依該條例予以獎勵投資興建之住宅。

⑵規範要旨：

獎勵投資興建之國民住宅不得引人誤認為政府直接投資興建。

⑶應載事項：

獎勵投資興建之國民住宅應於廣告上載明投資興建之建商、相關主管機關核准獎勵投資興建之日期文號、申購辦法及限制、優惠條件及得享受優惠條件之戶數。

⑷不應載事項：

例如獎勵投資興建之國民住宅不應於廣告隱匿投資興建之建商、攀附政府機關聲譽（如稱某地方政府為主、協辦單位）；或引人誤認無任何申購資格限制；或建築物僅部分為獎勵投資興建之國民住宅，卻引人誤認全數悉為獎勵投資興建之國民住宅。

3.位置標示

⑴應載事項：

建築物之銷售廣告上應明確表示（文字）或表徵（圖例）其位置；倘建築物之銷售場所與欲售建築物位置不同時，應於廣告上同時明確表示或表徵其位置。例如：於建築物之銷售廣告上刊載「工地地址／臺中市文心路‧公益路口」，欲售建築物實際位置距廣告所

載文心路尚間隔大光街，距公益路亦間隔大墩十一街、大墩十二街；或建築物之銷售廣告上刊載「地址／東海大學前・中港路・國際街口」僅為接待中心位置，而未同時刊載欲售建築物實際位於臺中縣龍井鄉內，則其廣告均有虛偽不實或引人錯誤。

　　(2)**不應載事項：**

　　例如欲銷售之建築物位置距特定路標或學校、公園有相當路程時，不宜以「近」或「緊臨」該等路標等表示。如建築物位置距特定位置五百公尺，廣告不宜以「緊臨某特定位置」為表示。

　4.**交通狀況**

　　規範要旨：

　　建築物之銷售廣告上以距離對交通狀況為表示或表徵，應以通常得使用之道路為計算標準，而非以地圖上之直線距離計算。例如：於建築物之銷售廣告上刊載「距車站二百公尺」，應指特定地點（建築物位置）到車站之道路距離，並包含地下道、天橋等部分之非直線距離。以步行或車程對交通狀況及距離為表示或表徵時，雖得以通常時段扣除等候交通號誌之時間計算，但步行每分鐘應不超過八十公尺、車程應不超過道路所容許之速限計算。例如：於建築物之銷售廣告上刊載「距車站步行十分鐘」，應指特定地點（建築物位置）到車站之道路距離，包含地下道、天橋等部分之非直線距離，不超過八百公尺；廣告上刊載「距車站車行十分鐘」，應指特定地點（建築物位置）到車站之道路距離，包含地下道、天橋等部分之非直線距離，於通常時段扣除等候交通號誌之時間，在不超過道路所容許之速限下，得於十分鐘內到達。

　　建築物之銷售廣告上倘以未完成之道路（例如第二高速公路）、設施（例如捷運系統）對交通狀況為表示或表徵，應載述尚未完成之事實。例如：於建築物之銷售廣告上刊載「距○○車站──預計八十九年十二月完工──步行十分鐘」。

　　房地產廣告「三分鐘直達臺北頂好商圈」是否觸犯公平交易法之對於為不實廣告？如依一般交通狀況三分鐘內無法到達臺北頂好商圈時，即可能觸犯公平交易法之對於為不實廣告。

　5.建築物面積

　　規範要旨：

　　建築物之銷售廣告上宜載明主建物、附屬建物及區分所有建物共同使用部分之面積。不宜以「使用面積」、「公共（設施）面積」、「受益面積」、「銷售面積」或其他非法定名詞為建築物面積之表示或表徵；倘需使用則應於廣告中明顯處（例如接近「使用面積」、「公共面積」標示處），以不小於表示面積之字體註明其意義。例如：於建築物之銷售廣告上「使用面積：三十坪。公共面積：四坪」，應同時刊載「使用面積範圍包含主建物、陽臺、平臺、花臺、露臺之面積。公共面積範圍包含建物當層樓電梯間、走道、地下室、水箱、機電室、一樓門廊」等共同分擔之面積。

　　建築物之銷售廣告上所刊載之「使用面積」、「公共面積」、「受益面積」、「銷售面積」、「地坪」、「停車位面積」等，均應屬得依土地登記規則辦理登記（土地及建築改良物所有權與他項權利之登記）之面積。

　　建商在廣告上以「使用面積」、「公共面積」等為建築物面積之表示，有無違反公平交易法第二十一條？現行相關建築物面積之計算方式，在建築法規、登記機關及交易習慣上均有不同，業者與購屋者間亦有不同的認知，故當事人間爭執頗多。為維護消費大眾利益及交易資訊之透明化，公平交易委員會參酌業界習慣，就建商在廣告上使用「使用面積」、「公共面積」等，是否違反公平交易法第二十一條規定，歸納以下的判斷原則，並函請業界自八十三年十一月一日起作全面之配合改正，嗣後業者倘仍為上述非法定用語之表示，且未載明其意義，公平交易委員會即依公平交易法第四十一條

逕予處分。

建商於預售屋廣告上，以「使用面積」、「公共面積」、「室內面積」、「私有面積」或交易相對人所不明之其他非法定用語為表示或表徵，倘未充分載明其意義，致交易相對人對面積之數量產生誤認，則其廣告涉有違反公平交易法第二十一條引人錯誤情事。惟倘建商於預售屋廣告上，已載明下列事項之一者，得認無引人錯誤情事：

(1)建商於預售屋廣告中明顯處（如接近「使用面積」、「公共面積」、「室內面積」、「私有面積」標示處），以不小於表示面積之字體註明其意義，以避免交易相對人之誤認。

(2)建商於預售屋廣告中載明「主建物」之面積，或一般公眾所著重之主建物大門以內，可供自行使用，不包含陽臺、平臺、花臺或露臺等附屬建物之「室內面積」。

6.建築物外觀、設計、格局

規範要旨：

建築物之廣告上對建築物外觀、設計及格局配置所為之表示(文字)或表徵（圖例），應與核准建造執照或使用執照備具之平面圖、立面圖等工程圖樣相符。例如：核准建造執照或使用執照備具之平面圖繪製為陽臺處，則廣告上不應將該陽臺表示或圖例為客廳（或臥室）之部分；核准建造執照或使用執照備具之平面圖繪製為騎樓處，則廣告上不應將該騎樓處表示或圖例為店鋪之部分；核准建造執照或使用執照備具之平面圖繪製為樑柱處，則廣告上不應將該樑柱處表示或圖例可置放桌椅等傢俱。

對預售屋未售出部分逕自變更設計，增加戶數銷售，是虛偽不實或引人錯誤之廣告？公平會八十三年九月二十六日第一五五次委員會議針對有關建商就預售屋未售出部分逕自變更隔間設計，以增加戶數銷售之行為作成以下決議：

公平交易法第二十一條規定事業不得藉不實廣告引誘交易或影

響交易相對人權益。至於事業刊登廣告後,因情勢變更或事實需要,依據法律規定所得行使之權利,在未損及交易相對人權益之前提下,並未依此即受剝奪。復依建築法第三十九條規定,起造人於申領建造執照後,在法規許可範圍內,必要時得依事實上需要依法變更設計。故建築業者依核定之工程圖樣及說明書所為之廣告行為,倘未刻意以虛偽不實或引人錯誤之廣告欺騙買受人,尚難遽認有違公平交易法第二十一條之規定。

惟公平交易法第二十四條規定事業不得為其他足以影響交易秩序之欺罔或顯失公平之行為。因此,建築業者未知會原買受人,即逕自變更廣告上所載之設計,使原買受人無從選擇而不得不接受,顯有憑恃其已收受價金等優勢地位,為影響交易秩序之顯失公平行為。故為維護公平競爭、保障消費者權益,自八十四年元月一日起,有關建築業者未通知原買受人,並給予表示同意、解除契約、減少價金或其他和解措施之選擇,即逕自就建物未售出部份變更原廣告所載之隔間等設計,以增加銷售戶數之不公平競爭行為,係違反公平交易法第二十四條之規定。

7.建築物建材

規範要旨:

建築物之銷售廣告上對建築物建材所為之表示或表徵,應與建築物竣工後相符,不得有虛偽不實或引人錯誤情事。倘廣告上表示得選擇同級品交付者,其價格或品質應屬相當。例如:

於建築物之銷售廣告上刊載「一樓入口配電腦卡片鎖」、「電梯採用大同奧的斯、日本三菱、日立或東芝」,則一樓入口處應裝設電腦卡片鎖,電梯亦應採用大同奧的斯、三菱、日立或東芝四種品牌之一。

於建築物之銷售廣告上刊載「門窗採用中華、力霸等正字標記鋁門窗」,則建築物鋁門窗雖不以中華、力霸品牌為限,但所交付鋁

門窗品牌應以獲有正字標記者為限。

8.建築物價格

規範要旨：

建築物之銷售廣告上同時對建築物有最高及最低價格之表示或表徵，其待售建築物之價格應介於該最高及最低價格之間。例如：建商於廣告稱「B1 世界美食街總價二七○到四○二萬」，惟實際銷售價格在五十四戶中僅兩戶介於該價格之間，其廣告有虛偽不實及引人錯誤。

9.建築物環境、公有公共設施

規範要旨：

建築物之銷售廣告上對建築物環境（例如休閒步道、戲水池、健身房、花園、涼亭等）、公有公共設施（例如學校、公園、運動場、政府機關等）所為之表示或表徵，應與建築物竣工後相符。

建築物之銷售廣告上倘以未完成之公有公共設施為表示或表徵，應刊載其未完成之事實。例如：於建築物之銷售廣告刊載「緊鄰○號公園預定地」。

建築物環境倘為他人私有或非一般公眾所得使用者,應予載明。

10.其他重要資訊揭示

規範要旨：

建築物於未取得建造執照或使用執照前，不應於廣告上表示或表徵建築物業經申請直轄市、縣（市）（局）主管建築機關之審查許可並發給執照。例如：預售建築物已申請、尚未發給建造執照，卻於廣告上刊載「建照號碼／工建字第○○○○號」。

建築物之銷售廣告不應攀附政府機關或公眾知名人士聲譽。例如股票上市公司於廣告上刊載「證管會監工」。

七、事業違反公平交易法第二十一條規定之處罰

㈠民事責任

1.除去侵害請求權及防止侵害請求權：事業違反本法之規定，致侵害他人權益者，被害人得請求除去之；有侵害之虞者，並得請求防止之（本法第三十條）。

2.損害賠償責任：事業違反本法之規定，致侵害他人權益者，應負損害賠償責任（本法第三十一條）。

3.賠償額之酌定：法院因前條被害人之請求，如為事業之故意行為，得依侵害情節，酌定損害額以上之賠償。但不得超過已證明損害額之三倍。侵害人如因侵害行為受有利益者，被害人得請求專依該項利益計算損害額（本法第三十二條）。

4.消滅時效：本章所定之請求權，自請求權人知有行為及賠償義務人時起，二年間不行使而消滅；自為行為時起，逾十年者亦同（本法第三十三條）。

5.判決書之登載新聞紙：被害人依本法之規定，向法院起訴時，得請求由侵害人負擔費用，將判決書內容登載新聞紙（本法第三十四條）。

㈡刑事責任

無，惟應注意以虛偽不實或引人錯誤廣告來使人陷於錯誤而交付錢財之行為者，可能構成詐欺罪。

㈢行政責任

公平交易委員會對於違反本法規定之事業，得限期命其停止、改正其行為或採取必要更正措施，並得處新臺幣五萬元以上二千五百萬元以下罰鍰；逾期仍不停止、改正其行為或未採取必要更正措施者，得繼續限期命其停止、改正其行為或採取必要更正措施，並按次連續處新臺幣十萬元以上五千萬元以下罰鍰，至停止、改正其

行為或採取必要更正措施為止（本法第四十一條）。

　　另依公平交易法施行細則第二十六條規定，事業如有違反該法第二十一條第一項、第三項規定之行為，公平交易委員會得依該法第四十一條命違法事業刊登更正廣告。至於更正廣告之方法、次數及期間，則由公平交易委員會審酌原廣告的影響程度定之。

　　公平交易委員會依第二十七條規定進行調查時，受調查者於期限內如無正當理由拒絕調查、拒不到場陳述意見，或拒不提出有關帳冊、文件等資料或證物者，處新臺幣二萬元以上二十五萬元以下罰鍰；受調查者再經通知，無正當理由連續拒絕者，公平交易委員會得繼續通知調查，並按次連續處新臺幣五萬元以上五十萬元以下罰鍰，至接受調查、到場陳述意見或提出有關帳冊、文件等資料或證物為止（本法第四十三條）。

八、公平交易委員會對房屋仲介業行業導正原則

(一)導正緣起

　　房屋仲介交易行為，本質上具有較濃厚之私法色彩，買方或賣方較另一方之仲介業者，在交易資訊方面處於明顯弱勢地位，惟仲介業如能盡到民法第五六七條之據實報告義務，並依循誠實信用原則，必能得到委託人甚或社會大眾之認同。然如前所述，房屋仲介業之交易行為具有資訊不對稱之特性，交易糾紛時有所聞，單純以民法予以規範，對買賣雙方權益之保障均有不足，本會基於維護交易秩序與保護消費者利益之目的，對於交易過程所發生之不實廣告及欺罔或顯失公平之情事，自有必要以公平交易法予以規範，以維市場競爭秩序及交易之公平。

　　本會於八十六年二月二十九日第二七七次委員會議決議房屋仲介業者應告知購屋人有選擇內政部版要約書之權利，惟實施迄今仍接獲不少糾紛案例，為更落實該決議內容，爰於八十七年十二月十

六日第三七一次委員會議決議，如仲介業者以書面方式告知購屋人亦可選擇採用內政部所訂定之要約書，則應於明顯處以粗體或不同顏色之醒目字樣，扼要說明要約書與斡旋金之區別及其代替關係，並由購屋人針對該項說明簽名確認；嗣後又於八十八年三月十日第三八三次委員會議，訂定書面告知之文字範例供業者參考。另針對房屋仲介業對於看板廣告應如何標示面積問題，則於八十八年三月三十一日第三八六次委員會議決議「應以法定用語標示建物登記謄本所登載之面積」，使業者有所遵循。

㈡督導內容

公平交易委員會第三八六次委員會議就「房屋仲介業者之看板廣告應如何正確標示面積」，決議督導內容如下：

「房屋仲介業刊登看板廣告時，其面積之標示，應以法定用語標示建物登記謄本所登載之面積。若權狀與建物登記謄本所載面積不同時，應明示其資料來源為權狀或建物登記謄本，並依該資料來源明白標示其面積為『權狀○○平方公尺或○○坪』或『登記○○平方公尺或○○坪』。仲介業者若未遵行而有虛偽不實或引人錯誤情事，則違反公平交易法第二十一條規定。」（公平交易委員會公報八十八年七月三十一日第八卷第七期）。

第五節　損害他人營業信譽行為之規範

一、規範目的

事業以正當合理之手段追求發展與利潤，並取得競爭優勢，如此之公平競爭是公平交易法所鼓勵的；反之，若事業以不公平手段進行競爭，並取得利潤與競爭優勢，則為公平交易法所禁止的。事業所運用之不公平競爭手段多樣，損害他人之營業信譽即為事業慣

用之不公平競爭手段態樣之一。事業營業之信譽是該事業在社會經濟活動中所獲得之評價，其評價的高低，往往影響該事業之經濟活動，甚至影響事業之存廢。如有事業以不實之傳言抹殺他事業之努力成果，將有損公平競爭之精神。是以關於事業在經濟競爭活動中營業信譽之保護，各國莫不立法規範。我國公平交易法有維護公平競爭，禁止不正當競爭手段之任務，對於損害他人營業信譽之競爭手段自應予以禁止，故於第二十二條中規定：「事業不得為競爭之目的，而陳述或散布足以損害他人營業信譽之不實情事。」

二、構成要件

㈠競爭之目的

不肖業者藉陳述或散布不實消息，損害競爭者之營業信譽行為，其目的在競爭，其行為已損害交易秩序，是一種不公平競爭行為。

㈡陳述或散布不實情事

公平交易法第二十二條規定，目的不僅在維護事業之營業信譽，亦在保護消費者利益。其所陳述或散布之情事，須為「不實」。事業彼此互揭瘡疤，相為攻訐，其所陳述者係屬真實，但若僅涉於私德，而與公共利益無關時，則可能有刑法第三一○條第三項「對於所毀謗之事，能證明其為真實者，不罰。但涉於私德而與公共利益無關者，不在此限。」

「陳述」係指以口頭言詞表達意見。業務人員向一特定交易相對人陳述之行為，如係受事業之指示或默示同意而陳述或散布足以損害他人營業信譽之不實情事者，事業即應負責。

㈢足以損害他人營業信譽之行為

事業因他事業之陳述或散布不實情事，致社會上相關大眾或交易相對人降低對該事業營業上之評價。例如消費者對該產品或服務產生不信任感或降低其信譽等。

案　例

甲科技公司陳述或散布足以損害乙事業營業信譽之不實情事，違反公平交易法第二十二條案。

事　實

甲科技公司原係加拿大商〇〇〇科技公司所生產之「〇〇〇字庫及〇〇〇橋」電腦軟體之在臺經銷總代理商，其後因授權代理合約屆滿，〇〇〇公司另與乙事業簽約，由其取代甲公司負責在臺製造及銷售前揭產品。甲公司乃撰寫製作內載「目前〇〇〇公司將產品交由不懂電腦的乙事業繼續欺騙臺灣客戶，竟謊稱總代理，甲公司鄭重呼籲使用者，不要受騙上當以免後悔莫及。」等語之「鄭重啟事」的文字傳單，並將該等文字，除錄入甲公司產品電腦磁片測試版之首頁「輔助說明」螢幕內外，甲公司並分別在臺北及高雄所舉辦之產品發表會中，散發前述「鄭重啟事」之傳單，及贈送或銷售前述錄有誹謗文字之測試版磁碟片。

構成要件

1.競爭之目的

本案中甲科技公司及乙事業，既係〇〇〇公司產品在臺之前後任總代理商、其業務經營範圍均為有關電腦軟、硬體方面產品，復證以甲公司所散發傳單之左下方並列有其及乙事業各式產品之價格比較表等事實，足以推知，甲、乙二事業所各提供之產品實具有替代可能性，而可認為係屬同一市場範圍之具有競爭性質產品。因之，甲公司製作、散發系爭傳單之目的，明顯即係為競爭之目的所為。

2.陳述或散布不實情事

查所謂「陳述」或「散布」指以言詞、文字、圖畫等所為之行

為；而「不實」與否，則應以客觀上之事實推定之，非可由甲事業單方主觀上予以認定。本案甲公司業已承認有關製作、散發系爭傳單及電腦磁碟片之行為。惟辯稱乃係因該公司與○○○公司所簽署之總代理合約效力依然存在，該公司仍是○○○公司相關產品在臺之總代理，故其於系爭傳單中宣稱檢舉人「謊稱為○○○公司之總代理」一事，並無不實之處；惟經查由甲公司所提供、主張之○○○公司的「鄭重聲明」及○○○公司與乙事業共同委託國內律師研發之「聯合聲明」中，可知乙事業確為○○○公司授權之臺灣總代理。故甲公司於系爭傳單中宣稱乙事業「謊稱為○○○公司之總代理」，即屬不實情事。

3. 足以損害他人營業信譽

查乙事業既確係○○○公司授權在臺之總代理，且其公司營業項目亦以有關電腦方面之業務為主，因此甲公司遽稱乙事業「謊稱為○○○公司之總代理」、「不懂電腦」、「繼續欺騙臺灣客戶」，實難認為係出於善意發表之言論，而不會降低社會相關大眾或交易相對人，對乙事業營業上之評價，若再衡其製作、散發傳單及磁碟片之手段行為，應可認定此等事實業已該當「足以損害他人營業信譽」之構成要件。綜上論陳，本件甲科技公司之行為已違反公平交易法第二十二條規定（公平會，《認識公平交易法》增訂三版頁一七二、一七三，民國八十四年六月）。

三、事業違反公平交易法第二十二條之刑罰

㈠民事責任

1.除去侵害請求權及防止侵害請求權：事業違反本法之規定，致侵害他人權益者，被害人得請求除去之；有侵害之虞者，並得請求防止之（本法第三十條）。

2.損害賠償責任：事業違反本法之規定，致侵害他人權益者，應負損害賠償責任（本法第三十一條）。

3.賠償額之酌定：法院因前條被害人之請求，如為事業之故意行為，得依侵害情節，酌定損害額以上之賠償。但不得超過已證明損害額之三倍。侵害人如因侵害行為受有利益者，被害人得請求專依該項利益計算損害額（本法第三十二條）。

4.消滅時效：本章所定之請求權，自請求權人知有行為及賠償義務人時起，二年間不行使而消滅；自為行為時起，逾十年者亦同（本法第三十三條）。

5.判決書之登載新聞紙：被害人依本法之規定，向法院起訴時，得請求由侵害人負擔費用，將判決書內容登載新聞紙（本法第三十四條）。

㈡刑事責任

違反第二十二條規定者，處行為人二年以下有期徒刑、拘役或科或併科新臺幣五千萬元以下罰金。前項之罪，須告訴乃論（本法第三十七條）。

㈢行政責任

1.公平交易委員會對於違反本法規定之事業,得限期命其停止、改正其行為或採取必要更正措施，並得處新臺幣五萬元以上二千五百萬元以下罰鍰；逾期仍不停止、改正其行為或未採取必要更正措施者，得繼續限期命其停止、改正其行為或採取必要更正措施，並

按次連續處新臺幣十萬元以上五千萬元以下罰鍰，至停止、改正其行為或採取必要更正措施為止（本法第四十一條）。

2.公平交易委員會依第二十七條規定進行調查時，受調查者於期限內如無正當理由拒絕調查、拒不到場陳述意見，或拒不提出有關帳冊、文件等資料或證物者，處新臺幣二萬元以上二十五萬元以下罰鍰；受調查者再經通知，無正當理由連續拒絕者，公平交易委員會得繼續通知調查，並按次連續處新臺幣五萬元以上五十萬元以下罰鍰，至接受調查、到場陳述意見或提出有關帳冊、文件等資料或證物為止（本法第四十三條）。

第六節　多層次傳銷行為的規範

一、多層次傳銷行為的意義

多層次傳銷行為的意義，依據公平交易法第八條規定，「多層次傳銷，謂就推廣或銷售之計畫或組織，參加人給付一定代價，以取得推廣、銷售商品或勞務及介紹他人參加之權利，並因而獲得佣金、獎金或其他經濟利益者而言。前項所稱給付一定代價，謂給付金錢、購買商品、提供勞務或負擔債務。」至於多層次傳銷事業之意義，依據「多層次傳銷管理辦法」第三條的規定，係指就多層次傳銷訂定營運計畫或規章，統籌規劃傳銷行為之事業。而多層次傳銷組織中之參加人，則係指(1)加入多層次傳銷事業之組織或計畫，推廣、銷售商品或勞務，並得介紹他人參加者。(2)與多層次傳銷事業約定，於累積支付一定代價後，始取得推廣、銷售商品或勞務及介紹他人參加之權利者。

二、多層次傳銷事業實施前之報備

多層次傳銷事業應於開始實施多層次傳銷行為三十日前，以書面據實載明下列事項，向中央主管機關報備（多層次傳銷管理辦法第五條）：

1. 公司執照及營利事業登記證影本。

2. 主要營業所及其他營業場所所在地。

3. 關係企業之名稱、所在地及與多層次傳銷事業間之持股關係。

4. 傳銷組織或計畫。

5. 營運計畫或規章，並應載明參加人取得佣金、獎金及其他經濟利益之計算方法；並預估上述佣金、獎金及其他經濟利益之合計數占其營業總收入之最高比例。

6. 開始實施多層次傳銷行為之日。

7. 規範參加人權利義務之契約條款及其他約定。

8. 銷售商品或勞務之種類、性能、品質、價格、預估單位製造、進貨或勞務成本、用途及其有關事項。

9. 關於銷售商品或勞務之瑕疵擔保規定。

10. 其他經中央主管機關指定之事項。

前項所稱書面之格式，得由中央主管機關規定之。

三、多層次傳銷禁止之行為

多層次傳銷，其參加人如取得佣金、獎金或其他經濟利益，主要係基於介紹他人加入，而非基於其所推廣或銷售商品或勞務之合理市價者，不得為之（本法第二十三條）。所稱之「其」字係指多層次傳銷管理辦法第四條所稱之參加人。

有關該條文中所稱參加人佣金、獎金或其他經濟利益等收入之計算，係以參加人本身依合理市價推廣或銷售商品之實績為基礎，

至於其下線傳銷人員銷售商品之實績，若確實經由參加人輔導之下線實際從事商品之推廣或銷售者，並在其合理分配之金額範圍內，得一併加總計算(公平交易委員會網站 http://www.ftc.gov.tw 交流道 Q&A 第 173 題)。

所謂「主要」及「合理市價」應如何判定？公平交易委員會第十九次委員會議討論：

1. 在「主要」部分

   (1)多層次傳銷組織，參加人之利潤來源如可清楚劃分為二，一為單純來自介紹他人加入，二為來自所推廣或銷售商品或勞務之價格，其利潤來源，如主要係來自介紹他人加入，即違反公平交易法第二十三條之規定。至於「主要」如何認定，以百分之五十作為判定標準之參考，並依個案是否屬蓄意違法及檢舉受害層面和程度等實際狀況做一合理認定。

   (2)如參加人之利潤來源無法明確分割多少純係來自介紹他人，或多少純係來自推廣或銷售商品或勞務，而兼含此二種報酬，此時欲判斷其是否符合公平交易法第二十三條之規定，應從其商品售價是否係「合理市價」判斷之。

2. 在「合理市價」部分

   (1)市場上有同類競爭商品或勞務之情況：認定是否係「合理市價」時，其在國內外市場相同或同類產品或勞務之售價，品質係最主要之參考依據。另外，多層次傳銷事業之獲利率，與以非多層次傳銷方式行銷相同或同類產品行業獲利率之比較，亦可供參考，其他考慮因素尚包括成本、特別技術及服務水準等。

   (2)市場上無同類競爭商品或勞務之情況：因無同類商品或勞務可資比較，認定「合理市價」較為困難，不過只要多層次傳銷事業訂有符合多層次傳銷管理辦法退貨之規定，並確實依

法執行，則其所推廣或銷售商品或勞務之價格，基本上應可視為「合理市價」（公研釋第九號；公平交易委員會網站 http://www.ftc.gov.tw 交流道 Q&A 第 172 題）。

四、多層次傳銷參加人之解除契約權（本法第二十三條之一）

多層次傳銷參加人得自訂約日起十四日內以書面通知多層次傳銷事業解除契約。

多層次傳銷事業應於契約解除生效後三十日內，接受參加人退貨之申請，取回商品或由參加人自行送回商品，並返還參加人於契約解除時所有商品之進貨價金及其他加入時給付之費用。

多層次傳銷事業依前項規定返還參加人所為之給付時，得扣除商品返還時已因可歸責於參加人之事由致商品毀損滅失之價值，及已因該進貨而對參加人給付之獎金或報酬。

前項之退貨如係該事業取回者，並得扣除取回該商品所需運費。

五、多層次傳銷參加人之終止契約權（本法第二十三條之二）

參加人於前條第一項解約權期間經過後，仍得隨時以書面終止契約，退出多層次傳銷計畫或組織。

參加人依前項規定終止契約後三十日內，多層次傳銷事業應以參加人原購價格百分之九十買回參加人所持有之商品。但得扣除已因該項交易而對參加人給付之獎金或報酬，及取回商品之價值有減損時，其減損之價額。

六、多層次傳銷事業不得請求因契約解除或終止所受損害賠償或違約金之情形（本法第二十三條之三）

　　參加人依前二條行使解除權或終止權時，多層次傳銷事業不得向參加人請求因該契約解除或終止所受之損害賠償或違約金。

七、不合法多層次傳銷行為之判斷

　　判斷多層次傳銷是否合法，應參考「公平交易法」及「多層次傳銷管理辦法」，若該事業之制度及執行悉依上述法令規定，即為合法的多層次傳銷事業。

　　在實務上，要辨別一多層次傳銷事業是否合法，可參考下列幾點涉及違法的判斷基準來綜合判斷：

行為類型	說　明
參加人之收入來源是否主要來自介紹他人加入所抽取佣金，而不是來自銷售商品或勞務的利潤以及其與下線參加人所推廣或銷售商品之業績獎金。	依據公平交易法第二十三條：「多層次傳銷，其參加人如取得佣金、獎金或其他經濟利益，主要係基於介紹他人加入，而非基於其所推廣或銷售商品或勞務之合理市價者，不得為之。」
所銷售商品或勞務之訂價是否明顯偏高較一般市面之相同或同類商品或勞務價格。	在諸多情況下，參加人的收入來源，無法明確劃分係來自推廣或銷售商品，來自於介紹他入加入，故可自銷售之商品售價是否為「合理市價」來加以判斷，是否符合公平交易法第二十三條規定。
加入成為直銷商之條件，是否須繳交高額之入會費或要求購買相當金額之商品，而這些商品並非一般人在短期內所能售完。	依據多層次傳銷管理辦法第十七條規定。
參加契約書中是否依據公平交易法及管理辦法的規定，明訂有參加人得以解除契約或終止契約方式退出傳銷組	1. 依據公平交易法第二十三條之一規定：多層次傳銷參加人得自訂約日起十四日內以書面通知多層次傳銷事

織以及退出後雙方之權利義務關係，包括參加人得退還所持有之商品，多層次傳銷事業有買回義務等規定。

業解除契約。多層次傳銷事業應於契約解除生效後三十日內，接受參加人退貨之申請，取回商品或由參加人自行送回商品，並返還參加人於契約解除時所有商品之進貨價金及其他加入時給付之費用。多層次傳銷事業依前項規定返還參加人所為之給付時，得扣除商品返還時已因可歸責於參加人之事由致商品毀損滅失之價值，及已因該進貨而對參加人給付之獎金或報酬。

2. 依據公平交易法第二十三條之二規定：參加人於前條第一項解約權期間經過後，仍得隨時以書面終止契約，退出多層次傳銷計畫或組織。參加人依前項規定終止契約後三十日內，多層次傳銷事業應以參加人原購價格百分之九十買回參加人所持有之商品。但得扣除已因該項交易而對參加人給付之獎金或報酬，及取回商品之價值有減損時，其減損之價額。

3. 依據公平交易法第二十三條之三規定：參加人依前二條行使解除權或終止權時，多層次傳銷事業不得向參加人請求因該契約解除或終止所受之損害賠償或違約金。前二條關於商品之規定，於提供勞務者準用之。

該事業是否已向公平交易委員會報備，已向公平會報備，並不代表其一切行為即為合法，但是報備者即在公平會之監督範圍內，公平會不定期派員前往該公司檢查，對消費者仍具有保障。

依據多層次傳銷管理辦法第五條規定，多層次傳銷事業應於開始營業或實施多層次傳銷行為三十日前，以書面向公平會報備。

（公平會，《簡易公平交易法》頁十五、四十六，民國八十四年六月）

八、多層次傳銷管理辦法要點

有關多層次傳銷事業之報備、業務檢查、及對參加人之告知、

參加契約內容及與參加人權益保障等相關事項，除本法規定外，由中央主管機關訂定辦法管理之（本法第二十三條之四）。公平會乃依公平交易法第二十三條之四規定訂定「多層次傳銷管理辦法」（中華民國八十一年二月二十八日（八一）公秘法字第○○一號令訂定發布，中華民國八十八年六月十六日（八八）公秘法字第○一五八八號令修正發布）其要點如下：

(一)多層次傳銷事業營業前之報備（本法第五條）

關於多層次傳銷事業營業前之報備程序，規定應在開始實施多層次傳銷行為三十日前，向中央主管機關報備。

(二)多層次傳銷事業報備事項有變更及停止傳銷行為時之報備（本法第七條）

多層次傳銷事業報備事項有變更時之報備程序，即除了涉及證照變更或銷售商品或勞務之單位製造、進貨或勞務成本，得於變更後十五日內或特定期間報備外，應於實施前向中央主管機關報備（本法第七條）。多層次傳銷事業於停止實施多層次傳銷行為三十日前，應向中央主管機關報備（本法第八條）。

(三)多層次傳銷事業於參加人加入時應告知之事項（本法第十一條）

1. 多層次傳銷事業之資本額及前一年度營業總額，但營業未滿一年之事業，應告知參加人有關已經營業月份之累積營業額。這部分主要在使參加人知道自己加入之多層次傳銷事業規模大小、經營狀況等等。

2. 傳銷組織或計畫，包括加入傳銷組織之條件，如何晉升較高階級等等。

3. 營運規章、交易須知及多層次傳銷相關法令，包括從事多層次傳銷時應注意那些事項，有那些行為可能會違反雙方契約約定，如何訂貨、取貨，以及公平交易法相關條文與多層次傳銷管理辦

法等。

4.參加人要負擔之義務等，例如：契約中是否規定參加人每月至少要銷售多少數量或金額，才可以視為活動中之參加人，而有領取獎金資格。

5.獎金制度，包括參加人直接推廣、銷售商品或勞務可獲得利益的內容；以及參加人因為所介紹的參加人推廣、銷售商品或勞務，而可獲得利益內容及取得條件。應注意獎金制度是否有導致變質多層次傳銷的可能，即應避免有公平交易法第二十三條規範之「參加人取得佣金、獎金或其他經濟利益，主要係基於介紹他人加入，而非基於其所推廣或銷售商品之合理市價」之變質多層次傳銷行為。

6.商品或勞務之種類、性能、品質、價格、用途及有關事項。

7.商品或勞務瑕疵擔保責任之條件、內容及範圍，包括如果收到商品發現有瑕疵時，如何退換貨等。

8.參加人退出傳銷組織或計畫的條件及因退出而發生之權利義務。有關此部分，多層次傳銷管理辦法第十三條規定如下：⑴參加人得自訂約日起十四日內，以書面通知多層次傳銷事業解除契約。⑵多層次傳銷事業於參加人解除契約生效後三十日內，接受參加人退貨之申請取回商品或由參加人自行送回商品，並返還參加人於契約解除時所有商品之進貨價金及其他加入時之費用。⑶多層次傳銷事業依前款規定返還參加人所為之給付時，得扣除商品返還時已因可歸責於參加人之事由致商品毀損滅失之價值，及已因該進貨而對參加人給付之獎金或報酬。前款之退貨如係該事業取回者，並得扣除取回該商品所需運費。⑷參加人於第一款解約權期間經過後，得隨時以書面終止契約，退出多層次傳銷計畫或組織。⑸參加人依前款規定終止契約後三十日內，多層次傳銷事業應以參加人原購價格百分之九十買回參加人所持有之商品，但得扣除已因該項交易而對參加人給付之獎金或報酬，及取回商品之價值有減損時，其減損之

價額。(6)參加人依第一款及第四款行使解除權或終止權時，多層次傳銷事業不得向參加人請求因該契約解除或終止所受之損害賠償或違約金。

㈣可歸責參加人事由下之退貨處理（本法第十四條）

　　對於參加契約中如約定當參加人違反營運規章、計畫或因其他可歸責於參加人之事由，多層次傳銷事業得提出解除或終止參加契約者，則有關此種情形下該參加人如提出退貨之處理方式，應事先由雙方當事人於參加契約中約定載明，可不適用第十三條強制退貨規範。

㈤財務報表之揭露（本法第十五條）

　　為使多層次傳銷事業之參加人明瞭其所加入之傳銷事業之財務狀況，期能據此保障其權益，並藉以促進多層次傳銷事業資訊透明化，多層次傳銷事業自中華民國八十九年六月一日起，應將下列經會計師簽證之上年度決算報表備置於其主要營業所：(1)營業報告書。(2) 資產負債表。(3)財產目錄。(4)損益表。參加人加入已逾一年，且於前一年內自多層次傳銷事業應獲佣金、獎金或其他經濟利益者，得向所屬之多層次傳銷事業查閱前項決算報表。多層次傳銷事業非有正當理由，不得拒絕。多層次傳銷事業於停止實施多層次傳銷行為起二個月內，仍應依前二項規定辦理。具一定資格之參加人，得向多層次傳銷事業要求查閱上年度經會計師簽證之財務報表，傳銷事業除有正當理由外，不得拒絕。第十一條：多層次傳銷事業應將其前一年度之營業總額（其營業未滿一年者，以其已營業月份之營業額代之），及多層次傳銷相關法令，列為於參加人加入時應告知之事項。

㈥招募未成年參加人之要式規定（本法第十六條）

　　鑒於傳銷事業有進入校園或以寒、暑假打工之名義招募在學學生為參加人，考量該等參加人多屬未成年人，思慮未見成熟，增訂

多層次傳銷事業招募之參加人倘為未成年人者，該事業應取得該參加人之法定代理人之書面同意，並附於其參加契約中，以資保護未成年人之權益。

(七)禁止不當多層次傳銷行為（本法第十七條）

實務曾發生之多層次傳銷事業以虛構位階方式參與領取獎金或以不正當方式阻撓參加人辦理解除或終止契約退出退貨等情事，為防範類此不當多層次傳銷行為，於辦法第十七條規定：多層次傳銷事業不得為下列各款行為：(1)以訓練、講習、聯誼、開會或其他類似之名義，要求參加人繳納與成本顯不相當之費用。(2)要求參加人繳納或承擔顯屬不當之保證金、違約金或其他負擔。(3)要求參加人購買商品之數量顯非一般人短期內所能售罄。但約定於商品轉售後始支付貨款者，不在此限。(4)於解除或終止契約時不當扣發參加人應得之佣金、獎金或其他經濟利益。(5)約定參加人再給付與成本顯不相當之訓練費用或顯屬不當之其他代價，始給予更高之利益。(6)以違背其傳銷組織或計畫之方式，對特定人給予優惠待遇，足以減損其他參加人可獲得之佣金、獎金或其他經濟利益。(7)以不當方式阻撓參加人辦理解除契約、終止契約退出退貨。(8)要求參加人負擔顯失公平之義務。

(八)防止參加人利用傳銷組織或制度從事違法行為（本法第十八條）

為建立多層次傳銷事業之正常發展，防止參加人利用傳銷組織或制度從事違法行為，特列五款不當傳銷行為之態樣為例示：(1)以欺罔或引人錯誤之方式推廣、銷售商品或勞務及介紹他人參加傳銷組織。(2)假借多層次傳銷事業之名義或組織向他人募集資金。(3)以違背公共秩序或善良風俗之方式從事傳銷活動。(4)以不當之直接訪問買賣影響市場交易秩序或造成消費者重大損失。(5)從事違反刑法或其他工商管理法令之傳銷活動。賦予多層次傳銷事業對其參加人

為該等不當行為者，訂定處理方式加以規範，並要求事業者應確實執行之權利及義務。

㈨明示從事傳銷行為之義務（本法第十九條）

多層次傳銷事業或其參加人以報章廣告或其他媒體從事招募參加人者，應明白表示係多層次傳銷事業或從事多層次傳銷行為；並規定不得假藉徵用行政職員之名義，而實際為招募參加人之行為。

㈩宣稱成功案例之說明義務（本法第二十條）

多層次傳銷事業或其參加人，以宣稱案例方式促使他人加入者，應就其進行期間、獲得利益及發展歷程等事實為具體說明，不得有虛偽不實或引人錯誤之表示。倘其所聲稱之事項涉及第十一條第一項各款之內容者，亦同。

㈠參加人之教育訓練（本法第二十一條）

多層次傳銷事業應於參加人加入其傳銷組織或計畫後，施以多層次傳銷相關法令之教育訓練，另有關事業違法之申訴途徑，亦應於該訓練中一併告知參加人，以促使參加人為合法傳銷行為。

㈡多層次傳銷事業應於主要營業所備置書面資料

多層次傳銷事業應於主要營業所備置下列書面資料，按月記載其在中華民國境內之發展狀況：⑴事業整體及各層次之組織系統。⑵參加人總人數、當月加入及退出之人數。⑶參加人之姓名或名稱、國民身分證或營利事業登記證統一編號、地址、聯絡電話及主要分布地區。⑷與參加人訂定之書面參加契約。⑸銷售商品或勞務之種類、數量、金額及其有關事項。⑹佣金、獎金或其他經濟利益之給付情形。⑺處理參加人退貨之辦理情形及所支付之價款總額。前項資料，保存期限為五年，停止多層次傳銷行為者，亦同。第一項書面資料得以電子儲存媒體資料保存之（本法第二十二條）。

㈢接受檢查及定期提供資料之義務

中央主管機關得隨時派員檢查前條資料或命事業定期提供該項

資料，事業不得妨礙、拒絕或規避（本法第二十三條）。

㈤外國事業之管理

外國事業於中華民國境內從事多層次傳銷行為之管理，適用本辦法；其參加人或第三人引進該事業之傳銷計畫或營運規章者，亦受本辦法有關事業之規範（本法第二十四條）。

九、多層次傳銷事業或參加人之多層次傳銷行為，違反公平交易法或多層次傳銷管理辦法者，有何處罰規定？

㈠刑事罰（本法第三十五條及第三十八條）

違反公平交易法第二十三條規定者（即非法多層次傳銷行為者），處行為人三年以下有期徒刑、拘役或科或併科新臺幣一億元以下罰金。法人違反公平交易法第二十三條規定者，除處罰其行為人外，對該法人亦科以罰金。

㈡行政罰（本法第四十一、四十二、四十三條）

　1. 違反本法第二十三條規定

　　⑴得限期命其停止、改正其行為或採取必要更正措施，並得處新臺幣五萬元以上二千五百萬元以下罰鍰。

　　⑵逾期仍未依上開規定者，得繼續限期命其停止、改正其行為或採取必要更正措施，並按次連續處新臺幣十萬元以上五千萬元以下罰鍰，至停止、改正其行為或採取必要更正措施為止。

　　⑶違反公平交易法第二十三條規定，情節重大者得命令解散、停止營業或勒令歇業。

　2. 違反本法第二十三條之一至第二十三條之三

　　⑴違反第二十三條之一第二項、第二十三條之二第二項或第二十三條之三規定者，得限期命其停止、改正其行為或採取必

要更正措施，並得處新臺幣五萬元以上二千五百萬元以下罰鍰。

(2)逾期仍不停止、改正其行為或未採取必要更正措施者，得繼續限期命其停止、改正其行為或採取必要更正措施，並按次連續處新臺幣十萬元以上五千萬元以下罰鍰，至停止、改正其行為或採取必要更正措施為止。

(3)其情節重大者，並得命令解散、停止營業或勒令歇業。

3. 違反多層次傳銷管理辦法規定者

依法第四十一條處罰。

4. 不配合公平會調查

公平交易委員會依第二十七條規定進行調查時，受調查者於期限內如無正當理由拒絕調查、拒不到場陳述意見，或拒不提出有關帳冊、文件等資料或證物者，處新臺幣二萬元以上二十五萬元以下罰鍰；受調查者再經通知，無正當理由連續拒絕者，公平交易委員會得繼續通知調查，並按次連續處新臺幣五萬元以上五十萬元以下罰鍰，至接受調查、到場陳述意見或提出有關帳冊、文件等資料或證物為止（本法第四十三條）。

(三)民事責任

1. 多層次傳銷參加人取得佣金等禁止之情形

多層次傳銷，其參加人如取得佣金、獎金或其他經濟利益，主要係基於介紹他人加入，而非基於其所推廣或銷售商品或勞務之合理市價者，不得為之（本法第二十三條）。

2. 多層次傳銷參加人解除契約之條件及因解除契約而生之權利義務

(1)多層次傳銷參加人得自訂約日起十四日內以書面通知多層次傳銷事業解除契約。(2)多層次傳銷事業應於契約解除生效後三十日內，接受參加人退貨之申請，取回商品或由參加人自行送回商品，

並返還參加人於契約解除時所有商品之進貨價金及其他加入時給付之費用。(3)多層次傳銷事業依前項規定返還參加人所為之給付時，得扣除商品返還時已因可歸責於參加人之事由致商品毀損滅失之價值，及已因該進貨而對參加人給付之獎金或報酬。(4)前項之退貨如係該事業取回者，並得扣除取回該商品所需運費（本法第二十三條之一）。

3. 多層次傳銷參加人終止契約之條件及因終止契約而生之權利義務

(1)參加人於前條第一項解約權期間經過後，仍得隨時以書面終止契約，退出多層次傳銷計畫或組織。(2)參加人依前項規定終止契約後三十日內，多層次傳銷事業應以參加人原購價格百分之九十買回參加人所持有之商品。但得扣除已因該項交易而對參加人給付之獎金或報酬，及取回商品之價值有減損時，其減損之價額（本法第二十三條之二）。

4. 多層次傳銷事業不得請求因契約解除或終止所受損害賠償或違約金之情形

(1)參加人依前二條行使解除權或終止權時，多層次傳銷事業不得向參加人請求因該契約解除或終止所受之損害賠償或違約金。(2)前二條關於商品之規定，於提供勞務者準用之（本法第二十三條之三）。

5. 除去侵害請求權及防止侵害請求權

事業違反本法之規定，致侵害他人權益者，被害人得請求除去之；有侵害之虞者，並得請求防止之（本法第三十條）。

6. 損害賠償責任

事業違反本法之規定，致侵害他人權益者，應負損害賠償責任（本法第三十一條）。

7. 賠償額之酌定

法院因前條被害人之請求，如為事業之故意行為，得依侵害情節，酌定損害額以上之賠償。但不得超過已證明損害額之三倍。侵害人如因侵害行為受有利益者，被害人得請求專依該項利益計算損害額（本法第三十二條）。

8. 消滅時效

本章所定之請求權，自請求權人知有行為及賠償義務人時起，二年間不行使而消滅；自為行為時起，逾十年者亦同（本法第三十三條）。

9. 判決書之登載新聞紙

被害人依本法之規定，向法院起訴時，得請求由侵害人負擔費用，將判決書內容登載新聞紙（本法第三十四條）。

第七節　其他欺罔或顯失公平之行為

一、其他足以影響交易秩序之欺罔或顯失公平行為之意義

由於不公平競爭行為的態樣繁多，無法一一列舉，為避免疏漏，公平交易法第二十四條訂有概括條款：「除本法另有規定者外，事業亦不得為其他足以影響交易秩序之欺罔或顯失公平之行為」，以期規範其他有礙市場公平競爭之行為。

何謂「影響交易秩序之欺罔行為」即不符合社會倫理及效能競爭原則之交易秩序，包括對交易相對人為欺罔或不當壓抑的交易秩序，以及阻礙競爭者為公平競爭的交易秩序。何謂「顯失公平行為」即行為具有商業競爭倫理的非難性。商業競爭行為違反社會倫理，或侵害以品質、價格、服務等效能競爭本質為中心之公平競爭。惟是否足以影響交易秩序之欺罔或顯失公平行為須視具體個案分別

判斷。

　　為使公平交易法第二十四條之適用更為明確，公平會已初步完成公平交易法第二十四條適用原則之研究，以作為處理相關案件之參考。其大致內容包括：

　　1.具有不公平競爭本質之行為，如無法依公平交易法其他條文規定加以規範者，則可檢視有無公平交易法第二十四條之適用。

　　2.所謂不公平競爭，係指行為具有商業競爭倫理的非難性。也就是說，商業競爭行為違反社會倫理，或侵害以品質、價格、服務等效能競爭本質為中心之公平競爭。

　　3.公平交易法第二十四條之交易秩序，係指符合社會倫理及效能競爭原則之交易秩序，包括了交易相對人間不為欺罔及不當壓抑的交易秩序，以及不阻礙競爭者為公平競爭的交易秩序。

　　4.行為是否構成不公平競爭，可從交易相對人間之交易行為，以及從市場上之效能競爭是否受到侵害加以判斷。

　　前述公平交易法第二十四條的適用原則，僅係參考性質，至於詳細的行為類型，仍須自具體個案中加以判斷。

二、第二十四條之欺罔或顯失公平行為之判斷

　　1.先自交易相對人間之交易行為觀察對交易相對人為欺罔行為：⑴即以欺騙或隱瞞重要事實等引人錯誤之方法，致使交易相對人與其交易，或使競爭者喪失交易機會。至於行為是否構成欺罔，應以一般人之標準衡量，且無須以發生實際交易行為為要件，只須行為於客觀上構成「欺罔」即可。⑵對交易相對人為顯失公平行為：所謂對交易相對人為顯失公平行為,係指對交易相對人為不當壓抑，亦即妨礙交易相對人自由決定是否交易及交易條款。行為構成顯失公平者，同樣亦不必以發生實質交易行為為要件，只須在客觀上構成顯失公平即可。常見之行為類型包括，強迫或煩擾交易相對人、

對交易相對人濫用優勢地位等。所謂強迫係指以物理上強制力或造成心理上壓力使交易相對人與其交易。所謂煩擾，係指以干擾、糾纏或造成厭煩等方法促使交易相對人與其交易。所謂對交易相對人濫用優勢地位係指強迫交易相對人接受不公平交易條款，例如不公平之定型化契約即為著例（本法第二十四條之適用原則）。

2.次從市場上之效能競爭是否受到侵害觀察，若無法或很難自交易相對人間之交易行為，觀察行為是否欺罔或顯失公平，則可以市場上效能競爭是否受到侵害來判斷。亦即，雖然事業之行為對交易相對人而言，無從或很難認定構成欺罔或顯失公平，但若其行為已違反效能競爭的原則，對於其他遵守公平競爭本質的競爭者而言，已構成顯失公平，而使市場上公平競爭本質受到侵害，從而其行為具有商業競爭倫理非難性，構成公平交易法第二十四條之違反。此類行為大致可分為（本法第二十四條之適用原則）：

(1)榨取他人努力成果之行為：

榨取他人努力成果行為，不符合商業競爭倫理，故屬於不公平競爭行為。惟於是否構成違法之判斷上，應衡量榨取行為帶給社會大眾之利益以及損害被榨取者及競爭秩序之不利益，並考量榨取者其手段之不當程度，以及被榨取之標的是否著名等各種因素加以衡量。常見之榨取他人努力成果行為有下列幾種類型：依附他人聲譽、依附他人著名廣告。不當模仿他人商品或服務之外觀或表徵（但如其行為符合公平交易法第二十條之規定者，則適用該條之規定）。利用他人已投入廣告行銷之努力或成本，而推展自己商品之銷售（例如於真品平行輸入情形，貿易商對於商品之內容、來源、進口廠商名稱及地址等事項以積極行為使消費者誤認係代理商所進口銷售之商品）。

(2)破壞市場的行為：

意圖消滅競爭者之大量分贈正式商品。意圖消滅競爭者之低價

傾銷或高價購入行為。

公平交易法第二十四條規定係在禁止事業對交易相對人為足以影響交易秩序之欺罔或顯失公平行為。故事業濫用其優勢地位，對交易相對人為不當壓抑，迫使交易相對人接受不公平交易條款，倘為行業之普遍現象，因其行為違反商業競爭倫理且具有非難性，有本條之適用。

三、事業有足以影響交易秩序之欺罔或顯失公平行為之處罰

㈠民事責任

1.除去侵害請求權及防止侵害請求權：事業違反本法之規定，致侵害他人權益者，被害人得請求除去之；有侵害之虞者，並得請求防止之（本法第三十條）。

2.損害賠償責任：事業違反本法之規定，致侵害他人權益者，應負損害賠償責任（本法第三十一條）。

3.賠償額之酌定：法院因前條被害人之請求，如為事業之故意行為，得依侵害情節，酌定損害額以上之賠償。但不得超過已證明損害額之三倍。侵害人如因侵害行為受有利益者，被害人得請求專依該項利益計算損害額（本法第三十二條）。

4.消滅時效：本章所定之請求權，自請求權人知有行為及賠償義務人時起，二年間不行使而消滅；自為行為時起，逾十年者亦同（本法第三十三條）。

5.判決書之登載新聞紙：被害人依本法之規定，向法院起訴時，得請求由侵害人負擔費用，將判決書內容登載新聞紙（本法第三十四條）。

㈡刑事責任

無。

(三)行政責任

1.公平交易委員會對於違反本法規定之事業,得限期命其停止、改正其行為或採取必要更正措施,並得處新臺幣五萬元以上二千五百萬元以下罰鍰;逾期仍不停止、改正其行為或未採取必要更正措施者,得繼續限期命其停止、改正其行為或採取必要更正措施,並按次連續處新臺幣十萬元以上五千萬元以下罰鍰,至停止、改正其行為或採取必要更正措施為止(本法第四十一條)。

2.公平交易委員會依第二十七條規定進行調查時,受調查者於期限內如無正當理由拒絕調查、拒不到場陳述意見,或拒不提出有關帳冊、文件等資料或證物者,處新臺幣二萬元以上二十五萬元以下罰鍰;受調查者再經通知,無正當理由連續拒絕者,公平交易委員會得繼續通知調查,並按次連續處新臺幣五萬元以上五十萬元以下罰鍰,至接受調查、到場陳述意見或提出有關帳冊、文件等資料或證物為止(本法第四十三條)。

四、公平會對房屋仲介業行業導正原則(收取斡旋金行為導正)

(一)緣　起

緣於房屋仲介業者向購屋人收受斡旋金,代向賣方議價之行為,已逐漸形成仲介業之交易特色,但囿於斡旋金制度係業者自創,並無明確定義,以致爭議不斷。案經本會多次邀集主管機關、業者、學者專家、消費者團體代表,召開「房屋仲介業者收取『斡旋金』之合理性及合法性」公聽會,與會代表雖未反對斡旋金之存在,惟均認為應將雙方之權利義務及交易條件明確約定。

(二)決議內容

經公平會第二七七次委員會議決議,進行行業導正,決議內容:房屋仲介業者如提出斡旋金要求,應同時告知消費者亦可選擇採用

內政部所訂定之「要約書」，如消費者選擇約定交付斡旋金，則仲介業者應以書面明定交付斡旋金之目的，明確告知消費者之權利義務，仲介業者若未遵行而有欺罔或顯失公平情形，則認定其違反公平交易法第二十四條規定。

㈢導正期限

　　自八十六年六月一日起至八十六年八月三十一日止，即自八十六年九月一日起，業者應依公平會決議辦理，否則，將就個案認定違反公平交易法第二十四條規定。

㈣公平會第三七一次、第三八三次、第三八六次委員會議決議

　　八十六年二月二十九日第二七七次委員會議決議房屋仲介業者應告知購屋人有選擇內政部版要約書之權利，惟實施迄今仍接獲不少糾紛案例，為落實上述決議內容，公平會爰於八十七年十二月十六日第三七一次委員會議決議，如仲介業者以書面方式告知購屋人亦可選擇採用內政部所訂定之要約書，則應於明顯處以粗體或不同顏色之醒目字樣，扼要說明要約書與斡旋金之區別及其代替關係，並由購屋人針對該項說明簽名確認。

　　公平會於八十八年三月十日第三八三次委員會議，就「房屋仲介業應如何使購屋人瞭解選擇要約書之權」一案，決議仲介業者如以書面告知，其內容範例如下，業者宜以一份書面文件供購屋人簽署。

注意：購屋人得就內政部版要約書或斡旋金任選一種

為保障購屋人的權益，並防杜日後滋生糾紛，本公司依據行政院公平交易委員會決議，確實提供內政部版要約書與斡旋金契約二種文件及方式供您參考，購屋人可自由選擇簽署其一，請勾選所選擇簽署的文件：

□內政部版要約書（詳如仲介業者提供之要約書），主要內容包括：

載明購屋人提出要約的主要內容，由仲介業者轉達給賣方。

購屋人如果選擇簽訂要約書即不須支付仲介業斡旋金，在要約條件尚未經賣方承諾之前，無須支付其他任何款項。

購屋人在約定的要約期限內，仍然可以書面隨時撤回本要約。但是如果賣方的承諾已經到達購屋人之後，那麼就不能撤回本要約。

本要約經賣方承諾之後，購屋人就應依約定與賣方就買賣契約細節進行協商，如果不履行簽立買賣契約的義務時，就必須依據要約書中的約定內容，支付賣方損害賠償金額。

□斡旋金契約（或仲介業者所使用之斡旋金契約名稱）

購屋人：　　　　　　　　　（簽章）

身分證字號：

公司名稱：

買方經紀人：　　　　　　　（簽章）

簽署時間：　　　年　　月　　日　　　時

　　　另針對房屋仲介業對於看板廣告應如何標示面積問題，則於八十八年三月三十一日第三八六次委員會議決議「應以法定用語標示建物登記謄本所登載之面積」，使業者有所遵循，決議督導內容如下：

　　　「房屋仲介業刊登看板廣告時，其面積之標示，應以法定用語標示建物登記謄本所登載之面積。若權狀與建物登記謄本所載面積不同時，應明示其資料來源為權狀或建物登記謄本，並依該資料來源明白標示其面積為『權狀○○平方公尺或○○坪』或『登記○○平方公尺或○○坪』。仲介業者若未遵行而有虛偽不實或引人錯誤情事，則違反公平交易法第二十一條規定。」

　　　以上導正原則業經八十八年七月十四日第四○二次委員會議決議訂定八十八年八月三十一日為導正期限末日，即自八十八年九月

一日起，仲介業者應明確告知購屋人可選擇簽訂內政部版之要約書，房屋看板廣告之面積標示亦應使用法定用語，否則將就個案認定是否違反公平交易法之規定。

五、不動產欺罔或顯失公平交易行為態樣

㈠收受定金前提供契約供五天審閱

為落實購屋人於預售屋買賣簽約前充分審閱契約之權利，公平會業於八十四年六月七日第一九一次委員會議中達成決議：建築投資商銷售預售屋時，有下列行為之一者，即可能構成 公平交易法第二十四條所規定顯失公平之行為：⑴要求客戶須給付定金始提供契約書。⑵在與客戶簽約前，未提供充分之契約審閱期間。審閱期間至少五天。⑶於客戶就契約條款內容要求修改時，無正當理由拒絕修改，且拒絕返還客戶為保留交易機會所繳付之款項。有無正當理由，由建商負舉證責任。

本決議公平會已於中華民國八十四年六月二十日，函中華民國建築投資商業同業公會全國聯合會，並請其轉知所屬會員配合辦理（八四公壹字第〇四五四八號）。

㈡隱瞞重要交易資訊

〇〇建設有限公司於民國八十年至八十二年間銷售「〇〇〇大樓」房屋時，並未主動告知該房地屬於高雄市第三十三期市地重劃區內，致使承購戶須於近期日繳交土地差額費用，影響承購戶之權益。重要交易資訊會影響承購戶之購買意願，建商如積極的欺騙或消極的不告知重要資訊，致使交易相對人產生錯誤而與其交易，即可能違反公平交易法第二十四條之規定。本案高雄市第三十三期重劃計畫，於七十七年起經高雄市政府數度公告重劃事宜，被處分人於銷售房地契約時未將該交易資訊告知買受人，致買受人承受土地重劃之限制及負擔重劃費用，已構成影響交易秩序之欺罔行為，違

反公平交易法第二十四條之規定。

㈢土地移轉年度載明於契約

公平會於八十四年四月十二日第一八三次委員會議認定，有關建築業者於不動產買賣契約未明確約定土地移轉時間之行為，不利於購屋人對土地增值稅負擔之估計，易造成其錯誤認知，而影響業者公平競爭，係屬違反公平交易法第二十四條之顯失公平行為；建築業者應於八十四年十月一日以後簽約之契約中，明定土地移轉之年度或日期，否則，即違反本法第二十四條之規定。

另若以不特定之約定期間（如：簽約後三個月內）表示土地移轉時間，因有簽約且有契約上明確記載易於推算，此行為經公平會第二一八次委員會議決議，可予接受。

㈣公共設施分攤應載明於契約

公平會鑒於因公共設施（即法定用語「共用部分」）分配涉及房地交易標的面積之計算，乃重大交易條件；如未載明於契約中，將影響業者公平競爭，係屬違反公平交易法第二十四條之欺罔或顯失公平行為；惟鑒於該行為常見於業界，為便於業者因應，經公平會第二〇四次及第二一六次委員會議決議進行通案導正。

1.關於導正期限與執行方式如下：

⑴契約中應說明共用部分（公共設施）所含項目。

⑵契約中應表明公共設施分攤之計算方式。

⑶各戶持分總表應明確列示，並由業者自行決定採行提供公眾閱覽、分送或自由取閱等方式。

2.導正期限訂為八十五年元月底止。

3.基於不溯及既往原則，本導正計畫實施前已簽訂之房地產買賣契約，不予適用。自八十五年二月一日起，業者如未依前開會議執行，即認定違反公平交易法第二十四條之規定。

針對上述公共設施面積之分配及計算問題，復經公平會八十五

年第二三〇次及第二三五次委員會議補充決議如下：⑴簽訂買賣契約當時，買賣標的之不動產已經完成產權登記，並有所有權狀可資瞭解公共設施分配狀態者，得不適用之。⑵公共設施所含項目應採列舉方式。但得約定其他不可歸責於建商而需增減事項及其處理條款。⑶持分總表應足以顯示全區公共設施分攤之計算結果，至少應列出各戶各項目之持分占總公共設施之比例。⑷如依法申請變更，致各公共設施比例或項目有所調整，應由當事人再行約定。惟新約意旨不得違反原導正內容。

㈤建商指定貸款銀行

公平會八十三年六月一日第一三八次委員會議針對建商指定貸款銀行之約定作成以下決議：

購屋人如欲自行選定貸款銀行，應於與建商簽訂房屋買賣契約時予以明示，否則於交屋辦理貸款時，因其個別事由擬自行辦理貸款，而請求建商提供權狀遭拒，該建商是否違反公平交易法第二十四條之規定，尚須視具體情況而定。其應斟酌之因素，包括購屋人自選銀行貸款之利息是否確實較低（如勞工住宅貸款、公教住宅貸款等）、建商是否協助分擔利息之差額、購屋人是否配合建商之債權確保及二銀行間之配合狀況等等。

㈥對預售屋未售出部分逕自變更設計，增加戶數銷售

公平會八十三年九月二十六日第一五五次委員會議針對有關建商就預售屋未售出部分逕自變更隔間設計，以增加戶數銷售之行為作成以下決議：

公平交易法第二十一條規定事業不得藉不實廣告引誘交易或影響交易相對人權益。至於事業刊登廣告後，因情勢變更或事實需要，依據法律規定所得行使之權利，在未損及交易相對人權益之前提下，並未依此即受剝奪。復依建築法第三十九條規定，起造人於申領建造執照後，在法規許可範圍內，必要時得依事實上需要依法變更設

計。故建築業者依核定之工程圖樣及說明書所為之廣告行為，倘未刻意以虛偽不實或引人錯誤之廣告欺騙買受人，尚難逕認有違公平交易法第二十一條之規定。

惟公平交易法第二十四條規定事業不得為其他足以影響交易秩序之欺罔或顯失公平之行為。因此，建築業者未知會原買受人，即逕自變更廣告上所載之設計，使原買受人無從選擇而不得不接受，顯有憑恃其已收受價金等優勢地位，為影響交易秩序之顯失公平行為。故為維護公平競爭、保障消費者權益，自八十四年元月一日起，有關建築業者未通知原買受人，並給予表示同意、解除契約、減少價金或其他和解措施之選擇，即逕自就建物未售出部分變更原廣告所載之隔間等設計，以增加銷售戶數之不公平競爭行為，係違反公平交易法第二十四條之規定（公研釋第八十一號）。

(七)建商要求客戶繳回契約書

公平會第一三四次委員會議就有關建築投資商要求購屋人繳回買賣契約書之行為，作成以下決議：

有關建築投資商要求購屋人須繳回契約書始交付房屋、土地所有權狀、房屋鑰匙或履行其他債務之行為，業經公平會第一一九次及第一二九次委員會議決議，認定係違反公平交易法第二十四條之顯失公平行為，惟鑒於系爭行為係屬建築業界之習慣，為產業共通問題，應限期通案導正。

有關導正方法及期限，決議如下：

導正期間至八十三年六月三十日止，各建築投資商與購屋人之契約中如有關於契約繳回之約定，應積極地為改正行為，如換約、刪除相關條文或另行書面通知刪除該條文，或者消極地於交屋、交付所有權狀時不要求執行該條文。自八十三年七月一日起公平會如再接獲類似申訴，不論建築投資商與購屋人之契約訂於公平交易法生效前或生效後，公平會均將依公平交易法第四十一條之規定逕予

處分。

㈧仲介公司欺罔行為

　　房屋仲介公司於仲介房屋買賣時，以虛報交易價格之欺罔手段詐騙當事人以賺取差價。因仲介過程中買方出價之資訊均掌控於仲介公司，委託人（即賣方）無從知悉，易依該仲介公司之不正確資訊做出不利於己之決定而同意降價，故客觀上已足認該仲介公司為多賺取報酬，對委託人做虛偽報告，陷委託人於錯誤而同意降價之行為，此與仲介公司首重資訊透明、信實服務的行業規範，背道而馳，應論以違反公平交易法第二十四條之規定。

㈨有關不動產仲介業之加盟店未於廣告上明顯加註 「加盟店」字樣，使消費者誤認為係不動產直營店行為導正

　　房屋仲介業者應於本（八十四）年十二月三十一日前在廣告、市招、名片等明顯處加註「加盟店」字樣，以使消費者能清楚分辨提供仲介服務之行為主體，至於標示方式原則上由房屋仲介業者自行斟酌採行。

六、建築業涉法行為之導正計畫

㈠有關不動產買賣契約中未明定土地移轉時間之導正

　　本案經邀集相關公會與會研商，並提公平會八十四年八月十六日第二○一次委員會議決議：建築業者應於八十四年十月一日以後簽約之契約中明定關於土地移轉之年度或日期，否則即違反公平交易法第二十四條。

㈡有關建築投資業者未於房地產買賣契約中載明各共有人所分配之公共設施面積或比例之導正

　　本案經邀集相關政府機關及團體代表與會研商，並提公平會十一月二十九日第二一六次委員會議決議：

　　1.契約中應說明共用部分（公共設施）所含項目。

2.契約中應表明公共設施分攤之計算方式。

3.各戶持分總表應明確列示，並由業者自行決定採行提供公眾閱覽分送或自由取閱等方式。

4.導正期限訂為八十五年元月底止。

5.基於不溯及既往原則，本導正計畫實施前已簽訂之房地產買賣契約，不予適用。自八十五年二月一日起，業者如未依前開決議執行，即認定違反公平交易法第二十四條。

七、金融機構借貸契約導正案

㈠銀行借貸契約七項約款建議修正方向（修正）

導正內容：

1.有關「民法保證章節抗辯權之拋棄」

⑴保證人之債務應貫徹從屬性原則。

⑵保證債務之約款，不得有排除民法第七四一至七四四、七五一至七五三、及七五五條之規定。但工商貸款契約條款涉及民法第七五五條規定者，得由銀行與工商業者個別商議。

2.有關「未到期債權之抵銷權行使」

有左列三種情形之一者，銀行不得行使抵銷權：

⑴法令有禁止抵銷之規定者。

⑵當事人有約定不得抵銷者。

⑶基於無因管理或第三人因交易關係經由委任該銀行向借款人付款者。

3.有關「抵充權之約定」

銀行處分擔保物所得價金，或（及）抵償金額，如不足抵充借款人所負全部債務者，應依民法第三二一至三二三條之規定為抵充。但銀行指定之順序及方法較民法第三二三條之規定更有利於借款人者，從其指定。

4.有關「債務人債信不足時，強制拋棄期限利益，且債權人免除
　通知義務」

　⑴銀行行使加速條款事由，以左列情形為限：

　　①任何一宗債務不依約清償本金時。

　　②依破產法聲請和解、聲請宣告破產、聲請公司重整經票據
　　　交換所通知拒絕往來、停止營業、清理債務時。

　　③依約定原負有提供擔保之義務而不提供時。

　　④因死亡而其繼承人聲明為限定繼承或拋棄繼承時。

　　⑤因刑事而受沒收主要財產之宣告時。

　　⑥任何一宗債務不依約付息時。

　　⑦擔保物被查封或擔保物滅失、價值減少或不敷擔保債權時。

　　⑧立約人對銀行所負債務，其實際資金用途與該銀行核定用
　　　途不符時。

　　⑨受強制執行或假扣押、假處分或其他保全處分，致銀行有
　　　不能受償之虞者。

　⑵銀行依前開第⑥～⑨事由行使加速條款應於事先以合理期間
　　通知或催告立約人。

　⑶銀行公會應按季蒐集各金融行庫實施加速條款之件數及案例
　　供公平交易委員會參酌。

5.有關「不確定概括條款之遵守」

　　除借貸契約本約及附約各項約定外，如有未盡事宜，應由雙方
另行議定。

6.有關「確定抵押權擔保之範圍」（最高限額抵押權）

　⑴關於最高限額抵押權所擔保債權範圍之約定，宜適時配合民
　　法物權編修正草案初稿第八八三條之一之增訂條文，作適法
　　之約定，使之在今後抵押契約簽訂中，逐步回歸至因授信關
　　係所生之債務。

(2)未修正前，有關最高限額抵押權之擔保債權範圍之「保證」部分，建議由銀行授信人員向抵押人詳為解說，或以紅色或大型粗黑字體（或線條）印載，以喚起抵押人之注意，俾便其與銀行商議是否將本部分納入擔保範圍之內。

7.有關「義務之不對等」

請各銀行自競爭服務觀點斟酌訂定。例如銀行於借款人清償抵押權所擔保之債權後，應即協力辦理塗銷抵押權登記。

導正期限：

導正期限定至八十四年六月三十日止，同年七月一日起業者須全面配合改正。說明：基於維護競爭機能之立場，上開共識並不意謂未來銀行修正其借貸契約條款時，應以之為標準條款全數仿襲，換言之，上開導正內容是為最低標準，各銀行仍得斟酌自身情形，研訂更利於交易相對人之條款。

㈡設定抵押權登記規費轉嫁

導正內容：

金融機構如以特約轉嫁土地法第七十六條所定之登記規費負擔，應於簽訂契約時，以個別商議之方式為之，並載明於「特別條款」中。

導正期限：

導正期限定至八十四年二月二十八日止，同年三月一日起業者須全面配合改正。說明：本導正內容著重締約過程之公平，未依上開方式簽訂者，違反公平交易法第二十四條之規定。

㈢金融機構借貸契約導正案

導正內容：

1.金融機構簽立借據或借貸契約於借款人簽章時應寫明利率。

2.借據或借貸契約原則上應簽立正本二份，由雙方各執一份，惟業者如因作業考量，得以註明「與正本完全相符」之影本交借款

人收執。

　　導正期限：

　　導正期限定至八十六年七月三十一日止，同年八月一日起業者
須全面配合執行。說明：未依上開內容調整相關作業者，違反公平
交易法第二十四條之規定。

八十八年專門職業及技術人員普通考試不動產經紀人試題

試依公平交易法之規定，回答下列問題：㈠何謂「事業」？㈡公平交易委員會對於刊登虛偽不實廣告之事業，得如何處置？

答：

㈠何謂「事業」

依公平交易法第二條之規定所稱事業係指：

⑴公司。

⑵獨資或合夥之工商行號。

⑶同業公會。

⑷其他提供商品或服務從事交易之人或團體。

㈡公平交易委員會對於刊登虛偽不實廣告事業之處置

1.行政責任

公平會調查之程序：公平交易委員會依本法為調查時，得依左列程序進行：⑴通知當事人及關係人到場陳述意見。⑵通知有關機關、團體、事業或個人提出帳冊、文件及其他必要之資料或證物。⑶派員前往有關團體或事業之事務所、營業所或其他場所為必要之調查。

公平交易委員會依第二十七條規定進行調查時，受調查者於期限內如無正當理由拒絕調查、拒不到場陳述意見，或拒不提出有關帳冊、文件等資料或證物者，處新臺幣二萬元以上二十五萬元以下罰鍰；受調查者再經通知，無正當理由連續拒絕者，公平交易委

會得繼續通知調查，並按次連續處新臺幣五萬元以上五十萬元以下罰鍰，至接受調查、到場陳述意見或提出有關帳冊、文件等資料或證物為止。

公平會裁罰之方法：依公平交易法第四十一條規定公平交易委員會對於違反本法規定之事業，得限期命其停止、改正其行為或採取必要更正措施，並得處新臺幣五萬元以上二千五百萬元以下罰鍰；逾期仍不停止、改正其行為或未採取必要更正措施者，得繼續限期命其停止、改正其行為或採取必要更正措施，並按次連續處新臺幣十萬元以上五千萬元以下罰鍰，至停止、改正其行為或採取必要更正措施為止。故公平交易委員會對於刊登虛偽不實廣告事業之處置如下：

⑴限期命其停止、改正其行為或採取必要更正措施。

⑵並處以新臺幣五萬元以上二千五百萬元以下罰鍰。

⑶逾期仍不停止、改正其行為或未採取必要更正措施者，得繼續限期命其停止、改正其行為或採取必要更正措施，並按次連續處以罰鍰至停止、改正其行為或採取必要更正措施為止。

另依公平交易法施行細則第二十六條規定，事業如有違反該法第二十一條第一項、第三項規定之行為，公平交易委員會得依該法第四十一條命違法事業刊登更正廣告。至於更正廣告之方法、次數及期間，則由公平交易委員會審酌原廣告的影響程度定之。

2.刑事責任

依公平交易法第二十六條規定：公平交易委員會對於違反本法規定，危害公共利益之情事，得依檢舉或職權調查處理。故公平交易委員會對於刊登虛偽不實廣告事業有危害公共利益之情事，依檢舉或職權調查處理結果如有違反刑事法者依職權主動移送檢調單位偵查其違法情事。

第四章　損害賠償與罰責

一、概　述

　　法令之有效推行必須以實力（國家公權力）為其後盾，當違反法令時，就要借重實力（國家公權力）予以制裁。制裁具有處罰與強制的雙重作用，前者乃是對於過去違法行為所表示的譴責非難，而後者則是督促行為人將來不再違反法令，並且在可能情形下要求行為人回復以前的原狀。法律對於義務的違反，科以一定之法律效果的方式以便達成規範之目的。至於法律效果可按其內容區分為民事責任、刑事責任及行政責任。民事責任的作用則主要在回復原狀或填補損害，刑事責任的作用主要在預防將來的犯罪外，並且對於犯罪人兼有譴責非難的作用，藉以申明規範的倫理價值。行政責任的作用主要在管理，亦即取締違反行政法令的事件，強制人民未來的遵守法令。故對其義務之違反者所加之制裁方式有三大類：

　　第一是民事上制裁：指國家或私人，對於違反民事法上義務時，依據民事法之規定，予以制裁。亦即對於侵權行為或不履行義務之人，依據民事法規定，所加之制裁。較重要之制裁方式可分為(1)權利上之制裁：包括人格權之剝奪、身分權之剝奪、無效、撤銷、契約之解除等。(2)財產上之制裁及其他制裁：主要者有返還利益及損害賠償兩種。

　　第二是刑事上制裁：刑事制裁是最嚴厲的，可分為死刑、無期徒刑、有期徒刑、拘役、罰金等五種主刑；另尚可處以從刑，即褫奪公權與沒收。刑事制裁除實施強制作用，預防將來犯罪，並且對

犯罪人兼有譴責非難之作用。

第三是行政上制裁：違法行為，有時除侵害私人法益外，有時也侵害公共法益，法律通常不規定公權力機關得對加害人請求損害賠償，而視情節之輕重，或科以行政責任，或科或併科以刑事責任。國家對一般人民違反行政法規或行政處分時，科以行政制裁。常見者為行政罰與行政上之強制執行。行政罰主要者為社會秩序罰及財政罰。⑴社會秩序罰其處罰可分為拘留、勒令歇業、停止營業、罰鍰、沒入、申誡及其他必要措施。⑵財政罰係對違反財政法規上義務者所加之制裁。行政上之強制執行，亦稱行政執行，對於不履行行政法上之義務者，強制其履行之一種行政手段。此種之強制執行，於各種行政法令，多有個別之具體規定，其為一般性之概括規定，則有「行政執行法」。

二、違反公平交易法行為之處罰

㈠民事罰

1.公平交易法規定

⑴事業違反公平交易法之規定，致侵害他人權益者，被害人得請求除去之；有侵害之虞者，並得請求防止之（本法第三十條）。

⑵事業違反公平交易法之規定，致侵害他人權益者，應負損害賠償責任（本法第三十一條）。

⑶法院因前條被害人之請求，如為事業之故意行為，得依侵害情節，酌定損害額以上之賠償。但不得超過已證明損害額之三倍。侵害人如因侵害行為受有利益者，被害人得請求專依該項利益計算損害額（本法第三十二條）。

⑷前述所定之請求權,自請求權人知有行為及賠償義務人時起，二年間不行使而消滅；自為行為時起，逾十年者亦同（本法

第三十三條)。

(5)被害人依公平法之規定，向法院起訴時，得請求由侵害人負擔費用，將判決書內容登載新聞紙（本法第三十四條）。

2.責任類型

民事責任指因他事業違反本法之規定而受侵害者，對於加害事業依公平交易法第三十條至第三十二條所得提出之請求，其類型如下：

(1)請求除去侵害：例如銷毀仿冒品，除去侵害的目的在排除侵害的狀態。

(2)請求防止侵害：例如銷毀用以生產仿冒品之模具。防止侵害的目的在於避免將來之侵害或損害。

(3)請求賠償損害：例如請求因加害人銷售仿冒品造成之損害。賠償損害的目的則在於填補發生之損害。

關於請求除去侵害或請求損害賠償是作為之請求；反之，請求防止侵害，則是「不作為」的請求。鑒於加害人不得對於被害人繼續從事經認為對他人有侵害之不公平競爭行為，或不法限制競爭行為，故只要競爭行為被論為不公平或不法；不論加害人是否有故意過失，皆得命其在將來不得繼續為加害行為（請求防止侵害），而且得命其除去還繼續存在之侵害狀態（請求除去侵害）。至於就該不公平或不法之競爭行為對他人造成之損害,其是否應負損害賠償責任，原則上以加害人有故意或過失為要件。對於損害賠償，同法第三十二條第一項規定:「法院因前條被害人之請求,如為事業之故意行為，得依侵害情節，酌定損害額以上之賠償。但不得超過已證明損害額之三倍」。其超過損害額以上部分之賠償，係「懲罰性賠償」，蓋其賠償之損害，在超出損害額以上的部分，已非實際發生之損害。

公平交易法第三十三條規定:「本章所定之請求權,自請求權人知有行為及賠償義務人時起，二年間不行使而消滅；自為行為時起，

逾十年者亦同」。此為公平交易法本章所定請求權之消滅時效及除斥期間的規定。其內容與民法第一九七條關於侵權行為的規定相同。「自請求權人知有行為及賠償義務人時起，二年間不行使而消滅」，屬於消滅時效，「自為行為時起，逾十年者亦同」，屬於除斥期間的規定。關於消滅時效，有時效中斷（民法第一二九條至第一三八條）及時效不完成（民法第一三九條至第一四二條）之適用；關於除斥期間，只要法定期間經過，即生失權效力，無中斷或不完成的問題。

(二)刑事罰

(1)獨占事業濫用市場地位行為（本法第十條）、事業為聯合行為（本法第十四條）、事業仿冒他事業商品或營業表徵行為（本法第二十條），經中央主管機關依公平交易法第四十一條規定限期命其停止、改正其行為或採取必要更正措施，而逾期未停止、改正其行為或未採取必要更正措施，或停止再為相同或類似違反行為者。處行為人三年以下有期徒刑、拘役或科或併科新臺幣一億元以下罰金。法人則併同科以罰金。

(2)不正當多層次傳銷行為（本法第二十三條），處行為人三年以下有期徒刑、拘役或科或併科新臺幣一億元以下罰金（本法第三十五條）。法人則併同科以罰金（本法第三十八條）。

(3)事業為妨礙公平競爭行為（本法第十九條），經中央主管機關依公平交易法第四十一條規定限期命其停止、改正其行為或採取必要更正措施，而逾期未停止、改正其行為或未採取必要更正措施，或停止再為相同或類似違反行為者，處行為人二年以下有期徒刑、拘役或科或併科新臺幣五千萬元以下罰金。法人則併同科以罰金。

(4)事業為競爭而陳述或散布足以損害他人營業信譽之不實情事（本法第二十二條），處行為人二年以下有期徒刑、拘役或科或併科新臺幣五千萬元以下罰金。法人則併同科以罰金（本

法第三十八條)。本罪須告訴乃論(本法第三十七條第二項)。告訴乃論是為緩和競爭法中關於刑事制裁規定之嚴屬性，並提供當事人必要之和解機會，就其違反行為中之反倫理性格較低的犯罪類型，宜定為告訴乃論。只有在該犯罪行為之(直接)受害人向檢察機關提出告訴，或向刑事法院提起自訴時，始追究其刑事責任。

㈢行政罰

⑴事業結合應申請許可而未申請，或經申請未獲許可而為結合者，除依第十三條規定，禁止其結合、限期命其分設事業、處分全部或部分股份、轉讓部分營業、免除擔任職務、甚或命令解散、停止營業、勒令歇業外，尚得處新臺幣十萬元以上五千萬元以下罰鍰 (本法第四十條)。

⑵聯合行為經許可後，如因許可事由消滅、經濟情況變更或事業有逾越許可之範圍行為者，中央主管機關得撤銷許可、變更許可內容、命令停止、改正其行為或採取必要更正措施(本法第十六條)。

⑶公平交易委員會對於違反本法規定之事業,得限期命其停止、改正其行為或採取必要更正措施，並得處新臺幣五萬元以上二千五百萬元以下罰鍰; 逾期仍不停止、改正其行為或未採取必要更正措施者，得繼續限期命其停止、改正其行為或採取必要更正措施，並按次連續處新臺幣十萬元以上五千萬元以下罰鍰,至停止、改正其行為或採取必要更正措施為止(本法第四十一條)。

⑷公平交易委員會依第二十七條規定進行調查時，受調查者於期限內如無正當理由拒絕調查、拒不到場陳述意見，或拒不提出有關帳冊、文件等資料或證物者，處新臺幣二萬元以上二十五萬元以下罰鍰; 受調查者再經通知，無正當理由連續

拒絕者，公平交易委員會得繼續通知調查，並按次連續處新臺幣五萬元以上五十萬元以下罰鍰，至接受調查、到場陳述意見或提出有關帳冊、文件等資料或證物為止（本法第四十三條）。

(5)①違反第二十三條規定者，除依第四十一條規定處分外，其情節重大者，並得命令解散、停止營業或勒令歇業。

②違反第二十三條之一第二項、第二十三條之二第二項或第二十三條之三規定者，得限期命其停止、改正其行為或採取必要更正措施，並得處新臺幣五萬元以上二千五百萬元以下罰鍰。逾期仍不停止、改正其行為或未採取必要更正措施者，得繼續限期命其停止、改正其行為或採取必要更正措施，並按次連續處新臺幣十萬元以上五千萬元以下罰鍰，至停止、改正其行為或採取必要更正措施為止；其情節重大者，並得命令解散、停止營業或勒令歇業。

③違反中央主管機關依第二十三條之四所定之管理辦法者，依第四十一條規定處分。

三、修法重點

公平交易法部分條文修正草案於八十八年一月十五日經立法院完成三讀程序通過，並經　總統於同年二月三日公布，二月五日生效。其中增修條文計二十條，即修正第十、十一、十六、十八、十九、二十、二十一、二十三、三十五、三十六、三十七、四十、四十一、四十二、四十六、及四十九條等十六條條文，並增訂第二十三條之一、第二十三條之二、第二十三條之三及第二十三條之四等四條條文。修法重點如次：

(一)刪除獨占事業公告規定（原第十條第二項條文）

本法原第十條第二項規定：「獨占事業，由中央主管機關定期公

告之。」立法本意乃在提醒市場上已處於獨占地位之事業勿濫用市場地位之行為。公平交易委員會為執行本項規定，耗費大量行政成本，且認定是否濫用獨占地位時，所依據之資料及結果，如與獨占違法行為時點不一，尚不能直接援用，仍須重新調查市場資料。基此規定之缺失乃刪除本項規定，公平交易委員會對於違法行為即得依所調查之市場資料，直接處理違法獨占行為。

(二)刪除定期公告市場占有率五分之一之事業之規定（原第十一條第二項條文）

　　按原條文第十一條第二項有關定期公告市場占有率五分之一事業規定，立法目的在使事業符合結合申請許可要件者，有所依循，具警示作用。惟實施以來發現公告市場占有率五分之一與法定申請許可之占有率四分之一尚有差距，預警效果不大且適用上存有諸多問題，故配合第十條第二項同時刪除之。

(三)增列採取必要更正措施（第十六條）

　　為配合第四十一條之修正，增列聯合行為經許可後，因許可後事由消滅等原因，由中央主管機關所能之處分增列「採取必要更正措施」。

(四)刪除禁止限制轉售價格例外規定（第十八條第一項但書及第二項）

　　原公平交易法第十八條規定禁止事業限制轉售價格，允許日常用品，如有同種類商品在市場上可為自由競爭者，得由公平交易委員會公告例外不適用此禁止規定。但實務上因該類商品之市場尚非完全競爭市場，爰刪除例外規定。

㈤加強規範多層次傳銷，適度處罰違法行為（第二十三條、
　二十三條之一、二十三條之二、二十三條之三、二十三條
　之四及四十二條）

　　1.將多層次傳銷管理辦法第五條關於參加人解除契約及終止契
約等退貨規定，提升至公平交易法第二十三條之一、第二十三條之
二及第二十三條之三，以加強保障參加人之權益。另於第二十三條
之四明定授權訂定多層次傳銷管理辦法之事項，原條文第二十三條
第二項相應刪除。

　　2.對違反多層次傳銷管理辦法情節重大者，原公平交易法第四
十二條原規定：除處以罰鍰外，並得命令解散、停止營業或勒令歇
業；惟對較重之非法多層次傳銷行為並未規定得命令解散、停止營
業或勒令歇業。爰依不法多層次傳銷行為之輕重，增訂第一項及第
二項規定。即違反第二十三條規定之非法多層次傳銷行為，對社會
影響重大，故除得依第四十一條規定處分外，**其情節重大者，應訂
定得命令解散、停止營業或勒令歇業。**

　　3.如前述關於**參加人解除契約及終止契約等退貨規定**，已提升
至公平交易法，故併增訂違反者之處罰規定於第二項，其內容與第
四十一條規定同。又當其不法情節重大時，如不接受退貨，主管機
關亦得命令解散、停止營業或勒令歇業。

　　4.又對違反多層次傳銷管理辦法者，原條文僅規定處以罰鍰，
實務係依修正前第四十一條規定命改正其行為，為期明確，爰修正
為依第四十一條規定處分。

　　5.另單就違反管理辦法者，其情節較前二項為輕，基於比例原
則，刪除得命令解散、停止營業或勒令歇業之處分。

㈥對違法行為，原則採「先行政後司法」，並同時提高罰金額
　度（第三十五、三十六及三十七條）

　　1.對於以行政罰手段即足以達管理目的者，基於比例原則，應

先循行政處罰手段，不須直接使用刑罰，刑罰乃對不法行為之最後且最重之制裁手段。原條文第三十五條對於濫用市場獨占力量等行為逕處刑罰之規定，施行以來業者反映認為過於嚴苛，學者專家亦多次建議經濟秩序行為之管理，宜以行政處理為優先。且該法存有若干如「其他濫用市場地位行為」等不確定法律概念，故先有行政權介入以為預警實有必要，並參酌外國立法體例及參考商業登記法第三十二條規定，修正本條規定對違反第十條、第十四條及第二十條規定之處罰，改採「先行政後司法」之處理原則較為適宜，即先由公平交易委員會為行政處理後，無效果，再移由司法機關處以刑責。至於公平交易法第二十三條規範之違法多層次傳銷行為，因違法型態明確且影響層面重大，仍維持「行政司法並行原則」。

2.現今國內整體經濟水準及企業體年營業額均已大幅提高，原公平交易法有關罰金上限金額，亦宜併予提高，對有礙市場競爭機能之限制競爭及不公平競爭行為，應以合理之經濟工具制裁之，手段方為得當，以有效遏止不法。參諸德、法立法例及執法趨勢，多大幅提高對違法業者之處罰金額及新近「窮化犯罪人，以遏止不法」之立法趨勢，故以國內現有立法例罰金最高額一億元為罰金之上限標準。即將公平交易法罰金上限金額提高至新臺幣一億元（原規定之一百倍）。

3.有鑒於公平交易委員會以往案例，違法行為情節輕重差異甚鉅，違法業者規模亦大小不同，對市場秩序之危害有輕重之別，宜作較大彈性之處罰規定，方得因應公平交易法之特性及未來瞬息萬變之市場狀況，不明定罰金之下限金額。

4.公平交易法第三十六條，比照同法第三十五條提高罰金上限為新臺幣五千萬元（原規定之一百倍）。

5.同法第三十七條亦相應提高其罰金上限金額為五千萬元（原規定之一百倍）。另配合刑法誹謗罪之規定修正有期徒刑之最高刑度

為二年，並修正為告訴乃論之罪。

(七)對違法行為，得逕處行政罰鍰，並提高罰鍰上限及增訂罰鍰下限（第四十條、第四十一條）

　　1.依公平交易法原第四十一條條文前段規定：第一次違反公平交易法之事業，公平會僅得限期命停止或改正其行為。存有違法一次而不受處罰鍰之僥倖心理，爰修正該條為得逕處罰鍰。

　　2.配合「先行政後司法」原則之採行並考量倘業者因違法行為所受之不利益遠大於其原欲藉此獲取之利益，自可根本消弭業者之違法「動機」。再參諸外國相關立法及執法趨勢，多大幅提高對違法業者之處罰金額，爰參考現行立法例罰鍰最高額五千萬元為罰鍰之上限標準。即罰鍰上限金額提高至五千萬元（原規定之五十倍）。前段得逕處罰鍰上限提高至五十倍，即二千五百萬元。

　　3.現行明定處罰鍰之法律中，多數定有罰鍰下限；而未定有下限者，多因其罰鍰上限數額較低。如前述已大幅調高罰鍰上限金額，且原則上採「先行政後司法」，故宜明文規定罰鍰裁量權下限金額為五萬元。連續處罰時以十萬元為下限。同法第四十條相應提高罰鍰上限至五千萬元（原規定之五十倍）。

　　4.增列「採取必要更正措施」以防杜事業已先違法後停止之不公平競爭方式而達不法目的。

(八)確立公平交易法為經濟基本法地位，調和競爭政策與產業政策（第四十六條）

　　1.原公平交易法第四十六條第一項規定，事業依照其他法律規定之行為，可排除不適用本法之規定。故如其他法律明文規定且在目的事業主管機關監督之下，事業雖為公平交易法所規範之禁制行為，仍得排除公平交易法之適用。為確立公平交易法為經濟基本法地位，調和競爭政策與產業政策之目的，爰修正條文於「不牴觸本法立法意旨」之範圍內，始得排除適用公平交易法。

2.所謂「不牴觸本法立法意旨」，應考慮特別法與普通法之法律適用原則、其他法律之立法時間與立法目的，以調和競爭政策與產業政策，促進整體經濟利益。

3.又公平交易法自八十年二月四日公布已逾 5 年，爰刪除原條文第二項關於經行政院許可之公營事業、公用事業及交通運輸事業行為，排除公平交易法適用之規定。

(九)其他條文文字修正以求周延

修正第十六、十九、二十及二十一條條文文字，使法條用語更為明確。並增訂第四十九條第二項關於修正條文之施行日期。

四、公平交易法部分條文修正後有關違法行為應如何適用?

1.八十八年二月五日起，行為如發生或繼續存在，則該行為之處罰應適用修正後條文。

2.修正條文生效日前（八十八年二月五日起），行為已完成者，有關罰則之適用，分刑事處罰及行政處罰說明如次:

(1)刑事處罰:

①第三十五條部分: 行為在修正條文生效日前已完成者，依刑法第二條第一項規定，採「從新從輕原則」，適用修正後條文規定。惟行為違反第二十三條規定者，適用修正前第三十五條規定。

②第三十六條部分: 於修正條文生效前，違反第十九條規定，經本會命其停止其行為而不停止者，依從新從輕原則，適用修正前條文規定。至於修正條文生效前，違反第十九條規定，經本會命其改正其行為而未改正者，因行為時法律並無刑罰規定，自無刑事處罰。

③第三十七條部分: 於修正條文生效前，違反第二十二條規

定者，採從新從輕原則，適用修正前第三十七條規定。

(2)行政處罰：

　①第四十條部分：依「實體從舊，程序從新」原則，適用舊
　　法，即修正前條文規定。

　②第四十一條及第四十二條部分：修正條文生效日前，行為
　　已完成者，同前述，適用修正前條文規定處理。

　3.另如前行為完成於修正條文生效日前，後行為發生或繼續存
在於修正條文生效日之後，則後行為適用修正條文規定處理（公平
交易委員會網站 http://www.ftc.gov.tw 交流道 Q&A 第 11 題）。

本章試題

八十八年專門職業及技術人員特種考試不動產經紀人試題

請問依據「公平交易法」事業違法損害他人權益時,有關損害賠償之規定為何?

答:

1. 被害人權益之保護

事業違反本法之規定,致侵害他人權益者,被害人得請求除去之;有侵害之虞者,並得請求防止之(本法第三十條)。

2. 損害賠償責任

事業違反本法之規定,致侵害他人權益者,應負損害賠償責任(本法第三十一條)。

3. 損害賠償額之酌給

法院因前條被害人之請求,如為事業之故意行為,得依侵害情節,酌定損害額以上之賠償。但不得超過已證明損害額之三倍。侵害人如因侵害行為受有利益者,被害人得請求專依該項利益計算損害額(本法第三十二條)。

4. 損害賠償請求權之消滅時效

本章所定之請求權,自請求權人知有行為及賠償義務人時起,二年間不行使而消滅;自為行為時起,逾十年者亦同(本法第三十三條)。

5. 訴訟費用之負擔

　　被害人依本法之規定，向法院起訴時，得請求由侵害人負擔費用，將判決書內容登載新聞紙（本法第三十四條）。

第四篇　消費者保護法

第一章　總　則

一、制定緣由

　　近年來經濟快速成長，產品日新月異，產銷活動頻繁，民眾消費型態急遽變化，為提高消費品質，維護消費安全，進而積極從事消費者保護運動，各國乃競相採行有關措施，並進行消費者保護立法，健全消費者保護之法規與制度。

　　我國對於消費者保護，一向本於憲法保障人民生存權及財產權之宗旨，及國民經濟應以民生主義為基本原則之精神，致力於消費者保護工作，並制定許多保護消費者之法律，例如食品衛生管理法，化妝品衛生管理條例、商品檢驗法、商標標示法、度量衡法、藥物藥商管理法等，復於民國七十六年一月先行實施消費者保護方案，其要項包括：(1)維護食品、藥品之品質與安全衛生，(2)提高一般商品及服務之品質與安全，(3)維護交易秩序，確保合理價格，(4)加強消費者服務等，更以該方案實施之經驗，作為制定消費者保護法之重要參據。茲以消費者保護方案實施已逾一年，各界認有儘速制定消費者保護法之必要，爰參照先進國家立法體例，就保護消費者之一般原則，以及其他個別法律所未規定之事項，分別納入，擬具「消費者保護法草案」，期以完成立法程序後，分由權責機關，據以實施，以進一步保護消費者之權益，並維護正當廠商之發展，建立消費生活的秩序（立法院公報第八十二卷第七十三期院會記錄五十三頁內政部長說明）。

二、制定原則

1.實踐憲法保障人民生存權、財產權及民生主義國民經濟之基本原則，保障消費者之生存權及財產權等，故本法將防止商品或服務損害消費者權益之基本措施予以納入。

2.採宣示性與實體性合併立法之原則，並使本法與其他消費者保護法律協調配合。消費者保護工作內容廣泛，依我國現況，消費者保護法律已達三十餘種，為求法律之間協調配合，本法係就消費者保護之一般原則，以及現有個別法規所未規定之事項，儘量予以納入，使消費者保護法制更為完備。

3.明定消費者保護之責任及工作分工，消費生活當中，人人均有應負的責任：政府在立法、司法及行政上負有基本責任；消費者、消費者保護團體、企業經營者、職業團體等亦有其特定之責任。從責任的承擔中，建立倫理與秩序，政府與民間密切配合等。本法為適應我國國情，對於現有消費者保護法制，如商品檢驗制度、標準化制度、消費者服務中心組織、鄉鎮市區調解制度、民事訴訟制度等，因對於消費者保護均有特定功能，故本法除繼續予以重視外，並予以相互配合（立法院公報第八十二卷第七十三期院會記錄五十三頁內政部長說明）。

三、制定過程

內政部七十一年依據行政院指示，會同經濟部、法務部、衛生署等單位於七十二年完成「消費者保護法」草案，嗣於七十六年元月奉命先改為方案，同年九月又再受指示立法，隨即積極展開作業，成立專案小組，蒐集有關資料，並邀請專家學者、消費者團體代表及廠商代表，廣泛徵求各界意見，完成本法草案，經反復研議後，參考消費者保護方案實施之經驗，由行政院廣納各界意見，審議通

過後，送請立法院審議。立法院依據行政院於七十七年間函送的「消費者保護法草案」與趙少康等六十六位立法委員，會同財團法人中華民國消費者文教基金會等民間團體所擬定的「消費者保護法草案」，二種草案版本作為審查討論基礎，歷經多年的討論審查後，在八十三年一月十一日三讀通過並送請　總統於同日公布施行。本法依中央法規標準法第十三條規定，應自八十三年一月十三日起發生效力（立法院公報第八十二卷第七十三期院會記錄五十三頁內政部長說明）。

　　行政院依本法第六十三條「本法施行細則，由行政院定之」之規定，行政院消費者保護委員會委請專家學者，舉行座談會，多方徵詢及協調各界意見，集思廣益後，經消費者保護委員會會議多次討論研商後，報經行政院院會討論核定，行政院於民國八十三年十一月二日發布施行。本法施行細則依中央法規標準法第十三條規定，自八十三年十一月四日起發生效力。

四、本法主要內容

　　消費者保護法計分七章六十四條，第一章總則、第二章消費者權益、第三章消費者保護團體、第四章行政監督、第五章消費爭議之處理、第六章罰則、第七章附則，其主要內容如下：

㈠政府執行本法應採取之保護措施

　　政府為達成本法目的，應實施各項消費者保護措施，並應定期檢討、協調、改進有關之法規及其執行情形（本法第三條）。

㈡企業經營者提供之商品或服務應遵守事項

　　企業經營者對於其提供之商品或服務，應重視消費者之健康與安全，並向消費者說明商品或服務之使用方法，維護交易之公平，提供消費者充分與正確之資訊，及實施其他必要之消費者保護措施（本法第四條）。

㈢政府、企業經營者及消費者應致力充實消費資訊

政府、企業經營者及消費者均應致力充實消費資訊，提供消費者運用，俾能採取正確合理之消費行為，以維護其安全與權益（本法第五條）。

㈣消費者保護之機關

1.主管機關：中央目的事業主管機關、直轄市政府及縣（市）政府（本法第六條）。

2.研擬、審議消費者保護基本政策及監督機關：行政院消費者保護委員會（本法第四十條）。

3.消費爭議之申訴機關及調解機關：消費者保護官、消費者服務中心及消費爭議調解委員會（本法第三十九條、第四十二條、第四十四條）。

㈤消費者權益之保障

為保障消費者之健康與安全，本法採企業經營者應負無過失責任主義、規範定型化契約、特種買賣及消費資訊行為。

㈥消費者保護團體

消費者保護團體成立之資格、宗旨、任務、權限，檢驗設備及方式。

㈦消費爭議之處理

1.申訴：發生消費爭議時，消費者得為申訴。即消費者與企業經營者因商品或服務發生消費爭議時，消費者得向企業經營者、消費者保護團體或消費者服務中心或其分中心申訴。企業經營者對於消費者之申訴，應於申訴之日起十五日內妥適處理之。消費者依第一項申訴，未獲妥適處理時，得向直轄市、縣（市）政府消費者保護官申訴（本法第四十三條）。

2.調解：消費者在申訴未獲妥適處理時，得向直轄市或縣（市）消費爭議調解委員會申請調解（本法第四十四條）。

3.消費訴訟：規定消費者除得依法提出申訴及調解外，並得提起消費訴訟，並採團體訴訟或選定當事人訴訟方式，賦予消費者保護團體及消費者保護官訴權，以符合經濟利益而保公益。

㈧罰　　則

對違反本法者，處以行政罰，以維護消費者權益。如涉及刑事責任，應移送偵辦。

五、立法目的

依本法第一條第一項規定：「為保護消費者權益，促進國民消費生活安全，提昇國民消費生活品質，特制定本法。」故本法之立法目的如下：

1.保障消費者權益。

2.促進國民消費生活安全。

3.提昇國民消費生活品質。

六、法律適用原則（本法與其他法令關係）

依本法第一條第二項規定：「有關消費者之保護，依本法之規定，本法未規定者，適用其他法律。」 故關於適用消費者保護法的原則（本法與其他法令之關係）如下：

1.消費者保護法具有消費者保護基本法之性質：有關消費者保護之問題，應優先適用消費者保護法規定予以解決。

2.其他相關法令均屬本法之補充規定：有關消費者保護之問題，在消費者保護法未規定時，則適用其他相關法令予以解決。故其他法令係屬本法之補充規定。例如本法第十九條：郵購或訪問買賣之消費者，對所收受之商品不願買受時，得於收受商品後七日內，退回商品或以書面通知企業經營者解除買賣契約，無須說明理由及負擔任何費用或價款。故消費者行使買賣解除權之方法，本法已有規

定，即應適用本法之規定。至於有關行使解除權後契約雙方應如何回復原狀，本法並未規定，則應適用民法第二五九條規定。

消費者保護法與公平交易法之關係為何？消費者保護法具有消費者保護基本法性質，已如上述。本法與公平交易法之關係敘述如下：消費者保護法之立法目的是在規定政府、企業經營者、消費者及消費者保護團體之權義關係，規範範圍很廣，牽涉各有關部會。公平交易法之立法主要目的在維護交易秩序，確保公平競爭，建立交易行為之規範，例如規範獨占、結合、聯合行為或其他不正當競爭行為。公平交易法固亦有保護消費者權益之作用，但不能涵蓋所有保護消費者權益之法律關係，僅為消費者保護法律之一種。故消費者保護法不能併入公平交易法中予以規範。公平交易法原則上不涉及商品或服務本身之實質問題。

七、法律用語定義

(一)消費者

指以消費為目的而為交易、使用商品或接受服務者。現今社會，一般人需要購買企業經營者的商品或服務，以維持其消費生活，故人人都必須從事消費行為，人人都是消費者。消費者與企業經營者同為消費者保護法規範的主要對象，消費者不是企業經營者，消費者與企業經營者係對稱的概念。有關消費者之權利，通常即為企業經營者之義務。企業經營者有時亦為消費者，當企業經營者不是在從事生產行為，而是在從事消費行為時，此時的企業經營者即為消費者。消費者包括與企業經營者簽約的相對人及其他以消費為目的而為使用商品或接受服務者（即包括依契約目的可能實際為消費之人在內）。

所謂消費，由於消費者保護法並無明文定義，惟依學者專家意見認為，基於求生存、便利或舒適之生活目的，凡是在食衣住行育

樂方面所為，滿足人類慾望之行為，即為消費。本法所指之消費行為是在消費者直接使用商品或接受服務之行為。換言之，消費者保護法所稱的「消費」，係指不再用於生產的情形下的「最終的消費」而言。所謂「商品」，本法未規定，本法施行細則第四條規定：「本法第七條所稱商品，指交易客體之不動產或動產，包括最終產品、半成品、原料或零組件。」

㈡企業經營者

　　指以設計、生產、製造、輸入、經銷商品或提供服務為營業者。依本法規定的企業經營者種類有⑴從事設計、生產、製造商品或提供服務之企業經營者（本法第七條）。⑵從事經銷商品或服務之企業經營者（本法第八條）。⑶從事輸入商品或服務之企業經營者（本法第九條）。⑷從事刊登或報導廣告之媒體經營者（本法第二十三條）。

　　凡以提供商品或服務為營業的業者，不論該業者為公司、團體或個人，只要是營業之人，均為企業經營者。從事農林漁牧之企業經營者所提供之農、林、漁、牧產品，亦屬商品。從事農林漁牧之企業經營者亦屬消費者保護法規定之企業經營者，仍有消費者保護法之適用。但一般從事農林漁牧之人，只是偶而將其生產品出售，並不是以之作為營業，非本法所謂企業經營者。公權力行使機關不是營業之人，也不是企業經營者。另外，企業經營者並不包括其所屬員工在內。

　　企業經營者有以營利為目的者，如一般的公司行號；有不以為目的者，如公益團體或合作社等；本法所稱的企業經營者，並不以營利為目的者為限（本法施行細則第二條：所稱營業，不以營利為目的者為限）。

　　受僱的律師、醫師或會計師等專技人員不是消費者保護法所稱的企業經營者。至於自行執業的專技人員是否為企業經營者，目前尚無定論。

消費者保護法並未就商品明文定義，僅於消費者保護法施行細則第四條明定之：本法第七條所稱商品，指交易客體之不動產或動產，包括最終產品、半成品、原料或零組件。

(三)消費關係

指消費者與企業經營者間就商品或服務所發生之法律關係。例如甲與乙之間簽訂房地買賣契約。

(四)消費爭議

指消費者與企業經營者間因商品或服務所生之爭議。甲與乙之間簽訂房地買賣契約，有關價格、地坪、建材……等有所爭執。

(五)消費訴訟

指因消費關係而向法院提起之訴訟。甲與乙之間簽訂房地買賣契約，有關價格、地坪、建材……等有所爭執，消費者甲向法院提起減價或解約訴訟。

(六)消費者保護團體

指以保護消費者為目的而依法設立登記之法人。例如財團法人中華民國消費者文教基金會、社團法人中華民國消費者協會。

(七)定型化契約

指企業經營者為與不特定多數人訂立契約之用而單方預先擬定之契約條款。例如個人購屋或購車貸款契約、手術、麻醉同意書及住院須知之契約、預售屋買賣契約書、房地產委託銷售契約書、預售停車位買賣契約書。

(八)郵購買賣

指企業經營者以郵寄或其他遞送方式，而為商品買賣之交易型態。

(九)訪問買賣

指企業經營者未經邀約而在消費者之住居所或其他場所從事銷售，而發生之買賣行為。

㈩分期付款

　　指買賣契約約定消費者支付頭期款，餘款分期支付，而企業經營者於收受頭期款時，交付標的物予消費者之交易型態。例如購買汽車、電器分期支付價款。

八、政府應落實推動消費者保護工作

　　消費者保護工作之範圍甚廣，政府各部門、社會各界、企業界與消費者等各方應共同重視，才能落實消費者保護工作。故本法在第三條明文規定：政府為達成本法目的，應實施下列措施，並應就與下列事項有關之法規及其執行情形，定期檢討、協調、改進之：⑴維護商品或服務之品質與安全衛生。⑵防止商品或服務損害消費者之生命、身體、健康、財產或其他權益。⑶確保商品或服務之標示，符合法令規定。⑷確保商品或服務之廣告，符合法令規定。⑸確保商品或服務之度量衡，符合法令規定。⑹促進商品或服務維持合理價格。⑺促進商品之合理包裝。⑻促進商品或服務之公平交易。⑼扶植、獎助消費者保護團體。⑽協調處理消費爭議。⑾推行消費者教育。⑿辦理消費者諮詢服務。⒀其他依消費生活之發展所必要之消費者保護措施。政府為達成前述之目的，應制定相關法律。

　　政府推動消費者保護工作之具體作法如下：⑴瞭解各項消費者問題之所在，研擬、審議消費者保護基本政策及對應措施，依法建立健全又有效率之消費者保護行政體系，如設置消保官、消費者服務中心、消費爭議調解委員會及制定消費者保護管理制度。⑵為有效落實消費者保護工作，應積極研擬消費者相關法規及保護計畫，並請各級主管機關檢討修訂現行消保相關法令。⑶積極推動消費者保護教育宣導工作，編印、發行消費者保護之書籍刊物。⑷防止商品或服務損害消費者之生命、身體、健康、財產或其他權益協調，維護商品或服務之品質與安全衛生，並促請各企業經營者設立消費

者申訴或服務中心，加強與消費者之溝通，申訴案件在消費者與企業經營者間協調處理消費爭議，妥為解決。(5)扶植、獎助消費者保護團體。

行政院消費者保護委員會為保護消費者房地產之交易權益，乃依本條擬定了「行政院消費者保護委員會促進房地產交易公平化、價格合理化、資訊透明化措施」。

㈠強化契約（含仲介）公平

1.建築投資業者於消費者購屋時，應告知消費者可參考內政部所頒預售屋買賣契約書範本，房地產委託銷售契約書範本及預售停車位契約書範本訂定契約。

2.建築投資業者所提供之房地產買賣契約書及貸款契約書，依消保法規定應提供消費者至少五天以上之**審閱期間**，且消費者審閱契約書，除契約書工本費外，不須預付任何價金或費用，建築投資者應主動提供契約書。

3.建築投資業者應確保產權清楚，面積確實，無虛灌坪數之情事。

4.建築投資業者應確保廣告內容之真實，其對消費者所負之義務不得低於廣告內容。

㈡加強優惠房貸透明公平

1.建築投資業者對於優惠房貸之申請，不得對購屋者，作任何承諾或保證，否則應自負債務不履行之損害賠償責任。

2.建築投資業者為促銷房屋，打出保證可貸到一千五百億優惠房貸之廣告，如因額度已滿或其他情事，致未能貸到時，業者應負損害賠償責任。

3.建築投資業者，如說明或刊登本屋符合優惠房貸之規定，屆時資格不符，業者應負損害賠償責任。

4.部分銀行規定，欲申請優惠房貸者，必須先辦妥房屋過戶登

記乙節與中央銀行規定不符，請中央銀行加以澄清並糾正，以確保權益。

　　5.一千五百億優惠貸款資訊應透明化，其已核准申貸之金額、尚有多少餘額，及尚有餘額可申貸之銀行等，建議由中央銀行每天統一公布，讓社會大眾瞭解相關資訊。

㈢促進價格合理化

1. 強化房地產交易之計價說明

　⑴由於房地產計價公式標準不一,學理上有各種不同計價方式，為使消費者清楚的瞭解房地產交易計價情形，建請建築投資業者，就土地成本、建造成本及其他成本儘可能予以說明。

　⑵建築投資業者所銷售之房屋，應全部公開標價，以達房價資訊透明化。

　⑶行政院消保會將彙整內政部地政司、行政院公共工程委員會等機關公布土地公告現值、營建成本以及公會相關統計等客觀資料，予以公布及上網，提供消費者使用。

　⑷請內政部營建署繼續辦理建立住宅資訊系統工作。

2. 列舉影響房價之重要因素

　⑴土地取得成本。

　⑵產品定位與建材設備。

　⑶商圈效應。

　⑷供應與需求失衡。

　⑸貨幣供給狀況。

　⑹交通及生活便利性。

　⑺安全管理維護。

　⑻大環境景氣影響。

　⑼建商信譽。

　⑽法拍屋價格低廉影響交易秩序。

(11)政府政策影響。

㈣促進資訊透明化

1. 明定應公開之資訊內容 為促進房地產交易資訊透明化，建築投
   資業者，應將左列內容公開

(1)建築投資業者所訂之房地產買賣契約書，應公開透明化並詳
   細說明與契約範本不同之所在。

(2)房地產標示、謄本、坐落及價格（包括同地區之公告現值、
   房地產之價格），分區使用情形、建照（使用執照）等。

(3)停車位之性質及使用情形。

(4)建材使用情形（保證未使用未經處理之海砂及輻射鋼筋）及
   相關建築材料測試報告。

(5)新成屋是否符合內政部營建署「新屋」定義，建築投資業者
   應誠實告知消費者。

(6)建築投資業者不得隱匿重大消費資訊。

(7)銷售中心要備有全套建築水電、消防等圖說，山坡地建築應
   備水土保持計畫書圖及排水系統施工圖說等。

(8)公共設施比例分擔，如何計算，應詳細告知消費者並附圖說
   明。

(9)住戶規約應公布說明。

2. 加強資訊透明化

(1)上述應公開之資訊內容，建築投資業者應於銷售中心（建築
   工地）、建設公司(代銷公司)及所屬建築投資商業同業公會，
   備具相關交易資訊提供消費者參考。

(2)所有銷售之房屋，應公開標價，以達資訊透明化，並提供消
   費者選擇機會。

(3)建築投資業者之服務人員，應善盡告知說明的義務。

(4)各縣、市建築投資商業同業公會及房屋仲介商業同業公會，

應儘速設立交易資訊諮詢專線及房地產資訊流通網，以電話或網路等提供消費者資訊及查詢服務。

(五)強化監視措施

　1.成立專案小組

　　⑴為有效監視執行情形，經成立相關縣、市「促進房地產交易之公平化、價格合理化及資訊透明化專案小組」就近監視，並由消保會消保官分別督導專案小組之運作。

　　⑵專案小組負責重大違規案件之調查處理，必要時中央各相關部會，應配合辦理，以利專案小組之運作，發揮應有之功能。

　　⑶專案小組應配合行政院消保會，隨時稽查不法侵害消費者權益之案件。

　2.落實監視

　　⑴由建築投資商業同業公會，以勸導會員及相關建築投資業者之方式，先行自律，俾建立公平、合理、透明機制。

　　⑵建築投資業者如無法自律時，則由專案小組負責調查處理，行政院消保會隨時予以稽查。

　　⑶違規處置:消保官及專案小組對於未能配合執行交易公平化、價格合理化、資訊透明化之建築投資業者，將先行勸導，並限期改善，如逾期未能改善，將公布該建設公司名稱，並依消保法及相關法規處置。

　　⑷辦理時程:

　　　①二月一日至五日,作為業者辦理交易公平化、價格合理化、資訊透明化之準備期間，並由公會負責協調督導。

　　　②自二月六日起,由專案小組或消保官率同專案小組進行稽查。

(六)有效解決糾紛措施

　1.強化申訴管道

⑴消費者可以向建築投資業者、相關公會、消保團體或各縣市
政府消費者服務中心申訴。各縣、市建築投資商業同業公會
及房屋仲介商業同業公會，應即設立申訴專線。

⑵消費者亦可以向各縣市「促進房地產交易公平化、價格合理
化、資訊透明化專案小組」申訴。

⑶消保團體、各縣市政府消費者服務中心受理之申訴案件，如
屬重大違規案件者，可移請專案小組查辦。

⑷消費者亦可以依相關法規，向相關主管機關申訴。

2.加強調解功能

⑴消費者可向各縣、市政府消費爭議調解委員會，申請調解，
因調解委員中，有房地產專業之委員，將有助於糾紛之解決。

⑵消費者亦可向鄉鎮市區公所調解會，申請調解。

⑶消費者在日後亦可向仲介業或房地產代銷業所成立之公會全
國聯合會所屬營業保證基金管理委員會，提請調解。

九、企業經營者應保護消費者之措施

依本法第四條：企業經營者對於其提供之商品或服務，應重視
消費者之健康與安全，並向消費者說明商品或服務之使用方法，維
護交易之公平，提供消費者充分與正確之資訊，及實施其他必要之
消費者保護措施。第五條：企業經營者應致力充實消費資訊，提供
消費者運用，俾能採取正確合理之消費行為，以維護其安全與權益。
故企業經營者提供之商品或服務，保護消費者之措施應遵守事項如
下：

㈠應重視消費者之健康與安全

1.提昇規格及標準：訂定商品或服務之規格與標準，具有促進
消費安全之積極作用，對已訂定之規格及標準，須依科技發展及實
際需要加以提昇。此外，安全標章、標誌制度落實執行。

2.加強檢驗及測試：關於商品或服務之安全與品質的認定及確保，除應依符合各種安全與品質標準外，更有賴正確而具有公信力檢驗測試工作之配合。

3.加強商品或服務品質管理：防止有瑕疵之商品或服務進入市場，危險商品或服務應有警告標示，及載明使用、保存、緊急處理危險方法及使用期限等。

4.健全回收制度：商品或服務進入市場有危害消費者安全與健康之虞時，應即採必要措施，或回收該商品或服務。

5.透過商品或服務責任保險以分散企業經營者之責任，並透過同業公會集體辦理商品或服務之責任保險以降低保險費用，保護消費者權益。

㈡說明商品或服務之使用方法

依消費者保護法第五條規定,企業經營者應致力充實消費資訊。商品或服務之標示及說明，對消費者之選擇與安全甚關緊要，目前有關規範商品標示及說明之法令，應依消費者保護法規定，落實執行並向消費者說明商品或服務之使用方法，提供消費者運用，俾消費者能採取正確合理之消費行為，以維護其安全與權益。

㈢實施保護消費者之必要措施

企業經營者應本於平等互惠、誠實信用原則，擬定定型化契約，不刊登誇大不實或引人錯誤廣告，防止消費爭議之發生，提昇消費生活品質與安全。

十、消費者應充實消費資訊

依本法第五條規定:「政府、企業經營者及消費者均應致力充實消費資訊，提供消費者運用，俾能採取正確合理之消費行為，以維護其安全與權益」。故致力充實消費資訊之責任不僅是政府與企業經營者有其義務，消費者亦有其義務。換言之，要求保障消費健康與

安全，是消費者之權利。消費者在要求此項權利時，亦有自行維護
自身消費健康與安全之責任，這是消費者的義務。消費者平時應多
接受消費教育宣導及相關消費資料，消費前應蒐集消費相關資料，
致力充實消費資訊，消費時有疑問應即查詢有關單位，消費者消費
時應採取正確合理消費行為，不購買具有危險的商品或服務，詳細
閱讀商品或服務之說明及標示等資料，向企業經營者索閱品質保證
書或相關文件。商品或服務應在正當普通情形下使用，不做不正當
之使用。發生消費爭議時，應儘速依照消費者保護法規定之申訴、
調解或消費訴訟程序解決。

十一、主管機關

依消費者保護法第六條規定:「本法所稱之主管機關，在中央為
目的事業主管機關; 省 (市) 為省 (市) 政府; 縣 (市) 為縣 (市)
政府。」其意義如下: ⑴中央目的事業主管機關: 消費者保護所涵蓋
之層面非常廣泛，消費者保護工作之執行無法由單一機關辦理，中
央目的主管機關如內政部、財政部、教育部、經濟部、交通部、行
政院新聞局、行政院衛生署、行政院農業委員會、行政院公平交易
委員會及行政院環境保護署等機關，依其保護事項性質之不同分由
不同的目的事業主管機關來辦理，例如電器安全及商品標示為經濟
部主管; 食品、化妝品、藥品為行政院衛生署主管。⑵行政院消費
者保護委員會為研擬、審議消費者保護基本政策及監督機關: 主要
負責有關政策及法規的研擬與審議工作,本身並不負實際執行責任。
實際負責執行機關為法定的目的事業主管機關，並由其負責執行消
費者保護工作 (例如因補習班倒閉者致學員學費或上課權益受損，
其中央目的事業主管機關為教育部實際執行消費者權益保護工作)。
消費者保護行政體系，依消費者保護法規定,可分為主管機關、
研擬、審議消費者保護基本政策及監督機關、申訴機關及調解機關,

爰分別說明如下：

㈠主管機關

　　1.中央主管機關：指中央各目的事業主管機關。例如經濟部為電器安全及商品標示之中央目的事業主管機關；行政院衛生署為食品、化妝品、藥品之中央目的事業主管機關。

　　2.直轄市、縣（市）主管機關：直轄市政府、縣（市）政府（本法第六條）。

㈡研擬、審議消費者保護基本政策及監督機關

　　行政院消費者保護委員會（本法第四十條）。

㈢申訴機關及調解機關

　　1.消費者保護官（本法第三十九條）。

　　2.消費者服務中心及服務分中心（本法第四十二條）。

　　3.消費爭議調解委員會（本法第四十五條）。

本章附件

消費者購屋應注意事項

一、購屋前須注意事項

1.現場履勘：無論是土地或房屋，甚至預售屋，皆應實地勘查，對標的物範圍及各種情形要詳細詢問清楚，必要時，向左鄰右舍查詢，以發現真實。

2.慎選不動產服務專業人員：如自己沒時間深入瞭解，最好委託專業人員協助維護權益。

3.掌握市場行情資料。

4.房地產買賣契約書及貸款契約書，依消保法規定消費者至少有五天以上之審閱期間，審閱契約除契約工本費外，不須預付任何價金或費用，建築投資業者應主動提供契約書。

5.消費者應先瞭解貸款額度情形及衡酌自己的經濟能力。

6.對於山坡地之建築，消費者應審慎考量其安全性。

7.應注意貨比三家不吃虧。

8.有關優惠貸款，成屋未必是符合內政部營建署「新屋」定義，避免錯買，無法享用低利優惠，購屋者應詳細查明。

9.房地產買賣主體要先行確定。

二、簽約時應注意事項

1.買賣契約書應本公平互惠之原則訂定。

2.售價是否公平合理，可參考附近成屋之成交案例，衡量價格是否公平合理。

3.產權是否清楚：在付訂金前應先向地政機關申請土地及房屋謄本，查閱產權情形。

4.面積之正確性及計算方式：一般房屋產權登記時，除主建物面積外，尚有附屬建物及共用部分：如陽臺、平臺、公共設施或屋頂突出物等，

因常有虛灌坪數之糾紛，因此，消費者在付訂金前，應詳看權狀，計算其確實面積。

5. 瞭解房地產坐落及核准使用執照情形，尤其購買停車位究屬法定停車位、自行增設停車位或獎勵停車位及平面式或機械式之車位及面積等都應注意。

6. 建築投資業者應確保廣告內容之真實，其對消費者所負之義務不得低於廣告內容。

7. 詳細瞭解要約書與斡旋金之相關約定。

8. 建築投資業者，應保證所出售房屋之材料，不含未經處理之海砂及輻射鋼筋。

9. 除契約載明事項外，如另有約定交易條件，應以書面為主，以杜口說無憑所衍生之交易糾紛。

三、交屋時應注意事項

1. 契約書所訂之房地面積與實際交屋之面積是否相符，建材及其他設施、設備是否與廣告及契約書相符。

2. 注意保固期間及保固項目。

四、有糾紛時應注意事項

發生消費糾紛時，消費者要勇於爭取自己應有的權益，可依下列方式循序辦理：

1. 申訴：消費者可先向業者、公會、消保團體、地方政府消費者服務中心或專案小組申訴，謀求合理解決。

2. 調解：對於申訴處理結果不滿意時，消費者可向地方政府消費爭議調解委員會等調解機關申請調解。

3. 訴訟：消費者依法雖然可以隨時向法院提起消費訴訟，但因訴訟費時，且須繳付訴訟費用，建議消費者以提起訴訟作為最後的手段。

第二章　消費者權益

第一節　健康與安全保障

一、企業經營者對消費健康與安全保障之義務

　　本法第七條第一項：從事設計、生產、製造商品或提供服務之企業經營者應確保其提供之商品或服務，無安全或衛生上之危險。第二項：商品或服務具有危害消費者生命、身體、健康、財產之可能者，應於明顯處為警告標示及緊急處理危險之方法。茲說明企業經營者之義務如下：

(一)確保其提供之商品或服務，無安全或衛生上之危險（第一項）

　　所稱「安全或衛生上危險」，依本法施行細則第五條規定，其意義如下：

　　1.商品於其流通進入市場，或服務於其提供時，**未具通常可合理期待之安全性者**，為本法第七條第一項所稱安全或衛生上之危險。例如飲料有雜質、受污染的紙巾、自動排檔汽車暴衝、瓶裝酒或汽水爆裂。但商品或服務已符合當時科技或專業水準者，不在此限。

　　2.前項所稱未具通常可合理期待之安全性者，應就下列情事認定之：(1)商品或服務之標示說明。(2)商品或服務可期待之合理使用或接受。(3)商品或服務流通進入市場或提供之時期。

　　3.商品或服務不得僅因其後有較佳之商品或服務，而被視為有

安全或衛生上之危險（即不包括發展上之危險）。

(二)警告標示及緊急處理危險之方法（第二項）

　　商品或服務具有危害消費者生命、身體、健康、財產之可能者，應於明顯處為警告標示及緊急處理危險之方法（第二項）。

二、企業經營者違反消費健康與安全保障規定之責任

　　依本法第七條第三項規定:「企業經營者違反前二項（第一項及第二項）規定，致生損害於消費者或第三人時，應負連帶賠償責任。但企業經營者能證明其無過失者，法院得減輕其賠償責任。」企業經營者只要有違反義務的事實發生，即須負責，而不問企業經營者有無故意或過失，採「無過失責任」主義。即使企業經營者能證明其無過失，亦只能作為減輕賠償責任之事由而已。企業經營者應負無過失責任之情形如下:

(一)不溯及既往原則

　　依本法施行細則第四十二條規定:「本法對本法施行前已流通進入市場之商品或已提供之服務不適用之。」企業經營者對於在消費者保護法施行後流通進入市場之商品或提供之服務，始應依消費者保護法規定負無過失責任。

(二)提供的商品或服務具有缺陷

　　企業經營者在消費者保護法施行後，於其所提供的商品或服務流通進入市場時，具有安全或衛生上之危險（即具有缺陷）者，即須對因而受有損害之消費者負無過失之損害賠償責任。換言之，如商品或服務已符合無安全或衛生上危險之要件者，企業經營者即無須負責。

(三)消費者在正當普通方法使用情形下受損害

　　任何商品或服務，如果不當使用，均有發生危險之可能。企業經營者僅能就消費者在正當普通使用商品或服務情形下，負有應確

保其所提供之商品或服務，無安全或衛生上危險之義務；至於不當使用之危險，應由消費者自行負擔。因此，消費者有詳細瞭解商品或服務之標示說明而為正當普通情行下使用之義務，其因不當使用所致之損害，企業經營者不負損害賠償責任。反之，如商品或服務於提供時未具有安全或衛生上之危險（即具有缺陷），於消費者正常普通使用下所致損害者，該企業經營者即須負損害賠償責任。

㈣應負責任的企業經營者

企業經營者如違反上述規定，消費者因該商品或服務所受之損害，消費者得對之請求損害賠償。企業經營者對消費者或第三人之損害賠償責任，不得預先約定限制或拋棄（本法施行細則第七條），違反此規定所為任何不利於消費者之約定，不論係以定型化條款或以經當事人個別磋商之條款方式為之，概屬無效。消費者請求損害賠償之對象及方式如下：

1.消費者得對下列企業經營者中之一個、數個或全體，同時或先後請求全部或一部之賠償（消費者請求企業經營者負連帶賠償責任），惟各種企業經營者應負責任之程度不同，爰分別說明如下：

⑴從事設計、生產、製造商品或提供服務之企業經營者（本法第七條），應負無過失損害賠償責任。即使這類企業經營者證明其無過失，仍應負責，惟法院得減輕其賠償責任。

⑵從事經銷商品或服務之企業經營者（本法第八條）。①原則上負中間責任。企業經營者就商品或服務所生之損害，如能舉證其對於損害之防免，已盡相當之注意，或縱加以相當之注意而仍不免發生損害時，即可不負損害賠償責任。②例外應負無過失損害賠償責任。因改裝、分裝商品或變更服務內容之企業經營者，其性質已非單純經銷，而與重新製造無異，應負無過失損害賠償責任。故本法第八條第二項規定之企業經營者，改裝、分裝商品或變更服務內容者，視為前條之企

業經營者，亦即應負無過失責任。所謂改裝，指變更、減少或增加商品原設計、生產或製造之內容或包裝（本法施行細則第八條）。所謂分裝商品，指在不變更原商品本質的前提下，將原大包裝之商品拆封後加以分裝而言。所謂變更服務內容，指就原已於市場提供之非直接以生產或製造商品、或移轉物權或智慧財產權為客體之勞務內容加以變更，依通常交易觀念得認為與原服務內容不同者而言。

⑶從事輸入商品或服務之企業經營者（本法第九條），應負無過失責任。輸入商品或服務之企業經營者，因本法第九條已明文規定，視為該商品之設計、生產、製造者或服務之提供者，故應負無過失損害賠償責任。

⑷從事媒體經營之企業經營者（本法第二十三條），僅負信賴損害賠償責任。刊登或報導廣告之媒體經營者，明知或可得而知廣告內容與事實不符的情形時，應就消費者因信賴該廣告所受之損害與企業經營者負連帶責任（本法第二十三條）。至有關連帶責任及內部求償問題，應依民法有關規定辦理。

2.連帶損害賠償責任與懲罰性賠償金：

依本法第七條第三項：「企業經營者違反前二項規定，致生損害於消費者或第三人時，應負連帶賠償責任。但企業經營者能證明其無過失者，法院得減輕其賠償責任。」第五十一條：「依本法所提之訴訟，因企業經營者之故意所致之損害，消費者得請求損害額三倍以下之懲罰性賠償金。但因過失所致之損害，得請求損害額一倍以下之懲罰性賠償金。」因此消費者受到損害時，除可就所受損害請求企業經營者負連帶損害賠償外，並得向法院起訴請求懲罰性賠償金即⑴故意：消費者因企業經營者之故意所致之損害，得請求損害額三倍以下之懲罰性賠償金。⑵過失：消費者因企業經營者之過失所致之損害，得請求損害額一倍以下之懲罰性賠償金。

㈤舉證責任

1.消費者應負擔舉證責任的部分

消費者或第三人依消費者保護法規定請求損害賠償者，應就⑴消費者所遭受之損害。⑵商品或服務之危險（即有缺陷）。⑶該危險與消費者所受損害間具相當之因果關係，負舉證責任。

2.企業經營者應負擔舉證責任的部分

⑴企業經營者欲依本法施行細則第五條第一項但書免責而主張其商品於流通進入市場，或服務於其提供時，符合當時科技或專業水準者，應就其主張之事實負舉證責任（本法施行細則第六條）。

⑵企業經營者依本法第七條第三項但書為減輕其賠償責任而主張其無過失，該企業經營者應就其無過失負舉證之責任。

⑶從事經銷之企業經營者，欲依本法第八條第一項但書免責而主張其對商品或服務所生損害之防免已盡相當之注意，仍不免發生損害，應就該但書之情事負舉證責任。

三、 企業經營者應回收其商品或停止其服務情形與違反處罰規定

依本法第十條:「企業經營者於有事實足認其提供之商品或服務有危害消費者安全與健康之虞時，應即回收該批商品或停止其服務。但企業經營者所為必要之處理，足以除去其危害者，不在此限。商品或服務有危害消費者生命、身體、健康或財產之虞，而未於明顯處為警告標示，並附載危險之緊急處理方法者，準用前項規定。」依本條規定，企業經營者應回收其商品或停止其服務之情形及處罰，分別說明如下:

㈠企業經營者主動回收或停止服務

1.原　則

企業經營者於有事實足認其提供之商品或服務有危害消費者安全與健康之虞者，應即回收該批商品或停止其服務。或者商品或服務有危害消費者生命、身體、健康或財產之虞，而未於明顯處為警告標示，並附載危險之緊急處理方法者，企業經營者亦應回收該商品或停止服務。例如回收有瑕疵或逾期之商品；百貨公司電梯夾傷消費者即應停止使用並檢修。

2.例　外

企業經營者為必要之處理，足以除去該商品或服務對消費者安全與健康之危害者，企業經營者即不必回收該商品或停止其服務。

㈡主管機關命令回收或停止服務

1.一般情形

直轄市或縣（市）政府對於企業經營者提供之商品或服務，經第三十三條之調查，認為確有損害消費者生命、身體、健康或財產，或確有損害之虞者，應命其限期改善、回收或銷燬，必要時並得命企業經營者立即停止該商品之設計、生產、製造、加工、輸入、經銷或服務之提供，或採取其他必要措施（本法第三十六條）。中央或省之主管機關認為必要時,亦得為前五條之措施(本法第三十八條)。

2.緊急情形

借用大眾傳播媒體公告，即直轄市或縣（市）政府於企業經營者提供之商品或服務，對消費者已發生重大損害或有發生重大損害之虞，而情況危急時，除為前條之處置外，應即在大眾傳播媒體公告企業經營者之名稱、地址、商品、服務、或為其他必要之處置（本法第三十七條）。中央或省之主管機關認為必要時，亦得為前五條之措施（本法第三十八條）。例如某受污染食品、偽藥流入市面，回收期間不知情消費者仍會購買消費而致受害，實有必要利用媒體公告

周知。

㈢違反之處罰

　　對於違反之企業經營者處罰如下：

　　1.企業經營者違反主管機關依第十條、第三十六條或第三十八條所為之命令者，處新臺幣六萬元以上一百五十萬元以下罰鍰，並得連續處罰（本法第五十八條）。

　　2.企業經營者有第三十七條規定之情形者，主管機關除依該條及第三十六條之規定處置外，並得對其處新臺幣十五萬元以上一百五十萬元以下罰鍰（本法第五十九條）。

　　3.企業經營者違反消費者保護法規定情節重大時，地方主管機關報經中央主管機關或消費者保護委員會核准者，得命令該企業經營者停止營業或勒令歇業（本法第六十條）。

第二節　定型化契約

一、定型化契約之意義

　　依本法第二條第七款規定：定型化契約指企業經營者為與不特定多數人訂立契約之用而單方預先擬定之契約條款。本法所指之定型化契約限於由企業經營者單方事先擬定，締約的相對人限消費者，故較一般所認為只要是由契約一方當事人預先擬定的契約即為定型化契約，其適用範圍較為狹窄。目前各行各業使用情形日益普遍，已成為現代交易的基本型態。消費者保護法所規定的定型化契約，其特色如下：

㈠契約條款由企業經營者單方事先所擬定

　　企業經營者經常利用優越的經濟地位，訂定有利於己而不利於消費者的契約條款，造成締約雙方當事人地位不平等，對消費者權

益有重大影響，故本法明文予以規範。

㈡企業經營者為與多數相對人（消費者）締結契約

企業經營者為降低交易成本，提高經濟效率，加速交易過程的功能，故事先擬定的定型化契約。

定型化契約中的條款可以分為一般條款及非一般條款兩種。所謂定型化契約條款，係指一般條款而言，不包括非一般條款在內。**本法所稱一般條款**，指企業經營者為與不特定多數人訂立契約之用，而單方預先擬定之契約條款。**所稱非一般條款**，指契約當事人個別磋商而合意之契約條款（本法施行細則第十條）。在同一定型化契約中，如有一般條款與非一般條款存在，而彼此發生相牴觸情形時，該一般條款牴觸非一般條款的部分，無效（本法第十五條）。乃因非一般條款，係契約當事人個別磋商而合意約定的契約條款，相較於企業經營者單方預先所擬定的一般條款，更能顯示當事人真意之所在，自應優先考量，以避免消費者因忽略或難於得知其他由企業經營者單方所擬定的一般條款存在，而可能遭受的不利益。故非一般條款具有高於一般條款之效力。應注意者是如一般條款與非一般條款發生牴觸時，一般條款並非全部無效，僅牴觸部分無效，其未牴觸部分仍然有效。

定型化契約中之一般條款，全部或一部無效或不構成契約內容之一部者，除去該部分，契約亦可成立者，該契約之其他部分，仍為有效。但對當事人之一方顯失公平者，該契約全部無效（本法第十六條）。

本法所稱定型化契約條款不限於書面，其以放映字幕、張貼、牌示或其他方法表示者，亦屬之（本法施行細則第九條），故其未記載於契約中者，應依本法第十三條規定方式辦理，否則不構成契約內容，該條款視為不存在，消費者可不受其拘束。即契約之一般條款未記載於定型化契約中者，企業經營者應向消費者明示其內容。

明示內容有困難者，應以顯著方式，公告其內容，並經消費者同意始受其拘束，該條款即為契約之內容。上述情形者，企業經營者經消費者請求時，應給與契約一般條款之影本或將影本附為該契約的附件（契約一般條款影本請求權）。

二、定型化契約中所用條款應遵循原則

為防止企業經營者利用定型化契約方式濫用經濟力量，對消費者過度要求，本法第十一條：企業經營者在定型化契約中所用之條款，應本平等互惠之原則。定型化契約條款如有疑義時，應為有利於消費者之解釋。第十二條：定型化契約中之條款違反誠信原則，對消費者顯失公平者，無效。此即消費者保護法為解決締約當事人之地位不平等問題，乃特別規定企業經營者在定型化契約中所用之條款，應遵守平等互惠、誠實信用原則，而所謂平等互惠、誠實信用原則屬不確定法律概念，必須由法院在具體個案中確定，藉由司法控制定型化契約是本法規制定型化契約之核心。

㈠平等互惠原則

企業經營者在定型化契約中所用之條款，應本平等互惠之原則。另本法施行細則第十四條規定有關違反平等互惠原則之四種情形，供個案認定之依據。定型化契約條款，有下列情事之一者，為違反平等互惠原則：(1)當事人間之給付與對待給付顯不相當者。(2)消費者應負擔非其所能控制之危險者。(3)消費者違約時，應負擔顯不相當之賠償責任者。(4)其他顯有不利於消費者之情形者。

㈡誠實信用原則

本法第十二條第一項明文規定，企業經營者在定型化契約中所用的條款違反誠實信用原則，對消費者顯失公平者，無效。定型化契約條款是否違反誠信原則，對消費者顯失公平，應斟酌契約的性質、締約目的、全部條款內容、交易習慣及其他情事來判斷（本法

施行細則第十三條），因此，定型化契約條款是否違反誠信原則，應綜合該條所定之各項因素，尤其應衡量雙方當事人的利益而為整體的判斷。

第二項明定三種情形推定顯失公平：(1)違反平等互惠原則者。(2)條款與其所排除不予適用之任意規定之立法意旨顯相矛盾者，例如銀行與保證人約定，「保證人拋棄民法保證契約所定關於保證人得主張之一切抗辯」條款不生效力。(3)契約之主要權利或義務，因受條款之限制，致契約之目的難以達成者。例如信用卡發卡單位於定型化契約條款規定：信用卡被竊或遺失時，持卡人及連帶保證人對未辦妥書面掛失手續前遭冒用所生之損失，無論其簽名是否完全相符，仍應負清償責任，此條款將特約商店審查義務完全排除其責任，不當將危險轉嫁消費者。

三、定型化契約條款解釋原則

定型化契約條款解釋並非基於個別相對人所理解或認識而是以一個平均消費者的理解作為解釋之基礎。定型化契約條款解釋原則如下：

㈠客觀解釋原則

因定型化契約係企業經營者為與不特定多數人訂立契約之用而單方預先擬定之契約條款。故有關契約條款意義不明確時，應採客觀解釋條款文義為原則才符合其特質。

㈡非一般條款（個別條款）優先原則

在同一定型化契約中，如有一般條款與非一般條款存在，而彼此發生相牴觸情形時，該一般條款牴觸非一般條款的部分，無效（本法第十五條）。故非一般條款具有高於一般條款之效力。

㈢不明確條款解釋原則

依本法第十一條第二項明文規定：「定型化契約條款如有疑義

時，應為有利於消費者之解釋。」乃因定型化契約條款係由企業經營者單方預先擬定，所擬條款常有為企業經營者自己的利益，或因條款文字艱深、文義不明，導致消費者有與企業經營者不同預期的情形發生。為保障在磋商上居於劣勢而不能就定型化契約條款為充分了解的消費者利益。

四從嚴解釋原則

企業經營者經常利用優越的經濟地位，訂定有利於己而不利於消費者的契約條款，造成締約雙方當事人地位不平等，對消費者權益有重大影響，尤其是解釋企業經營者免責條款或危險移轉條款應從嚴解釋，來保護消費者權益。

四、定型化契約構成條款

有關定型化契約構成條款之認定標準，消費者保護法及其施行細則對其有原則規定，以資判斷，分別說明如下：

1. 定型化契約之條款記載於契約中者，構成契約內容。

2. 定型化契約之一般條款未經記載於契約中者，企業經營者應向消費者明示其內容；明示其內容顯有困難者，應以顯著之方式，公告其內容，並經消費者同意受其拘束者，該條款即構成契約之內容。企業經營者如經消費者請求者，應給與契約一般條款之影本或將該影本附為該契約的附件（本法第十三條）。

3. 契約之一般條款未經記載於定型化契約中，而依正常情形顯非消費者所得預見者，該條款即不構成契約之內容（本法第十四條）。此即所謂「異常條款」。但如一般條款經記載於契約中，即屬消費者所得預見，原則上消費者即應受其拘束，但有學者認仍應有第十四條之適用。

4. 契約之一般條款不論是否記載於定型化契約，如因字體、印刷或其他情事，致難以注意其存在或辨識者，該條款不構成契約之

內容。但消費者得主張該條款仍構成契約之內容（本法施行細則第十二條）。

5.企業經營者與消費者訂立定型化契約前，應有三十日以內之合理期間，供消費者審閱全部條款內容。違反前項規定者，該條款不構成契約之內容。但消費者得主張該條款仍構成契約之內容。中央主管機關得選擇特定行業，參酌定型化契約條款之重要性、涉及事項之多寡與複雜程度等事項，公告定型化契約之審閱期間（本法施行細則第十一條）。

定型化契約條款依上述規定得構成契約之內容，但不得逕謂該條款當然有效。該條款之效力仍應視其是否違反誠信原則，或對消費者顯失公平，或有否牴觸非一般條款之約定，或有無違反其他強行或禁止規定來決定其效力。總之，定型化契約之條款是否構成契約的內容，應依實際情形予以個案認定。

五、定型化契約之審閱期間

本法施行細則第十一條：企業經營者與消費者訂立定型化契約前，應有三十日以內之合理期間，供消費者審閱全部條款內容。違反前項規定者，該條款不構成契約之內容。但消費者得主張該條款仍構成契約之內容。中央主管機關得選擇特定行業，參酌定型化契約條款之重要性、涉及事項之多寡與複雜程度等事項，公告定型化契約之審閱期間。

給予消費者合理審閱期間，以便消費者就定型化契約條款有足夠時間對條款內容加以了解與思考，進而決定締約與否。唯有如此方能讓消費者享有真正訂定契約之自由，落實公平原則。又定型化契約審閱期間之長短，應參酌定型化契約條款的重要性、涉及事項多寡與複雜程度等事項，就實際需要情形予以個別決定審閱契約期間。中央主管機關亦得選擇特定行業，公告定型化契約之審閱期間，

作為該行業統一遵行之依據。企業經營者違反有關合理審閱期間之規定者，可能對消費者不利益，故明定該條款原則上不構成契約的內容，以保障消費者權益。但消費者認為可以接受時，得主張該條款仍構成契約之內容。反之，如企業經營者使用之定型化契約，如已給予消費者合理審閱期間，既已給與消費者合理審閱期間，消費者已可就定型化契約條款為充分的考慮，原則上該條款可以構成契約的內容。惟該條款如有下列情形仍得主張不構成條款或主張無效：

1.契約之一般條款不論是否記載於定型化契約，如因字體、印刷或其他情事，致難以注意其存在或辨識者，該條款不構成契約之內容。但消費者得主張該條款仍構成契約之內容（本法施行細則第十二條）。

2.定型化契約記載經中央主管機關公告應記載之事項者，仍有本法關於定型化契約規定之適用。中央主管機關公告不得記載之事項，卻經記載於定型化契約者，該條款無效（本法第十七條）。

3.定型化契約條款斟酌契約之性質、締約目的、全部條款內容、交易習慣及其他情事判斷違反誠信原則，對消費者顯失公平（本法施行細則第十三條）。

4.定型化契約條款，有下列情事之一者，為違反平等互惠原則，該契約條款無效：(1)當事人間之給付與對待給付顯不相當者。(2)消費者應負擔非其所能控制之危險者。(3)消費者違約時，應負擔顯不相當之賠償責任者。(4)其他顯有不利於消費者之情形者（本法施行細則第十四條）。

六、中央主管機關得選擇特定行業公告規定其定型化契約

鑒於各行各業使用定型化契約從事大量交易情形日益普遍，成為現代交易的基本型態，定型化契約的濫用，致消費者受害事件屢

見不鮮，各國對定型化契約莫不加以規範，以保障消費者權益。我國亦同，依本法第十七條：「中央主管機關得選擇特定行業，公告規定其定型化契約應記載或不得記載之事項。」「違反前項公告之定型化契約之一般條款無效。該定型化契約之效力依前條規定定之。」「企業經營使用定型化契約者，主管機關得隨時派員查核」。茲就定型化契約行政規制，分述如下：

1. 辦理公告

這是中央各目的事業主管機關就其主管之某特定行業通案解決模式。定型化契約的一般條款，如違反中央主管機關公告的事項者，無效。中央主管機關公告應記載的事項如未記載於定型化契約者，該事項仍構成契約的內容（本法施行細則第十五條第二項）。定型化契約記載經中央主管機關公告應記載之事項者，仍有本法關於定型化契約規定之適用（本法施行細則第十五條第一項）。

2. 派員查核

這是針對問題的個案解決模式。依本法第十七條第三項規定，企業經營者使用定型化契約者，主管機關得隨時派員查核，以針對個案情形實地瞭解企業經營者所使用的定型化契約，有無違反法令或侵害消費者權益的情事。

目前中央主管機關選擇特定行業公告之定型化契約及應記載或不得記載事項有：人壽保險要保書及示範條款、國內外旅遊契約書、**個人購屋或購車貸款契約範本**、手術、麻醉同意書及住院須知之契約、**預售屋買賣契約書範本**、汽車買賣定型化契約範本、電器買賣定型化契約範本、有線電視系統、有線電視節目播送系統契約書範本、住宅火災保險基本條款及要保書填寫說明、文理補習班補習服務契約書範本、汽車駕駛訓練契約書範本、洗衣定型化契約範本、路外停車場租用契約範本、套書（百科全書等）、語言錄音帶及教學錄影帶買賣定型化契約範本、汽車保險自用汽車保單條款及要保書

填寫說明、觀光遊樂園（場、區等）遊樂服務契約範本、信用卡定型化契約範本、**房地產委託銷售契約書範本**、電腦補習班補習服務契約書範本、瘦身美容定型化契約範本、陸上旅客運送「敬告旅客」條款、公路汽車（市區）汽車客運業旅客運送定型化契約範本、**預售停車位買賣契約書範本**、汽車買賣定型化契約應記載及不得記載事項、小客車租賃定型化契約範本（核定本）、自費安養定型化契約（定有期限）範本、自費安養定型化契約（未定期限）範本、委託安養定型化契約（定有期限）範本、委託安養定型化契約（未定期限）範本、有線廣播電視系統經營者／有線播送系統定型化契約應記載及不得記載事項、國外旅遊定型化契約應記載及不得記載事項、公告觀光遊樂園（場、區）遊樂服務契約應記載及不得記載事項、學生海外研修定型化契約範本、婚紗攝影（禮服租售及拍照）契約範本、汽車維修服務定型化契約範本、職業介紹服務定型化契約範本、國內旅遊定型化契約應記載或不得記載事項、系統保全服務定型化契約範本、行動電話業務服務契約範本(至八十八年十一月止)。

第三節　特種買賣

一、消費者保護法規定特種買賣之種類

　　依本法第二章第三節規定特種買賣的種類有郵購買賣、訪問買賣及分期付款買賣等三種。消費者保護法規定的特種買賣本質上與民法規定的一般買賣並無太大的差異，只因其傳銷方式較一般買賣型態（一般買賣型態大致為消費者主動並以現金現貨交易型態）比較特別，鑒於郵購買賣、訪問買賣及分期付款買賣為新型態傳銷方式，消費者因而受害的案例日漸增多，為保障消費者權益，消費者保護法有特別加以規定的必要，賦與較為周密的保障。在消費者保

護法沒有規定之情形下，仍適用民法有關買賣之規定。換言之，就特種買賣而言，消費者保護法的規定是民法有關買賣規定的特別規定，應優先適用之。

二、郵購買賣之意義

依本法第二條第八款的規定「郵購買賣」指企業經營者以郵寄或其他遞送方式，而為商品買賣之交易型態。換言之，郵購買賣契約是企業經營者利用廣播、電視、電話、傳真、目錄之寄送或其他類似之方法，消費者依據企業經營者的廣告或所散發、寄送的型錄，來決定購買該商品（消費者未檢視商品而為要約），並經企業經營者承諾之契約。故消費者在締約前沒有檢視商品的機會，就與企業經營者締結買賣契約，與一般買賣不同（消費者締約前已檢視商品）。消費者往往無法詳細判斷或思考的情形下，購買不合意或不需要的商品。為衡平消費者在購買前無法獲得足夠的資料或時間加以思考與選擇，消費者保護法特別將郵購買賣規定為特種買賣的一種型態，予以特別的保障。

三、訪問買賣之意義

依本法第二條第九款規定訪問買賣是指企業經營者未經邀約而在消費者之住居所或其他場所從事銷售，而發生之買賣行為。其特色(1)為未經消費者的邀約，故消費者通常是處在毫無預期又未深思情況下，即與企業經營者締結買賣契約，為維護其權益，消費者保護法特別將訪問買賣規定為特種買賣的一種型態，予以特別的保障（賦與消費者後悔的權利，即不須說明理由解除契約）。(2)銷售地點在消費者的住居所或其他場所。住居所依民法規定解釋之。其他場所，包括消費者之工作場所（辦公室、工廠等）、第三人之住居所或其工作場所及公共場所等。企業經營者住居處所或營業所是否屬其

他場所？若依具體情事，足認企業經營者未經消費者主動邀約，而在其住居所或營業所向消費者銷售其商品，且消費者在該處所亦無上述之考慮締約之機會者，應仍屬消費者保護法第二條第九款所定之訪問買賣而有其適用。**街頭販賣是否屬於訪問買賣的情形**，未可一概而論。如果使消費者非主動邀約且於締約前欠缺詳細考慮機會，即受消費者保護法保護而依第十九條第一項規定得解除契約。

四、企業經營者告知義務與消費者法定解除權

依本法第十八條：企業經營者為郵購買賣或訪問買賣時，應將其買賣之條件、出賣人之姓名、名稱、負責人、事務所或住居所告知買受之消費者。本法施行細則第十六條規定：「企業經營者應於訂立郵購或訪問買賣契約時，告知消費者本法第十八條所定事項及第十九條第一項之解除權，並取得消費者聲明已受告知之證明文件。」故企業經營者為郵購買賣或訪問買賣時應盡到下列事項的告知義務，並應取得消費者聲明已受告知的證明文件：(1)應將消費者保護法第十八條所定的事項（買賣的條件、出賣人的姓名、名稱、負責人、事務所或住居所告知買受的消費者）。(2)第十九條第一項事項告知（消費者有法定解除權）：郵購或訪問買賣之消費者，對所收受之商品不願買受時，得於收受商品後七日內，退回商品或以書面通知企業經營者解除買賣契約，無須說明理由及負擔任何費用或價款。

依本法第十九條的規定，為郵購或訪問買賣的消費者，對於所收受的商品不願買受時，可以在收受商品之後七日內，以退回商品的方式或以書面通知企業經營者的方式，解除買賣契約，無須說明理由及負擔任何費用或價款。此即本法賦與消費者之法定解除權。以下就消費者行使解除權有關事項說明：

(一)消費者解除權

因郵購買賣或訪問買賣，通常是在消費者無法詳細判斷或思考

之情形下完成,消費者往往購買不合意或不需要之商品或服務交易。為衡平消費者在訂約前,無法獲得足夠的資訊及足夠時間加以思考,故賦與消費者有後悔解約猶豫期間制度,給消費者詳細考慮後決定是否要解約的機會。有關七日解除權的行使,只適用在郵購買賣及訪問買賣的情形。至於其他買賣型態,只能依照民法等其他法律的規定,行使有關的權利,不能主張本法第十九條的權利。

㈡解除權行使方法

依本法第十九條規定消費者行使解除權之方法有二,一是直接退回商品,二是書面通知。如經消費者書面通知,企業經營者依本法施行細則第二十條的規定,「消費者依消費者保護法第十九條第一項規定,於收受商品後七日內以書面通知解除契約,除當事人另有特約外,企業經營者應於通知到達後一個月內,到消費者的住所或營業所取回商品。」以示慎重及存證之必要並衡平雙方權利義務。消費者不得僅以口頭通知企業經營者的方式來解除買賣契約。

㈢行使解除權之期間

消費者得於七日內解除契約。消費者解除契約權利期間的起算,依民法第一二○條第二項的規定,以日定期間者,其始日不算入。因此,郵購買賣或訪問買賣的消費者的買賣契約解除權,其七日期間的起算應自消費者收受商品後的第二天開始起算。依本法施行細則第十九條的規定,消費者以書面通知或退回商品的方式解除契約,其書面通知的發出或是商品的交運,在所定的七日期間內為之,即遵守猶豫期間的規定。另本法施行細則第十八條的規定,消費者於收受商品前,亦可依本法第十九條第一項規定,以書面通知企業經營者解除買賣契約,以避免雙方在郵費或其他無益支出或浪費時間,及早確定雙方的法律關係。企業經營者未依本法施行細則第十六條規定,告知消費者有法定解除權並取得證明文件,則該七日期間未開始進行。

(四)禁止企業經營者以特約排除猶豫期間

消費者的契約解除權是消費者保護法的強制規定，企業經營者以特約排除猶豫期間規定(例如限縮解除買賣契約的期間不到七日，或者是限制解除買賣契約僅可以書面通知的方式或是只可以直接退回商品的方式，或須扣除手續費)，約定均為無效(本法第十九條第二項)。

(五)消費者解除買賣契約，無須說明理由，且不負擔任何費用或價款

(六)收受的商品有毀損、滅失或者變更對行使解除權之影響

本法施行細則第十七條:「消費者因檢查之必要或因不可歸責於自己之事由，致其收受之商品有毀損、滅失或變更者，其解除權不消滅」。故收受的商品有毀損、滅失或者變更，係可歸責於消費者，消費者不能主張無條件的解除買賣契約。反之，收受的商品有毀損、滅失或者變更是消費者為檢查商品的必要，或者不可歸責於消費者自己的事由，仍得主張解除契約。

(七)解除權行使後回復原狀義務

消費者解除買賣契約後，雙方當事人應回復原狀義務，消費者保護法對此並無具體規定。僅在本法第十九條第三項規定:「契約經解除者，企業經營者與消費者間關於回復原狀之約定，對於消費者較民法第二百五十九條之規定不利者，無效。」故原則上應依民法第二五九條的規定，由雙方當事人互負回復原狀的義務。契約解除後，企業經營者與消費者間關於回復原狀的約定，比民法第二五九條之規定對消費者不利，該約定無效。民法第二五九條規定:「契約解除時，當事人雙方回復原狀之義務，除法律另有規定或契約另有訂定外，依左列之規定:

一、由他方所受領之給付物，應返還之。

二、受領之給付為金錢者，應附加自受領時起之利息償還之。

三、受領之給付為勞務或為物之使用者，應照受領時之價額，以金錢償還之。

四、受領之給付物生有孳息者，應返還之。

五、就返還之物，已支出必要或有益之費用，得於他方受返還時所得利益之限度內，請求其返還。

六、應返還之物有毀損、滅失，或因其他事由，致不能返還者，應償還其價額。」

五、現物要約（無要約之寄送）

本法第二十條第一項規定：「未經消費者要約而對之郵寄或投遞之商品，消費者不負保管義務。」即有關現物要約之規定，其特色為

1.須未經消費者要約，如係先經消費者表示希望購買（要約）時，非現物要約。

2.須未經消費者要約而郵寄或投遞商品，如已經消費者要約後始用郵寄或投遞商品，該消費者如僅係依據型錄或廣告等即為要約，消費者在締約前並無檢視商品之機會，應屬郵購買賣，非此所謂現物要約；雖未經消費者要約，如係以到府推銷方式，而非以郵寄或投遞方式來推銷商品，則屬訪問買賣。

3.消費者對以現物要約方式所寄送之商品，不負保管義務，消費者並得為⑴定相當期限通知企業經營者取回其投寄之商品，所謂「相當期限」視個案具體情形決定。⑵企業經營者經消費者定相當期限通知取回而逾期未取回或無法通知者，視為拋棄其寄投之商品，該商品為無主物，消費者依民法無主物先占規定而取得該商品之所有權。⑶企業經營者未經消費者通知，但在寄送後逾一個月未經消費者表示承諾，而仍不取回其商品者，亦視為拋棄其寄投之商品，消費者可依民法無主物先占規定而取得該商品之所有權。⑷消費者得請求償還因寄送物所受之損害，及處理寄送物所支出之必要費用。

六、分期付款買賣之意義

分期付款買賣依本法第二條第十款：指買賣契約約定消費者支付頭期款，餘款分期支付，而企業經營者於收受頭期款時，交付標的物予消費者之交易型態。其特色有：

1.消費者保護法上分期付款買賣，契約主體限為消費者與企業經營者，民法之一般分期付價買賣（民法第三八九條、第三九〇條）之契約主體，不以消費者與企業經營者為限，其契約主體雙方均是消費者或雙方都是企業經營者亦可。

2.消費者保護法上的分期付款買賣，是一種要式契約，企業經營者與消費者分期付款買賣契約應以書面為之。契約書應載明(1)頭期款。(2)各期價款與其他附加費用合計之總價款與現金交易價格之差額。(3)利率。民法上之一般分期付價買賣不以書面為必要，亦無須一定之格式，是一種不要式契約，對於付款方式，僅規定消費者須支付頭期款，餘款分期支付而已。

3.消費者保護法上的分期付款買賣，對於標的物交付時期，規定企業經營者應於收受頭期款時，交付標的物予消費者。而民法上的分期付價買賣，對於標的物之交付時期，並未加以限制，由雙方當事人商議交付標的物時間。

4.消費者保護法上的分期付款買賣，企業經營者於收受頭期款時，即須交付標的物給消費者，惟企業經營者得約定標的物之所有權須於餘款付清後才取得該標的物所有權。**預售屋分期付款買賣，**雖然價金是分期給付，但消費者在支付頭期款時，企業經營者尚無法將買賣標的物之房屋交付給消費者，與成屋買賣的情形不同，因而與上述消費者保護法有關分期付款買賣的意義不符，**故預售屋分期付款買賣非消費者保護法所稱之分期付款買賣。**

七、分期付款買賣契約書面應記載事項

依本法第二十一條（契約書應載事項）：「企業經營者與消費者分期付款買賣契約應以書面為之。前項契約書應載明下列事項：一、頭期款。二、各期價款與其他附加費用合計之總價款與現金交易價格之差額。三、利率。企業經營者未依前項規定記載利率者，其利率按現金交易價格週年利率百分之五計算之。企業經營者違反第二項第一款、第二款之規定者，消費者不負現金交易價格以外價款之給付義務。」

故企業經營者與消費者所訂定之分期付款買賣契約，應以書面為之。未用書面，所訂定之分期付款買賣契約其效力如何？不無疑義，解釋上應依本條第四項規定，消費者不負現金交易價格以外價款之給付義務，以保護消費者權益。

為避免企業經營者以簽約金、手續費或其他附加費用名目，規避民、刑法最高利率的限制或隱藏實質利率，影響消費者消費之判斷，明定分期付款買賣應載明下列事項於契約書上：

1. 頭期款

如有免支付頭期款的約定，在解釋上該頭期款視為零。

2. 各期價款與其他附加費用合計之總價款與現金交易價格之差額

所謂各期價款，依本法施行細則第二十二條規定，是指含利息之各期價款。分期付款買賣之附加費用不得併入各期價款計算利息。其經企業經營者同意延期清償或分期給付者，亦同。如未記載頭期款及各期價款與其他附加費用合計之總價款與現金交易價格之差額時，依本法第二十一條第四項規定，消費者可以不負現金交易價格以外價款之給付義務。換言之，只要分期支付現金交易的價格即可，無需支付差額（利息）。此乃避免企業經營者以簽約金、手續費或其他附加費用的名目，規避民、刑法最高利率的限制或隱藏實質利率，

影響消費者對商品或服務價格及利率的判斷。

　　3.利率，並應載明其計算方法及依此計算方法而得的利息額數

　　分期付款買賣契約未記載利率者，其利率應如何計算？其利率應按法定利率標準，即按現金交易價格週年利率百分之五計算（本法第二十一條第二項）。分期付款買賣契約書所載利率，應載明其計算方法及依此計算方法而得之利息數額（本法施行細則第二十二條第二項），乃因分期付款的利率結構十分複雜，消費者難以明瞭。

第四節　消費資訊之規範

一、企業經營者確保廣告內容真實義務

㈠廣告之意義

　　商業廣告之意義，消費者保護法並無明文定義。舉凡以營業為目的，對不特定之公眾所為表示行為，是為商業廣告（日本小松楊一郎）。廣告之內容包括對於商品或服務的價格、數量、品質、內容、製造方法、製造日期、有效期限、使用方法、用途、原產地、製造者、製造地、加工者、加工地等，所為的表示或表徵（公平交易法第二十一條）。廣告的型態指利用電視、廣播、影片、幻燈片、報紙、雜誌、傳單、海報、招牌、牌坊、電話傳真、電子視訊、電子語音、電腦或其他方法，可使不特定多數人知悉其宣傳內容之傳播（本法施行細則第二十三條）。

㈡企業經營者確保廣告內容真實義務

　　為規範企業經營者利用虛偽不實之廣告侵害消費者權益，本法於第二十二條規定企業經營者應確保廣告內容之真實，其對消費者所負之義務不得低於廣告之內容，例如某機車廣告 50/80 機車，每公升行駛約 50 公里，結果 80cc 機車僅為行駛 44.6 公里，即違反廣

告內容真實義務。並進而規範媒體經營者不得刊登或報導不實的廣告。如媒體經營者明知或可得而知廣告內容與事實不符，而仍刊登或報導，依本法第二十三條的規定，就消費者因信賴該廣告所受之損害與企業經營者負連帶責任。消費者因不實廣告所致之損害，得向下列企業經營者請求損害賠償：(1)企業經營者。(2)向明知或可得而知廣告內容與事實不符的媒體經營者，請求與企業經營者負連帶損害賠償責任。(3)廣告代理業，依公平交易法第二十一條第四項的規定，廣告代理業在明知或可得而知的情況下，仍製作或設計有虛偽不實或引人錯誤之廣告，應與廣告主負連帶損害賠償責任。

　　主管之行政機關如認為企業經營者之廣告內容不實，(1)依消費者保護法施行細則第二十四條的規定，主管機關認為企業經營者之廣告內容誇大不實，足以引人錯誤，有影響消費者權益之虞時，得令企業經營者證明該廣告之真實性。(2)公平交易委員會依公平交易法第四十一條的規定，對於違反公平交易法第二十一條規定：「事業不得在商品或其廣告上，或以其他使公眾得知之方法，……為虛偽不實或引人錯誤之表示或表徵」。公平交易委員會對違規之企業經營者，得限期命其停止、改正其行為或採取必要更正措施，並得處新臺幣五萬元以上二千五百萬元以下罰鍰；逾期仍不停止、改正其行為或未採取必要更正措施者，得繼續限期命其停止、改正其行為或採取必要更正措施，並按次連續處新臺幣十萬元以上五千萬元以下罰鍰，至停止、改正其行為或採取必要更正措施為止。

二、企業經營者應依法對商品或服務標示或說明義務

　　依消費者保護法第二十四條：「企業經營者應依商品標示法等法令為商品或服務之標示。輸入之商品或服務，應附中文標示及說明書，其內容不得較原產地之標示及說明書簡略。輸入之商品或服務在原產地附有警告標示者，準用前項之規定。」及同法施行細則第二

十五條:「本法第二十四條規定之標示，應標示於適當位置，使消費者在交易前及使用時均得閱讀標示之內容。」故企業經營者應就商品或服務為下列的標示或說明。

1.企業經營者應就其商品或服務之性質適用商品標示法、食品衛生管理法、化妝品衛生管理條例、農藥管理法及藥事法等有關的法令為具體的標示，消費者保護法僅原則性規定企業經營者應負標示義務而已。

2.輸入之商品或服務，應附中文標示及說明書，其內容不得較原產地之標示及說明書簡略；在原產地附有警告標示者，應附中文警告標示，其內容不得較原產地之標示簡略（本法第二十四條）。

3.應標示於適當位置，使消費者在交易前及使用時均得閱讀標示之內容（本法施行細則第二十二條）。

企業經營者違反上述規定時，依本法第五十六條規定，經主管機關通知改正而逾期不改正者，處新臺幣二萬元以上二十萬元以下罰鍰。若情節重大時，依本法第六十條，主管機關命停止營業或勒令歇業。依第十條第二項收回商品或停止服務。如情況危急，應在大眾傳播媒體公告或為必要處理。

三、企業經營者出具書面保證書

依本法第二十五條規定:企業經營者對消費者保證商品或服務之品質時，應主動出具書面保證書。前項保證書應載明下列事項:(1)商品或服務之名稱、種類、數量，其有製造號碼或批號者，其製造號碼或批號。(2)保證之內容。(3)保證期間及其起算方法。(4)製造商之名稱、地址。(5)由經銷商售出者，經銷商之名稱、地址。(6)交易日期。例如保證是原裝品、非水貨、仿冒品，即應出具載有上述事項之保證書。

企業經營者口頭保證品質而未依本法第二十五條規定出具書面

保證書者，仍應就其保證之品質負責（本法施行細則第二十六條）。換言之，口頭保證與書面保證有同等效力。

四、企業經營者包裝其商品義務

依本法第二十六條規定，企業經營者對於所提供之商品應按其性質及交易習慣，為防震、防潮、防塵或其他保存商品所必要之包裝，以確保商品之品質與消費者之安全。但不得誇張其內容或為過大之包裝。

故企業經營者所提供之商品，應為必要的包裝，所謂必要包裝應按其性質及交易習慣，在確保商品之品質與消費者之安全下，且為符合誠信交易之要求，為防震、防潮、防塵或其他保存商品所必要之包裝。例如玻璃製品防震包裝、飲料製品為隔離污染源而使用玻璃瓶、鋁罐或塑膠瓶。但不得為過度的包裝，乃因過度的包裝，浪費社會資源、破壞環境，妨礙消費者對商品的真實內容之判斷，誤導消費者做合理之選擇，故企業經營者不得誇張其內容或為過大的包裝。

本章試題

八十八年專門職業及技術人員普通考試不動產經紀人試題

依據「消費者保護法」規定，定型化契約於那些情形下，推定其顯失公平？

答：

依消費者保護法第十二條規定：定型化契約中之條款違反誠信原則，對消費者顯失公平者，無效。定型化契約中之條款有下列情形之一者，推定其顯失公平：

(1)違反平等互惠原則者。

(2)條款與其所排除不予適用之任意規定之立法意旨顯相矛盾者。

(3)契約之主要權利或義務，因受條款之限制，致契約之目的難以達成者。

故定型化契約有上述情形時，推定其顯失公平。

第三章　消費者保護團體

一、消費者保護團體之意義

　　消費者保護團體，依本法第二條第六款規定，指以保護消費者為目的而依法設立登記之法人。換言之，消費者保護團體是以保護消費者權益、推行消費者教育為其成立宗旨，依據人民團體法及其他相關法令規定，向主管機關申請設立之財團法人或社團法人的社會團體（人民團體法第四條：人民團體分為左列三種：一、職業團體，二、社會團體，三、政治團體）。例如財團法人中華民國消費者文教基金會，中華民國消費者協會。另有些消保團體特別標名以汽車或保險之消費者保護為目的則屬專業保護團體，餘則為綜合性團體。

　　消費者保護法對消費者保護團體之資格限制：(1)在成立目的方面：依照消費者保護法第二十七條規定，消費者保護團體須以保護消費者權益、推行消費者教育為其成立宗旨目的。(2)在團體人格的方面：消費者保護團體以依法設立之財團法人或社團法人為限。

二、消費者保護團體之主管機關

　　消費者保護法對於消費者保護團體並未明定其主管機關，依人民團體法及相關法規來認定其主管機關：
㈠人民團體之組織與活動之主管機關
　　依人民團體法第三條：「人民團體之主管機關：在中央為內政部；在省（市）為省（市）政府社會處（局）；在縣（市）為縣（市）政

府。但其目的事業應受各該事業主管機關之指導、監督。」故消費者保護團體是社團法人時其主管機關在中央為內政部；在省（市）為省（市）政府社會處（局）；在縣（市）為縣（市）政府。消費者保護團體是財團法人時其目的事業主管機關是該消費者保護團體許可設立的主管機關，而其一般會務應由上述社政主管機關指導及監督，其業務則受各該目的事業主管機關的指導監督。

㈡行政院消費者保護委員會為消費者保護團體業務評定機關

　　依消費者保護法第四十九條規定，授權行政院消費者保護委員會訂定「消費者保護團體評定辦法」，作為行政院消費者保護委員會對於消費者保護團體考評之依據。行政院消費者保護委員會曾公告經評定為優良消費者保護團體名單有財團法人中華民國汽車消費者保護協會（有效期間：八十六年六月至八十八年五月止）財團法人中華民國消費者文教基金會（有效期間：八十六年九月至八十八年八月止）。

三、消費者保護團體之任務

　　消費者保護團體依本法第二十八條之規定，有如下任務：

1. 商品或服務價格之調查、比較、研究、發表。
2. 商品或服務品質之調查、比較、研究、發表。
3. 商品標示或其內容之調查、比較、研究、發表。
4. 消費資訊之諮詢、介紹與報導。
5. 消費者保護刊物之編印發行。
6. 消費者意見之調查、分析、歸納。
7. 接受消費者申訴，調解消費爭議。
8. 處理消費爭議，提起消費訴訟。
9. 建議政府採取適當之消費者保護立法或行政措施。

10.建議企業經營者採取適當之消費者保護措施。

11.其他有關消費者權益之保護事項。

四、消費者保護團體對商品及服務之檢驗

消費者保護團體為從事商品或服務檢驗，應設置與檢驗項目有關之檢驗設備或委託設有與檢驗項目有關之檢驗設備之機關、團體檢驗之。執行檢驗人員應製作檢驗紀錄，記載取樣、使用之檢驗設備、檢驗方法、經過及結果，提出於該消費者保護團體（本法第二十九條）。故消費者保護團體於從事商品或服務檢驗時，依本法第二十九條及其施行細則第二十八條規定，應遵守下列原則性之規定：

㈠設置檢驗之設備

消費者保護團體應設置與檢驗項目有關之檢驗設備或委託設有與檢驗項目有關之檢驗設備之機關團體辦理檢驗。

㈡檢驗結果之提出

執行檢驗的人員應製作檢驗紀錄，記載取樣、使用之檢驗設備、檢驗方法、經過及結果，提出於該消費者保護團體。

㈢檢驗應遵守之規定

本法第一條第二項規定為「有關消費者之保護，依本法之規定，本法未規定者，適用其他法律」。故消費者保護法具有消費者保護基本法之性質，有關檢驗應遵守之規定應優先適用消費者保護法規定，消費者保護法未規定時，則適用其他相關法令。

㈣請求政府必要協助

消費者保護團體為商品或服務之調查、檢驗時，得請求政府予以必要之協助（本法第三十一條）。

㈤樣品之保存

所採之樣品，於檢驗紀錄完成後，應至少保存三個月。但依其性質不能保存三個月者，不在此限。

㈥不實檢驗之責任

　　檢驗結果如有不實情事致侵害他人權益者，該消費者保護團體應依民法有關規定負侵權行為等賠償責任。

五、消費者組織參與權與獎助

　　政府對於消費者保護之立法或行政措施，應徵詢消費者保護團體、相關行業、學者專家之意見（本法第三十條）。消費者保護團體辦理消費者保護工作成績優良者，主管機關得予以財務上之獎助（本法第三十二條）。

第四章　行政監督

一、各級主管機關調查權及調查進行方式

本法第三十三條：直轄市或縣（市）政府認為企業經營者提供之商品或服務有損害消費者生命、身體、健康或財產之虞者，應即進行調查。於調查完成後，得公開其經過及結果。前項人員為調查時，應出示有關證件，其調查得依下列方式進行：一、向企業經營者或關係人查詢。二、通知企業經營者或關係人到場陳述意見。三、通知企業經營者提出資料證明該商品或服務對於消費者生命、身體、健康或財產無損害之虞。四、派員前往企業經營者之事務所、營業所或其他有關場所進行調查。五、必要時，得就地抽樣商品，加以檢驗。換言之，各級主管機關認為企業經營者提供之商品或服務，有損害消費者生命、身體、健康或財產之虞者，依照消費者保護法第三十三條，應即進行調查。其程序、方式及效果如下：

㈠派員調查出示證件

調查人員於調查時，應出示有關證件。依照施行細則第三十條規定：⑴所謂有關證件，係指有關執行職務之證明文件，並無一定的格式。⑵調查人員如未依規定出示執行職務之證明文件者，被調查者得拒絕其調查。

㈡調查進行方式

1.查詢：向企業經營者或關係人查詢。

2.命到場陳述意見：通知企業經營者或關係人到場陳述意見。

3.命提出資料：通知企業經營者提出資料，證明該商品或服務

對於消費者生命、身體、健康或財產無損害之虞。

4.派員實地進行調查：派員前往企業經營者之事務所、營業所或其他有關場所進行調查。

5.抽驗商品：必要時，得就地抽樣商品，加以檢驗。但其抽樣數量以足供檢驗之用者為限。

㈢公開經過及結果

直轄市或縣（市）政府認為企業經營者提供之商品或服務有損害消費者生命、身體、健康或財產之虞者，應即進行調查。於調查完成後，得公開其經過及結果（本法第三十三條第一項）。主管機關公開調查其經過及結果之前，應先讓企業經營者有說明或申訴的機會（本法施行細則第三十一條第二項）。

㈣行政處分

企業經營者拒絕、規避或阻撓主管機關所為之調查者，主管機關可以處罰企業經營者新臺幣三萬元以上三十萬元以下罰鍰（本法第五十七條）。

二、對於可為證據之物得聲請檢察官扣押之

依消費者保護法第三十四條：直轄市或縣（市）政府於調查時，對於可為證據之物，得聲請檢察官扣押之。前項扣押，準用刑事訴訟法關於扣押之規定。主管機關調查時，對於可為證據之物，得為如下之處理：

㈠扣押之機關

直轄市或縣（市）政府於調查時，對於可為證據之物，得聲請檢察官扣押之。而檢察官有扣押權，該主管機關僅有聲請扣押不得自行扣押。

㈡扣押之規定

扣押由檢察官行使，性質類似於刑事訴訟法上之扣押，故準用

刑事訴訟法關於扣押之規定辦理。

三、主管機關委託其他機構團體辦理檢驗工作

消費者保護法第三十五條：主管機關辦理檢驗，得委託設有與檢驗項目有關之檢驗設備之消費者保護團體、職業團體或其他有關公私機構或團體辦理之。故主管機關行使調查權時，認為有檢驗之必要者，依第三十五條規定，得以下列方式為之：

㈠自行檢驗

主管機關有能力辦理檢驗時，得自行檢驗。

㈡委託檢驗

主管機關得委託以下機構或團體辦理檢驗，但檢驗結果應交由主管機關處理，受託檢驗機關不得對外自行發表。

1. 消費者保護團體

得委託設有與檢驗項目有關之檢驗設備之消費者保護團體辦理檢驗。

2. 職業團體

得委託設有與檢驗項目有關之檢驗設備之職業團體辦理檢驗。

3. 其他公私機構或團體

得委託設有與檢驗項目有關之檢驗設備之其他公私機構或團體辦理檢驗。

四、主管機關對消費事件之處置

1. 企業經營者提供之商品或服務確有損害消費者生命、身體、健康或財產，或確有損害之虞者，應為之處置：

第三十六條：直轄市或縣（市）政府對於企業經營者提供之商品或服務，經第三十三條之調查，認為確有損害消費者生命、身體、健康或財產，或確有損害之虞者，應命其限期改善、回收或銷燬，

必要時並得命企業經營者立即停止該商品之設計、生產、製造、加工、輸入、經銷或服務之提供，或採取其他必要措施。主管機關依本法第三十六條、第三十八條、第五十八條及施行細則第三十二條至第三十四條之規定，應以書面處分方式，採行下列措施：

(1)限期改善、回收、銷毀：

主管機關命該企業經營者限期改善、回收、銷毀，除其他法令有特別規定外，應由主管機關依個案性質決定之，但最長不得超過六十日（本法施行細則第三十三條）。

(2)其他必要措施：

主管機關必要時，並得命企業經營者立即停止該商品之設計、生產、製造、加工、輸入、經銷或服務之提供，或採取其他必要措施（本法第三十六條）。

(3)函報主管機關備查：

施行細則第三十四條：企業經營者經主管機關依本法第三十六條規定命其就商品或服務限期改善、回收或銷燬者，應將處理過程及結果函報主管機關備查。

　2.企業經營者提供之商品或服務對消費者已發生重大損害或有發生重大損害之虞，而情況危急時，應為之處置：

第三十七條：直轄市或縣（市）政府於企業經營者提供之商品或服務，對消費者已發生重大損害或有發生重大損害之虞，而情況危急時，除為上述之處置外，應即在大眾傳播媒體公告企業經營者之名稱、地址、商品、服務、或為其他必要之處置。

　3.行政處分：

企業經營者違反主管機關依本法第三十六條所為之命令者，主管機關可以處罰企業經營者新臺幣六萬元以上一百五十萬元以下罰鍰，並得連續處罰（本法第五十八條）。企業經營者有第三十七條規定之情形者，主管機關除依該條及第三十六條之規定處置外，並得

對其處新臺幣十五萬元以上一百五十萬元以下罰鍰（本法第五十九條）。

五、行政院消費者保護委員會之職掌

依消費者保護法第四十一條規定，行政院消費者保護委員會其法定職掌如下：

1.消費者保護基本政策及措施之研擬及審議。

2.消費者保護計畫之研擬、修訂及執行結果檢討。

3.消費者保護方案之審議及其執行之推動、連繫與考核。消費者保護方案應由主管機關負責研擬及執行。所謂主管機關依照消費者保護法第六條規定如下：⑴中央：為目的事業主管機關。⑵省(市)：為省（市）政府。⑶縣（市）：為縣（市）政府。消費者保護方案應由主管機關研擬完成送請行政院消費者保護委員會審議核定後，並由行政院消費者保護委員會負責該方案有關執行之推動、連繫與考核，但該方案實際執行之工作，仍應由主管機關負責辦理。

4.國內外消費者保護趨勢及其與經濟社會建設有關問題之研究。

5.各部會局署關於消費者保護政策及措施之協調事項。

6.監督消費者保護主管機關及指揮消費者保護官行使職權。

7.定期公告消費者保護執行結果及有關資料。

8.依消費者保護法第四十九條規定：評定消費者保護團體優劣。

9.依消費者保護法第六十條規定：對企業經營者違反消保法規定情節重大者核准命其停止營業或勒令歇業。

六、消費者保護官之職掌

消費者保護官依消費者保護法第四十三條、第四十五條、第四十九條及第五十三條規定，其法定職掌如下：

㈠受理申訴

消保官所受理申訴是第二次申訴。即依本法第四十三條：消費者與企業經營者因商品或服務發生消費爭議時，消費者得向企業經營者、消費者保護團體或消費者服務中心或其分中心申訴。企業經營者對於消費者之申訴，應於申訴之日起十五日內妥適處理之。消費者依第一項申訴，未獲妥適處理時，得向直轄市、縣（市）政府消費者保護官申訴。故消費者保護官可以受理消費者與企業經營者因商品或服務發生消費爭議時，消費者向企業經營者、消費者保護團體、消費者服務中心或分中心申訴，惟並未獲得妥適處理而轉向消費者保護官所為之消費申訴。

㈡擔任調解主席並辦理調解業務

消保官擔任消費爭議調解委員會主席並辦理調解業務。依本法第四十五條：直轄市、縣（市）政府應設消費爭議調解委員會，置委員七至十五名。前項委員以直轄市、縣（市）政府代表、消費者保護官、消費者保護團體代表、企業經營者所屬或相關職業團體代表充任之，以消費者保護官為主席，其組織另定之。故消費者保護官可以擔任消費爭議調解委員會主席，辦理有關消費爭議調解業務。

㈢對消保團體訴訟行使同意權

消保團體欲以自己名義行使消費者損害賠償訴訟或不作為訴訟，應經消費者保護官同意者，此即依本法第四十九條第一項：消費者保護團體許可設立三年以上，經申請消費者保護委員會評定優良，置有消費者保護專門人員，且合於下列要件之一，並經消費者保護官同意者，得以自己之名義，提起第五十條消費者損害賠償訴訟或第五十三條不作為訴訟：⑴社員人數五百人以上之社團法人。⑵登記財產總額新臺幣一千萬元以上之財團法人。故消費者保護官對於消費者保護團體以自己之名義，提起消費者保護法第五十條消費者損害賠償訴訟或第五十三條不作為訴訟時，得行使同意權。

㈣行使不作為訴訟權

　　消費者保護官對於企業經營者重大違反消費者保護法有關保護消費者規定之行為，得向法院訴請停止或禁止為該行為。此即依本法第五十三條：消費者保護官或消費者保護團體，就企業經營者重大違反本法有關保護消費者規定之行為，得向法院訴請停止或禁止之。前項訴訟免繳裁判費。所謂企業經營者重大違反消費者保護法有關保護消費者規定之行為，依本法施行細則第四十條係指企業經營者違反消費者保護法有關保護消費者規定之行為，確有損害消費者生命、身體、健康或財產，或確有損害之虞的情形而言。

㈤接受消費者保護委員會指揮行使職權

　　消費者保護委員會有指揮消費者保護官行使職權之權（本法第四十一條第一項）。

㈥其他職權

　　其他依消費者保護法及相關法規規定賦予消費者保護官之職權。

　　有關消費者保護官之任用及職掌事項，行政院已依法訂定「消費者保護官任用及職掌辦法」，可資依據辦理。

七、消費者服務中心辦理之事項

　　依本法第四十二條：省（市）及縣（市）政府應設消費者服務中心，辦理消費者之諮詢服務、教育宣導、申訴等事項。直轄市、縣（市）政府消費者服務中心得於轄區內設分中心。故依規定，省（市）及縣（市）政府應設消費者服務中心，直轄市及縣（市）政府消費者服務中心並得於轄區內設分中心，依法辦理下列事項：(1)辦理消費者之諮詢服務事項。(2)辦理消費者之教育宣導事項。(3)辦理消費者之申訴事項。有關消費者之申訴事項，行政院消費者保護委員會已訂定「消費爭議申請案件處理要點」，可資依據辦理。

本章附件

主管機關辦理消費者保護法第三十四條扣押證物執行要點

一、依據消費者保護法（以下簡稱本法）第三十四條規定訂定本要點。

二、直轄市或縣（市）政府認為企業經營者提供之商品或服務有損害消費者生命、身體、健康或財產，或有損害之虞者，為行使本法第三十三條之調查權時，對於可為證據之物得聲請檢察官扣押之。

　　得聲請扣押之物涉及數管轄地區時，直轄市或縣（市）政府得向任一管轄法院檢察署檢察官聲請之。

三、直轄市或縣（市）政府聲請檢察官扣押可為證據之物，應以書面敘明聲請扣押之具體事由，如有事實足信有湮滅證據之虞而情形急迫者，得以口頭聲請之，但應於扣押後二十四小時內補提聲請書。

　　前項聲請書應載明扣押物之名稱、數量、所（持）有人、所在地點、扣押方法或其他相關之事項。

四、聲請扣押如有左列情事之一者，檢察官得予駁回：

　　1.未以書面聲請者。但有湮滅證據之虞而情形急迫之事實者，不在此限。

　　2.聲請機關非主管機關者。

　　3.聲請書未載明扣押物名稱及聲請扣押之具體理由者。

　　4.應扣押之物已經其他機關依法沒入者。

　　5.企業經營者提出確實資料證明，足可信該聲請扣押之物對於消費者生命、身體、健康或財產無損害之虞者。

　　6.其他不合法令規定者。

　　前項駁回應以書面為之。

五、扣押之執行由聲請機關為之，必要時得請求警察機關或對於扣押物有專門知識經驗之人或機關協助。

前項扣押，應由執行扣押之直轄市或縣（市）政府製作扣押筆錄及扣押物清冊，扣押物清冊應記明扣押物之所（持）有人姓名、扣押物名稱、數（重）量、扣押時間、地點等，由相關人員簽名。

前項扣押物，由執行機關保管或請求其他機關團體或適當之人保管。

六、依本法第三十四條執行扣押時，應請所（持）有人、看守人或其他有權處分扣押物之代表人在場，並應告知扣押之理由；如無此等人在場時，應請鄰居或鄰里長、或就近自治團體之其他職員在場。

前項扣押中，發現聲請書所未記載之物有扣押之必要，亦得併案扣押。但應於扣押後即時向檢察官報告，檢察官認為扣押不當時，應命發還原所（持）有人。

七、執行扣押後，應將扣押物品清冊付予在場之所（持）有人、看守人或其他有權處分扣押物之代表人，無法付予時，應由在場之其他人員於扣押物品清冊上簽名以證明之。

扣押物應加封緘或其他標識，由扣押之機關或公務員蓋印。

八、扣押，除有本法第三十七條情事外，不得公開或通知傳播媒體到場，並應注意扣押物所（持）有人之名譽。

扣押物之所（持）有人、看守人或其他有權處分扣押物之代表人，於扣押時如提出申辯或證據，應記明扣押筆錄，或作為扣押筆錄之附件。

九、依本法第三十四條規定執行扣押，如扣押物數量龐大或易生危險，或易腐壞不適宜保管者，得保留一定數量，或作必要之採證或鑑定後，其餘扣押物由原執行機關依法毀棄或為其他必要之處置。

十、執行扣押之機關於執行扣押時，如認為尚涉及刑事犯罪嫌疑者，應即移請管轄檢察機關依法偵辦。

十一、扣押之原因消滅後，除另經依法予以沒入、命企業經營者回收或銷毀者外，執行機關應將扣押物返還，並通知檢察官。

十二、中央目的事業主管機關認為必要時，亦得依本執行要點聲請檢察官扣押。

十三、本執行要點由行政院消費者保護委員會及法務部會商訂定，修正時亦同。

本章試題

八十八年專門職業及技術人員特種考試不動產經紀人試題
試述行政院消費者保護委員會之職掌。

答：
　　依消費者保護法第四十一條規定，行政院消費者保護委員會其
法定職掌如下：
1.消費者保護基本政策及措施之研擬及審議。
2.消費者保護計畫之研擬、修訂及執行結果檢討。
3.消費者保護方案之審議及其執行之推動、連繫與考核。消費者
　保護方案應由主管機關負責研擬及執行。所謂主管機關依照消
　費者保護法第六條規定如下：(1)中央：為目的事業主管機關。
　(2)省（市）：為省（市）政府。(3)縣（市）：為縣（市）政府。
　消費者保護方案應由主管機關研擬完成送請行政院消費者保護
　委員會審議核定後，並由行政院消費者保護委員會負責該方案
　有關執行之推動、連繫與考核，但該方案實際執行之工作，仍
　應由主管機關負責辦理。
4.國內外消費者保護趨勢及其與經濟社會建設有關問題之研究。
5.各部會局署關於消費者保護政策及措施之協調事項。
6.監督消費者保護主管機關及指揮消費者保護官行使職權。
7.定期公告消費者保護執行結果及有關資料。
8.依消費者保護法第四十九條規定：評定消費者保護團體優劣。

9.依消費者保護法第六十條規定：對企業經營者違反消保法規定
　情節重大者核准命其停止營業或勒令歇業。

第五章　消費爭議之處理

第一節　申訴與調解

一、消費爭議之意義

所謂消費爭議，依消費者保護法第二條第四款規定，係指消費者與企業經營者因商品或服務所生之爭議。換言之，消費爭議，以消費者與企業經營者之間所發生的爭議為限，如為企業經營者與企業經營者之間，或消費者與消費者之間，所發生之爭議，均非本法所稱「消費爭議」的範圍。再者，消費爭議限於消費者與企業經營者之間因商品或服務所發生的爭議，並不包括其他爭議在內。

二、消費爭議解決方式

(一)行政解決方式

本法第四十三條:「消費者與企業經營者因商品或服務發生消費爭議時，消費者得向企業經營者、消費者保護團體或消費者服務中心或其分中心申訴。企業經營者對於消費者之申訴，應於申訴之日起十五日內妥適處理之。消費者依第一項申訴，未獲妥適處理時，得向直轄市、縣（市）政府消費者保護官申訴。」第四十四條:「消費者依前條申訴未能獲得妥適處理時，得向直轄市或縣（市）消費爭議調解委員會申請調解。」故消費者與企業經營者間因商品或服務發生消費爭議時，依如上消費者保護法規定，消費者得選擇下列一

種方式或同時併行辦理，以獲取權益之保障。故行政解決方式有二
種，其先後次序如下：

1. 申訴（第四十三條）

(1)第一次申訴：消費者得選擇向下列任一機關或單位申訴：

①企業經營者。

②消費者保護團體。

③政府消費者服務中心或分中心。

依消費者保護法第四十三條第二項規定，企業經營者應於消費
者申訴之日起十五日內妥適處理。否則即視為未獲妥適處理，消費
者得轉向消費者保護官申訴或向消費爭議調解委員會申請調解。十
五日期間之起算點，依本法施行細則第三十六條規定，該十五日之
計算方式，係從企業經營者**接獲消費者申訴的當日開始起算**，為期
十五天，而非消費者為申訴之日開始起算。

(2)第二次申訴：消費者在向企業經營者、消費者保護團體、消
費者服務中心或分中心第一次申訴後，如未獲妥適處理時，
得向所在地消費者保護官申訴。其要件如下：

①須為第二次申訴：向消費者保護官申訴，屬於第二次申訴
性質，故消費者須於向企業經營者、消費者保護團體或消
費者服務中心或分中心第一次申訴後，未獲妥適處理時，
始得向消費者保護官申訴。

②須消費爭議案件未獲妥適處理：以消費者與企業經營者之
間因商品或服務所發生的爭議為限且未獲妥適處理。

③僅消費者有權申訴：依照消費者保護法規定，僅消費者可
以申訴，企業經營者不得為之。

④應向所在地消費者保護官申訴：消費者保護官行使職權有
其一定的轄區範圍，不得越區行使，故須向所在地轄區消
費者保護官申訴。

2.調　解

在申訴未獲妥適處理時，得申請調解（第四十四條），故申請調解之要件如下：

(1)須先經申訴程序：消費者只要經過下列任一申訴程序，而未獲妥適處理時，均得申請調解。①消費者向企業經營者、消費者保護團體或省（市）、縣（市）政府消費者服務中心或分中心申訴，而未獲妥適處理者。②消費者於上述申訴未獲妥適處理後，向消費者保護官申訴，未獲妥適處理者。

(2)須為消費爭議案件而未獲妥適處理者：即以消費者與企業經營者之間因商品或服務所發生的爭議而未獲妥適處理者為限。

(3)僅消費者有權申請調解：依照消費者保護法規定，僅消費者可以申請調解，企業經營者不得為之。

(4)應向直轄市或縣（市）政府消費爭議調解委員會申請調解：消費爭議調解委員會行使職權有其轄區範圍，原則上不得越區行使職權，故須向所屬轄區的消費爭議調解委員會申請調解。

㈡司法解決方式

消費者未先行經過前述之申訴、調解的程序，而採取直接向法院起訴的方式，其所提起的消費訴訟仍為合法，並無任何影響。換言之，消費爭議的申訴及調解，僅是行政解決方式，並非司法解決方式（消費訴訟）應經之前置程序。此二種解決方式並無先後之分，消費者選擇其中一種或二種同時為之，均無不可。因此，消費者在發生消費爭議時，可自行選擇決定對其最有利的解決方式辦理，提起消費訴訟（本法第四十七條至第五十五條）。

三、消費爭議申訴案件處理要點

中華民國八十五年十一月二十五日行政院消費者保護委員會臺八十三消保法字第〇〇三七七號函訂定

(一)總　則

1.為確保消費者權益，迅速合理解決消費爭議申訴案件（以下簡稱申訴案件），以落實消費爭議之處理，特訂定本要點。

2.申訴案件之受理，原則以書表為之；申訴人如親自前來申訴者，應詢問申訴人基本資料、申訴事由及意旨，並填載於申訴資料表後交由申訴人簽名或蓋章。其資料有不完整者，並請申訴人以書面或親自前來補充之。

3.主管機關應於每年一月及七月將受理申訴案件之件數及其爭議事項、處理情形和結果、糾紛原因，以及處理時效等統計資料，層報行政院消費者保護委員會。

(二)省（市）、縣（市）政府申訴案件之處理

4.消費者依消費者保護法（以下簡稱本法）第四十三條第一項規定向省（市）、縣（市）政府消費者服務中心或分中心申訴時，該消費者服務中心應予受理。

5.消費者服務中心或分中心接獲申訴案件後，對於顯非屬消費爭議之申訴案件或顯非屬本機關主管業務範圍之消費爭議申訴案件，錄案後逕行移送各該主管機關，並副知申訴人。

6.消費者服務中心或分中心對於所受理之申訴案件，應予編號錄案列管，並視案件及業務性質移送主辦單位處理。申訴案件如涉及兩個以上主辦單位時，應同時分送各主辦單位處理，並指定主協辦單位，處理結果由主辦單位彙復。

7.主辦單位獲申訴案件時，對於非屬本機關主管業務範圍者，應為左列之處理，並副知申訴人及消費者服務中心或分中心：

⑴申訴案件依法屬於他地方政府職權範圍者，錄案後移送各該地方政府消費者服務中心或分中心。

⑵申訴案件依法屬於中央主管機關職權範圍者，錄案後移送各該主管機關。

8.主辦單位受理申訴案件後，應儘速依左列方式妥為處理，並將處理情形通知申訴人及副知消費者服務中心或分中心：

⑴申訴案件尚未經企業經營者處理者，錄案後將有關資料函轉企業經營者查照處理，請其逕復申訴人及副知主辦單位，或將處理情形轉由主辦單位函復。

⑵申訴案件業經企業經營者處理者，錄案後視個案性質而為左列之處理：

①申訴案件如屬法令規章之闡釋或適用問題者，依相關法令規定，函復當事人，其屬通案性質者，並副知各該企業同業公會轉知所屬會員。

②申訴案件如須了解其事實和過程者，得請企業經營者提供有關資料研議或請企業經營者查明後逕復申訴人。

③申訴案件如涉及有無違反相關法令或契約情事者，可依法請企業經營者提供資料或派員查核或請企業經營者及申訴人前來說明案情。

9.主辦單位、消費者服務中心或分中心將申訴案件之處理情形函知申訴人時，應附記說明如申訴人認為該案件未獲妥適處理時，得為左列行為：

⑴向所在地轄區之消費者保護官申訴。

⑵向所在地轄區之直轄市或縣（市）政府消費爭議調解委員會申請調解。

⑶向法院提起消費訴訟。

10.消費者服務中心或分中心對於所受理申訴案件之處理情形，

應定期追蹤考核，並彙整有關統計資料。

㈢直轄市、縣（市）消費者保護官申訴案件之處理

11.消費者依本法第四十三條第一項規定向企業經營者、消費者保護團體或消費者服務中心或分中心提出申訴，未獲妥適處理時，得向所在地轄區之直轄市或縣（市）消費者保護官申訴。

12.消費者保護官接獲申訴案件後，對於不符合第11.點要件所提之申訴案件或非屬消費爭議之申訴案件，錄案後移送各該主管機關，並副知申訴人。

13.申訴案件，自申訴之日起逾越左列期限未將處理情形告知申訴人者，視為未獲妥適處理：

⑴企業經營者於接獲消費申訴之日起，逾越十五日者。

⑵消費者保護團體於接獲消費者申訴之日起，逾越三十日者。

⑶省（市）、縣（市）政府自消費者服務中心或分中心接獲消費者申訴之日起，逾越三十日者。

14.消費者保護官對於非屬其轄區內之申訴案件，錄案後移送該主管之消費者保護官，並副知申訴人。

15.消費者保護官受理申訴案件後，應儘速依左列方式妥為處理，並將處理情形通知申訴人：

⑴申訴案件尚未經企業經營者處理者，錄案後將有關資料轉請企業經營者查照處理，請其逕復申訴人及副知消費者保護官，或將處理情形轉由消費者保護官函復。

⑵申訴案件尚未經消費者服務中心或分中心處理者，錄案後將有關資料轉請各該主管之消費者服務中心或分中心查照處理，請其逕復申訴人及副知消費者保護官，或將處理情形轉由消費者保護官函復。

⑶申訴案件業經企業經營者及消費者服務中心或分中心處理者，錄案後得視個案性質而為左列之處理：

①申訴案件如須了解其事實和過程者，得請企業經營者、消費者服務中心或分中心、消費者保護團體或政府有關機關提供有關資料研議。

②申訴案件如涉及法令規定疑義時，得送請有關機關解釋及提供相關資料參考。

③必要時得請企業經營者及申訴人前來說明案情，商議解決方法。

16.消費者保護官將申訴案件之處理情形函知申訴人時，應附記說明如申訴人認為該案件未獲妥適處理時，得為左列行為：

⑴向所在地之直轄市或縣（市）政府消費爭議調解委員會申請調解。

⑵向法院提起訴訟。

㈣中央主管機關申訴案件之處理

17.中央主管機關受理消費者消費爭議案件之申訴後，應予編號錄案，並視案件及業務性質立即移送各該業務主辦單位處理。

18.主辦單位接獲申訴案件時，對於非屬本機關主管業務範圍者，錄案後移送各該主管機關，並副知申訴人。

19.主辦單位受理申訴案件後，應儘速比照第8.點有關規定處理，並將處理情形通知申訴人。

四、消費爭議調解委員會之組織

本法第四十五條：直轄市、縣（市）政府應設消費爭議調解委員會，置委員七至十五名。前項委員以直轄市、縣（市）政府代表、消費者保護官、消費者保護團體代表、企業經營者所屬或相關職業團體代表充任之，以消費者保護官為主席，其組織另定之。消費爭議調解委員會之組織、成員及意義說明如下：

㈠組　織

　　直轄市、縣（市）政府應設消費爭議調解委員會，並應置委員七至十五名。消費爭議調解委員會隸屬於直轄市、縣（市）政府，應以直轄市或縣（市）政府名義對外行文。

㈡成　員

　　消費爭議調解委員會委員，由下列人員充任之：⑴直轄市或縣（市）政府代表。⑵消費者保護官。⑶消費者保護團體代表。⑷企業經營者所屬或相關職業團體代表充任之，並以消費者保護官為主席。

五、消費爭議調解辦法

　　有關調解之進行，依本法施行細則第三十五條規定，授權由行政院消費者保護委員會訂頒「消費爭議調解辦法」，以資依據。

第一條

　　本辦法依消費者保護法施行細則第三十五條規定訂定之。

第二條

　　申請調解應以書表為之，並按他造人數提出繕本。

　　前項申請應表明調解事由及爭議情形。

第三條

　　申請調解如有左列情事之一者，消費爭議調解委員會應不予受理：

一、非屬消費爭議事件者。

二、未依消費者保護法第四十三條第一項或第三項申訴者。

三、非消費者或其代理人提起者。

四、曾經調解成立者。

五、已在第一審法院言詞辯論終結者。

六、無具體相對人者。

七、曾經法院判決確定者。

第四條

消費爭議事件應得當事人之同意，始得進行調解。

第五條

當事人兩造之住居所均在同一直轄市或縣（市）者，應向該直轄市或縣（市）消費爭議調解委員會申請調解；其住居所不在同一直轄市或縣（市）者，依左列規定行之：

一、得向他造住所、居所、營業所、事務所所在地之消費爭議調解委員會申請。

二、得向消費關係發生地之消費爭議調解委員會申請。

三、經兩造同意，得由任一消費爭議調解委員會調解。

第六條

調解委員會接受申請後，應即決定調解期日，通知當事人或其代理人到場，並將申請書狀之繕本一併送達於他造。

前項調解期日，應自接受申請之日起，不得逾十五日。

第七條

調解委員會委員對於調解事項涉及本身或其同居家屬或其二親等內血親時，經當事人聲請，應行迴避。

調解委員會主席對於調解事項涉有前項情形時，應自行迴避。

第八條

當事人兩造各得推舉一人至三人列席協同調解。

第九條

就調解事件有利害關係之第三人，經調解委員會之許可，得參加調解程序，調解委員會並得逕行通知其參加。

前項有利害關係之第三人，經雙方當事人及其本人之同意，得加入為當事人。

第十條

調解程序，於該直轄市、縣（市）政府或其他適當之處所行之，得不公開。

調解委員及列席協同調解人或經辦調解事務之人，對於調解事件，應保守秘密。

第十一條

當事人無正當理由，於調解期日不到場者，視為調解不成立。但調解委員會認為有成立調解之望者，得另定調解期日。

第十二條

調解應審究事實真相及兩造爭議之所在。

調解委員會依本辦法處理調解事件，得商請有關機關協助。

第十三條

調解除勘驗費應由當事人核實開支外，不得徵收任何費用，或以任何名義收受報酬。

第十四條

調解委員或列席協同調解之人，如有以強暴、脅迫或詐術進行調解，阻止起訴或其他涉嫌犯罪之行為，當事人得依法訴究。

第十五條

調解成立者應作成調解書。

前項調解書之作成及效力，準用鄉鎮市調解條例第二十二條至第二十六條之規定。

調解不成立者，應發給調解不成立證明書。

第十六條

本辦法自發布日施行。

六、消費爭議調解書作成及效力

消費爭議事件經調解成立者，依消費者保護法第四十六條規定，應作成調解書，其作成及效力準用鄉鎮市調解條例第二十二條至第

二十六條的規定：

1.應作成調解書：調解成立時，調解委員會應作成調解書，並由當事人及出席調解委員簽名、蓋章或按指印。調解書，調解委員會應於調解成立之日起三日內，報知縣（市）政府。

2.調解書審核：應於調解成立之日起七日內，將調解書送請管轄法院審核。前項調解書，法院應儘速審核，認其與法令無牴觸者，應由推事簽名並蓋法院印信，除抽存一份外，發還縣（市）政府送達當事人。法院因調解內容與法令牴觸未予核定之事件，應將其理由通知縣（市）政府。

3.法院核定之效力：調解經法院核定後，當事人就該事件不得再行起訴、告訴或自訴。經法院核定之民事調解，與民事確定判決有同一之效力。

4.民事事件已繫屬於法院，在判決確定前，調解成立，並經法院核定者，視為於調解成立時撤回起訴。

5.法院核定之民事調解有無效或得撤銷之原因者，當事人得向原核定法院提起宣告調解無效或撤銷調解之訴。前項訴訟，當事人應於法院核定之調解書送達後三十日內提起之。

七、消費爭議處理程序表

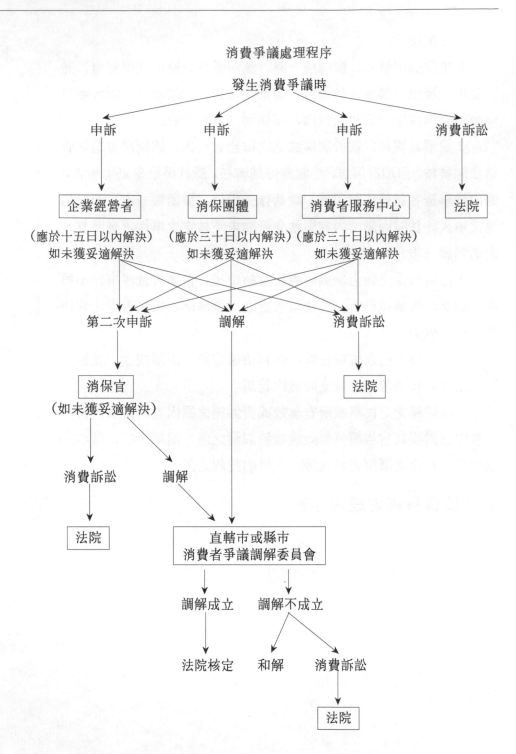

消費爭議處理程序

第二節　消費訴訟

一、消費訴訟之意義

消費訴訟指因消費關係而向法院提起之訴訟（本法第二條第五款）。換言之，消費者與企業經營者間就商品或服務所發生之法律關係所生之爭議，向法院提起之訴訟。

消費者保護法有關消費訴訟的規定，具有民事訴訟法之特別法性質，故應優先於民事訴訟法有關規定而為適用，僅在本法未規定時，才適用民事訴訟法的有關規定（本法第一條第二項）。

消費爭議的申訴及調解，僅是行政解決方式，並非司法解決方式（消費訴訟）應經之前置程序，已如前述。此二種解決方式並無先後之分，消費者選擇其中一種或二種同時為之，均無不可。故受害消費者直接向法院提起消費訴訟亦無不可。

二、消費訴訟法院管轄

有關消費訴訟法院管轄依本法第四十七條：「消費訴訟，得由消費關係發生地之法院管轄。」

本條所稱「消費關係發生地」，指凡與消費關係發生密切關聯的所在，換言之，發生消費的法律關係所在均為消費關係發生地。其情形主要可分為以下兩大類：

（一）契約關係發生地

即企業經營者與消費者發生消費關係地，其中契約為法律關係（債之關係）發生的最主要原因，消費者與企業經營者訂立契約，雙方均應負契約責任。所以契約關係發生地為消費關係發生地。契約關係發生地包括(1)契約訂定地。(2)契約履行地。

㈡侵權關係發生地

企業經營者與消費者發生消費爭議,其中侵權行為亦為法律關係(債之關係)發生的主要原因,消費者與企業經營者間如有侵權關係存在,侵權的一方即應負責任。所以侵權關係地亦為消費關係發生地。侵權關係發生地包括:⑴侵權行為發生地。⑵侵權結果發生地。

民事訴訟法第一條至第二十六條,就法院管轄有原則性的規定,消費者提起消費訴訟得按其訴訟情形,依本法或民事訴訟法規定決定消費訴訟管轄之法院。

消費訴訟,原則上屬於任意管轄的性質,當事人可以合意排除消費者保護法第四十七條所定的管轄,消費者得以合意方式定其管轄法院。即依民事訴訟法第二十四條規定:「當事人得以合意定第一審管轄法院。但以關於由一定法律關係而生之訴訟為限。」此即所謂「合意管轄」。惟應注意關於管轄合意之定型化契約條款,仍應受消費者保護法第十一條至第十七條有關對定型化契約相關規定的拘束,不得逕行排除消費者保護法第四十七條所定的管轄。

三、消費者保護團體提起損害賠償訴訟

㈠損害賠償訴訟意義

消費者保護團體對於同一之原因事件,致使眾多消費者受害時,得受讓二十人以上消費者損害賠償請求權後,以自己之名義,提起訴訟(本法第五十條第一項前段)。

㈡損害賠償訴訟要件

依本法第四十九條第一項及第五十條規定,消費者保護團體必須具備下列要件,始得以自己團體的名義提起損害賠償訴訟:

1. 該消費者保護團體須許可設立三年以上。

2. 該消費者保護團體如為社團法人,須有社員人數五百人以上;

如為財團法人，須其登記財產總額新臺幣一千萬元以上。

3.該消費者保護團體須置有消費者保護專門人員。所謂「消費者保護專門人員」依本法施行細則第三十七條規定，指消費者保護團體專任或兼任之有給職或無給職人員中，具有下列資格或經歷之一者而言⑴曾任法官、檢察官或消費者保護官者。⑵律師、醫師、建築師、會計師或其他執有全國專門職業執業證照之專業人士，且曾在消費者保護團體服務一年以上者。⑶曾在消費者保護團體擔任保護消費者工作三年以上者。

4.須該消費者保護團體經申請消費者保護委員會評定優良。

5.該消費者保護團體須得到消費者保護官的同意。消費者保護團體對於消費者保護官所為不同意之決定，如有不服，得依法提起訴願及行政訴訟。

6.須對於同一之原因事件，致使眾多消費者受害時。

7.須受讓二十人以上消費者之損害賠償請求權。

8.須以消費者保護團體自己名義提起損害賠償訴訟。

9.須委任律師代理訴訟。

四、消費者保護團體提起不作為訴訟

㈠不作為訴訟之意義

消費者保護團體，就企業經營者重大違反本法有關保護消費者規定之行為，得向法院訴請停止或禁止之訴訟（本法第五十三條）。

㈡不作為訴訟之要件

依本法第四十九條及第五十三條規定，消費者保護團體必須具備下列要件，始得以自己團體的名義提起不作為訴訟：

1.至 5.同上損害賠償訴訟要件。

6.須企業經營者有重大違反本法有關保護消費者規定之行為時。所稱「重大違反本法有關保護消費者規定之行為」，依本法施行

細則第四十條規定，是指下列兩種情形：⑴企業經營者違反消費者保護法有關保護消費者規定的行為，確有損害消費者生命、身體、健康或財產者。⑵企業經營者違反消費者保護法有關保護消費者規定的行為，確有損害消費者生命、身體、健康或財產之虞者。

7.以消費者保護團體自己名義提起停止或禁止企業經營者行為之不作為訴訟。

8.須委任律師代理訴訟。

五、消費者保護官提起不作為訴訟

消費者保護官，就企業經營者重大違反本法有關保護消費者規定之行為，得向法院訴請停止或禁止之訴訟（本法第五十三條）。

六、消費者權益受損時訴訟方式

消費者權益受損時，得視實際需要情形，選擇下列任一訴訟方式：

㈠一般方式提起的個別訴訟

消費者得依民事訴訟法的規定，以自己名義依一般方式提起訴訟。

㈡選定當事人方式提起的訴訟

為訴訟經濟目的，本法有關消費訴訟採民事訴訟法之選定當事人方式進行訴訟，同時擴大選定當事人制度，使選定當事人得於訴訟中追加，以期得併案請求賠償，減少訟源，有利於其他共同被害消費者。故同一消費關係而被害人眾多時，該被害的多數消費者可以用選定當事人的方式提起訴訟。詳言之依本法第五十四條規定：「因同一消費關係而被害之多數人，依民事訴訟法第四十一條之規定，選定一人或數人起訴請求損害賠償者，法院得徵求原被選定人之同意後公告曉示，其他之被害人得於一定之期間內以書狀表明被

害之事實、證據及應受判決事項之聲明，併案請求賠償。其請求之人，視為已依民事訴訟法第四十一條為選定」(第一項)。「前項併案請求之書狀，應以繕本送達於兩造」(第二項)。「第一項之期間，至少應有十日，公告應黏貼於法院牌示處，並登載新聞紙，其費用由國庫墊付」(第三項)。選定當事人方式進行訴訟之要件為(1)因同一消費關係而被害之多數人，(2)依民事訴訟法第四十一條之規定，選定一人或數人起訴請求損害賠償者，(3)法院得徵求原被選定人之同意後公告曉示，其他之被害人得於一定之期間內以書狀表明被害之事實、證據及應受判決事項之聲明，併案請求賠償。

㈢團體訴訟

依本法第四十九條規定：消費者保護團體許可設立三年以上，經申請消費者保護委員會評定優良，置有消費者保護專門人員，且合於下列要件之一：(1)社員人數五百人以上之社團法人。(2)登記財產總額新臺幣一千萬元以上之財團法人。並經消費者保護官同意者，得以自己之名義，提起第五十條消費者損害賠償訴訟或第五十三條不作為訴訟 (第一項)。故消費者保護團體依本法規定，得提起之訴訟主要有兩種：(1)損害賠償訴訟：消費者保護團體得以自己團體的名義，代替消費者提起損害賠償訴訟。(2)不作為訴訟：消費者保護團體就企業經營者重大違反本法有關保護消費者規定的行為，得以自己團體的名義，向法院訴請停止或禁止企業經營者的行為 (本法第五十三條)。

依本法第五十條第一項規定，消費者保護團體對於同一之原因事件，致使眾多消費者被害時，得受讓二十人以上消費者損害賠償請求權，以消費者保護團體自己的名義，提起訴訟。消費者得於言詞辯論終結前，終止讓與損害賠償請求權，並通知法院。因此，受害的消費者可以讓與損害賠償請求權給消費者保護團體，由消費者保護團體以自己名義提起訴訟。

又消費者亦得終止讓與請求權，其要件為⑴消費者在言詞辯論終結前，得終止讓與損害賠償請求權。⑵消費者可以不必附具任何理由為之。⑶消費者除應通知讓與的消費者保護團體終止讓與外，並應通知法院。**若消費者嗣後終止讓與損害賠償請求權，致其餘部分不足二十人時，對訴訟之進行有無影響？**依本法施行細則第三十八條：消費者保護團體依本法第五十條第一項提起訴訟後，於言詞辯論終結前，因部分消費者終止讓與損害賠償請求權，致其餘部分不足二十人者，不影響該訴訟之進行。有關其受讓消費者損害賠償請求權的範圍與其時效計算問題，分別說明如下：

1.受讓範圍：消費者保護團體受讓消費者損害賠償請求權，依本法第五十條第二項規定，其範圍包括下列三種賠償：⑴財產上的損害賠償：以財產上的實際損害為準。⑵非財產上的損害賠償：①民法第一九四條所定非財產上的損害賠償：不法侵害他人（消費者）致死者，被害人（消費者）之父母、子女、及配偶雖非財產上之損害，亦得請求賠償相當之金額。②民法第一九五條第一項所定非財產上的損害賠償：不法侵害他人（消費者）之身體、健康、名譽、自由、信用、隱私、貞操或不法侵害其他人格法益而情節重大者，被害人（消費者）雖非財產上之損害，亦得請求賠償相當之金額。

2.時效計算：消費者保護團體受讓消費者損害賠償請求權後，以自己的名義所提起的損害賠償訴訟，依本法第五十條第三項規定，其受讓的消費者損害賠償請求權有關時效利益問題，應依讓與的各個消費者單獨個別計算其請求權的時效。

七、消費訴訟之裁判費特別規定

㈠標的價額超過新臺幣六十萬元時，超過部分可以免繳裁判費

民事訴訟費用法第二條：民事因財產權而起訴，其訴訟標的之金額或價額未滿一百元者免徵裁判費；一百元以上者，每百元徵收一元，其畸零之數不滿百元者，以百元計算。第十六條：民事非因財產權而起訴者，徵收裁判費四十元。於非財產權上之訴，並為財產權上之請求者，其裁判費，分別徵收之。民事訴訟費用法第十八條：民事向第二審或第三審法院上訴，依第二條及第十六條規定，加徵裁判費十分之五；發回或發交更審再行上訴者免徵。依消保法第五十二條規定：消費者保護團體以自己之名義提起第五十條訴訟，其標的價額超過新臺幣六十萬元者，超過部分免繳裁判費。消費者保護法有關消費訴訟之規定，屬於民事訴訟費用法之特別規定，應優先民事訴訟費用法規定而為適用；故依本法第五十二條規定，消費者保護團體提起損害賠償團體訴訟，因消費者保護團體受讓多數消費者之損害賠償請求權，使訴訟標的價額累積墊高，為顧及公益性、消費者保護組織之經費負擔，並發揮消費者求償訴訟功能，訴訟標的價額如超過新臺幣六十萬元時，超過部分可以免繳裁判費。

㈡訴請停止或禁止之訴訟免繳裁判費

依本法第五十三條規定：「消費者保護官或消費者保護團體，就企業經營者重大違反本法有關保護消費者規定之行為，得向法院訴請停止或禁止之。前項訴訟免繳裁判費」。不作為訴訟具有公益性，故消費者保護團體依消費者保護法第五十三條規定所提起之不作為訴訟免繳裁判費。

八、律師訴訟主義

由於消費者保護團體得依本法第五十條及第五十三條規定所提起的團體訴訟及不作為訴訟,又團體訴訟及不作為訴訟具有公益性質,並為確保訴訟品質,委任律師代理訴訟較為適當,故本法於第四十九條第二項規定:消費者保護團體依前項規定提起訴訟者,應委任律師代理訴訟。受委任之律師,就該訴訟,不得請求報酬,但得請求償還必要之費用(如車馬費、閱卷影印費等)。

九、消費者保護團體團體訴訟結果所得賠償之處理

依本法第五十條第四項:消費者保護團體受讓第二項請求權後,應將訴訟結果所得之賠償,扣除訴訟必要費用後,交付該讓與請求權之消費者。故訴訟結果所得之賠償,扣除訴訟必要費用後,賠償所得淨額交付消費者。其中所謂扣除訴訟必要費用,依本法施行細則第三十九條,包括:(1)消費者保護團體及律師為進行訴訟所支出之必要費用,(2)其他依法令應繳納之費用。如依民事訴訟費用法所定費用。

依本法第五十條第五項:消費者保護團體就第一項訴訟,不得向消費者請求報酬。亦即消費者保護團體,受讓消費者損害賠償請求權後,以自己名義所提起的損害賠償訴訟,具有公益性質,而消保團體本質上亦為公益團體,故明文規定不得向消費者請求報酬。換言之,消費者保護團體勝訴時不得將報酬列為前述所稱訴訟必要費用予以扣除;消費者保護團體敗訴時,消費者保護團體並應自負訴訟必要費用。

十、懲罰性賠償金

為保護消費者權益,促使企業經營者重視消費者消費生活安全

及生活品質，維持商品或服務品質，制裁不良或惡質之企業經營者，防止惡質競爭行為，影響交易秩序，本法於第五十一條特別規定懲罰性賠償金。本法第五十一條：「依本法所提之訴訟，因企業經營者之故意所致之損害，消費者得請求損害額三倍以下之懲罰性賠償金。但因過失所致之損害，得請求損害額一倍以下之懲罰性賠償金。」所謂懲罰性賠償金，是以制裁企業經營者債務不履行之賠償制度。被害消費者要求企業經營者給付懲罰性賠償金外，如被害消費者實際所受損害，仍得請求賠償，此與一般損害賠償制度係以填補實際損害的情形者不同。又懲罰性賠償金與民法賠償性違約金不同。民法第二五〇條第一項：「當事人得約定債務人於債務不履行時，應支付違約金」。第二項前段：「違約金，除當事人另有訂定外，視為因不履行而生損害之賠償總額。」此即所謂賠償性違約金，即以違約金作為債務不履行所生損害之賠償總額之意，又稱賠償額預定性違約金，債權人如有超過約定違約金數額者不得更行請求賠償。第二項後段：「其約定如債務人不於適當時期或不依適當方法履行債務時，即須支付違約金者，債權人除得請求履行債務外，違約金視為因不於適當時期或不依適當方法履行債務所生損害之賠償總額。」此即所謂懲罰性違約金，債權人所受損害，除得請求懲罰性違約金之外，尚得請求履行債務或債務不履行損害賠償，對債權人之擔保更為有利。不論是民法上賠償性違約金或懲罰性違約金均應明訂於契約中，否則不得請求。消保法有關懲罰性賠償金之請求，不須明文於契約中，只要消費者有損害即得請求。

十一、法院依職權宣告為減免擔保之假執行

　　為防止加害的企業經營者脫產，於訴訟判決（第一審判決後）未確定前即可先行聲請法院強制執行（即所謂假執行）企業經營者之財物，使財力較弱的受害消費者得以迅速受償，落實保障消費者

權益，消費者保護法第四十八條第二項：法院對企業經營者為敗訴之判決時，得依職權宣告為減免擔保之假執行。如此財力較弱的受害消費者因法院主動依職權宣告且減免擔保之假執行，得以迅速受償，消費訴訟方具有實益。

本章試題

八十九年專門職業及技術人員特種考試不動產經紀人試題

消費者保護團體得以自己之名義提起消費者損害賠償訴訟之要件為何？試依消費者保護法之規定說明之。

答：

　　依消費者保護法第四十九條規定：消費者保護團體許可設立三年以上，經申請消費者保護委員會評定優良，置有消費者保護專門人員，且合於下列要件之一，並經消費者保護官同意者，得以自己之名義，提起第五十條消費者損害賠償訴訟或第五十三條不作為訴訟：

　　一、社員人數五百人以上之社團法人。

　　二、登記財產總額新臺幣一千萬元以上之財團法人。

　　消費者保護團體依前項規定提起訴訟者，應委任律師代理訴訟。受委任之律師，就該訴訟，不得請求報酬，但得請求償還必要之費用。

　　消費者保護團體關於其提起之第一項訴訟，有不法行為者，許可設立之主管機關得撤銷其許可。

　　故消費者保護團體以自己之名義提起消費者損害賠償訴訟之要件：

㈠具法定資格之消費者保護團體

　　⑴消費者保護團體許可設立三年以上。

　　⑵經申請消費者保護委員會優良評定。

⑶置有消費者保護專門人員。

⑷符合社員人數五百人以上之社團法人或登記財產總額新臺幣
一千萬元以上之財團法人。

㈡經消費者保護官之同意

消費者保護官行使同意權，目的在防止消費者保護團體之濫訟。

㈢須受讓消費者損害賠償請求權包括財產上與非財產上之損害

㈣應委任律師代理訴訟：受委任之律師，就該訴訟，不得請求報酬，
但得請求償還必要之費用

第六章 罰 則

一、消費者保護法對企業經營者違反本法之處罰

消費者保護法對於違法的企業經營者之處罰，係規定於第六章罰則（第五十六條至第六十二條），其詳細規定如下：

㈠行政罰

1.罰鍰新臺幣二萬元以上二十萬元以下

企業經營者違反下列規定之一者，經主管機關通知改正而逾期不改正者，處新臺幣二萬元以上二十萬元以下罰鍰（本法第五十六條）。所為通知改正，其期間應由主管機關依個案性質決定之；但最長不得超過六十日（本法施行細則第四十一條）。

⑴企業經營者應依商品標示法等法令為商品或服務之標示。輸入之商品或服務，應附中文標示及說明書，其內容不得較原產地之標示及說明書簡略。輸入之商品或服務在原產地附有警告標示者，準用前項之規定（本法第二十四條）。

⑵企業經營者對消費者保證商品或服務之品質時，應主動出具書面保證書。前項保證書應載明下列事項：①商品或服務之名稱、種類、數量，其有製造號碼或批號者，其製造號碼或批號。②保證之內容。③保證期間及其起算方法。④製造商之名稱、地址。⑤由經銷商售出者，經銷商之名稱、地址。⑥交易日期（本法第二十五條）。

⑶企業經營者對於所提供之商品應按其性質及交易習慣，為防震、防潮、防塵或其他保存商品所必要之包裝，以確保商品

之品質與消費者之安全。但不得誇張其內容或為過大之包裝
（本法第二十六條）。

　2.罰鍰新臺幣三萬元以上三十萬元以下

　　企業經營者拒絕、規避或阻撓主管機關依第三十三條或第三十
八條規定所為之調查者，處新臺幣三萬元以上三十萬元以下罰鍰（本
法第五十七條）。

　　中央或直轄市或縣（市）政府認為企業經營者提供之商品或服
務有損害消費者生命、身體、健康或財產之虞者，應即進行調查。
於調查完成後，得公開其經過及結果。前項人員為調查時，應出示
有關證件，其調查得依下列方式進行：⑴向企業經營者或關係人查
詢。⑵通知企業經營者或關係人到場陳述意見。⑶通知企業經營者
提出資料證明該商品或服務對於消費者生命、身體、健康或財產無
損害之虞。⑷派員前往企業經營者之事務所、營業所或其他有關場
所進行調查。⑸必要時，得就地抽樣商品，加以檢驗（本法第三十
三條、第三十八條）。

　3.罰鍰新臺幣十五萬元以上一百萬元以下

　　企業經營者有第三十七條規定之情形者，主管機關除依該條及
第三十六條之規定處置外，並得對其處新臺幣十五萬元以上一百五
十萬元以下罰鍰（本法第五十九條）。

　　⑴直轄市或縣（市）政府於企業經營者提供之商品或服務，對
　　　消費者已發生重大損害或有發生重大損害之虞，而情況危急
　　　時，除為前條之處置外，應即在大眾傳播媒體公告企業經營
　　　者之名稱、地址、商品、服務、或為其他必要之處置（本法
　　　第三十七條）。

　　⑵直轄市或縣（市）政府對於企業經營者提供之商品或服務，
　　　經第三十三條之調查，認為確有損害消費者生命、身體、健
　　　康或財產，或確有損害之虞者，應命其限期改善、回收或銷

燬，必要時並得命企業經營者立即停止該商品之設計、生產、
製造、加工、輸入、經銷或服務之提供，或採取其他必要措
施（本法第三十六條）。

4.罰鍰新臺幣六萬元以上一百五十萬元以下並得連續處罰

　　企業經營者違反主管機關依第十條、第三十六條或第三十八條
所為之命令者，處新臺幣六萬元以上一百五十萬元以下罰鍰，並得
連續處罰（本法第五十八條）。

(1)企業經營者於有事實足認其提供之商品或服務有危害消費者
安全與健康之虞時，應即回收該批商品或停止其服務。但企
業經營者所為必要之處理，足以除去其危害者，不在此限。
商品或服務有危害消費者生命、身體、健康或財產之虞，而
未於明顯處為警告標示，並附載危險之緊急處理方法者，準
用前項規定（本法第十條）。

(2)中央、直轄市或縣（市）政府對於企業經營者提供之商品或
服務，經第三十三條之調查，認為確有損害消費者生命、身
體、健康或財產，或確有損害之虞者，應命其限期改善、回
收或銷燬，必要時並得命企業經營者立即停止該商品之設計、
生產、製造、加工、輸入、經銷或服務之提供，或採取其他
必要措施（本法第三十六條、第三十八條）。

5.命其限期改善、回收或銷燬，必要時並得命立即停止商品之設
　計、生產、製造、加工、輸入、經銷或服務提供

　　直轄市或縣（市）政府對於企業經營者提供之商品或服務，經
第三十三條之調查，認為確有損害消費者生命、身體、健康或財產，
或確有損害之虞者，應命其限期改善、回收或銷燬，必要時並得命
企業經營者立即停止該商品之設計、生產、製造、加工、輸入、經
銷或服務之提供，或採取其他必要措施（本法第三十六條）。

6.在大眾傳播媒體公告企業經營者之名稱、地址、商品、服務、

或為其他必要之處置

直轄市或縣（市）政府於企業經營者提供之商品或服務，對消費者已發生重大損害或有發生重大損害之虞，而情況危急時，除為前條之處置外，應即在大眾傳播媒體公告企業經營者之名稱、地址、商品、服務、或為其他必要之處置（本法第三十七條）。

7.停業處分

企業經營者違反本法規定情節重大，地方主管機關報經中央主管機關或行政院消費者保護委員會核准者，得命令讓企業經營者停止營業或勒令歇業（本法第六十條）。停業處分之要件為⑴企業經營者違反本法規定情節重大，所謂情節重大之事由，由主管機關依個案具體認定。⑵報經中央主管機關或行政院消費者保護委員會核准，因停止營業處分，對企業經營者之權益影響重大，地方主管機關須報經中央主管機關或行政院消費者保護委員會核准後始得為之。

㈡從重處罰

企業經營者依本法應予處罰者，其他法律有較重處罰之規定時，從其規定。即應依較重處罰規定處罰（本法第六十一條）。

㈢處罰及執行機關

消費者保護法所定之罰鍰，由直轄市或縣（市）主管機關處罰，經通知限期繳納後，逾期仍未繳納者，移送法院強制執行（本法第六十二條）。

二、企業經營者涉及刑事責任之移送

企業經營者違反本法規定，除依本法處以行政罰之外，如其行為涉及刑事責任，本法要求主管機關應依職權移送檢察署偵查（本法第六十一條）。

第七章　附　則

一、消費者保護法施行細則訂定與施行

　　依本法第六十三條：「本法施行細則，由行政院定之。」行政院依本條規定訂定全文七章四十三條（詳附錄），於民國八十三年十一月二日發布（行政院臺八十三內字四〇七三一號令）。本施行細則依中央法規標準法第十三條規定，應自八十三年十一月四日起發生效力。

二、不溯及既往適用消費者保護法

　　除法律有明文規定有溯及既往的效力外，法律效力不溯及既往是一般法律之適用基本原則，目的在於維持法律關係之安定性，消費者保護法亦遵循此一不溯及既往原則。於消費者保護法施行細則第四十二條規定：「本法對本法施行前已流通進入市場之商品或已提供之服務不適用之。」在消費者保護法施行前已流通進入市場之商品或已提供之服務，無消費者保護法之適用，應依當時有效法律之有關規定解決。

附錄一 不動產經紀業管理條例

中華民國八十八年一月十五日立法院制定全文四十條
中華民國八十八年二月三日總統公布

第一條 （立法目的）

　　為管理不動產經紀業（以下簡稱經紀業），建立不動產交易秩序，保障交易者權益，促進不動產交易市場健全發展，特制定本條例。

第二條 （法律適用順序）

　　經紀業之管理，依本條例之規定；本條例未規定者，適用其他有關法律之規定。

第三條 （主管機關）

　　本條例所稱主管機關：在中央為內政部；在直轄市為直轄市政府地政處；在縣（市）為縣（市）政府。

第四條 （用辭定義）

　　本條例用辭定義如下：

一、不動產：指土地、土地定著物或房屋及其可移轉之權利；房屋指成屋、預售屋及其可移轉之權利。

二、成屋：指領有使用執照，或於實施建築管理前建造完成之建築物。

三、預售屋：指領有建造執照尚未建造完成而以將來完成之建築物為交易標的之物。

四、經紀業：指依本條例規定經營仲介或代銷業務之公司或商號。

五、仲介業務：指從事不動產買賣、互易、租賃之居間或代理業務。

六、代銷業務：指受起造人或建築業之委託，負責企劃並代理銷售不動產之業務。

七、經紀人員：指經紀人或經紀營業員。經紀人之職務為執行仲介或代銷業務；經紀營業員之職務為協助經紀人執行仲介或代銷業務。

八、加盟經營者：經紀業之一方以契約約定使用他方所發展之服務、營運方式、商標或服務標章等，並受其規範或監督。

九、差價：係指實際買賣交易價格與委託銷售價格之差額。

十、營業處所：指經紀業經營仲介或代銷業務之店面、辦公室或非常態之固定場所。

第五條 （申請許可之程序）

經營經紀業者，應向主管機關申請許可後，依法辦理公司或商業登記；其經營國外不動產仲介或代銷業務者，應以公司型態組織依法辦理登記為限。

前項申請許可之事項及其應備文件，由中央主管機關定之。

經紀業分設營業處所，應向直轄市或縣（市）政府申請備查。

第六條 （申請經營經紀業不予許可情形）

有下列各款情形之一者，不得申請經營經紀業，其經許可者，撤銷其許可：

一、無行為能力或限制行為能力者。

二、受破產之宣告尚未復權者。

三、犯詐欺、背信、侵占罪、性侵害犯罪防治法第二條所定之罪、組織犯罪防制條例第三條第一項、第二項、第六條、第九條之罪，經受有期徒刑一年以上刑之宣告確定，尚未執行完畢或執行完畢或赦免後未滿三年者。但受緩刑宣告者，不在此限。

四、受感訓處分之裁定確定，尚未執行完畢或執行完畢後未滿三年者。

五、曾經營經紀業，經主管機關撤銷許可，自撤銷之日起未滿五年者。但依第七條第一項逾期未開始營業或第三十條自行停止業務者，不在此限。

六、受第二十九條之停止營業處分，尚未執行完畢者。

七、受第三十一條停止執行業務處分尚未執行完畢，或撤銷經紀人證書處分未滿五年者。

經紀業經公司登記或商業登記後，其公司負責人、董事、監察人、經理人或商號負責人、經理人有前項各款情形之一者，由主管機關命其限期改善；逾期未改善者，撤銷其許可，並通知其公司或商業登記主管機關撤銷其登記。

第七條 （申請開業之要件及開業之期限）

經紀業經主管機關之許可，辦妥公司登記或商業登記，並加入登記所在地之同業公會後方得營業，並應於六個月內開始營業；逾期未開始營業

者，由主管機關撤銷其許可。但有正當理由者，得申請展延，其期限以三個月為限。

前項經紀業得視業務性質並經主管機關核准後，分別組織仲介經紀業或代銷經紀業同業公會或其全國聯合會。

第一項經紀業於辦妥公司登記或商業登記後，應依中央主管機關規定繳存營業保證金。經紀業應繳存之營業保證金，超過一定金額者，得就超過部分以金融機構提供保證函擔保之。

前項應繳之營業保證金及繳存或提供擔保之辦法，由中央主管機關定之。

經紀業除依第三項規定繳存營業保證金外，並得向第二項全國聯合會申請增加金額繳存或以金融機構提供保證函擔保之。

第八條　（營業保證基金之管理）

前條第三項營業保證金由中華民國不動產仲介經紀業或代銷經紀業同業公會全國聯合會統一於指定之金融機構設置營業保證基金專戶儲存，並組成管理委員會負責保管；基金之孳息部分，得運用於健全不動產經紀制度。

前項基金管理委員會委員，由經紀業擔任者，其人數不得超過委員總數之五分之二。基金管理委員會之組織及基金管理辦法由中央主管機關定之。

第一項營業保證基金，除本條例另有規定外，非有依第二十六條第四項之情形，不得動支。

經紀業分別繳存之營業保證金低於第七條第三項規定之額度時，中華民國不動產仲介經紀業或代銷經紀業同業公會全國聯合會應通知經紀業者於一個月內補足。

第九條　（營業保證金之獨立原則）

營業保證金獨立於經紀業及經紀人員之外，除本條例另有規定外，不因經紀業或經紀人員之債務債權關係而為讓與、扣押、抵銷或設定負擔。

經紀業因合併、變更組織時對其所繳存之營業保證金之權利應隨之移轉。其因申請解散者，得自核准註銷營業之日滿一年後二年內，請求退還原繳存之營業保證金。但不包括營業保證金之孳息。

第十條　（會員入退會之報請備查）

直轄市、縣（市）同業公會應將會員入會、停權、退會情形報請所在地主管機關層轉中央主管機關備查。

第十一條　（經紀人之設置）

經紀業設立之營業處所至少應置經紀人一人。但非常態營業處所，其所銷售總金額達新臺幣六億元以上，該處所至少應置專業經紀人一人。

營業處所經紀營業員數每逾二十名時，應增設經紀人一人。

第十二條　（經紀人到職異動之報備）

經紀業應於經紀人到職之日起十五日內，造具名冊報請所在地主管機關層報中央主管機關備查，異動時，亦同。

第十三條　（經紀人之考試）

中華民國國民經不動產經紀人考試及格並依本條例領有不動產經紀人證書者，得充不動產經紀人。

前項考試得以檢覈行之；其檢覈辦法，由考試院會同行政院定之。

經中央主管機關指定之單位舉辦不動產經紀營業員測定合格，或經不動產經紀人考試或檢覈合格者，得充任經紀營業員。不動產經紀營業員之測定辦法由中央主管機關定之。

第十四條　（請領經紀人證書之程序）

經不動產經紀人考試及格者，應具備一年以上經紀營業員經驗，始得向直轄市或縣（市）政府請領經紀人證書。

前項經紀營業員經驗，依下列情形之一認定：

一、取得經紀營業員資格並附有仲介或代銷業務所得扣繳資料證明者。

二、本條例施行前已實際從事仲介或代銷業務有所得扣繳資料證明者。

有第六條第一項第一款至第四款或第七款情形之一者，不得充任經紀人員。已充任者，應撤銷其證書。

第十五條　（經紀人證書之更新方向及要件）

前條第一項經紀人證書有效期限為四年，期滿時，經紀人應檢附其於四年內在中央主管機關認可之機構、團體完成專業訓練三十個小時以上之證明文件，向直轄市或縣（市）政府辦理換證。

前項機構、團體及訓練課程認可辦法，由中央主管機關定之。

第十六條　（經紀人員應專任一職）

經紀人員應專任一經紀業，並不得為自己或他經紀業執行仲介或代銷業務。但經所屬經紀業同意為他經紀業執行業務者，不在此限。

第十七條　（不得僱用未具資格者從事仲介或代銷）

經紀業不得僱用未具備經紀人員資格者從事仲介或代銷業務。

第十八條　（仲介證照許可文件經紀人證書應揭示）

　　經紀業應將其仲介或代銷相關證照及許可文件連同經紀人證書揭示於營
業處所明顯之處；其為加盟經營者，應併標明之。

第十九條　（報酬之收取及收取差價之處置）

　　經紀業或經紀人員不得收取差價或其他報酬，其經營仲介業務者，並應
依實際成交價金或租金按中央主管機關規定之報酬標準計收。

　　違反前項規定者，其已收取之差價或其他報酬，應於加計利息後加倍返
還支付人。

第二十條　（報酬標準及收取方式之揭示）

　　經營仲介業務者應揭示報酬標準及收取方式於營業處所明顯之處。

第二十一條　（廣告刊登與銷售之內容與責任）

　　經紀業與委託人簽訂委託契約書後，方得刊登廣告及銷售。

　　前項廣告及銷售內容，應與事實相符，並註明經紀業名稱。

　　廣告及銷售內容與事實不符者，應負損害賠償責任。

第二十二條　（應由經紀人簽章之文件）

　　下列文件應由經紀業指派經紀人簽章：

　　一、不動產出租、出售委託契約書。

　　二、不動產承租、承購要約書。

　　三、定金收據。

　　四、不動產廣告稿。

　　五、不動產說明書。

　　六、不動產租賃、買賣契約書。

　　前項第一款及第二款之規定，於經營代銷業務者不適用之。

　　第一項第五款之不動產說明書應記載及不得記載事項，由中央主管機關
定之。

第二十三條　（不動產說明書之解說責任）

　　經紀人員在執行業務過程中，應以不動產說明書向與委託人交易之相對
人解說。

　　前項說明書提供解說前，應經委託人簽章。

第二十四條　（租賃或買賣契約書之簽訂）

　　雙方當事人簽訂租賃或買賣契約書時，經紀人應將不動產說明書交付與
委託人交易之相對人，並由相對人在不動產說明書上簽章。

前項不動產說明書視為租賃或買賣契約書之一部分。

第二十五條　（經紀人員之保密責任）

經紀人員對於因業務知悉或持有之他人秘密，不得無故洩漏。

第二十六條　（經紀業與經紀人員應負之賠償責任）

因可歸責於經紀業之事由不能履行委託契約，致委託人受損害時，由該經紀業負賠償責任。

經紀業因經紀人員執行仲介或代銷業務之故意或過失致交易當事人受損害者，該經紀業應與經紀人員負連帶賠償責任。

前二項受害人向中華民國不動產仲介經紀業或代銷經紀業同業公會全國聯合會請求代為賠償時，視為已向基金管理委員會申請調處，基金管理委員會應即進行調處。

受害人取得對經紀業或經紀人員之執行名義、經仲裁成立或基金管理委員會之決議支付後，得於該經紀業繳存營業保證金及提供擔保總額內，向中華民國不動產仲介經紀業或代銷經紀業同業公會全國聯合會請求代為賠償；經代為賠償後，即應依第八條第四項規定，通知經紀業限期補繳。

第二十七條　（仲介業受檢查之義務）

主管機關檢查經紀業之業務，經紀業不得拒絕。

第二十八條　（獎勵經紀業或經紀人員之事項及機關）

經紀業或經紀人員有下列情事之一者，主管機關得予以獎勵；其在直轄市者，由直轄市主管機關為之；特別優異者，得層報中央主管機關獎勵之：

一、增進不動產交易安全、公平，促進不動產經紀業健全發展，有優異表現者。

二、維護消費者權益成績卓著者。

三、對於不動產經紀相關法規之研究或建議有重大貢獻者。

四、其他特殊事蹟經主管機關認定應予獎勵者。

前項獎勵辦法由中央主管機關另定之。

第二十九條　（罰則）

經紀業違反本條例者，依下列規定處罰之：

一、違反第十二條、第十八條、第二十條或第二十七條規定者，經主管機關限期改正而未改正者，處新臺幣三萬元以上十五萬元以下罰鍰。

二、違反第十一條、第十七條、第十九條第一項、第二十一條第一項、
　　第二項或第二十二條第一項規定者，處新臺幣六萬元以上三十萬元
　　以下罰鍰。

三、違反第七條第三項、第四項或第八條第四項者，應予停止營業處分，
　　其期間至補足營業保證金為止。但停止營業期間達一年者，應撤銷
　　其許可。

經紀業依前項第一款或第二款處罰並限期改正而未改正者，應連續處罰。

第三十條　（自行停業六個月以上撤銷許可）

經紀業開始營業後自行停止營業連續六個月以上者，直轄市或縣（市）
主管機關得撤銷其許可。但依法辦理停業登記者，不在此限。

第三十一條　（經紀人員受懲戒之情形）

經紀人員違反本條例者，依下列規定懲戒之：

一、違反第十六條、第二十二條第一項、第二十三條或第二十五條規定
　　者，應予申誡。

二、違反第十九條第一項規定者，應予六個月以上三年以下之停止執行
　　業務處分。

經紀人員受申誡處分三次者，應另予六個月以上三年以下之停止執行業
務處分；受停止執行業務處分累計達五年以上者，撤銷其經紀人員證書。

第三十二條　（擅自營業之罰則）

非經紀業而經營仲介或代銷業務者，主管機關應禁止其營業，並處公司
負責人、商號負責人或行為人新臺幣十萬元以上三十萬元以下罰鍰。

公司負責人、商號負責人或行為人經主管機關依前項規定為禁止營業處
分後，仍繼續營業者，處一年以下有期徒刑、拘役或科或併科新臺幣十
萬元以上三十萬元以下罰金。

第三十三條　（經紀人員獎懲之辦理）

經紀人員有第三十一條第一項各款情事之一時，利害關係人、各級主管
機關或其同業公會得列舉事實，提出證據，報請直轄市或縣（市）主管
機關交付懲戒。

直轄市或縣（市）主管機關對於經紀人員獎懲事項，應設置獎懲委員會
處理之。

前項獎懲委員會之組織，由中央主管機關定之。

第三十四條　（被懲戒人之答辯或陳述）

前條獎懲委員會受理懲戒事項，應通知檢舉或移送之經紀人員，於二十日內提出答辯或到場陳述；逾期未提出答辯或到場陳述時，得逕行決定。

第三十五條 （強制執行）

依本條例所處罰鍰，經通知繳納而逾期不繳納者，移送法院強制執行。

第三十六條 （本法施行前經營仲介或代銷業者之處置）

本條例公布施行前已經營仲介或代銷業務者，應於本條例施行後，三年內依本條例規定領得經紀業證照後始得繼續營業。

違反前項規定繼續營業者，依第三十二條處理。

第三十七條 （本法施行前經紀人員之處置）

本條例公布施行前已從事不動產經紀業之人員，得自本條例公布施行之日起繼續執業三年；三年期滿後尚未取得經紀人員資格者，不得繼續執行業務。

本條例公布施行前已從事不動產仲介或代銷業務滿二年，有該項執行業務或薪資所得扣繳資料證明，經中央主管機關審查合格者，得自本條例公布施行之日起繼續執業三年；並得應不動產經紀業特種考試。

前項特種考試，於本條例公布施行後三年內至少應辦理三次。

第三十八條 （外國人任經紀人員之規定）

外國人得依中華民國法律應不動產經紀人考試或營業員測定。

前項領有及格證書或測定合格之外國人，應經中央主管機關許可，並遵守中華民國一切法令，始得受僱於經紀業為經紀人員。

外國人經許可在中華民國充任經紀人員者，其有關業務上所為之文件、圖說，應以中華民國文字為之。

第三十九條 （施行細則）

本條例施行細則，由中央主管機關定之。

第四十條 （施行日）

本條例自公布日施行。

附錄二 不動產經紀業管理條例施行細則

內政部八十九年四月十九日臺（八九）內中地字第八九〇六五五二號令公布

第一條

　　本細則依不動產經紀業管理條例（以下簡稱本條例）第三十九條規定訂定之。

第二條

　　經營不動產經紀業（以下簡稱經紀業）者，應檢附下列文件，依本條例第五條第一項規定，向所在地直轄市或縣（市）主管機關申請許可：

一、申請書一式二份。

二、公司負責人、董事、監察人、經理人或商號負責人、經理人名冊，及其身分證明文件影本。

第三條

　　直轄市或縣（市）主管機關受理前條申請，經審查合於規定者，應予許可，並副知轄內之同業公會轉知其全國聯合會；不合規定者，應通知該經紀業於十五日內補正，屆期未補正者，駁回其申請。

第四條

　　經紀業經主管機關許可後，應於六個月內依本條例第七條第一項、第三項規定辦妥公司登記或商業登記、繳存營業保證金及加入登記所在地之同業公會。

第五條

　　經紀業應於加入同業公會後三十日內，檢附下列文件，向所在地直轄市或縣（市）主管機關申請備查：

一、申請書一式二份。

二、公司執照或營利事業登記證影本。

三、營業保證金繳存證明影本。

四、同業公會會員證明影本。

五、不動產經紀人員名冊及其證書影本。

第六條

經紀業經許可後，下列事項內容有變更者，除第七條另有規定外，應於變更之日起三十日內，向所在地直轄市或縣（市）主管機關申請備查：

一、經紀業名稱、所在地、組織型態、經營型態、營業項目、公司統一編號、營利事業登記證號、是否經營國外不動產仲介或代銷業務。

二、公司負責人、董事、監察人、經理人或商號負責人、經理人。

直轄市或縣（市）主管機關准予備查後，應通知該經紀業所屬之同業公會全國聯合會，經紀業分設之營業處所非在其所轄區域內者，並應通知該營業處所所在地直轄市或縣（市）主管機關。

第七條

經紀業遷出所在地直轄市或縣（市）主管機關管轄區域以外時，應於遷出後三十日內向遷入之直轄市或縣（市）主管機關申請遷入備查，並向原所屬之同業公會報備，及加入遷入之直轄市或縣（市）同業公會。

前項經紀業遷入之直轄市或縣（市）主管機關，於辦理該經紀業之遷入備查後，應通知該經紀業遷出之直轄市或縣（市）主管機關。

第八條

經紀業分設營業處所，應於設立後三十日內，記明下列事項，向經紀業所在地直轄市或縣（市）主管機關申請備查：

一、經紀業名稱、所在地、公司統一編號、營利事業登記證號。

二、營業處所名稱、所在地及設立日期。

三、該營業處所僱用之經紀人員姓名、身分證明文件字號及證書字號。

經紀業分設之營業處所為本條例第四條第十款所稱非常態之固定場所者，前項第二款應記明事項，改以該營業處所之設立目的或代理銷售不動產名稱、所在地、銷售總金額及設立期間代之。

直轄市或縣（市）主管機關准予備查後，應通知該經紀業所屬之同業公會全國聯合會；經紀業分設之營業處所非在其所轄區域內者，並應將第一項或前項之資料，通知該營業處所所在地直轄市或縣（市）主管機關。

第九條

前條第一項第二款、第三款或第二項應記明之事項有變更者，經紀業應於變更之日起三十日內，記明變更事項，並向經紀業所在地直轄市或縣（市）主管機關申請備查。

直轄市或縣（市）主管機關受理前項申請後，經紀業分設之營業處所非

在其所轄區域內者，應通知該營業處所所在地直轄市或縣（市）主管機關；變更事項係營業處所之遷入或遷出者，應通知該營業處所遷出之直轄市或縣（市）主管機關，並連同前條第一項或第二項資料，通知其遷入之直轄市或縣（市）主管機關。

第十條

經紀業分設之營業處所裁撤時，應於裁撤後三十日內，向經紀業所在地直轄市或縣（市）主管機關申請備查。

直轄市或縣（市）主管機關受理前項申請後，應通知該經紀業所屬之同業公會全國聯合會，裁撤之營業處所非在其所轄區域內者，並應通知該營業處所所在地直轄市或縣（市）主管機關。

第十一條

經紀業僱用之經紀人員為外國人者，於依第五條、第八條第一項或第二項規定申請備查時，並應檢附該外國人依本條例第三十八條第二項規定取得之中央主管機關許可之證明文件影本。

第十二條

經紀業經許可後，所在地同業公會尚未設立者，應加入鄰近直轄市或縣（市）同業公會。

前項經紀業於所在地同業公會設立後，應即加入之。

第十三條

代銷經紀業於所在地或鄰近直轄市或縣（市）同業公會未設立前，應加入所在地或鄰近直轄市或縣（市）仲介經紀業同業公會。

前項代銷經紀業於所在地或鄰近直轄市或縣（市）代銷經紀業同業公會設立後，應即依前條規定辦理。

第十四條

直轄市或縣（市）主管機關應設置下列簿冊，並永久保存：

一、不動產經紀業管理登記簿。

二、外縣市不動產經紀業在其所轄區域內設立之營業處所管理登記簿。

三、不動產經紀人名簿。

四、不動產經紀營業員名簿。

五、不動產經紀業專冊。

第十五條

請領不動產經紀人證書，應檢附下列文件，向戶籍所在地直轄市或縣(市)

主管機關申請之：

一、申請書。

二、身分證明文件影本。

三、申請人最近一年內直四公分、寬二點八公分正面脫帽半身相片一式二張。

四、不動產經紀人考試及格證書及其影本。

五、一年以上經紀營業員經驗證明文件及其影本。

直轄市或縣（市）主管機關受理前項申請，經審查合於規定者，應發給不動產經紀人證書，並退還前項第四款及第五款文件原本；不合規定者，應通知其於十五日內補正，屆期未補正者，駁回其申請，並退還前項第二款至第五款文件。

第十六條

外國人請領不動產經紀人證書，應檢附依本條例第三十八條第二項經中央主管機關許可之證明文件及前條第一項各款文件，向居留地直轄市或縣（市）主管機關申請之。

第十七條

經紀人依本條例第十五條第一項規定辦理換發證書時，應於證書有效期限屆滿前六個月內，檢附下列文件，向原核發機關申請之：

一、申請書。

二、完成專業訓練三十個小時以上之證明文件。

三、原核發之經紀人證書。

直轄市或縣（市）主管機關受理前項申請，經審查合於規定者，應即換發證書；不合規定者，應通知其於十五日內補正，屆期未補正者，駁回其申請，並退還前項第二款及第三款文件。

換發之證書，其有效期限自原證書有效期限屆滿之次日起算四年。

換發證書，得以於原證書加註延長有效期限之方式為之。

第十八條

經紀人未依規定辦理換發證書，或申請換發證書被駁回，其原證書有效期間屆滿者，由原核發機關註銷原證書，並通知當事人、其任職經紀業所在地直轄市或縣（市）主管機關及該經紀業所屬之同業公會全國聯合會。

第十九條

經紀人證書經依前條規定註銷後，重新申請核發者，應檢附第十五條第一項第一款至第四款文件，及最近四年內完成專業訓練三十個小時以上之證明文件原本及其影本，向原核發機關申請之。

直轄市或縣（市）主管機關受理前項申請後，準用第十五條第二項規定辦理。

第二十條

經紀人證書損壞或滅失，申請換發或補發者，應敘明其損壞或滅失之原因，檢附第十五條第一項第一款至第四款文件，向原核發機關申請之。

直轄市或縣（市）主管機關受理前項申請後，準用第十五條第二項規定辦理。

第二十一條

經紀業應依本條例第十八條及第二十條規定，於營業處所明顯之處，揭示下列文件：

一、經紀業許可文件。

二、公司執照或營利事業登記證。

三、同業公會會員證書。

四、不動產經紀人證書。

五、報酬標準及收取方式。

前項第一款至第四款文件，得以影本為之。

第一項第五款規定，於代銷經紀業不適用之。

第二十二條

經紀業係加盟經營者，應於廣告、市招及名片等明顯處，標明加盟店或加盟經營字樣。

第二十三條

經紀人員收受委託人或與委託人交易之相對人之有關文件，應掣給收據。

第二十四條

不動產之買賣、互易、租賃或代理銷售，非由經紀業仲介或代銷者，不適用本條例第二十二條第一項之規定。

第二十五條

經紀業執行業務過程，應記錄其辦理情形。主管機關得查詢或取閱經紀業執行業務有關紀錄及文件，並得限期令所轄區域內之經紀業及外縣市經紀業於所轄區域內設立之營業處所，提出第五條第二款至第五款文件

或其他業務執行之相關資料、說明書，經紀業不得規避、妨礙或拒絕。

第二十六條

本條例第十四條第三項及第三十一條第二項所定之處罰，由原核發證書之主管機關為之。

主管機關依前項規定辦理時，應即公告，並通知當事人、其任職之經紀業及該經紀業所屬之同業公會。

第二十七條

經紀人員有本條例第三十一條第一項各款情事之一者，由其經紀業所在地直轄市或縣（市）主管機關交付懲戒；懲戒結果，應通知當事人，並函請原核發證書之主管機關登錄。

第二十八條

經紀人依本條例第十四條第三項規定受撤銷證書者，於原因消滅後，得重新依本條例及本細則之規定請領證書。

第二十九條

本細則所定書、表、簿、冊之格式，由中央主管機關定之。

第三十條

依本條例規定核發不動產經紀人證書、舉辦不動產經紀營業員測定及發給測定合格證書，得收取費用；其費額，由中央主管機關定之。

前項收費，應依預算程序為之。

第三十一條

本細則自發布日施行。

附錄三　公寓大廈管理條例

中華民國八十四年六月九日立法院制定全文五十二條
中華民國八十四年六月二十八日總統公布
中華民國八十九年四月七日修正一條
中華民國八十九年四月二十六日公布

第一條　（立法目的及適用範圍）

為加強公寓大廈之管理維護，提昇居住品質，特制定本條例。

本條例未規定者，適用其他法令之規定。

第二條　（主管機關）

本條例所稱主管機關：在中央為內政部；在直轄市為直轄市政府；在縣（市）為縣（市）政府。

第三條　（名詞定義）

本條例用辭定義如下：

一、公寓大廈：指構造上或使用上或在建築執照設計圖樣標有明確界線得區分為數部分之建築物及其基地。

二、區分所有：指數人區分一建築物而各有其專有部分，並就其共用部分按其應有部分有所有權。

三、專有部分：指公寓大廈之全部或一部分，具有使用上之獨立性，且為區分所有之標的者。

四、共用部分：指公寓大廈專有部分以外之其他部分及不屬專有之附屬建築物，而供共同使用者。

五、約定專用部分：公寓大廈共用部分經約定供特定區分所有權人使用者。

六、約定共用部分：指公寓大廈專有部分經約定供共同使用者。

七、區分所有權人會議：指區分所有權人為共同事務及涉及權利義務之有關事項，召集全體區分所有權人所舉行之會議。

八、管理委員會：指住戶為執行區分所有權人會議決議事項暨公寓大廈

管理維護工作，互選管理委員若干人設立之組織。

九、管理負責人：指未成立管理委員會，由區分所有權人及住戶互推一人為負責管理公寓大廈事務者。

十、住戶：指公寓大廈之區分所有權人、承租人或其他經區分所有權人同意，而為專有部分之使用者。

十一、管理服務人：指由區分所有權人會議決議或管理負責人或管理委員會僱傭或委任而執行建築物管理維護事務者。

十二、規約：公寓大廈區分所有權人為增進共同利益，確保良好生活環境，經區分所有權人會議決議之共同遵守事項。

第四條　（專有部分）

區分所有權人除法律另有限制外，對其專有部分，得自由使用、收益、處分，並排除他人干涉。

專有部分不得與其所屬建築物共用部分之應有部分及其基地所有權或地上權之應有部分分離而為移轉或設定負擔。

第五條　（專有部分之使用權）

區分所有權人對專有部分之利用，不得有妨害建築物之正常使用及違反區分所有權人共同利益之行為。

第六條　（住戶之義務）

住戶應遵守下列事項：

一、於維護、修繕專有部分、約定專用部分或行使其權利時，不得妨害其他住戶之安寧、安全及衛生。

二、他住戶因維護、修繕專有部分、約定專用部分或設置管線，必須進入其專有部分或約定專用部分時，不得拒絕。

三、管理負責人或管理委員會因維護、修繕共用部分或設置管線，必須進入或使用其專有部分或約定專用部分時，不得拒絕。

四、其他法令或規約規定事項。

前項第二款及第三款之進入或使用，應擇其損害最少之處所及方法為之，並應補償所生之損害。

住戶違反第一項規定，經協調仍不履行時，住戶、管理負責人或管理委員會得按其性質請求各該主管機關或訴請法院為必要之處置。

第七條　（共用部分不得約定專用之範圍）

公寓大廈共用部分不得獨立使用供做專有部分。其為下列各款者，並不

得為約定專用部分：

一、公寓大廈本身所占之地面。

二、連通數個專有部分之走廊或樓梯，及其通往室外之通路或門廳，社區內各巷道、防火巷弄。

三、公寓大廈基礎、主要樑柱、承重牆壁、樓地板及屋頂之構造。

四、約定專用有違法令使用限制之規定者。

五、其他有固定使用方法，並屬區分所有權人生活利用上不可或缺之共用部分。

第八條　（公寓大廈外圍使用之限制）

公寓大廈周圍上下、外牆面、樓頂平臺及防空避難室，非依法令規定並經區分所有權人會議之決議，不得有變更構造、顏色、使用目的、設置廣告物或其他類似之行為。

住戶違反前項規定，管理負責人或管理委員會應予制止，並報請各該主管機關依第三十九條第一項第二款處以罰鍰後，該住戶應於一個月內回復原狀。未回復原狀者，由主管機關回復原狀，其費用由該住戶負擔。

第九條　（共用部分之使用權）

各區分所有權人按其共有之應有部分比例，對建築物之共用部分及其基地有使用收益之權。但另有約定者從其約定。

住戶對共用部分之使用應依其設置目的及通常使用方法為之。但另有約定者從其約定。

前二項但書所約定事項，不得違反本條例、區域計畫法、都市計畫法及建築法令之規定。

住戶違反第二項規定，管理負責人或管理委員會應予制止，並得按其性質請求各該主管機關或訴請法院為必要之處置。如有損害並得請求損害賠償。

第十條　（管理、維護費用）

專有部分、約定專用部分之修繕、管理、維護，由各該區分所有權人或約定專用部分之使用人為之，並負擔其費用。

共用部分、約定共用部分之修繕、管理、維護，由管理負責人或管理委員會為之。其費用由公共基金支付或由區分所有權人按其共有之應有部分比例分擔之。但修繕費係因可歸責於區分所有權人之事由所致者，由該區分所有權人負擔。

前項共用部分、約定共用部分之管理、維護費用，區分所有權人會議或
規約另有規定者，從其規定。

第十一條　（拆除、修繕費用）

共用部分及其相關設施之拆除、重大修繕或改良，應依區分所有權人會
議之決議為之。

前項費用，由公共基金支付或由區分所有權人按其共有之應有部分比例
分擔。

第十二條　（專有部分之權屬）

專有部分之共同壁及樓地板或其內之管線，其維修費用由該共同壁雙方
或樓地板上下方之區分所有權人共同負擔。但修繕費係因可歸責於區分
所有權人之事由所致者，由該區分所有權人負擔。

第十三條　（必須重建之法定事由）

公寓大廈之重建，應經全體區分所有權人及基地所有權人、地上權人或
典權人之同意。但有下列情形之一者，不在此限：

一、配合都市更新計畫而實施重建者。

二、嚴重毀損、傾頹或朽壞，有危害公共安全之虞者。

三、因地震、水災、風災、火災或其他重大事變，肇致危害公共安全者。

第十四條　（重建建造執照之申請）

公寓大廈有前條第二款或第三款情形之一，經區分所有權人會議依第三
十一條規定決議重建時，區分所有權人不同意決議又不出讓區分所有權
或同意後不依決議履行其義務者，管理負責人或管理委員會得訴請法院
命區分所有權人出讓其區分所有權及其基地所有權應有部分。

前項之受讓人視為同意重建。

重建之建造執照之申請，其名義以區分所有權人會議之決議為之。

第十五條　（依使用執照及規約使用之義務）

住戶應依使用執照所載用途及規約使用專有部分、約定專用部分，不得
擅自變更。

住戶違反前項規定，管理負責人或管理委員會應予制止，並報請直轄市、
縣（市）主管機關處理，並要求其回復原狀。

第十六條　（維護公共安全、公共衛生與公共安寧之義務）

住戶不得任意棄置垃圾、排放各種污染物、惡臭物質或發生喧囂、振動
及其他與此相類之行為。

住戶不得於防火間隔、防火巷弄、樓梯間、共同走廊、防空避難設備等處所堆置雜物、設置柵欄、門扇或營業使用，或違規設置廣告物或私設路障及停車位侵佔巷道妨礙出入。

住戶飼養動物，不得妨礙公共衛生、公共安寧及公共安全。但法令或規約另有禁止飼養之規定時，從其規定。

住戶違反前三項規定時，管理負責人或管理委員會應予制止或按規約處理，必要時得報請地方主管機關處理。

第十七條　（投保公共意外責任保險）

住戶於公寓大廈內依法經營餐飲、瓦斯、電焊或其他危險營業或存放有爆炸性或易燃性物品者，應依中央主管機關所定保險金額投保公共意外責任保險。其因此增加其他住戶投保火災保險之保險費者，並應就其差額負補償責任。其投保、補償辦法及保險費率由中央主管機關會同財政部定之。

前項投保公共意外責任保險，經催告於七日內仍未辦理者，管理負責人或管理委員會應代為投保；其保險費、差額補償費及其他費用，由該住戶負擔。

第十八條　（公共基金之設置及來源）

公寓大廈應設置公共基金，其來源如下：

一、起造人就公寓大廈領得使用執照一年內之管理維護事項，應按工程造價一定比例或金額提列。

二、區分所有權人依區分所有權人會議決議繳納。

三、本基金之孳息。

四、其他收入。

依前項第一款規定提列之公共基金，起造人於該公寓大廈使用執照申請時，應提出已於金融業者設立專戶儲存之證明；並於成立管理委員會或選任管理負責人後移交之。同款所稱比例或金額，由中央主管機關定之。本項所稱金融業者，準用票據法第四條第二項規定。

公共基金應設專戶儲存，並由管理負責人或管理委員會負責管理。其運用應依區分所有權人會議之決議為之。

第一、二項所規定起造人應提列之公共基金，於本條例公布施行前，起造人已取得建造執照者，不適用之。

第十九條　（區分所有權人對公共基金之權利）

區分所有權人對於公共基金之權利應隨區分所有權之移轉而移轉；不得因個人事由為讓與、扣押、抵銷或設定負擔。

第二十條 （公共基金移交程序）

管理負責人或管理委員會應定期將基金保管及運用情形公告，並於解職、離職或管理委員會改組時，將公共基金收支情形及餘額移交新管理負責人或新管理委員會。

管理負責人或管理委員會拒絕移交，經定相當期間催告仍不移交時，得報請主管機關或訴請法院命其移交。

第二十一條 （積欠公共基金之催討程序）

區分所有權人或住戶積欠應繳納之公共基金或應分擔或其他應負擔之費用已逾二期或達相當金額，經定相當期間催告仍不給付者，管理負責人或管理委員會得訴請法院命其給付應繳之金額及遲延利息。

第二十二條 （強制出讓之要件）

住戶有下列情形之一者，由管理負責人或管理委員會促請其改善，於三個月內仍未改善者，管理負責人或管理委員會得依區分所有權人會議之決議，訴請法院強制其遷離：

一、積欠依本條例規定應分擔之費用，經強制執行後再度積欠金額達其區分所有權總價百分之一者。

二、違反本條例規定經依第三十九條第一項第一款至第四款處以罰鍰後，仍不改善或續犯者。

三、其他違反法令或規約情節重大者。

前項之住戶如為區分所有權人時，管理負責人或管理委員會得依區分所有權人會議之決議，訴請法院命區分所有權人出讓其區分所有權及其基地所有權應有部分；於判決確定後三個月內不自行出讓並完成移轉登記手續者，管理負責人或管理委員會得聲請法院拍賣之。

第二十三條 （住戶規約之訂定）

有關公寓大廈、基地或附屬設施之管理使用及其他住戶間相互關係，除法令另有規定外，得以規約定之。

第二十四條 （繼受人應繼受前區分所有權人權利義務）

區分所有權之繼受人應繼受原區分所有權人依本條例或規約所定之一切權利義務。

第二十五條 （會議之召開及召集人之產生方式）

區分所有權人會議，由全體區分所有權人組成，每年至少應召開定期會議一次。

有下列情形之一者，應召開臨時會議：

一、發生重大事故有及時處理之必要，經管理負責人或管理委員會請求者。

二、經區分所有權人五分之一以上及其區分所有權比例合計五分之一以上，以書面載明召集之目的及理由請求召集者。

區分所有權人會議由區分所有權人互推一人為召集人；召集人任期一年，連選得連任。

召集人無法依前項規定互推產生時，區分所有權人得申請地方主管機關指定臨時召集人，或依規約相互輪流擔任，其任期至新召集人選出為止。

第二十六條　（起造人召集會議）

公寓大廈建築物所有權登記之區分所有權人達三分之二以上及其區分所有權比例合計三分之二以上時，起造人應於六個月內召集區分所有權人召開區分所有權人會議訂定規約，並向地方主管機關報備。

前項起造人為數人時，應互推一人為之。

第二十七條　（管理委員會、管理負責人之組成）

公寓大廈應成立管理委員會或推選管理負責人。

公寓大廈成立管理委員會者，應由管理委員互推一人為主任委員，主任委員對外代表管理委員會。管理委員會之組織及選任應於規約中定之。

管理委員、主任委員及管理負責人任期一年，連選得連任。

公寓大廈未組成管理委員會且未選任管理負責人時，以第二十五條區分所有權人互推之召集人或申請指定之臨時召集人為管理負責人。區分所有權人無法互推召集人或申請指定臨時召集人時，住戶得申請地方主管機關指定住戶一人為管理負責人。

第二十八條　（召開會議之通知方法）

區分所有權人會議，應由召集人於開會前十五日以書面載明開會內容，通知各區分所有權人。但有急迫情事須召開臨時會者，得以公告為之；公告期間不得少於二日。

第二十九條　（區分所有權之計算方式）

區分所有權人會議之決議，除本條例或規約另有規定外，應有區分所有權人過半數及其區分所有權比例合計過半數之出席，以出席人數過半數

及其區分所有權比例占出席人數區分所有權合計過半數之同意行之。

各專有部分之區分所有權人有一表決權。數人共有一專有部分者，該表決權應推由一人行使。

第一項任一區分所有權人之區分所有權占全部區分所有權五分之一以上者，其超過部分不予計算。

區分所有權人因故無法出席區分所有權人會議時，得以書面委託他人代理出席。

第三十條　（未獲致決議時重新開議之要件）

區分所有權人會議依前條規定未獲致決議、出席區分所有權人之人數或其區分所有權比例合計未達前條定額者，召集人得就同一議案重新召集會議；其開議，應有區分所有權人四分之一以上及其區分所有權比例合計四分之一以上出席，以出席人數過半數及其區分所有權比例占出席人數區分所有權合計過半數之同意作成決議，並應於召集會議通知書上載明。

前條第三項及第四項之規定，於前項會議準用之。

第三十一條　（區分所有權比例之計算）

區分所有權人會議之決議，關於下列各款事項，應有區分所有權人三分之二以上及其區分所有權比例合計三分之二以上出席，以出席人數四分之三以上及其區分所有權比例占出席人數區分所有權四分之三以上之同意行之：

一、規約之訂定或變更。

二、公寓大廈之重大修繕或改良。

三、公寓大廈有第十三條第二款或第三款情形之一須重建者。

四、住戶之強制遷離或區分所有權之強制出讓。

五、約定專用或約定共用事項。

前項區分所有權比例之計算，準用第二十九條第三項及第四項之規定。

第三十二條　（會議紀錄作成方式及送達公告）

區分所有權人會議應作成會議紀錄，載明開會經過及決議事項，由主席簽名，於會後十五日內送達各區分所有權人並公告之。

前項會議紀錄，應與出席區分所有權人之簽名簿及代理出席之委託書一併保存。

第三十三條　（請求閱覽之權利）

利害關係人於必要時，得請求閱覽規約及前條之會議紀錄，管理負責人或管理委員會不得拒絕。

第三十四條　（管理委員會之職務範圍）

管理委員會之職務如下：

一、共有及共用部分之清潔、維護、修繕及一般改良。

二、住戶違反第六條第一項規定之協調。

三、住戶共同事務應興革事項之建議。

四、住戶違規情事之制止及相關資料之提供。

五、公寓大廈及其周圍之安全及環境維護事項。

六、收益、公共基金及其他經費之收支、保管及運用。

七、區分所有權人會議決議事項之執行。

八、規約、會議紀錄、使用執照謄本、竣工圖說及有關文件之保管。

九、管理服務人之委任、僱傭及監督。

十、會計報告、結算報告及其他管理事項之提出及公告。

十一、其他規約所定事項。

第三十五條　（管理委員會於民事訴訟上有當事人能力）

管理委員會有當事人能力。

管理委員會為原告或被告時，應將訴訟事件要旨速告區分所有權人。

第三十六條　（管理委員會應向區分所有權人會議負責）

管理委員會應向區分所有權人會議負責，並向其報告會務。

第三十七條　（管理委員會之職務於管理負責人準用之）

第三十四條至第三十六條之規定，於管理負責人準用之。

第三十八條　（罰則一）

有下列行為之一者，由直轄市、縣（市）主管機關處新臺幣三千元以上一萬五千元以下罰鍰：

一、區分所有權人會議召集人、起造人或臨時召集人違反第二十五條或第二十六條之召集義務者。

二、住戶違反第十六條第一項或第三項之規定者。

三、管理負責人、主任委員或管理委員違反第十七條代為投保責任保險之義務者。

四、管理負責人或主任委員無正當理由未執行第二十二條促請改善或訴請法院強制遷離或強制出讓該區分所有權之職務者。

五、管理負責人、主任委員或管理委員無正當理由未執行第三十四條第
　　七款之職務，顯然影響住戶權益者。

第三十九條　（罰則二）

有下列行為之一者，由直轄市、縣（市）主管機關處新臺幣四萬元以上
二十萬元以下罰鍰：

一、區分所有權人違反第五條之利用者。

二、住戶違反第八條第一項或第九條第二項關於公寓大廈變更使用之限
　　制，經制止而無效者。

三、住戶違反第十五條第一項擅自變更專有或約定專用之使用者。

四、住戶違反第十六條第二項之規定者。

五、住戶違反第十七條投保責任保險之義務者。

六、區分所有權人或住戶違反第十八條第一項第二款未繳納公共基金
　　者。

七、管理負責人、主任委員或管理委員違反第二十條之移交義務者。

八、起造人或建築業者違反第四十五條規定者。

有供營業使用事實之公寓大廈住戶有前項第三款、第四款行為，因而致
人於死者，處一年以上七年以下有期徒刑，得併科新臺幣一百萬元以上
五百萬元以下罰金；致重傷者，處六月以上五年以下有期徒刑，得併科
新臺幣五十萬元以上二百五十萬元以下罰金。

第四十條　（強制執行）

依本條例所處之罰鍰，經通知限期繳納，屆期仍不繳納者，移送法院強
制執行。

第四十一條　（集居地區之管理及組織）

多數各自獨立使用之建築物、公寓大廈，其共同設施之使用與管理具有
整體不可分性之集居地區者，其管理及組織準用本條例之規定。

第四十二條　（催告事項）

本條例所定應行催告事項，由管理負責人或管理委員會以書面為之。

第四十三條　（管理組織之成立）

本條例施行前已取得建造執照之公寓大廈，應依本條例規定成立管理組
織。

前項公寓大廈得不受第七條各款不得為約定專用部分之限制。

第四十四條　（建物所有權登記）

公寓大廈之起造人於申請建造執照時，應檢附專有部分、共用部分標示詳細圖說及住戶規約草約。於設計變更時亦同。

前項規約草約於第一次區分所有權人會議召開前，視同規約。

公寓大廈之起造人或區分所有權人應依使用執照所記載之用途及下列測繪規定，辦理建物所有權第一次登記：

一、獨立建築物所有權之牆壁，以牆之外緣為界。

二、建築物共用之牆壁，以牆壁之中心為界。

三、附屬建物以其外緣為界辦理登記。

四、有隔牆之共用牆壁，依第二款之規定，無隔牆設置者，以使用執照竣工平面圖區分範圍為界，其面積應包括四周牆壁之厚度。

第四十五條　（消費者權益）

公寓大廈起造人或建築業者，非經領得建造執照，不得辦理銷售。

公寓大廈之起造人或建築業者，不得將共用部分，包含法定空地、法定防空避難設備及法定停車空間讓售於特定人或為區分所有權人以外之特定人設定專用使用權或為其他有損害區分所有權人權益之行為。

第四十六條　（舉證處理）

區分所有權人會議召集人、臨時召集人、起造人、建築業者、住戶、管理負責人或管理委員會有第三十八條或第三十九條第一項各款情事之一時，他區分所有權人、利害關係人、管理負責人或管理委員會得列舉事實及提出證據，報請直轄市、縣（市）主管機關處理。

第四十七條　（管理辦法）

管理服務人管理辦法，由中央主管機關定之。

第四十八條　（規約範本）

規約範本，由中央主管機關定之。

第四十四條規約草約，應依前項規約範本制作。

第四十九條　（治安維護配合事項）

公寓大廈治安維護配合事項，由中央主管機關定之。

第五十條　（授權處理）

本條例第六條、第九條、第十五條、第十六條、第二十條、第二十五條至第二十七條及第四十六條主管機關處理事項得授權鄉、鎮、市區公所辦理。

第五十一條　（施行細則）

　　　　本條例施行細則，由中央主管機關定之。
　　第五十二條　　（施行日）
　　　　本條例自公布日施行。

附錄四　公寓大廈管理條例施行細則

中華民國八十五年十月二日內政部臺內營字第八五八五五四五號令發布

第一條

　　本細則依公寓大廈管理條例（以下簡稱本條例）第五十一條規定訂定之。

第二條

　　本條例所定規約除應載明專有部分及共用部分範圍外，下列各款事項非經載明於規約者，不生效力：

一、約定專用部分、約定共用部分之範圍及使用主體。

二、設有管理委員會者，其主任委員、管理委員之選任、解任、權限與其委員人數、召集方式及事務執行方法。

三、各區分所有權人對建築物共用部分及其基地之使用收益權及住戶對共用部分使用之特別約定。

四、共用部分、約定共用部分管理、維護費用之特別約定。

五、禁止住戶飼養動物之特別約定。

六、違反義務之處理方式。

七、財務運作之監督規定。

八、區分所有權人會議決議應有出席及同意之區分所有權人人數及其區分所有權比例之特別約定。

九、糾紛之協調程序。

十、其他不牴觸法令之特別約定。

第三條

　　本條例所定區分所有權比例，指區分所有權人之專有部分依本條例第四十四條第三項測繪之面積與公寓大廈專有部分全部面積總和之比。建物已完成登記者，依登記機關之記載為準。

　　同一區分所有權人有數專有部分者，前項區分所有權比例，應予累計。但於計算出席區分所有權人會議之比例時，應受本條例第二十九條第三項規定之限制。

第四條

本條例所定區分所有權人之人數，其計算方式如下：

一、區分所有權已登記者，按其登記人數計算。但數人共有一專有部分者，以一人計。

二、區分所有權未登記者，依本條例第四十四條第一項圖說之標示，每一專有部分以一人計。

第五條

本條例第七條第一款所定公寓大廈本身所占之地面，指建築物外牆中心線或其代替柱中心線以內之最大水平投影範圍。

第六條

本條例第十八條第一項第一款所定按工程造價一定比例或金額提列公共基金，依下列標準計算之：

一、新臺幣一千萬元以下者為千分之二十。

二、逾新臺幣一千萬元至新臺幣一億元者，超過新臺幣一千萬元部分為千分之十五。

三、逾新臺幣一億元至新臺幣十億元者，超過新臺幣一億元部分為千分之五。

四、逾新臺幣十億元者，超過新臺幣十億元部分為千分之三。

政府興建住宅之公共基金，其他法令有特別規定者，依其規定。

第七條

本條例第二十二條第一項第一款所定區分所有權總價，指管理負責人或管理委員會向該區分所有權人或住戶催告時，建築物之評定價格及當期土地公告現值。

第八條

本條例第二十五條第三項所定互推一人為召集人，除規約另有規定者外，應有區分所有權人二人以上之書面推選，經公告十日後生效。

前項被推選人為數人或公告期間另有他人被推選時，以推選之區分所有權人人數較多者任之；人數相同時，以區分所有權比例合計較多者任之。新被推選人與原被推選人不為同一人時，公告日數應自新被推選人被推選之日起算。

前二項之推選人或被推選人於推選或被推選後喪失區分所有權人資格時，除受讓人另為意思表示者外，其所為或所受推選仍為有效。

區分所有權人及住戶推選管理負責人時，準用前三項之規定。

前項推選管理負責人時，同一專有部分之區分所有權人及住戶共一推選權，區分所有權人及住戶意見不一致時，由區分所有權人行使之。

第九條

本條例第二十六條第一項所定報備之資料如下：

一、訂定規約時之全體區分所有權人名冊及出席區分所有權人名冊。

二、訂定規約時之區分所有權人會議會議記錄。

三、規約內容。

直轄市、縣（市）主管機關受理前項報備資料，應予建檔。

第十條

公寓大廈管理組織申請報備處理原則，由內政部定之。

第十一條

公寓大廈之住戶非該專有部分之區分所有權人者，除本細則、區分所有權人會議之決議或規約另有規定外，得選舉、推選或被選任、推選為管理委員、主任委員或管理負責人。

第十二條

本條例第三十四條所定管理委員會之職務，除第六款、第八款及第九款外，經管理委員會決議或管理負責人以書面授權者，得由管理服務人執行之。但區分所有權人會議或規約另有規定者，從其規定。

第十三條

本條例第四十一條所定其共同設施之使用與管理具有整體不可分性之集居地區，指下列情形之一：

一、依建築法第十一條規定之一宗建築基地。

二、依山坡地開發建築管理辦法申請開發許可範圍內之地區。

三、其他經直轄市、縣（市）主管機關認定其共同設施之使用與管理具有整體不可分割之地區。

第十四條

依本條例第四十三條第一項規定成立管理組織者，區分所有權人應依本條例第二十五條第三項規定，互推召集人一人召開第一次區分所有權人會議訂定規約，並向地方主管機關報備。

第十五條

本條例所定之公告，應於公寓大廈公告欄內為之，未設公告欄者，應於

主要出入口明顯處所為之。

第十六條

本細則自發布日施行。

附錄五 公平交易法

中華民國八十年二月四日總統令制定公布
中華民國八十一年二月四日施行
中華民國八十八年二月三日總統華總一義字第八八〇〇〇二五七七〇號令修正公布
中華民國八十九年四月二十六日總統華總一義字第八九〇〇一〇四四五〇號令修正公布第九條

第一條 （立法宗旨）

為維護交易秩序與消費者利益，確保公平競爭，促進經濟之安定與繁榮，特制定本法；本法未規定者，適用其他有關法律之規定。

第二條 （事業之定義）

本法所稱事業如左：

一、公司。

二、獨資或合夥之工商行號。

三、同業公會。

四、其他提供商品或服務從事交易之人或團體。

第三條 （交易相對人之定義）

本法所稱交易相對人，係指與事業進行或成立交易之供給者或需求者。

第四條 （競爭之定義）

本法所稱競爭，謂二以上事業在市場上以較有利之價格、數量、品質、服務或其他條件，爭取交易機會之行為。

第五條 （獨占、視為獨占、特定市場之定義）

本法所稱獨占，謂事業在特定市場處於無競爭狀態，或具有壓倒性地位，可排除競爭之能力者。

二以上事業，實際上不為價格之競爭，而其全體之對外關係，具有前項規定之情形者，視為獨占。

第一項所稱特定市場，係指事業就一定之商品或服務，從事競爭之區域

或範圍。

第六條 （結合之定義）

本法所稱結合，謂事業有左列情形之一者而言：

一、與他事業合併者。

二、持有或取得他事業之股份或出資額，達到他事業有表決權股份或資
本總額三分之一以上者。

三、受讓或承租他事業全部或主要部分之營業或財產者。

四、與他事業經常共同經營或受他事業委託經營者。

五、直接或間接控制他事業之業務經營或人事任免者。

計算前項第二款之股份或出資額時，應將與該事業具有控制與從屬關係
之事業所持有或取得他事業之股份或出資額一併計入。

第七條 （聯合行為之定義）

本法所稱聯合行為，謂事業以契約、協議或其他方式之合意，與有競爭
關係之他事業共同決定商品或服務之價格，或限制數量、技術、產品、
設備、交易對象、交易地區等，相互約束事業活動之行為而言。

第八條 （多層次傳銷、給付一定代價之定義）

本法所稱多層次傳銷，謂就推廣或銷售之計畫或組織，參加人給付一定
代價，以取得推廣、銷售商品或勞務及介紹他人參加之權利，並因而獲
得佣金、獎金或其他經濟利益者而言。

前項所稱給付一定代價，謂給付金錢、購買商品、提供勞務或負擔債務。

第九條 （主管機關之定義）

本法所稱主管機關：在中央為行政院公平交易委員會；在直轄市為直轄
市政府；在縣（市）為縣（市）政府。

本法規定事項，涉及他部會之職掌者，由行政院公平交易委員會商同各
該部會辦理之。

第十條 （獨占事業不得為之行為）

獨占之事業，不得有左列行為：

一、以不公平之方法，直接或間接阻礙他事業參與競爭。

二、對商品價格或服務報酬，為不當之決定、維持或變更。

三、無正當理由，使交易相對人給予特別優惠。

四、其他濫用市場地位之行為。

第十一條 （應申請事業結合情形及核駁決定之期限）

事業結合時，有左列情形之一者，應向中央主管機關申請許可：

一、事業因結合而使其市場占有率達三分之一者。

二、參與結合之一事業，其市場占有率達四分之一者。

三、參與結合之一事業，其上一會計年度之銷售金額，超過中央主管機
　　關所公告之金額者。

中央主管機關收受前項之申請，應於二個月內為核駁之決定。

第十二條　（得予許可結合之情形）

對於前條之申請，如其結合，對整體經濟之利益大於限制競爭之不利益
者，中央主管機關得予許可。

第十三條　（對違法結合之處分）

事業結合，應申請許可而未申請，或經申請未獲許可而為結合者，中央
主管機關得禁止其結合、限期命其分設事業、處分全部或部分股份、轉
讓部分營業、免除擔任職務或為其他必要之處分。

事業違反中央主管機關依前項所為之處分者，中央主管機關得命令解散、
停止營業或勒令歇業。

第十四條　（聯合行為之禁止及其例外）

事業不得為聯合行為。但有左列情形之一，而有益於整體經濟與公共利
益，並經中央主管機關許可者，不在此限：

一、為降低成本、改良品質或增進效率，而統一商品規格或型式者。

二、為提高技術、改良品質、降低成本或增進效率，而共同研究開發商
　　品或市場者。

三、為促進事業合理經營，而分別作專業發展者。

四、為確保或促進輸出，而專就國外市場之競爭予以約定者。

五、為加強貿易效能，而就國外商品之輸入採取共同行為者。

六、經濟不景氣期間，商品市場價格低於平均生產成本，致該行業之事
　　業，難以繼續維持或生產過剩，為有計畫適應需求而限制產銷數量、
　　設備或價格之共同行為者。

七、為增進中小企業之經營效率，或加強其競爭能力所為之共同行為者。

第十五條　（許可聯合行為之附款）

中央主管機關為前條之許可時，得附加條件、限制或負擔。

許可應附期限，其期限不得逾三年；事業如有正當理由，得於期限屆滿
前三個月內，以書面向中央主管機關申請延展；其延展期限，每次不得

逾三年。

第十六條 （得撤銷聯合行為許可等之情形）

聯合行為經許可後，如因許可事由消滅、經濟情況變更或事業有逾越許可之範圍行為者，中央主管機關得撤銷許可、變更許可內容、命令停止、改正其行為或採取必要更正措施。

第十七條 （許可、條件等之登記及刊載公報）

中央主管機關對於前三條之許可、條件、限制、負擔、期限及有關處分，應設置專簿予以登記，並刊載政府公報。

第十八條 （違反自由決定價格約定之無效）

事業對於其交易相對人，就供給之商品轉售與第三人或第三人再轉售時，應容許其自由決定價格；有相反之約定者，其約定無效。

第十九條 （事業不得為之有限制競爭或妨礙公平競爭之虞之情形）

有左列各款行為之一，而有限制競爭或妨礙公平競爭之虞者，事業不得為之：

一、以損害特定事業為目的，促使他事業對該特定事業斷絕供給、購買或其他交易之行為。

二、無正當理由，對他事業給予差別待遇之行為。

三、以脅迫、利誘或其他不正當之方法，使競爭者之交易相對人與自己交易之行為。

四、以脅迫、利誘或其他不正當方法，使他事業不為價格之競爭、參與結合或聯合之行為。

五、以脅迫、利誘或其他不正當方法，獲取他事業之產銷機密、交易相對人資料或其他有關技術秘密之行為。

六、以不正當限制交易相對人之事業活動為條件，而與其交易之行為。

第二十條 （就提供之商品或服務不得為之行為）

事業就其營業所提供之商品或服務，不得有左列行為：

一、以相關事業或消費者所普遍認知之他人姓名、商號或公司名稱、商標、商品容器、包裝、外觀或其他顯示他人商品之表徵，為相同或類似之使用，致與他人商品混淆，或販賣、運送、輸出或輸入使用該項表徵之商品者。

二、以相關事業或消費者所普遍認知之他人姓名、商號或公司名稱、標章或其他表示他人營業、服務之表徵，為相同或類似之使用，致與

他人營業或服務之設施或活動混淆者。

三、於同一商品或同類商品，使用相同或近似於未經註冊之外國著名商標，或販賣、運送、輸出或輸入使用該項商標之商品者。

前項規定，於左列各款行為不適用之：

一、以普通使用方法，使用商品本身習慣上所通用之名稱，或交易上同類商品慣用之表徵，或販賣、運送、輸出或輸入使用該名稱或表徵之商品者。

二、以普通使用方法，使用交易上同種營業或服務慣用名稱或其他表徵者。

三、善意使用自己姓名之行為，或販賣、運送、輸出或輸入使用該姓名之商品者。

四、對於前項第一款或第二款所列之表徵，在未為相關事業或消費者所普遍認知前，善意為相同或類似使用，或其表徵之使用係自該善意使用人連同其營業一併繼受而使用，或販賣、運送、輸出或輸入使用該表徵之商品者。

事業因他事業為前項第三款或第四款之行為，致其營業、商品、設施或活動有受損害或混淆之虞者，得請求他事業附加適當表徵。但對僅為運送商品者，不適用之。

第二十一條　（在商品或其廣告上等為虛偽不實或引人錯誤之表示或表徵之禁止）

事業不得在商品或其廣告上，或以其他使公眾得知之方法，對於商品之價格、數量、品質、內容、製造方法、製造日期、有效期限、使用方法、用途、原產地、製造者、製造地、加工者、加工地等，為虛偽不實或引人錯誤之表示或表徵。

事業對於載有前項虛偽不實或引人錯誤表示之商品，不得販賣、運送、輸出或輸入。

前二項規定於事業之服務準用之。

廣告代理業在明知或可得知情形下，仍製作或設計有引人錯誤之廣告，與廣告主負連帶損害賠償責任。廣告媒體業在明知或可得知其所傳播或刊載之廣告有引人錯誤之虞，仍予傳播或刊載，亦與廣告主負連帶損害賠償責任。

第二十二條　（營業誹謗之禁止）

事業不得為競爭之目的，而陳述或散布足以損害他人營業信譽之不實情事。

第二十三條　（多層次傳銷參加人取得佣金等禁止之情形）

多層次傳銷，其參加人如取得佣金、獎金或其他經濟利益，主要係基於介紹他人加入，而非基於其所推廣或銷售商品或勞務之合理市價者，不得為之。

第二十三條之一　（**多層次傳銷參加人解除契約之條件及因解除契約而生之權利義務**）

多層次傳銷參加人得自訂約日起十四日內以書面通知多層次傳銷事業解除契約。

多層次傳銷事業應於契約解除生效後三十日內，接受參加人退貨之申請，取回商品或由參加人自行送回商品，並返還參加人於契約解除時所有商品之進貨價金及其他加入時給付之費用。

多層次傳銷事業依前項規定返還參加人所為之給付時，得扣除商品返還時已因可歸責於參加人之事由致商品毀損滅失之價值，及已因該進貨而對參加人給付之獎金或報酬。

前項之退貨如係該事業取回者，並得扣除取回該商品所需運費。

第二十三條之二　（**多層次傳銷參加人終止契約之條件及因終止契約而生之權利義務**）

參加人於前條第一項解約權期間經過後，仍得隨時以書面終止契約，退出多層次傳銷計畫或組織。

參加人依前項規定終止契約後三十日內，多層次傳銷事業應以參加人原購價格百分之九十買回參加人所持有之商品。但得扣除已因該項交易而對參加人給付之獎金或報酬，及取回商品之價值有減損時，其減損之價額。

第二十三條之三　（**多層次傳銷事業不得請求因契約解除或終止所受損害賠償或違約金之情形**）

參加人依前二條行使解除權或終止權時，多層次傳銷事業不得向參加人請求因該契約解除或終止所受之損害賠償或違約金。

前二條關於商品之規定，於提供勞務者準用之。

第二十三條之四　（**多層次傳銷事業之報備等之管理**）

有關多層次傳銷事業之報備、業務檢查、及對參加人之告知、參加契約

內容及與參加人權益保障等相關事項，除本法規定外，由中央主管機關
訂定辦法管理之。

第二十四條　（其他足以影響交易秩序之欺罔或顯失公平行為之禁止）

除本法另有規定者外，事業亦不得為其他足以影響交易秩序之欺罔或顯
失公平之行為。

第二十五條　（公平交易委員會之設置及其職掌）

為處理本法有關公平交易事項，行政院應設置公平交易委員會，其職掌
如左：

一、關於公平交易政策及法規之擬訂事項。

二、關於審議本法有關公平交易事項。

三、關於事業活動及經濟情況之調查事項。

四、關於違反本法案件之調查、處分事項。

五、關於公平交易之其他事項。

第二十六條　（依檢舉或依職權調查處理）

公平交易委員會對於違反本法規定，危害公共利益之情事，得依檢舉或
職權調查處理。

第二十七條　（調查之程序）

公平交易委員會依本法為調查時，得依左列程序進行：

一、通知當事人及關係人到場陳述意見。

二、通知有關機關、團體、事業或個人提出帳冊、文件及其他必要之資
料或證物。

三、派員前往有關團體或事業之事務所、營業所或其他場所為必要之調
查。

執行調查之人員依法執行公務時，應出示有關執行職務之證明文件；其
未出示者，受調查者得拒絕之。

第二十八條　（獨立行使職權）

公平交易委員會依法獨立行使職權，處理有關公平交易案件所為之處分，
得以委員會名義行之。

第二十九條　（公平交易委員會之組織）

公平交易委員會之組織，另以法律定之。

第三十條　（除去侵害請求權及防止侵害請求權）

事業違反本法之規定，致侵害他人權益者，被害人得請求除去之；有侵

害之虞者，並得請求防止之。

第三十一條 （損害賠償責任）

事業違反本法之規定，致侵害他人權益者，應負損害賠償責任。

第三十二條 （賠償額之酌定）

法院因前條被害人之請求，如為事業之故意行為，得依侵害情節，酌定損害額以上之賠償。但不得超過已證明損害額之三倍。

侵害人如因侵害行為受有利益者，被害人得請求專依該項利益計算損害額。

第三十三條 （消滅時效）

本章所定之請求權，自請求權人知有行為及賠償義務人時起，二年間不行使而消滅；自為行為時起，逾十年者亦同。

第三十四條 （判決書之登載新聞紙）

被害人依本法之規定，向法院起訴時，得請求由侵害人負擔費用，將判決書內容登載新聞紙。

第三十五條 （罰則一）

違反第十條、第十四條、第二十條第一項規定，經中央主管機關依第四十一條規定限期命其停止、改正其行為或採取必要更正措施，而逾期未停止、改正其行為或未採取必要更正措施，或停止後再為相同或類似違反行為者，處行為人三年以下有期徒刑、拘役或科或併科新臺幣一億元以下罰金。

違反第二十三條規定者，處行為人三年以下有期徒刑、拘役或科或併科新臺幣一億元以下罰金。

第三十六條 （罰則二）

違反第十九條規定，經中央主管機關依第四十一條規定限期命其停止、改正其行為或採取必要更正措施，而逾期未停止、改正其行為或未採取必要更正措施，或停止後再為相同或類似違反行為者，處行為人二年以下有期徒刑、拘役或科或併科新臺幣五千萬元以下罰金。

第三十七條 （罰則三）

違反第二十二條規定者，處行為人二年以下有期徒刑、拘役或科或併科新臺幣五千萬元以下罰金。

前項之罪，須告訴乃論。

第三十八條 （法人科處罰金之情形）

法人犯前三條之罪者，除依前三條規定處罰其行為人外，對該法人亦科以各該條之罰金。

第三十九條　（法律競合時法條之適用）

前四條之處罰，其他法律有較重之規定者，從其規定。

第四十條　（罰則四）

事業結合應申請許可而未申請，或經申請未獲許可而為結合者，除依第十三條規定處分外，處新臺幣十萬元以上五千萬元以下之罰鍰。

第四十一條　（罰則五）

公平交易委員會對於違反本法規定之事業，得限期命其停止、改正其行為或採取必要更正措施，並得處新臺幣五萬元以上二千五百萬元以下罰鍰；逾期仍不停止、改正其行為或未採取必要更正措施者，得繼續限期命其停止、改正其行為或採取必要更正措施，並按次連續處新臺幣十萬元以上五千萬元以下罰鍰，至停止、改正其行為或採取必要更正措施為止。

第四十二條　（罰則六）

違反第二十三條規定者，除依第四十一條規定處分外，其情節重大者，並得命令解散、停止營業或勒令歇業。

違反第二十三條之一第二項、第二十三條之二第二項或第二十三條之三規定者，得限期命其停止、改正其行為或採取必要更正措施，並得處新臺幣五萬元以上二千五百萬元以下罰鍰。逾期仍不停止、改正其行為或未採取必要更正措施者，得繼續限期命其停止、改正其行為或採取必要更正措施，並按次連續處新臺幣十萬元以上五千萬元以下罰鍰，至停止、改正其行為或採取必要更正措施為止；其情節重大者，並得命令解散、停止營業或勒令歇業。

違反中央主管機關依第二十三條之四所定之管理辦法者，依第四十一條規定處分。

第四十三條　（罰則七）

公平交易委員會依第二十七條規定進行調查時，受調查者於期限內如無正當理由拒絕調查、拒不到場陳述意見，或拒不提出有關帳冊、文件等資料或證物者，處新臺幣二萬元以上二十五萬元以下罰鍰，受調查者再經通知，無正當理由連續拒絕者，公平交易委員會得繼續通知調查，並按次連續處新臺幣五萬元以上五十萬元以下罰鍰，至接受調查、到場陳

述意見或提出有關帳冊、文件等資料或證物為止。

第四十四條　（強制執行）

依前四條規定所處罰鍰，拒不繳納者，移送法院強制執行。

第四十五條　（不適用本法之情形一）

依照著作權法、商標法或專利法行使權利之正當行為，不適用本法之規定。

第四十六條　（不適用本法之情形二）

事業關於競爭之行為，另有其他法律規定者，於不牴觸本法立法意旨之範圍內，優先適用該其他法律之規定。

第四十七條　（未經認許之外國法人或團體之民刑事訴訟當事人能力及互惠原則）

未經認許之外國法人或團體，就本法規定事項得為告訴、自訴或提起民事訴訟。但以依條約或其本國法令、慣例，中華民國人或團體得在該國享受同等權利者為限；其由團體或機構互訂保護之協議，經中央主管機關核准者亦同。

第四十八條　（施行細則）

本法施行細則，由中央主管機關定之。

第四十九條　（施行日期）

本法自公布後一年施行。

本法修正條文自公布日施行。

附錄六　公平交易法施行細則

中華民國八十一年六月二十四日公平交易委員會（八一）公秘字第○一五號令訂定發布

中華民國八十八年八月三十日公平交易委員會（八八）公秘字第○二四二○號修正發布

第一條　（依據）

　　本細則依公平交易法（以下簡稱本法）第四十八條規定訂定之。

第二條　（公告獨占事業應審酌之事項）

　　本法第五條所稱獨占，應審酌下列事項認定之：

一、事業在特定市場之占有率。

二、考量時間、空間等因素下，商品或服務在特定市場變化中之替代可能性。

三、事業影響特定市場價格之能力。

四、他事業加入特定市場有無不易克服之困難。

五、商品或服務之輸入、輸出情形。

第三條　（獨占事業認定範圍）

　　事業無下列各款情形者，不列入前條獨占事業認定範圍：

一、事業在特定市場之占有率達二分之一。

二、事業全體在特定市場之占有率達三分之二。

三、事業全體在特定市場之占有率達四分之三。

　　有前項各款情形之一，其個別事業在該特定市場占有率未達十分之一或上一會計年度事業總銷售金額未達新臺幣十億元者，該事業不列入獨占事業之認定範圍。

　　事業之設立或事業所提供之商品或服務進入特定市場，受法令、技術之限制或有其他足以影響市場供需可排除競爭能力之情事者，雖有前二項不列入認定範圍之情形，中央主管機關仍得認定其為獨占事業。

第四條　（計算市場占有率應審酌事項）

計算事業之市場占有率時，應先審酌該事業及該特定市場之生產、銷售、存貨、輸入及輸出值（量）之資料。

計算市場占有率所需之資料，得以中央主管機關調查所得資料或其他政府機關記載資料為基準。

第五條　（聯合行為之意義）

本法第七條之聯合行為，以事業在同一產銷階段之水平聯合，足以影響生產、商品交易或服務供需之市場功能者為限。

本法第七條之其他方式之合意，指契約、協議以外之意思聯絡，不問有無法律拘束力，事實上可導致共同行為者。

同業公會藉章程或會員大會、理監事會議決議或其他方法所為約束事業活動之行為，亦為第一項之水平聯合；同業公會代表人得為行為人。

第六條　（銷售金額）

本法第十一條第一項第三款所稱銷售金額，指事業之總銷售金額而言。

前項總銷售金額之計算，以中央主管機關調查所得資料或其他政府機關記載資料為基準。

第七條　（應申請結合之事業）

本法第十一條第一項之事業結合，由下列之事業向中央主管機關申請：

一、與他事業合併、受讓或承租他事業之營業或財產、經常共同經營或受他事業委託經營者，為參與結合之事業。

二、持有或取得他事業之股份或出資額者，為持有或取得之事業。

三、直接或間接控制他事業之業務經營或人事任免者，為控制事業。

第八條　（申請結合應備文件）

本法第十一條第一項之事業結合，應備下列文件向中央主管機關申請許可：

一、申請書，載明下列事項：

㈠結合型態及內容。

㈡參與事業之姓名、住居所或公司、行號或團體之名稱、事務所或營業所。

㈢預定結合日期。

㈣設有代理人者，其代理人之姓名及其證明文件。

㈤其他必要事項。

二、參與事業之基本資料：

㈠事業設有代表人或管理人者，其代表人或管理人之姓名及住居所。

㈡參與事業之資本額及營業項目。

㈢參與事業及其具有控制與從屬關係之事業上一會計年度之營業額。

㈣每一參與事業之員工人數。

三、參與事業上一會計年度之財務報表及營業報告書。

四、參與事業申請結合相關商品或服務之生產或經營成本、銷售價格及產銷值（量）等資料。

五、實施結合對整體經濟利益之說明。

六、其他經中央主管機關指定之文件。

前項申請書格式，由中央主管機關定之。

第九條　（補正）

事業申請許可結合時，所提資料不全或記載不完備者，中央主管機關得敘明理由限期補正；逾期不補正者，駁回其申請。

前項補正，以一次為限。

本法第十一條第二項所定之二個月期限，自中央主管機關收文之日起算。但事業提出之資料不全或記載不完備，經中央主管機關限期通知補正者，自補正之日起算。

第十條　（結合許可得附加條件或負擔）

中央主管機關為本法第十二條結合之許可時，為確保整體經濟利益大於限制競爭之不利益，得定合理期間附加條件或負擔。

前項附加條件或負擔，不得違背許可之目的，並應與之具有正當合理之關聯。

第十一條　（結合許可之刊載）

中央主管機關對於事業結合之許可，必要時，得刊載政府公報。

第十二條　（應申請聯合許可之事業）

事業依本法第十四條但書規定為聯合行為時，應由各參與聯合行為之事業共同向中央主管機關申請許可。

同業公會為第五條第三項之聯合行為而申請許可時，應由同業公會向中央主管機關為之。

前二項之申請，得委任代理人為之。

第十三條　（申請聯合許可應備文件）

依本法第十四條但書申請許可，應備下列文件：

一、申請書,載明下列事項:

㈠申請聯合行為之商品或服務名稱。

㈡聯合行為之型態。

㈢聯合行為實施期間及地區。

㈣設有代理人者,其代理人之姓名及其證明文件。

㈤其他必要事項。

二、聯合行為之契約書、協議書或其他合意文件。

三、實施聯合行為之具體內容及實施方法。

四、參與事業之基本資料:

㈠參與事業之姓名、住居所或公司、行號、公會或團體之名稱、事務所或營業所。

㈡事業設有代表人或管理人者,其代表人或管理人之姓名及住居所。

㈢參與事業之營業項目、資本額及上一會計年度之營業額。

五、參與事業最近兩年與聯合行為有關之商品或服務價格及產銷值(量)之逐季資料。

六、參與事業上一會計年度之財務報表及營業報告書。

七、聯合行為評估報告書。

八、其他經中央主管機關指定之文件。

前項申請書格式,由中央主管機關定之。

第十四條　(聯合行為評估報告書應詳載事項)

前條第一項第七款聯合行為評估報告書,應載明下列事項:

一、參與事業實施聯合行為前後成本結構及變動分析預估。

二、聯合行為對未參與事業之影響。

三、聯合行為對該市場結構、供需及價格之影響。

四、聯合行為對上、下游事業及其市場之影響。

五、聯合行為對整體經濟與公共利益之具體效益與不利影響。

六、其他必要事項。

第十五條　(聯合行為評估報告書應詳載事項)

依本法第十四條第一款或第三款規定申請者,聯合行為評估報告書應詳載其實施聯合行為達成降低成本、改良品質、增進效率或促進合理經營之具體預期效果。

第十六條　(聯合行為評估報告書應詳載事項)

依本法第十四條第二款規定申請者，聯合行為評估報告書應詳載下列事項：

一、個別研究開發及共同研究開發所需經費之差異。

二、提高技術、改良品質、降低成本或增進效率之具體預期效果。

第十七條　（聯合行為評估報告書應詳載事項）

依本法第十四條第四款規定申請者，聯合行為評估報告書應詳載下列事項：

一、參與事業最近一年之輸出值（量）與其占該商品總輸出值（量）及內外銷之比例。

二、促進輸出之具體預期效果。

第十八條　（聯合行為評估報告書應詳載事項）

依本法第十四條第五款規定申請者，聯合行為評估報告書應詳載下列事項：

一、參與事業最近三年之輸入值（量）。

二、事業為個別輸入及聯合輸入所需成本比較。

三、達成加強貿易效能之具體預期效果。

第十九條　（聯合行為評估報告書應詳載事項）

依本法第十四條第六款規定申請者，聯合行為評估報告書應詳載下列事項：

一、參與事業最近三年每月特定商品之平均成本、平均變動成本與價格之比較資料。

二、參與事業最近三年每月之產能、設備利用率、產銷值（量）、輸出入值（量）及存貨量資料。

三、最近三年間該行業廠家數之變動狀況。

四、該行業之市場展望資料。

五、除聯合行為外，已採或擬採之自救措施。

六、實施聯合行為之預期效果。

除前項應載事項外，中央主管機關得要求提供其他相關資料。

第二十條　（聯合行為評估報告書應詳載事項）

依本法第十四條第七款規定申請者，聯合行為評估報告書應詳載下列事項：

一、符合中小企業認定標準之證明文件。

二、達成增進經營效率或加強競爭能力之具體預期效果。

第二十一條 （補正）

申請聯合行為許可時，所提資料不全或記載不完備者，中央主管機關得敘明理由限期補正；逾期不補正者，駁回其申請。

前項補正，以一次為限。

第二十二條 （中小企業之認定）

本法第十四條第七款所稱中小企業，依中小企業發展條例規定之標準認定之。

第二十三條 （申請延長應提資料）

事業依本法第十五條第二項延展時，應提出下列資料，向中央主管機關申請：

一、申請書。

二、原許可文件影本。

三、申請延展之理由。

四、其他經中央主管機關指定之文件或資料。

中央主管機關准予延展時，應將原許可文號及期限，一併登記，並刊載政府公報。

第二十四條 （正當理由應審酌之情形）

本法第十九條第二款所稱正當理由，應審酌下列情形認定之：

一、市場供需情況。

二、成本差異。

三、交易數額。

四、信用風險。

五、其他合理之事由。

第二十五條 （限制之情形及判斷）

本法第十九條第六款所稱限制，指搭售、獨家交易、地域、顧客或使用之限制及其他限制事業活動之情形。

前項限制是否不正當，應綜合當事人之意圖、目的、市場地位、所屬市場結構、商品特性及履行情況對市場競爭之影響等加以判斷。

第二十六條 （主管機關得命改正之行為）

事業有違反本法第二十一條第一項、第三項規定之行為，中央主管機關得依本法第四十一條命其刊登更正廣告。

前項更正廣告方法、次數及期間，由中央主管機關審酌原廣告之影響程度定之。

第二十七條　（本法第二十三條之一第三項及第二十三條之二第二項所稱參加人之意義）

本法第二十三條之一第三項及第二十三條之二第二項所稱參加人，係指解除契約或終止契約之當事人，不及於其他參加人。

第二十八條　（主管機關應以通知書通知，通知書應載事項）

中央主管機關依本法第二十七條第一項第一款規定為通知時，應用通知書。

前項通知書，應載明下列事項：

一、受通知者之姓名、住居所，其為公司、行號、公會或團體者，其負責人之姓名及事務所、營業所。

二、案由。

三、應到之日、時、處所。

四、無正當理由不到場之處罰規定。

通知書至遲應於到場日四十八小時前送達。但有急迫情形者，不在此限。

第二十九條　（委任代理人到場）

前條之受通知者得委任代理人到場陳述意見。但中央主管機關認為必要時，得通知應由本人到場。

第三十條　（陳述書之作成）

依第二十八條之規定受通知者到場陳述意見後，應作成陳述書，由陳述者簽名。其不能簽名者，得以蓋章或按指印代之；其拒不簽名、蓋章或按指印者，應載明其事實。

第三十一條　（書面通知應載事項）

中央主管機關依本法第二十七條第一項第二款規定為通知時，應以書面載明下列事項：

一、受通知者之姓名、住居所，其為公司、行號、公會或團體者，其負責人之姓名及事務所、營業所。

二、案由。

三、應提出之帳冊、文件及其他必要之資料或證物。

四、應提出之期限。

五、無正當理由拒不提出之處罰規定。

第三十二條 （掣給收據）

　　中央主管機關收受有關機關團體、事業或個人提出帳冊、文件及其他必要之資料或證物後，應掣給收據。

第三十三條 （量處罰鍰應審酌事項）

　　依本法量處罰鍰時，應審酌一切情狀，並注意下列事項：

一、違法行為之動機、目的及預期之不當利益。

二、違法行為對交易秩序之危害程度。

三、違法行為危害交易秩序之持續期間。

四、因違法行為所得利益。

五、事業之規模、經營狀況及其市場地位。

六、違法類型曾否經中央主管機關導正或警示。

七、以往違法類型、次數、間隔時間及所受處罰。

八、違法後悛悔實據及配合調查等態度。

第三十四條 （命令停止營業之期限）

　　依本法命令停止營業之期間，每次以六個月為限。

第三十五條 （施行日期）

　　本細則自發布日施行。

附錄七　消費者保護法

中華民國八十三年一月十一日總統華總字義字第〇一六五號令公布

第一章　總　則

第一條　（制定目的及其他法律之適用）

為保護消費者權益，促進國民消費生活安全，提昇國民消費生活品質，特制定本法。

有關消費者之保護，依本法之規定，本法未規定者，適用其他法律。

第二條　（各項名詞定義）

本法所用名詞定義如下：

一、消費者：指以消費為目的而為交易、使用商品或接受服務者。

二、企業經營者：指以設計、生產、製造、輸入、經銷商品或提供服務為營業者。

三、消費關係：指消費者與企業經營者間就商品或服務所發生之法律關係。

四、消費爭議：指消費者與企業經營者間因商品或服務所生之爭議。

五、消費訴訟：指因消費關係而向法院提起之訴訟。

六、消費者保護團體：指以保護消費者為目的而依法設立登記之法人。

七、定型化契約：指企業經營者為與不特定多數人訂立契約之用而單方預先擬定之契約條款。

八、郵購買賣：指企業經營者以郵寄或其他遞送方式，而為商品買賣之交易型態。

九、訪問買賣：指企業經營者未經邀約而在消費者之住居所或其他場所從事銷售，而發生之買賣行為。

十、分期付款：指買賣契約約定消費者支付頭期款，餘款分期支付，而企業經營者於收受頭期款時，交付標的物予消費者之交易型態。

第三條 （政府有關之消費者保護措施）

政府為達成本法目的，應實施下列措施，並應就與下列事項有關之法規及其執行情形，定期檢討、協調、改進之：

一、維護商品或服務之品質與安全衛生。

二、防止商品或服務損害消費者之生命、身體、健康、財產或其他權益。

三、確保商品或服務之標示，符合法令規定。

四、確保商品或服務之廣告，符合法令規定。

五、確保商品或服務之度量衡，符合法令規定。

六、促進商品或服務維持合理價格。

七、促進商品之合理包裝。

八、促進商品或服務之公平交易。

九、扶植、獎助消費者保護團體。

十、協調處理消費爭議。

十一、推行消費者教育。

十二、辦理消費者諮詢服務。

十三、其他依消費生活之發展所必要之消費者保護措施。

政府為達成前項之目的，應制定相關法律。

第四條 （企業經營者之消費者保護措施）

企業經營者對於其提供之商品或服務，應重視消費者之健康與安全，並向消費者說明商品或服務之使用方法，維護交易之公平，提供消費者充分與正確之資訊，及實施其他必要之消費者保護措施。

第五條 （消費資訊之提供）

政府、企業經營者及消費者均應致力充實消費資訊，提供消費者運用，俾能採取正確合理之消費行為，以維護其安全與權益。

第六條 （主管機關）

本法所稱之主管機關：中央為目的事業主管機關；省（市）為省（市）政府；縣（市）為縣（市）政府。

第二章　消費者權益

第一節　健康與安全保障

第七條　（製造者對健康與安全之確保及無過失賠償責任）

　　從事設計、生產、製造商品或提供服務之企業經營者應確保其提供之商品或服務，無安全或衛生上之危險。

　　商品或服務具有危害消費者生命、身體、健康、財產之可能者，應於明顯處為警告標示及緊急處理危險之方法。

　　企業經營者違反前二項規定，致生損害於消費者或第三人時，應負連帶賠償責任。但企業經營者能證明其無過失者，法院得減輕其賠償責任。

第八條　（經銷者之連帶賠償責任）

　　從事經銷之企業經營者，就商品或服務所生之損害，與設計、生產、製造商品或提供服務之企業經營者連帶負賠償責任。但其對於損害之防免已盡相當之注意，或縱加以相當之注意而仍不免發生損害者，不在此限。

　　前項之企業經營者，改裝、分裝商品或變更服務內容者，視為前條之企業經營者。

第九條　（輸入者之責任）

　　輸入商品或服務之企業經營者，視為該商品之設計、生產、製造者或服務之提供者，負本法第七條之製造者責任。

第十條　（危害之除去）

　　企業經營者於有事實足認其提供之商品或服務有危害消費者安全與健康之虞時，應即回收該批商品或停止其服務。但企業經營者所為必要之處理，足以除去其危害者，不在此限。

　　商品或服務有危害消費者生命、身體、健康或財產之虞，而未於明顯處為警告標示，並附載危險之緊急處理方法者，準用前項規定。

第二節　定型化契約

第十一條　（平等互惠原則及疑義之解釋）

　　企業經營者在定型化契約中所用之條款，應本平等互惠之原則。

定型化契約條款如有疑義時，應為有利於消費者之解釋。

第十二條　（無效原因）

定型化契約中之條款違反誠信原則，對消費者顯失公平者，無效。

定型化契約中之條款有下列情形之一者，推定其顯失公平：

一、違反平等互惠原則者。

二、條款與其所排除不予適用之任意規定之立法意旨顯相矛盾者。

三、契約之主要權利或義務，因受條款之限制，致契約之目的難以達成者。

第十三條　（一般條款構成契約內容之要件）

契約之一般條款未經記載於定型化契約中者，企業經營者應向消費者明示其內容；明示其內容顯有困難者，應以顯著之方式，公告其內容，並經消費者同意受其拘束者，該條款即為契約之內容。

前項情形，企業經營者經消費者請求，應給與契約一般條款之影本或將該影本附為該契約之附件。

第十四條　（一般條款不構成契約內容之情形）

契約之一般條款未經記載於定型化契約中而依正常情形顯非消費者所得預見者，該條款不構成契約之內容。

第十五條　（特約條款之效力）

定型化契約中之一般條款牴觸非一般條款之約定者，其牴觸部分無效。

第十六條　（一般無效與全部無效）

定型化契約中之一般條款，全部或一部無效或不構成契約內容之一部者，除去該部分，契約亦可成立者，該契約之其他部分，仍為有效。但對當事人之一方顯失公平者，該契約全部無效。

第十七條　（主管機關對定型化契約之干預）

中央主管機關得選擇特定行業，公告規定其定型化契約應記載或不得記載之事項。

違反前項公告之定型化契約之一般條款無效。該定型化契約之效力依前條規定定之。

企業經營使用定型化契約者，主管機關得隨時派員查核。

第三節　特種買賣

第十八條　（郵購或訪問買賣時之告知義務）

企業經營者為郵購買賣或訪問買賣時，應將其買賣之條件、出賣人之姓名、名稱、負責人、事務所或住居所告知買受之消費者。

第十九條　（消費者不願買受時之處置）

郵購或訪問買賣之消費者，對所收受之商品不願買受時，得於收受商品後七日內，退回商品或以書面通知企業經營者解除買賣契約，無須說明理由及負擔任何費用或價款。

郵購或訪問買賣違反前項規定所為之約定無效。

契約經解除者，企業經營者與消費者間關於回復原狀之約定，對於消費者較民法第二百五十九條之規定不利者，無效。

第二十條　（對逕寄之商品不負保管義務）

未經消費者要約而對之郵寄或投遞之商品，消費者不負保管義務。

前項物品之寄送人，經消費者定相當期限通知取回而逾期未取回或無法通知者，視為拋棄其寄投之商品。雖未經通知，但在寄送後逾一個月未經消費者表示承諾，而仍不取回其商品者，亦同。

消費者得請求償還因寄送物所受之損害，及處理寄送物所支出之必要費用。

第二十一條　（分期付款契約）

企業經營者與消費者分期付款買賣契約應以書面為之。

前項契約書應載明下列事項：

一、頭期款。

二、各期價款與其他附加費用合計之總價款與現金交易價格之差額。

三、利率。

企業經營者未依前項規定記載利率者，其利率按現金交易價格週年利率百分之五計算之。

企業經營者違反第二項第一款、第二款之規定者，消費者不負現金交易價格以外價款之給付義務。

第四節　消費資訊之規範

第二十二條　（廣告之保證義務）

企業經營者應確保廣告內容之真實，其對消費者所負之義務不得低於廣告之內容。

第二十三條　（廣告內容不符者之賠償責任）

刊登或報導廣告之媒體經營者明知或可得而知廣告內容與事實不符者，就消費者因信賴該廣告所受之損害與企業經營者負連帶責任。

前項損害賠償責任，不得預先約定限制或拋棄。

第二十四條 （標示義務）

企業經營者應依商品標示法等法令為商品或服務之標示。

輸入之商品或服務，應附中文標示及說明書，其內容不得較原產地之標示及說明書簡略。

輸入之商品或服務在原產地附有警告標示者，準用前項之規定。

第二十五條 （書面保證書）

企業經營者對消費者保證商品或服務之品質時，應主動出具書面保證書。

前項保證書應載明下列事項：

一、商品或服務之名稱、種類、數量，其有製造號碼或批號者，其製造號碼或批號。

二、保證之內容。

三、保證期間及其起算方法。

四、製造商之名稱、地址。

五、由經銷商售出者，經銷商之名稱、地址。

六、交易日期。

第二十六條 （包裝責任）

企業經營者對於所提供之商品應按其性質及交易習慣，為防震、防潮、防塵或其他保存商品所必要之包裝，以確保商品之品質與消費者之安全。但不得誇張其內容或為過大之包裝。

第三章 消費者保護團體

第二十七條 （消費者保護團體之性質與宗旨）

消費者保護團體以社團法人或財團法人為限。

消費者保護團體應以保護消費者權益、推行消費者教育為宗旨。

第二十八條 （消費者保護團體之任務）

消費者保護團體之任務如下：

一、商品或服務價格之調查、比較、研究、發表。

二、商品或服務品質之調查、檢驗、研究、發表。

三、商品標示及其內容之調查、比較、研究、發表。

四、消費資訊之諮詢、介紹與報導。

五、消費者保護刊物之編印發行。

六、消費者意見之調查、分析、歸納。

七、接受消費者申訴，調解消費爭議。

八、處理消費爭議，提起消費訴訟。

九、建議政府採取適當之消費者保護立法或行政措施。

十、建議企業經營者採取適當之消費者保護措施。

十一、其他有關消費者權益之保護事項。

第二十九條　（檢驗之實施）

消費者保護團體為從事商品或服務檢驗，應設置與檢驗項目有關之檢驗設備或委託設有與檢驗項目有關之檢驗設備之機關、團體檢驗之。

執行檢驗人員應製作檢驗紀錄，記載取樣、使用之檢驗設備、檢驗方法、經過及結果，提出於該消費者保護團體。

第三十條　（意見徵詢）

政府對於消費者保護之立法或行政措施，應徵詢消費者保護團體、相關行業、學者專家之意見。

第三十一條　（請求必要協助）

消費者保護團體為商品或服務之調查、檢驗時，得請求政府予以必要之協助。

第三十二條　（獎助）

消費者保護團體辦理消費者保護工作成績優良者，主管機關得予以財務上之獎助。

第四章　行政監督

第三十三條　（進行調查）

直轄市或縣（市）政府認為企業經營者提供之商品或服務有損害消費者生命、身體、健康或財產之虞者，應即進行調查。於調查完成後，得公開其經過及結果。

前項人員為調查時，應出示有關證件，其調查得依下列方式進行：

一、向企業經營者或關係人查詢。

二、通知企業經營者或關係人到場陳述意見。

三、通知企業經營者提出資料證明該商品或服務對於消費者生命、身體、健康或財產無損害之虞。

四、派員前往企業經營者之事務所、營業所或其他有關場所進行調查。

五、必要時，得就地抽樣商品，加以檢驗。

第三十四條　（聲請扣押）

直轄市或縣（市）政府於調查時，對於可為證據之物，得聲請檢察官扣押之。

前項扣押，準用刑事訴訟法關於扣押之規定。

第三十五條　（委託檢驗）

主管機關辦理檢驗，得委託設有與檢驗項目有關之檢驗設備之消費者保護團體、職業團體或其他有關公私機構或團體辦理之。

第三十六條　（命改善回收或銷燬等必要措施）

直轄市或縣（市）政府對於企業經營者提供之商品或服務，經第三十三條之調查，認為確有損害消費者生命、身體、健康或財產，或確有損害之虞者，應命其限期改善、回收或銷燬，必要時並得命企業經營者立即停止該商品之設計、生產、製造、加工、輸入、經銷或服務之提供，或採取其他必要措施。

第三十七條　（情況危急之處置）

直轄市或縣（市）政府於企業經營者提供之商品或服務，對消費者已發生重大損害或有發生重大損害之虞，而情況危急時，除為前條之處置外，應即在大眾傳播媒體公告企業經營者之名稱、地址、商品、服務、或為其他必要之處置。

第三十八條　（中央或省之監督）

中央或省之主管機關認為必要時，亦得為前五條之措施。

第三十九條　（消費者保護官）

消費者保護委員會、省（市）、縣（市）政府各應置消費者保護官若干名。

消費者保護官之任用及職掌由行政院訂定之。

第四十條　（消費者保護委員會之設置）

行政院為研擬及審議消費者保護基本政策與監督其實施，設消費者保護委員會。

消費者保護委員會以行政院副院長為主任委員，有關部會首長、全國性

消費者保護團體代表、全國性企業經營者代表及學者、專家為委員。其組織規程由行政院定之。

第四十一條　（消費者保護委員會之職掌）

消費者保護委員會之職掌如下：

一、消費者保護基本政策及措施之研擬及審議。

二、消費者保護計畫之研擬、修訂及執行成果檢討。

三、消費者保護方案之審議及其執行之推動、連繫與考核。

四、國內外消費者保護趨勢及其與經濟社會建設有關問題之研究。

五、各部會局署關於消費者保護政策及措施之協調事項。

六、監督消費者保護主管機關及指揮消費者保護官行使職權。

消費者保護委員會應將消費者保護之執行結果及有關資料定期公告。

第四十二條　（消費者服務中心）

省（市）及縣（市）政府應設消費者服務中心，辦理消費者之諮詢服務、教育宣導、申訴等事項。

直轄市、縣（市）政府消費者服務中心得於轄區內設分中心。

第五章　消費爭議之處理

第一節　申訴與調解

第四十三條　（消費爭議之申訴）

消費者與企業經營者因商品或服務發生消費爭議時，消費者得向企業經營者、消費者保護團體或消費者服務中心或其分中心申訴。

企業經營者對於消費者之申訴，應於申訴之日起十五日內妥適處理之。

消費者依第一項申訴，未獲妥適處理時，得向直轄市、縣（市）政府消費者保護官申訴。

第四十四條　（申請調解）

消費者依前條申訴未能獲得妥適處理時，得向直轄市或縣（市）消費爭議調解委員會申請調解。

第四十五條　（調解委員之設置）

直轄市、縣（市）政府應設消費爭議調解委員會，置委員七至十五名。

前項委員以直轄市、縣（市）政府代表、消費者保護官、消費者保護團

體代表、企業經營者所屬或相關職業團體代表充任之，以消費者保護官為主席，其組織另定之。

第四十六條　（調解書之作成及效力）

調解成立者應作成調解書。

前項調解書之作成及效力，準用鄉鎮市調解條例第二十二條至第二十六條之規定。

第二節　消費訴訟

第四十七條　（管轄法院）

消費訴訟，得由消費關係發生地之法院管轄。

第四十八條　（專庭辦理及專人審理）

高等法院以下各級法院及其分院得設立消費專庭或指定專人審理消費訴訟事件。

法院為企業經營者敗訴之判決時，得依職權宣告為減免擔保之假執行。

第四十九條　（不作為訴訟之提起）

消費者保護團體許可設立三年以上，經申請消費者保護委員會評定優良，置有消費者保護專門人員，且合於下列要件之一，並經消費者保護官同意者，得以自己之名義，提起第五十條消費者損害賠償訴訟或第五十三條不作為訴訟：

一、社員人數五百人以上之社團法人。

二、登記財產總額新臺幣一千萬元以上之財團法人。

消費者保護團體依前項規定提起訴訟者，應委任律師代理訴訟。受委任之律師，就該訴訟，不得請求報酬，但得請求償還必要之費用。

消費者保護團體關於其提起之第一項訴訟，有不法行為者，許可設立之主管機關得撤銷其許可。

消費者保護團體評定辦法，由消費者保護委員會另定之。

第五十條　（以消費者保護團體名義起訴之要件）

消費者保護團體對於同一之原因事件，致使眾多消費者受害時，得受讓二十人以上消費者損害賠償請求權後，以自己之名義，提起訴訟。消費者得於言詞辯論終結前，終止讓與損害賠償請求權，並通知法院。

前項讓與之損害賠償請求權，包括民法第一百九十四條、第一百九十五條第一項非財產上之損害。

前項關於消費者損害賠償請求權之時效利益，應依讓與之各消費者單獨
個別計算。

消費者保護團體受讓第二項請求權後，應將訴訟結果所得之賠償，扣除
訴訟必要費用後，交付該讓與請求權之消費者。

消費者保護團體就第一項訴訟，不得向消費者請求報酬。

第五十一條　（懲罰性賠償金）

依本法所提之訴訟，因企業經營者之故意所致之損害，消費者得請求損
害額三倍以下之懲罰性賠償金。但因過失所致之損害，得請求損害額一
倍以下之懲罰性賠償金。

第五十二條　（裁判費之免繳）

消費者保護團體以自己之名義提起第五十條訴訟，其標的價額超過新臺
幣六十萬元者，超過部分免繳裁判費。

第五十三條　（訴請禁制處分）

消費者保護官或消費者保護團體，就企業經營者重大違反本法有關保護
消費者規定之行為，得向法院訴請停止或禁止之。

前項訴訟免繳裁判費。

第五十四條　（集體訴訟）

因同一消費關係而被害之多數人，依民事訴訟法第四十一條之規定，選
定一人或數人起訴請求損害賠償者，法院得徵求原被選定人之同意後公
告曉示，其他之被害人得於一定之期間內以書狀表明被害之事實、證據
及應受判決事項之聲明，併案請求賠償。其請求之人，視為已依民事訴
訟法第四十一條為選定。

前項併案請求之書狀，應以繕本送達於兩造。

第一項之期間，至少應有十日，公告應黏貼於法院牌示處，並登載新聞
紙，其費用由國庫墊付。

第五十五條　（能力、代理權欠缺之準用規定）

民事訴訟法第四十八條、第四十九條之規定，於依前條為訴訟行為者，
準用之。

第六章　罰　則

第五十六條　（不改正之處罰）

違反第二十四條、第二十五條或第二十六條規定之一者，經主管機關通知改正而逾期不改正者，處新臺幣二萬元以上二十萬元以下罰鍰。

第五十七條　（妨害調查之處罰）

企業經營者拒絕、規避或阻撓主管機關依第三十三條或第三十八條規定所為之調查者，處新臺幣三萬元以上三十萬元以下罰鍰。

第五十八條　（違反收回銷毀命令之處罰）

企業經營者違反主管機關依第十條、第三十六條或第三十八條所為之命令者，處新臺幣六萬元以上一百五十萬元以下罰鍰，並得連續處罰。

第五十九條　（違反情況危急處分之處罰）

企業經營者有第三十七條規定之情形者，主管機關除依該條及第三十六條之規定處置外，並得對其處新臺幣十五萬元以上一百五十萬元以下罰鍰。

第六十條　（命停業或歇業）

企業經營者違反本法規定情節重大，報經中央主管機關或消費者保護委員會核准者，得命停止營業或勒令歇業。

第六十一條　（其他法律之適用）

依本法應予處罰者，其他法律有較重處罰之規定時，從其規定；涉及刑事責任者，並應即移送偵查。

第六十二條　（罰鍰之執行）

本法所定之罰鍰，由直轄市或縣（市）主管機關處罰，經限期繳納後，逾期仍未繳納者，移送法院強制執行。

第七章　附　則

第六十三條　（施行細則之訂定）

本法施行細則，由行政院定之。

第六十四條　（施行日期）

本法自公布日施行。

附錄八　消費者保護法施行細則

中華民國八十三年十一月二日行政院臺八十三內字四〇七三一號令發布

第一章　總　則

第一條

　　本細則依消費者保護法（以下簡稱本法）第六十三條規定訂定之。

第二條

　　本法第二條第二款所稱營業，不以營利為目的者為限。

第三條

　　本法第二條第八款所稱郵購買賣之交易型態，指企業經營者以廣播、電視、電話、傳真、目錄之寄送或其他類似之方法，使消費者未檢視商品而為要約，並經企業經營者承諾之契約。

第二章　消費者權益

第一節　健康與安全保障

第四條

　　本法第七條所稱商品，指交易客體之不動產或動產，包括最終產品、半成品、原料或零組件。

第五條

　　商品於其流通進入市場，或服務於其提供時，未具通常可合理期待之安全性者，為本法第七條第一項所稱安全或衛生上之危險。但商品或服務已符合當時科技或專業水準者，不在此限。

　　前項所稱未具通常可合理期待之安全性者，應就下列情事認定之：

　　一、商品或服務之標示說明。

　　二、商品或服務可期待之合理使用或接受。

三、商品或服務流通進入市場或提供之時期。

商品或服務不得僅因其後有較佳之商品或服務，而被視為有安全或衛生上之危險。

第六條

企業經營者主張其商品於流通進入市場，或服務於其提供時，符合當時科技或專業水準者，就其主張之事實負舉證責任。

第七條

本法第七條第三項所定企業經營者對消費者或第三人之損害賠償責任，不得預先約定限制或拋棄。

第八條

本法第八條第二項所稱改裝，指變更、減少或增加商品原設計、生產或製造之內容或包裝。

第二節　定型化契約

第九條

本法所稱定型化契約條款不限於書面，其以放映字幕、張貼、牌示或其他方法表示者，亦屬之。

第十條

本法所稱一般條款，指企業經營者為與不特定多數人訂立契約之用，而單方預先擬定之契約條款。

本法第十五條所稱非一般條款，指契約當事人個別磋商而合意之契約條款。

第十一條

企業經營者與消費者訂立定型化契約前，應有三十日以內之合理期間，供消費者審閱全部條款內容。

違反前項規定者，該條款不構成契約之內容。但消費者得主張該條款仍構成契約之內容。

中央主管機關得選擇特定行業，參酌定型化契約條款之重要性、涉及事項之多寡與複雜程度等事項，公告定型化契約之審閱期間。

第十二條

契約之一般條款不論是否記載於定型化契約，如因字體、印刷或其他情事，致難以注意其存在或辨識者，該條款不構成契約之內容。但消費者

　　得主張該條款仍構成契約之內容。

第十三條

　　定型化契約條款是否違反誠信原則，對消費者顯失公平，應斟酌契約之性質、締約目的、全部條款內容、交易習慣及其他情事判斷之。

第十四條

　　定型化契約條款，有下列情事之一者，為違反平等互惠原則：

一、當事人間之給付與對待給付顯不相當者。

二、消費者應負擔非其所能控制之危險者。

三、消費者違約時，應負擔顯不相當之賠償責任者。

四、其他顯有不利於消費者之情形者。

第十五條

　　定型化契約記載經中央主管機關公告應記載之事項者，仍有本法關於定型化契約規定之適用。

　　中央主管機關公告應記載之事項，未經記載於定型化契約者，仍構成契約之內容。

第三節　特種買賣

第十六條

　　企業經營者應於訂立郵購或訪問買賣契約時，告知消費者本法第十八條所定事項及第十九條第一項之解除權，並取得消費者聲明已受告知之證明文件。

第十七條

　　消費者因檢查之必要或因不可歸責於自己之事由，致其收受之商品有毀損、滅失或變更者，其解除權不消滅。

第十八條

　　消費者於收受商品前，亦得依本法第十九條第一項規定，以書面通知企業經營者解除買賣契約。

第十九條

　　消費者以書面通知或退回商品解除契約者，其書面通知之發出或商品之交運，應於本法第十九條第一項所定之七日內為之。

第二十條

　　消費者依本法第十九條第一項規定以書面通知解除契約者，除當事人另

有特約外，企業經營者應於通知到達後一個月內，至消費者之住所或營業所取回商品。

第二十一條

企業經營者應依契約當事人之人數，將本法第二十一條第一項之契約書作成一式數份，由當事人各持一份。有保證人者，並應交付一份於保證人。

第二十二條

本法第二十一條第二項第二款所稱各期價款，指含利息之各期價款。

分期付款買賣契約書所載利率，應載明其計算方法及依此計算方法而得之利息數額。

分期付款買賣之附加費用，不得併入各期價款計算利息。其經企業經營者同意延期清償或分期給付者，亦同。

第四節　消費資訊之規範

第二十三條

本法第二十二條及第二十三條所稱廣告，指利用電視、廣播、影片、幻燈片、報紙、雜誌、傳單、海報、招牌、牌坊、電話傳真、電子視訊、電子語音、電腦或其他方法，可使不特定多數人知悉其宣傳內容之傳播。

第二十四條

主管機關認為企業經營者之廣告內容誇大不實，足以引人錯誤，有影響消費者權益之虞時，得令企業經營者證明該廣告之真實性。

第二十五條

本法第二十四條規定之標示，應標示於適當位置，使消費者在交易前及使用時均得閱讀標示之內容。

第二十六條

企業經營者未依本法第二十五條規定出具書面保證書者，仍應就其保證之品質負責。

第三章　消費者保護團體

第二十七條

主管機關每年應將依法設立登記之消費者保護團體名稱、負責人姓名、

社員人數或登記財產總額、消費者保護專門人員姓名、會址、聯絡電話
等資料彙報行政院消費者保護委員會公告之。

第二十八條

消費者保護團體依本法第二十九條規定從事商品或服務檢驗所採之樣
品，於檢驗記錄完成後，應至少保存三個月。但依其性質不能保存三個
月者，不在此限。

第二十九條

政府於消費者保護團體依本法第三十一條規定請求協助時，非有正當理
由不得拒絕。

第四章　行政監督

第三十條

本法第三十三條第二項所稱出示有關證件，指出示有關執行職務之證明
文件；其未出示者，被調查者得拒絕之。

第三十一條

主管機關依本法第三十三條第二項第五款抽樣商品時，其抽樣數量以足
供檢驗之用者為限。

主管機關依本法第三十三條、第三十八條規定，公開調查經過及結果前，
應先就調查經過及結果讓企業經營者有說明或申訴之機會。

第三十二條

主管機關依本法第三十六條或第三十八條規定對於企業經營者所為處
分，應以書面為之。

第三十三條

依本法第三十六條所為限期改善、回收或銷燬，除其他法令有特別規定
外，其期間應由主管機關依個案性質決定之；但最長不得超過六十日。

第三十四條

企業經營者經主管機關依本法第三十六條規定命其就商品或服務限期改
善、回收或銷燬者，應將處理過程及結果函報主管機關備查。

第五章　消費爭議之處理

第三十五條

消費爭議之調解辦法，由行政院消費者保護委員會訂定之。

第三十六條

本法第四十三條第二項規定十五日之期間，以企業經營者接獲申訴之日起算。

第三十七條

本法第四十九條第一項所稱消費者保護專門人員，指該團體專任或兼任之有給職或無給職人員中，具有下列資格或經歷之一者：

一、曾任法官、檢察官或消費者保護官者。

二、律師、醫師、建築師、會計師或其他執有全國專門職業執業證照之專業人士，且曾在消費者保護團體服務一年以上者。

三、曾在消費者保護團體擔任保護消費者工作三年以上者。

第三十八條

消費者保護團體依本法第五十條第一項提起訴訟後，於言詞辯論終結前，因部分消費者終止讓與損害賠償請求權，致其餘部分不足二十人者，不影響該訴訟之進行。

第三十九條

本法第五十條第四項所稱訴訟必要費用，除依民事訴訟費用法所定費用外，並包括消費者保護團體及律師為進行訴訟所支出之必要費用，與其他依法令應繳納之費用。

第四十條

本法第五十三條第一項所稱企業經營者重大違反本法有關保護消費者規定之行為，指企業經營者違反本法有關保護消費者規定之行為，確有損害消費者生命、身體、健康或財產，或確有損害之虞者。

第六章　罰　則

第四十一條

依本法第五十六條所為通知改正，其期間應由主管機關依個案性質決定之；但最長不得超過六十日。

第七章　附　則

第四十二條

本法對本法施行前已流通進入市場之商品或已提供之服務不適用之。
第四十三條
本細則自發布日施行。

三民大專用書書目——法律